Zachary M. Howlett

·

Meritocracy and Its Discontents

Anxiety and the National
College Entrance Exam
in China

Cornell University Press

ITHACA / LONDON

2021

Закари М. Хоулетт

·

Недовольство меритократией

Государственный
вступительный экзамен в вуз
в Китае: тревоги и надежды

Academic Studies Press

Библиороссика

Бостон / Санкт-Петербург

2023

УДК 94(510).093
ББК 63.3(5Кит)64
X85

Перевод с английского Андрея Разина

Серийное оформление и оформление обложки Ивана Граве

Хоулетт, Закари М.

X85   Недовольство меритократией. Государственный вступительный экзамен в вуз в Китае: тревоги и надежды / Закари М. Хоулетт; [пер. с англ. А. Разина]. — СПб.: Academic Studies Press / Библиороссика, 2023. — 404 с. — (Серия «Современное востоковедение» = «Contemporary Eastern Studies»).

ISBN 979-8-887194-81-3 (Academic Studies Press)
ISBN 978-5-907767-23-2 (Библиороссика)

В своей книге Закари Хоулетт исследует социальные, политические, религиозные и экономические аспекты *гаокао* — государственного вступительного экзамена в высшие учебные заведения Китая. Ежегодно его сдают около девяти миллионов старшеклассников. Для сотен миллионов сельских жителей Китая это один из немногих путей к городскому образу жизни. Книга Хоулетта, в которой он описывает опыт молодежи из малообеспеченных слоев населения, показывает, что тема экзамена продолжает присутствовать в жизни людей и после его сдачи. Его считают судьбоносным событием, определяющим жизненные перспективы. Автор приходит к выводу, что экзамен позволяет тем, кто проходит через это испытание, как восстать против социальной иерархии, так и добиться признания внутри нее.

УДК 94(510).093
ББК 63.3(5Кит)64

ISBN 979-8-887194-81-3
ISBN 978-5-907767-23-2

Благодарности

Опыт работы над этой книгой доказывает одно из ее главных положений. Мы часто приписываем достижения личным заслугам, но в их основе лежит социальный фактор. На обложке книги указано мое имя, однако в ее создание внесли вклад бессчетное количество людей. В первую очередь я благодарю всех сотрудников китайских средних школ, где проводил работу. Ученики в этих школах были моими неутомимыми учителями, а многие из преподавательского состава и руководства стали мне близкими друзьями. Хотя я не могу назвать их имена публично, эта книга обязана им своим существованием.

Мои консультанты Стив Сангрен, Магнус Фискесё и Ти Джей Хинрихс заботились обо мне на протяжении всего моего пребывания в Корнеллском университете. Перед каждым из них я в большом интеллектуальном долгу. Меня вдохновляли преподаватели Корнелла: Доминик Бойер, Шерман Кокран, Петрус Лю, Робин Макнил, Хиро Миядзаки, Виранджини Мунасингхе, Теренс Тёрнер, София Виленас, Эндрю Уиллфорд и другие. Я благодарен одноклассникам, друзьям и сотрудникам Корнеллского университета за их помощь и поддержку: Кевину Каррико, Джеку Чиа, Донне Дункан, Лим Вакуань, Паулине Лимбу, Лауре Менчака, Маргарет Рольф, Джеймсу Шарроку, Нгует Тонг, Эрику Уайту и Таомо Чжоу.

Финансирование моих исследований поступало из многих источников. Министерство образования США спонсировало мое обучение в аспирантуре в рамках четырехлетней стипендии Джейкоба К. Джавица. Работу на местах поддерживал Фонд Меллона, который включился в финансирование проектов, отобранных для стипендии Фулбрайта — Хейса для исследования докторских диссертаций за рубежом (DDRA), когда Конгресс в 2011 году приостановил действие этой программы. Финансирование осуществлялось Институтом международного образования (IIE), и я выражаю особую благодарность его руководительнице в Пекине, Джанет Аптон, которая любезно поделилась своим опытом полевой работы в качестве антрополога в Китае. Помимо внешнего финансирования, я получил щедрую поддержку от Корнеллского университета. Предварительная полевая работа в течение двух летних сезонов проводилась за счет гранта Mario Einaudi Center Travel и East Asia Program Lam Family Award for South China Research. Корнеллская программа по Восточной Азии также предоставила стипендию имени Ху Ши в области китаеведения на этапе написания исследования.

Учреждения и частные лица в Китае оказали мне важнейшую поддержку. На факультете антропологии Сямыньского университета меня принимал Цзэн Шаоцун, ныне работающий в Китайской академии общественных наук. Профессор Цзэн принял меня в свое сообщество друзей и студентов и помог получить мудреные разрешения, необходимые иностранцу для проведения полевых работ в сельских школах. И Линь с факультета социальной работы не только был для меня важным источником идей, но и познакомил со многими полезными людьми. В Институте образования Сямыньского университета Лю Хайфэн и Чжэн Жолин поделились своими глубокими знаниями о едином вступительном экзамене в вузы и вдохновили меня особым стилем научной работы, предполагающим исследование современных экзаменов в тандеме с гражданскими экзаменами имперской эпохи Китая.

В постдокторантуре Гарвардской академии международных и региональных исследований я обрел бесценного наставника. Элизабет Перри великодушно согласилась прочесть всю мою рукопись и возглавить семинар по ней. Его участники — Сьюзан Блюм, Эндрю Кипнис, Карри Кёсель и Аджанта Субраманиан — сделали бесчисленное количество проницательных критических замечаний. Я им признателен за глубокие суждения, которые нашли отражение в каждой из глав. Дружба с Кристиной Флореа и Малгожатой Курьянской скрашивала мои дни. Коллеги и друзья сделали пребывание в Кембридже приятным, продуктивным и интеллектуально вдохновляющим: Бринтон Ахлин, Рабиат Аканде, София Балакян, Яэль Берда, Шанталь Берман, Лина Бритто, Мелани Каммет, Стив Катон, Ришад Чудури, Арунабх Гош, Джулиан Гевирц, Крис Гратьен, Джейсон Келли, Егор Лазарев, Адам Лидс, Нура Лори, Кейси Лурц, Эдуардо Монтеро, Дэвид Саконьи, Арне Вестад, Эми Чжан и другие. Всемерная материально-техническая поддержка администраторов академии Брюса Джекана и Кэтлин Гувер всегда была пронизана их бодрящим юмором и добротой.

На многочисленных форумах я получил замечания по различным разделам книги. Я глубоко признателен Майклу Соньи и Таруну Кханну за приглашение участвовать в семинарах по меритократии в Китае и Индии, организованных Fairbank Center for Chinese Studies и Lakshmi Mittal South Asia Institute Гарвардского университета. Они вместе с участниками, такими как Джеймс Ли, Кэмерон Кэмпбелл и Лян Чэнь, высказали неоценимые критические замечания. Я благодарю Каори Ураяму за возможность представить свою работу на семинаре азиатских стипендиатов Гарвардской школы Кеннеди. Фида Адели, Кэтрин М. Андерсон-Левитт, Елена Айдарова, Сара Фридман, Герри Грут, Ди Джей Хэтфилд, Джилл Кояма, Хуэйминь Люсия Лю, Эллен Оксфельд, Роберт Веллер, У Цзинтин, Роберта Заворетти и др. — мне помогли высказанные вами в ходе обсуждения мнения. В разделах глав 3 и 4 развиваются идеи, впервые сформулированные в главе «China's Examination Fever and the Fabrication of Fairness: My Generation Was Raised on Poisoned Milk» («Китайская экзаменационная лихорадка и фабрикация справедливости: мое поколение вскормлено отравленным молоком»), которую я написал для сборника «Пустота и полнота: Этнография опустошения и стремлений в современном Китае» [Howlett 2017].

В гуманитарном колледже Йельского университета и Национального университета Сингапура (Yale — NUS) и самом Национальном университете Сингапура меня одарили своим благословением чрезвычайно добрые и отзывчивые старшие коллеги:

Джоанна Робертс, Жаннетт Иковикс, Джейн Джейкобс, Анджу Мэри Пол, Номи Лазар, Наоко Симадзу, Терри Нарден, Джон Дриффилл и Кристина Тарнопольски. Благодаря коллегам и друзьям: Эмили Цхуа, Джессике Хансер, Анну Жале, Рохану Мукхерджи, Бену Шупманну, Риса Тоха, Кристин Уолкер, Читра Венкатарамани, Хыонг Там, Джолин Тан, Эшлин Тхьян, Дэниел Йео, Робин Чжэн — преподавание в Сингапуре стало чрезвычайно плодотворным коллективным опытом. Стив Оливер составил графики для этой книги. Коллеги-антропологи в Yale — NUS, такие как Сесилия Ван Холлен, Габриэль Кох, Стюарт Стрендж и Нина Махадев, всегда дарили мне радость дружеского общения и оказывали интеллектуальную поддержку. Я особенно благодарен Сесилии Ван Холлен за постоянную помощь и мудрые советы, за вдохновляющий пример добросердечного спокойствия. Я также чрезвычайно благодарен Марсии Инхорн, которая, находясь в Йеле, любезно и неустанно поддерживала меня и других младших преподавателей. Эрик Хармс, будучи в отпуске, также оказывал неоценимую помощь и поддержку. Мои бакалавры в Yale — NUS непрестанно удивляют меня любознательностью, страстью и усердием. Практикант Лю Чэнпэй полностью прочитал рукопись и дал полезные отзывы. Публикация этой книги стала возможной отчасти благодаря гранту колледжа Yale — NUS.

Я глубоко признателен моему редактору Джиму Лансу из издательства Корнеллского университета за его энтузиазм и поддержку, благодаря которым я прошел последние этапы работы над этим проектом. Джим представляет собой образец доброты и профессионализма. Я от всего сердца благодарю его за веру в меня и эту книгу. Я также хочу поблагодарить Клэр Джонс за ее квалифицированную редакторскую помощь. Два анонимных читателя из Корнелла не пожалели времени, чтобы высказать множество важных и ценных замечаний. Мой выпускающий редактор Карен Лаун и корректор Моника Эйчен значительно улучшили итоговый текст.

Без любви и поддержки родных и друзей были бы невозможны никакие мои жизненные начинания. Крепкая дружба Ван Юаньчун давала мне силы на каждом этапе исследований. Друзья Кайл

Рэнд и Джош Морселл объехали полмира, навещая меня в моих путешествиях. Ли Калкинс пожертвовал отпуском, проведя его за чтением моей рукописи. Мерри Ли на каждом шагу оказывала важнейшую помощь. С самого начала мои родители были для меня опорой. На протяжении всей моей жизни мать и отчим, Джудит и Брукс Менчер, подпитывали мою любознательность и предоставляли все возможности, когда я был ребенком. Мой первый наставник в писательском мастерстве, Брукс и по сей день направляет меня на путь истинный. Он не меньше трех раз прочел каждое слово в этой рукописи. Хотя мой отец, Джо Хоулетт, не дожил до окончания моей аспирантуры, я знаю, что он бы очень мной гордился. Я благодарен сестре и моей постоянной союзнице Малинде Вагнер, ее мужу Роджеру, племяннице Эмили и племяннику Илаю за то, что они с пониманием относились к моим постоянным отлучкам на протяжении стольких лет. Моя уважаемая кузина Маргарет Рональд доказала мне, что получить докторскую степень вполне возможно. Тесть и теща, Онг Мей Туан и Лау Лиак Кой, приняли меня в семью как родного, подарив мне теплый и гостеприимный дом в Юго-Восточной Азии. Я также благодарен шурину и свояченице, Кай Янгу и Йе Хюи, за их теплое отношение. Наконец, я особенно признателен моей жене и соавтору Лау Тинг Хуэй, моей самой большой опоре. Ее проницательность и сила постоянно вдохновляют меня.

Замечания о переводе и орфографии

Время от времени я буду приводить переводы важных китайских терминов и фраз, чтобы прояснить терминологию для других исследователей или передать важные аспекты экзамена. Метафоры — это больше, чем просто фигуры речи; они показывают, как люди концептуализируют свой мир [Лакофф, Джонсон 2004]. В частности, значимо, что метафоры, связанные со вступительными экзаменами в вуз, относятся к военной сфере.

В целях защиты конфиденциальности большинство имен и названий мест изменены.

Выборочная хроника событий

Пролог
Последняя битва

Ежегодно в начале июня около десяти миллионов старшеклассников в Китае сдают Единый государственный экзамен для поступления в вузы, также называемый *гаокао*, на два дня захватывающий внимание всей страны[1]. Полицейские занимают посты у школьных ворот. Члены семей и учителя стекаются в храмы помолиться за успех. Таксисты, в обычное время скупые, бесплатно довозят сдающих экзамены «воинов» *(гаокао чжаньши)* к местам «сражений» *(чжаньчан)*, а школы приобретают священный статус, вход в них, кроме наблюдателей, разрешен только экзаменуемым. При проверке личности могут использоваться биометрические данные, а для выявления жульничества применяют оборудование, блокирующее сигналы, и даже беспилотные летательные аппараты. Нервные родители и зеваки толпятся на тротуарах, телевизионщики и газетные репортеры берут у собравшихся интервью. Государственные СМИ рассказывают об условиях проведения экзаменов, а для некоторых городов даже меняют авиамаршруты, чтобы снизить уровень шума.

«Воины», выстроившись в шеренгу, с прозрачными пластиковыми пеналами, мрачны и решительны; многие дрожат в предвкушении и волнении. Для них нет четкого разграничения между образованием и *гаокао* — 12 школьных лет привели их к этой последней битве *(цзуйхоу и чжань)*.

---

[1] Полное название экзамена — «Единый государственный экзамен для поступления в высшие учебные заведения Китайской Народной Республики». Аббревиатуру «гаокао» также можно перевести как «высший экзамен».

После знаменательного дня экзаменуемые с тревогой ждут результатов. Газеты публикуют длинные разборы, обсуждая сложность и объективность теста. В июле, когда становятся известны имена получивших лучшие результаты, этих героев *(каоши инсюн)* чествуют как спортивных звезд, иногда на публичных церемониях. Их удостаивают такого же возвышенного звания — «образца для подражания» *(чжуанъюань)*, — как и занимавших первое место на экзаменах в позднеимператорском Китае (960–1911), в котором использовалась сложная система гражданских экзаменов для отбора чиновников.

Как и в императорские времена, экзамен выступает в роли судьбоносного обряда перехода. За ним пристально следят даже не участвующие, а высшие руководители Китая непосредственно вмешиваются в его проведение. *Гаокао* — это то, что антропологи называют тотальным социальным феноменом — деятельность, в которую «вовлечено... большое число институтов», что отражается на экономической, политической, юридической и религиозной сферах общества [Мосс 2011: 279–280]. Как сказал мне репортер одной газеты, «*гаокао* касается каждой семьи и напрямую связан со стабильностью и гармонией в стране и имиджем правительства». Старший преподаватель сельской средней школы говорил: «Без *гаокао* в Китае произошла бы социальная революция».

Гаокао так же важен, как и национальные выборы в либерально-демократической стране, однако Китай — авторитарное однопартийное государство. Чем же объясняется значимость *гаокао* для населения, и что Китай — историческая родина конкурсных экзаменов — может поведать об аналогичных системах в других странах? В переходе от аристократии к управлению, основанному на заслугах, Китай опередил Европу на много веков, и большинство современных стран придерживаются той или иной формы меритократии: почти везде разделяется убеждение, что почет и успех должны определяться упорным трудом и интеллектом, а не наследственными привилегиями. Это стремление к меритократии обычно подразумевает получение документа об образовании, обретение которого частично или полностью связано со сдачей экзаменов.

Тем не менее начиная с 1980-х годов мир переживает стремительные социальные, технологические и политические изменения. С улучшением жизни миллионов одновременно усилилось социальное неравенство. В Китае, как и во всем мире, увеличивается разрыв между богатыми и бедными, что приводит к явлению, называемому некоторыми критиками наследственной меритократией. Представляет ли меритократия собой миф, а не действительность? Меритократия порождает не только безоговорочно преданных, но и недовольных — тех, для кого реальность социальной системы не оправдывает своих обещаний. В заголовке этой книги обыгрывается название работы Зигмунда Фрейда [Фрейд 1992] «Civilization and Its Discontents» (в русском издании «Недовольство культурой»), в которой утверждается, что современные общества порождают чувства вины и тревоги, поскольку люди стремятся жить в соответствии с невозможно строгими культурными идеалами. Отчасти тревога неизбежна, но по мере роста неравенства становится все труднее реализовать идеал социальной мобильности, основанной на академическом образовании.

Гаокао также вызывает сравнения в более широких масштабах. В Китае его сопоставляют не только с экзаменами в других странах, но и другими судьбоносными (*гайбянь минъюньдэ*) событиями, такими как военные конфликты, спортивные соревнования и азартные игры с высокими ставками. В разных культурах многие явления, которые одновременно влекут серьезные последствия и ассоциируются с неопределенным риском, могут рассматриваться как судьбоносные. К таким можно отнести современные институты выборов и судебных процессов, а также традиционные формы тотального социального обмена, такие как кула (Папуа — Новая Гвинея) и потлач (на Тихоокеанском Северо-Западе). Что общего между этими явлениями, и чем объясняется их привлекательность? Как их используют, чтобы добиться признания и наполнить свою жизнь смыслом? И что этот процесс говорит о людях и устройстве общества?

В основе этой книги лежат два года, которые я провел, изучая китайские средние школы, и она — попытка найти ответ на эти загадки. Во многом мои выводы неполные или носят предвари-тельный характер, но тем не менее я стремился обрисовать ню-ансы *гаокао* как сложного социального явления, которое и напо-минает аналогичные институты в других местах планеты, и от-личается от них. Осознание этих различий и сходств — шаг к построению более прочных мостов взаимопонимания в нашем глобально взаимосвязанном и быстро трансформирующемся мире. Поскольку мы вступаем в третье десятилетие века, который, по многочисленным прогнозам, станет столетием Китая, эта задача приобретает еще большее значение[2].

---

[2] Существует много прогнозов, предрекающие доминирование Китая в буду-щем. Мартин Жак [Jacques 2012] приводит популярное изложение. Более трезвую оценку см. у Давида Шамбо [Shambaugh 2016].

Глава 1
Судьбоносный обряд перехода

Гаокао и миф меритократии

Учеба меняет судьбу.
Китайская поговорка

2013 год, третья неделя апреля, воскресное утро в Нинчжоу, городе окружного значения в глубинке юго-восточной китайской провинции Фуцзянь. До начала *гаокао* оставалось всего 47 дней. Я сопровождал госпожу Ма, старшего преподавателя средней школы номер один в Нинчжоу, навещавшую семьи учеников. В преддверии экзамена она сосредоточилась на учениках, показавших слабые результаты в подготовительных тестах. Госпожа Ма стремилась успокоить их страхи и поднять боевой дух.

Ставки на *гаокао* высоки, и экзаменующимся приходится справляться с невероятным давлением. Для многих этот экзамен — единственный лифт социальной мобильности, возможность изменить (*гайбянь мин*) или преобразить (*гайбянь минъюнь*) судьбу. *Гаокао* проводится ежегодно, а его пересдача сопряжена с большими трудностями и затратами. В Китае если сравнивать сдающих *гаокао* со спортсменами, то старшие преподаватели сочетают обязанности тренера-наставника и фактически заменяют собой родителей. Госпожа Ма знала, кто из учеников отстает в рейтинге по личным и семейным обстоятельствам, и кто плохо сдал подготовительные тесты, но на более сложных, по выражению учителей, раскрыл потенциал (*баофа цяньли*). Этих сведений ей было достаточно для морального и учебного наставничества паствы. Посещение учеников на дому — чтимая большинством средних школ в стране практика — важный повод для проведения такого рода службы.

По мере приближения *гаокао* госпожа Ма особенное внимание уделяла мальчику, которого звали Цзэюй. В отличие от большинства учеников-горожан, он приехал из далекой деревни уезда городского округа Нинчжоу. Цзэюй говорил одноклассникам, что его родители свиноводы, но это был эвфемизм: те несколько лет как переехали из деревни в городские трущобы Сямыня и зарабатывали на жизнь, собирая отходы у ночных закусочных и продавая их на корм свиньям. Цзэюя и младшего брата, как и детей многих родителей-мигрантов, оставили в деревне на попечение (*люшоу*) бабушек и дедушек [Murphy 2014].

С учетом скромного происхождения, в учебе Цзэюй достиг впечатляющих успехов. Бо́льшую часть детства он провел с бабушкой по отцовской линии, которая не говорила на путунхуа, а только на родном диалекте миньнань. Его мать, бабушка и дедушка не умели читать. Отец Цзэюя был вынужден бросить школу в третьем классе, потому что родители больше не могли покупать ему учебники и вносить плату за обучение. Тем не менее Цзэюй был одним из немногих учеников родного уезда, кто прошел тестирование и поступил в лучшую среднюю школу номер один в Нинчжоу, городе окружного значения.

Отец Цзэюя называл сына «молодчиной» за трудолюбие (*нули*), самодисциплину (*цзылюй*) и упорство (*цзяньчи*). Очевидно, однако, что важную роль в успехе Цзэюя также сыграли и нереализованные амбиции отца. Бросив школу больше 30 лет назад, тот все еще с гордостью рассказывал о том, как в третьем классе получил отличные оценки на экзамене по математике, и горевал, что не сдал итоговый экзамен. Это огорчение подпитывало его желание помочь своим детям «покорить *гаокао*» (*чжэнфу гаокао*).

Цзэюй был примером невероятного усердия и выдержки, но с приближением экзамена его самообладание, или психологическая устойчивость (*синьли сучжи*), пошатнулось. Он постоянно нервничал и отвлекался, пропускал занятия, стал хуже учиться.

Илл. 1. Усердная подготовка к «последней битве». Фото автора

Госпожа Ма рассчитывала выявить проблему и приободрить мальчика. Это посещение отличалось от многих подобных отсутствием родителей Цзэюя, которые работали в большом городе. Тем не менее у мальчика было что-то вроде собственного жилья: родители, чтобы создать сыну условия в такой важный год перед экзаменами и избавить от шумных школьных общежитий, где в комнате ютятся по восемь человек, сняли ему квартиру недалеко от школы. Он жил в ней вместе с другим старшеклассником. Такая роскошь обошлась семье в огромную сумму.

Цзэюй пригласил нас с госпожой Ма войти. Мы сели за складной стол в пустой гостиной. У Цзэюя был изможденный вид, и во время разговора мальчик вертел в руках рецепт: он недавно вернулся из аптеки с упаковкой средства традиционной медицины для укрепления желудка. Госпожа Ма высказала беспокойство по поводу того, что Цзэюй пропустил занятия во второй половине дня.

Разрыдавшись, мальчик пожаловался на боли в желудке и бессонницу. Цзэюя терзало чувство вины за жертвы, на которые пошли его родители. Госпожа Ма подбодрила его, сказав: «Знаю, что нелегко, но сейчас тебе нельзя расслабляться. Если слишком расслабишься, будет трудно потом вернуться в форму *(хуэйфу чжуантай)*».

После визита мы с госпожой Ма обсудили положение Цзэюя. Она, сама родом из сельской местности, понимала, какое тяжкое бремя лежит на мальчике. Для крестьян экзамен — это единственная надежда вырваться из села *(тяочу нунмэнь)*, что означает возможность устроиться на работу в офис и прописаться *(хукоу)* в большом городе. Хорошая работа, которую могут получить выпускники высококлассных вузов, сулит желанное положение среднего городского класса. Для большинства сельчан диплом вуза — единственный шанс официально прописаться в городе, что обещает престиж, защищенность и дает лучшие перспективы для женитьбы или замужества. Отчисленные студенты и выпускники непрестижных вузов часто либо возвращаются в деревню, либо влачат жалкое существование как «перекати-поле» *(людун жэнькоу)* и становятся рабочими-мигрантами, которые считаются гражданами второго сорта. Как заметила госпожа Ма, «риски и выгоды для такого парня, как Цзэюй, — это не то, что [риски и выгоды] для большинства городских детей».

Экзамен влияет не только на учеников и их семьи. Его результаты определяют репутацию учителей, школ и чиновников из сферы образования, их продвижение по службе и премии к зарплате. Осознавая, что поставлено на карту, не только родители с детьми, но и учителя и администраторы обращаются к религии и магии в поисках утешения и наставления. Некоторые средние школы, такие как школа госпожи Ма, даже организуют для учителей посещение храмов. Эти паломничества проводятся негласно, чтобы не нарушать государственный принцип отделения школы от религии.

Во время посещения храмов госпожа Ма вместе с другими старшими преподавателями также делала подношения богам. Она молилась за возвращение к Цзэюю самообладания и его удачу на экзамене. Однако госпожа Ма переживала не только за него: даже более привилегированные ученики-горожане, например лучшая ученица, дочь местного полицейского детектива, приуныли под давлением предстоящего испытания. И в то же время потенциал некоторых отстающих учеников обещал раскрыться (*баофа*) перед финальной битвой. На долю таких «темных лошадок» (*хэйма*) иногда выпадает внезапная слава, когда они делают «ключевой бросок» и спасают свою команду в решающей игре.

Итоги экзамена могут быть весьма непредсказуемыми. Старшие преподаватели школ отмечают, что результаты *гаокао* регулярно колеблются на 20 и более пунктов в ту или иную сторону от ожидаемых баллов учащихся. Эта разница влечет далекоидущие последствия, поскольку от результатов зависит, попадут ли ученики в престижные вузы «Проекта 985» (40 лучших вузов Китая) или же в обычные первого уровня *(ибэнь юаньсяо)*, которых насчитывается около 200.

Неопределенность результатов тестов объясняется многими причинами. С одной стороны, на результат экзамена влияют настрой или нервозность. С другой — не зависящие от человека факторы: характер вопросов, погода, состояние здоровья и даже место посадки ученика. По этим причинам экзамен — крайне рискованное мероприятие. По словам одного студента, «чуть дрогнет рука — и пять баллов пропали, и вся судьба псу под хвост».

Как оказалось, Цзэюй набрал на 30 баллов меньше, чем ожидала его учительница: вместо 620 баллов из 750 возможных он получил 590. Сам Цзэюй объяснил плохой результат «неуравновешенностью» и отсутствием самообладания — иначе говоря, неважным «психологическим настроем». В его семье сомневались, что он выдержит стресс от пересдачи экзамена, к тому же у них не было денег на ее оплату. Они решили «смириться с судьбой» *(жэньмин)*.

Падение Цзэюя на 30 баллов означало понижение более чем на десять тысяч мест в провинциальном рейтинге. Окончив приличную, но ничем не примечательную школу, он начал работать разъездным торговцем в маленьком городе без гарантии получения городской прописки. Его одноклассники, набравшие средние 600 баллов — результат, на который рассчитывал Цзэюй, — и ниже, поступили в вузы «Проекта 985». Многие из них получили стабильную долгосрочную работу в центральных городах вроде Пекина, Шэньчжэня и Сямыня.

Отец Цзэюя не тешил себя иллюзиями относительно социального равенства, которым заражена система образования в Китае. За чаем в своем тесном домике в Сямыне мужчина рассказывал, как боролся за то, чтобы устроить младшего брата Цзэюя в хорошую государственную школу. Он говорил о том, как сильно различаются сельские и городские школы, и жаловался на протекционистскую систему региональных квот на поступление, из-за которой у жителей обычных провинций, таких как Фуцзянь, гораздо меньше шансов попасть в лучший университет, чем у студентов из Пекина или Шанхая. Тем не менее отец Цзэюя сохранил веру в «большой экзамен», настаивая на его способности «изменить судьбу». Несмотря на результаты сына, он был уверен, что положение его семьи улучшилось, ведь благодаря *гаокао* простые люди вроде него получали шанс дать отпор коррумпированному миру, где нет равенства. По его словам, «*гаокао* — это единственное в Китае относительно честное соревнование» (*вэйи сяндуй гунпиндэ цзинчжэн*).

Миф меритократии

В Китае подобное мнение о *гаокао* можно услышать от многих: считается, что результаты обычных социальных состязаний определяются заранее, «за кулисами», благодаря связям, или *гуаньси*, поэтому подобные конкурсы пустые (*сюй*), фальшивые (*сюйцзя*) или поддельные (*цзоцзя*). Оценки *гаокао*, наоборот, выставляются во время экзамена, то есть публично, открыто, «на авансцене»[1], в соответствии с универсальными, основанными на правилах,

---

[1] Термин *front stage* (авансцена), который обсуждается ниже в главе 3, заимствован у Ирвинга Гофмана [Гофман 2000]. О бинарных оппозициях «пустой/полный» или «ложный/реальный» см. ценный сборник под редакцией Сюзанны Брегнбек и Миккеля Бункенборга [Bregnbæk, Bunkenborg 2017]. Мое эссе в этом томе содержит дальнейшее описание риторики пустоты/полноты и ее связи с *гаокао* [Howlett 2017].

показателями заслуг. Следовательно, *гаокао* — более или менее правдивый *(ши)*, настоящий *(сяньши)* и подлинный *(чжэньши)*.

Так или иначе, китайская элита «белых воротничков» и многие правительственные чиновники набираются из выпускников лучших вузов страны. По распространенному убеждению, на высших уровнях конкуренция за статус и власть сопряжена с сильной коррупцией. Однако в этом мире, где правит *гуаньси*, экзамен дает простым людям надежду на социальный лифт и даже на обретение общественного влияния и политической власти. С 1977 года *гаокао*, восстановленный после десятилетнего перерыва во время «культурной революции» (1966–1976), укрепляет веру, что каждый способен изменить судьбу. *Гаокао* убеждает, что конкуренция может быть справедливой, и в Китае многие считают экзамен краеугольным камнем меритократии. Под меритократией я подразумеваю общество, в котором правящая элита отбирается на основе индивидуальных заслуг посредством прозрачной конкуренции.

К сожалению, меритократия в значительной степени представляет собой миф. В эпоху реформ и открытости после Мао (с 1978 года по настоящее время) страна быстро развивалась, выведя сотни миллионов людей из нищеты. Однако также резко усилилось социальное неравенство, что привело к большим диспропорциям в возможностях получения образования и в результатах экзаменов между различными регионами и социально-экономическими группами [Hannum 1999; Хуан 2012; Khor et al. 2016; Liu 2013; Obendiek 2016; Wang et al. 2013; Yeung 2013]. В таких условиях социальное происхождение и другие случайности рождения имеют большее значение, чем то, во что заставляет нас верить идеология меритократии, поэтому, заявляя, что она — это миф, я прежде всего имею в виду проблему социального равенства. Я не принижаю тех, кто успешно сдал экзамены, и не считаю, что им не хватает достижений (хотя вопрос о том, какие именно достижения должна поощрять система образования, остается открытым). Напротив, я утверждаю, что отличники демонстрируют бо́льшие заслуги, но возможности для их накопления распределены неравномерно.

С этим тесно связано и другое явление, показывающее мифичность меритократии. Будучи системой убеждений и практик, она питается рассказами об успехе — историями о темных лошадках, которые меняют свою судьбу. Они сами по себе становятся источниками убедительных мифов — без них вера в меритократию померкла бы и умерла. Конечно, скептик возразит, что эти истории относятся к объективной реальности: система *гаокао* действительно производит экстраординарных атлетов-экзаменующихся, которые меняют свою судьбу, виртуозно проявляя достоинства. Без сомнения, такие люди существуют: сам Цзэюй был близок к воплощению этого идеала. Однако его ситуация также высвечивает проблему. Рассказы о темных лошадках — мифы, потому что в этом случае обещания превосходят реальность. В действительности такие промахи, как у Цзэюя, случаются гораздо чаще. В начале 1980-х годов казалось, что *гаокао* может стать важным лифтом мобильности для выходцев из сельской местности [Liang et al. 2012]. Однако в последние десятилетия эта лазейка сузилась [Wang et al. 2013; Yeung 2013; Yang 2006]. Исключения лишь подтверждают правило.

Но чем объясняется удивительная устойчивость историй успеха *гаокао*, этих мифов о меритократии? Ответ сложен, однако ключевой момент заключается в результатах экзаменов: часто представляемые как достижение, они на самом деле социально обусловлены. Индивиды не добиваются высоких результатов в вакууме, а скорее используют ресурсы, которые социологи в сфере образования, вслед за Пьером Бурдьё, называют различными формами капитала [Бурдьё 2001, 2002; Бурдьё, Пассрон 2007]. Семьи полагаются на связи, чтобы устроить детей в хорошие школы (это социальный капитал). Аналогичным образом дети с образованными родителями получают преимущество в учебе благодаря академическим знаниям своей семьи, предположительно обеспечивающей превосходную домашнюю среду (это культурный капитал). А богатые родители, то есть обладающие большим экономическим капиталом, могут трансформировать его в другие формы капитала: например, компенсировать дефицит социального, подкупая школьных чиновников, или культурного капитала, оплачивая внеклассные занятия. Целью выступает приобретение того, что социологи называют символическим капиталом, парадигму которого формируют документы об образовании [Bourdieu 1991; Бурдьё 2001, 2002; Бурдьё, Пассрон 2007].

В итоге добившиеся значительных успехов в учебе обычно имеют в своем прошлом нечто особенное, что сделало такие достижения возможными. В историях темных лошадок и лучших на экзаменах люди, как правило, видят отражение героических способностей отдельных личностей. Однако чаще всего чемпионы не добились бы таких успехов в одиночку. Дочь фермера, поступившая в университет Цинхуа (который занимает первое место в рейтинге китайских вузов вместе с Пекинским университетом), в то же время приходится племянницей старшему преподавателю средней школы. Сын рабочего-мигранта, поступивший в Пекинский университет (также известный как Университет Бэйцзин), с раннего возраста был отдан на воспитание образованной тете, которая охотно взяла на себя эту обязанность, поскольку ее менее образованный брат или сестра материально поддерживали ее во время учебы в вузе. Необычайная мотивация отца Цзэюя, безусловно, сыграла роль в успехе сына.

Однако *гаокао* и подобные ему экзамены, по сути, сводят на нет вклад родителей, родственников, учителей и школ. Не учитывая его, результаты тестов преувеличивают степень собственных усилий сдающих, отчего родители и дети рассматривают эти результаты как индивидуальные достижения.

Гаокао не только отбирает по заслугам, но и формирует веру в индивидуальные заслуги. Я бы сказал, что в определенном смысле экзамен также создает отдельных личностей, и в этом заключается его важная культурная функция. Даже в высокоэгалитарных обществах, в основе которых лежали различные объединения, у каждого человека имелось собственное тело, желания, личные качества и пр. Однако люди неизбежно связаны с социальным контекстом; они существуют только в диалоге и взаимодействии с другими. Важно отделить общечеловеческий опыт обладания телом, личными качествами и т. д. от культурно-специфических представлений индивидуализма. Последние в значительной степени связаны с понятием об индивидуальных заслугах, по всей видимости, которое весьма распространено в таких сложных рыночных обществах, как Китай.

Китайское общество представляет особый интерес сочетанием высокой степени индивидуализма и сильного акцента на семейных связях и социальных отношениях. Второе, по утверждению китайских антропологов, утрачивается: общество становится все более индивидуалистическим в результате экономических реформ [Hansen 2015; Yan 2003]. Это, безусловно, верно. Благодаря рыночным реформам все более широкие слои населения втягиваются в атомизирующую культурную этику экономической конкуренции, где «человек человеку волк», и нарциссического стремления к личному счастью. Однако в некоторой степени эти научные постулаты недооценивают историю индивидов и индивидуализма в Китае. Китай уже давно обладает высокоразвитой формой безличной бюрократии [Yang 1994]. За столетия до того, как подобные экзамены были приняты на Западе, имперские гражданские экзамены в Китае (и аналогичные им в Корее и Вьетнаме) развивали и превозносили миф об индивидуальных заслугах посредством открытых и анонимных конкурентных экзаменов [Elman 2013; Woodside 2006].

Как и раньше, этот миф влечет значимые социальные и психологические последствия. Подобно предшествовавшей императорской экзаменационной системе, *гаокао* превращает общественный труд родителей, учителей и школ в меру индивидуальных заслуг, выраженную тестовым баллом или экзаменационным рейтингом, наделяющими успешного кандидата харизмой — качеством, подобным божественному дару [Вебер 1988]. Бурдьё сказал бы, что экзамен поощряет ошибочно принимать социальный труд (в форме социального, культурного и экономического капитала) за индивидуальные заслуги [Бурдьё 2001, 2002; Бурдьё, Пассрон 2007]. Так миф об индивидуальных заслугах формирует то, что социальные мыслители называют идеологией. В обиходе под ней обычно понимают набор убеждений или идей, которые продвигает правительство, партия или организация, однако антропологи и социальные теоретики дают ей более специализированное определение. Проще говоря, идеология — это культурная система убеждений и практик, которая закрепляет неравный статус-кво [Маркс 1988]. Марксистские мыслители иногда называют идеологию «ложным сознанием». Рассматривая заслуги через искажающую призму идеологии, люди склонны как чрезмерно преувеличивать их в случае успеха, так и винить себя за неудачи. Цзэюй сетует на недостаток «психологического настроя», но несомненно, что социальное неравенство также воспрепятствовало ему в достижении мечты.

Словом, две стороны мифа о меритократии указывают на противоречие. Несмотря на ложное обещание социального уравнивания (первый миф о меритократии), *гаокао* обращает большинство китайцев в веру в индивидуальные заслуги (второй миф о меритократии). Почему экзаменуемые и их семьи продолжают верить в относительную справедливость *гаокао* и, как следствие, в справедливость того жребия, который выпадает им в жизни, несмотря на огромные пропасти Китая в образовательных возможностях и достижениях? Это главный вопрос, поставленный в настоящей книге.

Теория ошибочного признания индивидуальных заслуг дает ответ лишь отчасти. При всей своей полезности она скорее предлагает аксиому, нежели объяснение. Процесс превращения общественного труда в индивидуальные заслуги в значительной степени остается «черным ящиком». Авторитетным объяснением можно считать воплощение труда родителей, родственников и учителей (и сопутствующих форм капитала) в учениках [Bourdieu 1977, 1984, Бурдьё 2002]. Однако такой подход нивелирует достоинства экзаменуемых. Например, он мало объясняет отличия трудолюбия или настойчивости от самообладания или удачи, а также роль этих качеств на экзамене; и не только сводит на нет заслуги, но принижает и труд. Родители, родственники и учителя прикладывают гораздо больше усилий, чем можно было бы предположить на языке трансформаций капитала. Их труд представляет собой не простое вливание капитала, а включает в себя большой компонент того, что Тереза Куан [Kuan 2015] называет искусным распоряжением вещами, то есть созданием условий, способствующих успеху.

У теории ошибочного признания есть и другой недостаток: она склонна рассматривать отдельные судьбы и личности как обусловленные объективными социальными структурами, не уделяя должного внимания личным действиям и моральным усилиям. Социальные теории в основном рассматривают отношения между структурой и агентностью, а теория ошибочного признания тяготеет к структуре. В социологии Бурдьё классовое положение человека и его социальное окружение более или менее предопределяют результаты его образования. Это полезная модель для выявления закономерностей неравенства, но она сводит человеческий опыт к механическому выполнению социальных предначертаний. В своем изложении, чтобы в полной мере отдать должное экзамену, я оставляю пространство для случайных событий, сильных личностей и исключительных моральных усилий.

Если *гаокао* — машина для преобразования общественного труда в индивидуальные заслуги, то моя цель в этой книге — заглянуть в этот «черный ящик» и изучить его работу. В частности, я хочу подчеркнуть роль самих участников тестирования. Ошибочное признание общественного труда за индивидуальную заслугу происходит не автоматически, а требует огромных душевных усилий тех, кто находится в центре этой драмы. Экзаменуемые усердно работают в течение 12 лет (что в их возрасте составляет бо́льшую часть жизни), чтобы обрести культурный потенциал и качества, необходимые для участия в экзамене. Именно этот труд, наряду с усилиями родителей, школ и других людей, приводит в движение механизм ошибочного признания.

Это подводит нас к очередному важному аспекту экзамена, которому не принято уделять внимание, а именно — мотивации. Система *гаокао* помогает оправдать и воспроизводить социальное неравенство, однако что заставляет экзаменуемых так усердно трудиться? Неужели их просто обманом заставили поверить в идеологию? На мой взгляд, такая формулировка не делает им чести. Скорее, экзаменуемые и те, кто их поддерживают (учителя, родители и руководство школ), стремятся воплотить миф о меритократии, пусть даже сами часто и болезненно осознают его противоречия. В какой-то степени экзамен навязывается экзаменуемым; многие не видят иного выбора, кроме как участвовать в соревновании. У большинства экзаменуемых завышенное представление о своих шансах, но они также понимают, что система образования в Китае несправедлива. Тем не менее большинство жаждет добиться признания, которое дает экзамен, и поэтому охотно подчиняется его дисциплине. Ради этого они неустанно трудятся, развивая способности и качества, которых требует успех, и в основном благоговеют перед *гаокао*, хотя и сохраняют двойственное отношение к китайской системе образования в целом.

Эта книга освещает морально-этические аспекты *гаокао* и подобных экзаменов. Стандартизированные экзамены принято критиковать за безнравственность сведения человека к тестовому баллу, а образования — к соревнованию [Kohn 2000]. Я разделяю эти критические замечания. Но для того, чтобы добиться долгосрочного успеха в реформировании экзаменационных систем, необходимо понять их культурное значение, особенно то, как ими пользуются сами экзаменуемые, чтобы наполнить жизнь экзистенциальным смыслом. Применяя этот подход, я опираюсь на работы в области антропологии и социологии образования, которые фокусируются на неявных уроках школьного образования, часто неосознанных ценностях, привычках и идеалах характера, которые дети приобретают, посещая школу [Бурдьё, Пассрон 2007; Foley 1990; Demerath 2009; Stafford 1995; Willis 1981]. Эти уроки нередко имеют большее значение в жизни детей, чем содержание учебников. Если последнее можно забыть, то первое остается на всю жизнь.

Антропология, в чем состоит ее большой вклад в изучение образования, позволяет анализировать образовательные системы в широкой сравнительной перспективе: *гаокао* можно плодотворно сравнивать не только с экзаменами, но и другими типами явлений в разных культурах. Опираясь на нее, в последующих рассуждениях я исхожу из того, что *гаокао* — судьбоносный обряд перехода: типичное социальное событие, с помощью которого люди пытаются достичь общественного признания олицетворением высших культурных добродетелей. Достоинства в *гаокао* включают в себя трудолюбие, упорство, самообладание, почтительность к родителям, а также божественную благосклонность или удачу.

Судьбоносный обряд перехода

Как отмечает социолог Ирвинг Гофман [Goffman 1967], большинство событий либо недетерминированы, либо имеют последствия, но не то и другое одновременно. Под недетерминированностью Гофман подразумевает непредсказуемость: недетерминированные события структурированы таким образом, что их исход неясен. Под вторыми он понимает значимые. События, имеющие последствия, создают или уничтожают ценное (будь то деньги, слава, статус, престиж или что-то еще), в результате чего люди становятся лучше или хуже.

Представьте себе езду на автомобиле. Она влечет серьезные последствия: в любой момент можно лишиться жизни. Однако при соблюдении правил вождение обычно не так опасно. В отличие от этого, другие события непредсказуемы, но не имеют последствий. Возьмем, к примеру, беседу с друзьями. Непредсказуемость означает, что в разговоре можно сказать или сделать что-то, о чем потом можно пожалеть. Однако, как правило, эти ошибки не имеют серьезных последствий.

Судьбоносные события особенны тем, что сочетают последствия и случайности: это экзамены, выборы, спортивные соревнования, дуэли, войны и судебные процессы. Соблазнение может быть судьбоносным, как и предложение руки и сердца. К этой категории относятся и некоторые события большой важности, например премьера спектакля. А различные виды экономической деятельности, включая рыбалку, охоту, сбор урожая, ставки на фондовом рынке и некоторые деловые операции, сочетают в себе непредсказуемость и последствия. В дополнение к таким запланированным действиям, неорганизованные происшествия и бедствия также могут иметь судьбоносное значение. Аварии и стихийные бедствия неожиданно ставят людей в непредсказуемые ситуации, в которых каждое действие может иметь роковые последствия. Наконец, судьбоносными могут быть и жизненные решения. Экономические мигранты, например, делают судьбоносную ставку, когда решают оставить все привычное, чтобы попытать счастья в чужом краю. *Гаокао* представляет собой именно такое судьбоносное пересечение неопределенного результата и серьезных последствий; это судьбоносное испытание достижений с китайской спецификой.

Все судьбоносные события — обряды перехода или ритуалы. Многие, не имеющие антропологической подготовки, под этим термином подразумевают обряды инициации, знаменующие переход от детства к взрослой жизни. Без сомнения, *гаокао* выполняет эту функцию, но в антропологическом понимании обряд перехода имеет более широкое значение. Он относится к любому событию, которое торжественно закрепляет переход из одного статуса в другой. Помимо ритуалов инициации, наиболее известные примеры — свадьбы и похороны (или погребальные обряды, как их называют антропологи). Однако даже повседневные события можно анализировать как обряды перехода.

Например, вы сталкиваетесь с кем-то в коридоре — это обыденный, но потенциально неприятный инцидент. Статус сторон тут же становится двусмысленным: еще мгновение назад участники были социально равны и имели одинаковые права на беспрепятственное передвижение в общественном пространстве, однако внезапный инцидент ставит этот статус под сомнение. Одна или обе стороны, чтобы избежать неловкости или конфликта, должны помириться, шаблонно извинившись за происшествие. Это извинение — маленький ритуал перехода.

Все обряды перехода имеют базовую трехчастную структуру, включающую разделение, переход и воссоединение [Геннеп 1999; Turner 1977]. Во время этих ритуалов сначала происходит отделение от прежнего статуса, после чего начинается переход в промежуточное, или лиминарное, состояние. После некоторого периода, который может быть долгим или коротким, происходит интеграция в обычную жизнь. В примере со столкнове-

ем в коридоре цель состоит в стирании переходной двусмыслен-
ности, которая следует за этим происшествием, и возвращении
участников к их нормальному социальному статусу.

Но многие обряды перехода направлены на преобразование
или изменение статуса. Например, на свадьбе новобрачные меняют статус с незамужних/неженатых на замужних/женатых (тем
самым соединяя две семьи). На похоронах заботятся об упоря-
доченном переходе душ в загробный мир, а также о том, чтобы
дать скорбящим одобренный обществом повод для скорби.

Общество, как видно по приведенным примерам, не статично.
Даже в простых небольших сообществах статус отдельных людей
постоянно меняется. Жизнь — это риск. Статус-кво никогда не
бывает постоянным, над ним вечно нависают угрозы. Одна из
них — амбиции: люди зачастую нарушают иерархию в стремлении к статусу и славе. Многие другие угрозы возникают по относительно непроизвольным причинам, таким как неизбежное
взросление детей, которые должны быть реинтегрированы
в общество, став взрослыми. Наконец, в жизни человека постоянно происходят случайные или нечаянные события, таящие
в себе опасность, которую необходимо преодолеть, или предо-
ставляющие возможности. Возьмем, например, стихийное бед-
ствие или нападение. Поскольку они нарушают порядок и вводят
людей в лиминарное состояние, такие события представляют
собой обряд перехода — особенно рискованный и чреватый
последствиями.

Все судьбоносные события выступают обрядами перехода, но
не все обряды перехода считаются судьбоносными событиями.
Возьмем, к примеру, свадьбу: если у нее неожиданный исход, это,
как правило, плохой знак, говорящий о том, что либо невеста,
либо жених струсили. Таким образом, свадьба, хотя и имеет
большое значение, обычно не так уж и опасна. Однако при ближайшем рассмотрении оказывается, что поразительно большое
число ритуалов характеризуется неопределенностью и огромной
значимостью, особенно если рассматривать их с точки зрения
участников. Подумайте об обрядах инициации — они считаются
такими же предрешенными, как свадьба. Но во многих случаях

в них присутствует немалый компонент неопределенности или случайности, и поэтому они представляют собой судьбоносные испытания достоинств, требующие проявления таких культурных добродетелей, как храбрость, самообладание и эрудированность[2]. Зачастую считается, что инициации происходят только в относительно простых небольших обществах или, возможно, в клубах или бандах. Однако обряды инициации играют важную роль и в сложных рыночных обществах, таких как Китай: школу в них можно рассматривать как длительную серию взаимосвязанных обрядов посвящения, чьи участники, подобно сверстникам во многих небольших традиционных обществах, проходят через ряд возрастных переходов. Дети, попадая в систему, расстаются с дошкольным детством. После 12 лет учебы в школе они по мнению закона (в той или иной степени), а также общества начинают считаться взрослыми людьми.

В Китае, как и в других странах, центральное место в этом процессе занимают экзамены. Перевод в следующий класс зависит от их сдачи. С увеличением сложности экзамены постепенно становятся интенсивной тренировкой в преддверии главного испытания — *гаокао*. Между средними (7–9 классы) и старшими классами (10–12 классы) ученики сдают вступительный экзамен, который определяет, где они будут учиться. Успешно сдавшие его (это около 50 %) проходят три года дополнительного обучения в школе, после чего им предстоит последняя битва[3].

Гаокао — кульминационное событие в длинном ряду подобных обрядов. Как и участники других обрядов посвящения, те, кому

---

[2] В качестве примера можно привести ритуал инициации у народа самбия в Папуа — Новой Гвинее [Herdt 1981]. Мальчиков учат засовывать в нос жесткие острые кусочки травы до тех пор, пока не пойдет кровь. Сначала они подвергаются этой практике со стороны других, а затем учатся выполнять ее самостоятельно. Умение хладнокровно осуществлять это действие служит проверкой на мужественность. Подобный самоконтроль символизирует способность спокойно противостоять жестокости — отличительное качество войнов племени самбия [Herdt 1981: 204, 224, 246].

[3] См. ниже дальнейшие рассуждения о переходе в следующий класс и системе *гаокао*.

предстоит *гаокао*, считают его судьбоносным испытанием достижений, которое позволяет им продемонстрировать свои превосходные моральные качества.

Рабочий и этический характер

Заслуга включает в себя как рабочий, так и этический характеры[4]. Первое относится к добродетелям, необходимым для достижения успеха в судьбоносных событиях, второе — к моральным аспектам, подтвержденным этим успехом. На практике оба понятия сильно различаются. Например, в Китае трудолюбие одновременно считается и необходимым компонентом для успешной сдачи *гаокао*, и идеалом рабочего характера. Тем не менее различение рабочего и этического характеров эвристически полезно.

Как показывает экзаменационный опыт Цзэюя, характер работы на *гаокао* включает в себя минимум четыре аспекта — это трудолюбие, упорство, самообладание или психологическая устойчивость, а также божественная благосклонность или удача. В измененном виде подобные качества важны не только на *гаокао*, но и в прочих судьбоносных событиях в Китае и других странах, где проявляются по-своему: разные типы судьбоносных событий требуют их наличия в разных пропорциях. Однако повсеместно судьбоносные события структурно схожи отчасти потому, что большинство людей располагают одинаковым базовым инвентарем (в первую очередь телом). Таким образом, в рабочем характере проявляется межкультурное сходство.

Важные события обычно требуют особых приемов работы с телом и умственных привычек, которые зачастую приобретаются только долгими годами тренировок. В Китае усердие выра-

---

[4] См. формулировку этого различения, ставшую популярной в обсуждениях «воспитания характера» в США, в работе Ликона и Дэвидсона [Lickona, Davidson 2005]. «Этический характер» обычно называют «моральным характером», но я предпочитаю первое, поскольку оно подчеркивает социальные и культурные аспекты характера личности.

жается в усидчивости, необходимой для обретения этих навыков. По той же причине в роковой момент важно проявить умение не сдаваться перед лицом трудностей. В Китае это качество обычно называют упорством. Растущее число исследователей называют его *grit* (твердость характера, мужество, выдержка) [Duckworth et al. 2007] или *resilience* (жизнестойкость, стрессоустойчивость) [Luthar et al. 2000]. Более того, участники судьбоносных событий должны справляться со стрессом. В решающую минуту приходится противостоять собственному телу, которое вдруг начинает казаться чужим, — справляться с учащенным сердцебиением, потливостью, дрожью в руках. Самоконтроль также подразумевает и хладнокровие.

Наконец, на результативность неизбежно влияют факторы, находящиеся вне индивидуального контроля человека. Судьбоносные события не предопределены, они сопряжены с риском и ненадежны, и случайности могут вмешаться в них с роковыми последствиями. Во многих типах роковых событий, таких как азартные игры с высокими ставками, случайность даже культивируется и выдвигается на первый план. Но случайные результаты нельзя объяснить одним обращением к обычным формам проявления только характера работы, поэтому у людей повсюду есть представление об удаче, судьбе или божественной благосклонности.

Как я уже говорил выше, к достоинствам относится не только рабочий характер, но и этические аспекты личности, которые отличаются большой культурной вариативностью. В Китае добродетели рабочего характера, то есть трудолюбие, упорство, самообладание и удача, часто понимаются как показатель почтительности к родителям (*сяошунь*), а также благородства ученого или культурного человека (*цзюньцзы*). В последние годы разработчики экзаменационных тестов пытаются реформировать *гаокао*, чтобы подчеркнуть различные аспекты всеобъемлющего качества (*цзунхэ сучжи*), включая творчество и инновации. Но этические ценности, которые проповедует экзамен, ограничены его индивидуалистической направленностью. Как в Китае, так и в других странах судьбоносные события, связанные с сообществом и командной работой, могут подчеркивать совершенно иные концепции этического характера, такие как координация, эмпатия, самопожертвование и т. д.

Парадокс характера и вопрос структуры и агентности

Гофман [Goffman 1967] отмечает парадоксальность обыденного, или народного, понимания характера. Люди полагают, что он проходит проверку временем, а значит, может считаться постоянным свойством человека. В то же время качества характера требуется периодически демонстрировать или подвергать проверке. Гофман предполагает, что этот парадокс соответствует двум важным социальным потребностям, которые призвано удовлетворять любое общество. Первая состоит в обеспечении морали и мотивации, то есть создании впечатления (истинного или ошибочного), что в моментах жизни можно что-то выиграть или проиграть — иными словами, что жизнь стоит игры. Другая заключается в поддержании социальной преемственности и порядка, которые обеспечиваются олицетворением людьми важных социальных ценностей.

Судьбоносные обряды важны для удовлетворения обеих социальных потребностей. Они не только предоставляют возможность продемонстрировать свой характер, но и требуют пройти специальное обучение и подготовку, которые в первую очередь формируют его. Эта функция формирования характера особенно ярко выражена в таких судьбоносных обрядах инициации, как *гаокао*, в ходе которых выбираются и воспитываются лидеры. Подобные мероприятия также выполняют важную легитимизирующую функцию. Подготовка к ним социализирует тех, кто не будет избран, для принятия избранных.

Я полагаю, что судьбоносные обряды перехода могут оказывать такой эффект, потому что на индивидуальном уровне они помогают решить общую экзистенциальную дилемму — вопрос о структуре и агентности. Как отмечалось выше, им обычно задаются социальные теоретики. Бо́льшая часть теоретической работы в антропологии и смежных дисциплинах сосредоточена на этой проблеме, рассматривающей, в какой степени люди сами определяют свою судьбу и в какой степени их судьбы определяются социальными обстоятельствами. В своем исследовании я не задаюсь целью дополнить эти рассуждения и не пытаюсь придумать что-то лучшее для понимания взаимосвязи между социальной организацией и личной деятельностью. Скорее, я хочу подчеркнуть, что вопрос о структуре и действии — это вопрос, который касается не только ученых, но и простых людей.

Дилемму, с которой все постоянно сталкиваются в повседневности, можно кратко сформулировать как экзистенциальный вопрос: создал ли я сам свою судьбу или судьба создала меня? Конечно, всегда верно и то, и другое, и поэтому на него нельзя ответить однозначно. С экзистенциальной точки зрения цель скорее состоит в том, чтобы удерживать эти два полюса существования — субъективное и объективное — в продуктивном напряжении [Jackson 2005; Винникотт 2002]. Если человек тяготеет к субъективному полюсу, приписывая себе слишком большую власть вершить судьбы, то возникает опасность психоза: он начинает погружаться в мир своих фантазий. Если же он смещается (или вынужден смещаться) в сторону объективного полюса, фокусируясь на не зависящих от него обстоятельствах, то сталкивается с не менее страшными, но взаимодополняющими опасностями — отчуждением и неврозом. Человек рискует стать живым автоматом, который определяется другими и, таким образом, мертв для мира [Лакан 1995].

Тогда становится ясно, что парадокс характера, на который указывает Гофман, — симптом этой фундаментальной экзистенциальной проблемы. Потребность постоянства характера представляет объективный полюс существования (требования общества), а потребность в его демонстрации — субъективный полюс (стремление индивидов). Этот парадокс ярко выражает китайское слово «судьба» (*минъюнь*), образованное сочетанием понятий «судьба» (*мин*), воспринимаемая как божественное определение, и «движение» или «удача» (*юнь*), которая восприимчива к контролю. Это сочетание отсылает к обеим сторонам существования: объективной детерминации, непрерывности и застою, с одной стороны, и индивидуальным стремлениям, изменениям и подвижности — с другой. Стремясь изменить или преобразовать судьбу с помощью *гаокао*, люди задаются вопросом о структуре и действии не теоретически, а фактически, посредством своей ритуальной практики.

В той или иной степени все ритуалы, судьбоносные или нет, позволяют разрешать парадокс структуры и агентности. Даже обыденные ритуалы могут создать лиминарное, переходное пространство, в котором люди, совместно строя реальность, могут ощутить экзистенциальное изобилие и самопреобразование [Puett 2015; Seligman et al. 2008]. Творческая игра также обладает этим качеством [Винникотт 2002]. Однако судьбоносные обряды перехода предоставляют особенно значимые возможности для обретения экзистенциального смысла. Именно поэтому в разных культурах столько мечтают и фантазируют о судьбоносных событиях, начиная с детских игр и популярной культуры и заканчивая великими традициями высокой литературы.

Экзистенциальное значение судьбоносных обрядов особенно ярко проявляется в тех, которые антрополог Марсель Мосс [Мосс 2011] именует тотальными социальными феноменами. Это социальные события, которые касаются почти каждого члена общества и мобилизуют огромные экономические ресурсы, становясь объектом всеобщего политического, социального и религиозного беспокойства. Мосс и его последователи в основном анализируют тотальные социальные феномены в относительно простых небольших обществах. Классические примеры, приводимые антропологами, — потлач на Тихоокеанском Северо-Западе и круг Кула в провинции Милн-Бей в Папуа — Новой Гвинее. Оба эти события обладают типичными характеристиками судьбоносных испытаний заслуг[5]. Но масштабные социальные ритуалы в сложных, ориентированных на рынок обществах

---

[5] Потлач — это агонистический ритуал обмена дарами, в котором племена и кланы соревнуются за контроль над мощными магическими амулетами и аристократическими титулами [Kan 2016]. В куле участники «рискуют жизнью и здоровьем, пересекая огромные просторы опасного океана» [Малиновский 2004] в соперничестве за социальное признание или «славу», которую дает обмен декоративными предметами [Munn 1986].

также можно анализировать как тотальные социальные феномены. В демократическом обществе выборы представляют собой институт аналогичной социальной значимости (по крайней мере, когда люди действительно голосуют). В Китае *гаокао* выступает именно таким тотальным социальным феноменом.

Мосс считает тотальные социальные феномены моментами общей социальной взаимности. Он имеет в виду, что эти события используют для борьбы за социальное признание, мобилизуя огромные экономические, социальные и культурные ресурсы. Как говорят в Китае о *гаокао*, человек выкладывается полностью (*пиньмин*) или буквально «ставит судьбу на кон». Однако любопытное и определяющее качество признания состоит в том, что его нельзя получить самому — его должны дать другие. В случае судьбоносных обрядов перехода, особенно тех, которые относятся к тотальным социальным фактам, признание зарабатывается проявлением высоких культурных достоинств. Это моменты взаимности, потому что признание получают в обмен на заслуги, которые приобретают или демонстрируют прямыми или косвенными способами через мобилизацию ресурсов.

Политика признания

Говоря, что проблема о структуре и агентности сформирована под влиянием общечеловеческого опыта, я не намерен игнорировать существующие культурные особенности. Этот экзистенциальный вопрос можно задать огромным количеством способов, дающих безграничное множество ответов. Тем не менее важно выявить не только культурные различия, но и сходства. Во-первых, понимание общих черт позволяет нам лучше оценить разнообразие: они подобны почве, из которой возникает последнее. Во-вторых, без понимания сходств мы рискуем переоценить различия. Сходства могут стать основой для достижения межкультурного понимания добра и зла. Например, культурное разнообразие само по себе создает одну из таких человеческих общностей, предполагающую, что мы должны ценить его.

Желание признания формирует еще одну такую человеческую общность — его можно вывести из основных качеств личности. Как упоминалось выше, людей нельзя считать индивидами в строгом смысле этого слова: они никогда не выступают суверенными субъектами, существующими до дискурса и языка. Напротив, они всегда существуют в диалоге и отношениях с другими, и именно поэтому не способны постичь экзистенциальный смысл, оставаясь дома и познавая себя (что приведет к психозу). Подобно экзаменующимся на *гаокао*, люди должны выйти в свет и испытывать судьбу. Таким образом, фраза «желание признания» избыточна. Желание — это именно та конститутивная нехватка, парадокс, когда мы не можем признать себя, но должны быть признаны другими [Батлер 2002].

В *гаокао* и подобных явлениях меня беспокоит неравномерное распределение возможностей социального признания для разных групп. В обществах с разными идеологиями этот процесс происходит по-своему, но в *гаокао*, как и в похожих явлениях в других меритократических обществах, организующей выступает идеология индивидуальных заслуг. Как я уже отмечал, некоторые находятся на лучшей позиции для достижения индивидуальных заслуг, нежели остальные, но из-за того, что этот судьбоносный обряд перехода поощряет людей брать на себя ответственность за проявление характера, он утверждает неравный статус-кво.

Последнее укрепляется также и тем, что *гаокао* побуждает приписывать судьбе то, что находится под контролем человека. Судьбоносные события содержат два типа неопределенности, которые я называю «агонистической» и «алеаторной». Агонистическая неопределенность появляется в результате межличностной конкуренции: она сопровождает схватку двух равных боксеров на ринге или двух учеников, одинаково хорошо подготовленных к сдаче экзамена. Один из них победит, но кто? Этого нельзя знать, пока они не закончат соревнование. Алеаторная неопределенность относится к событиям, не зависящим от человека, таким как здоровье или погода в день экзамена (до недавнего времени в большинстве мест сдачи не было кондиционеров). Конечно, это различие между агонистической и алеаторной неопределенностью в основном эвристическое; его следует рассматривать как спектр, а не четкое разделение. Здесь ключевым моментом выступает смешение людьми этих двух типов неопределенности, приписывание судьбе и другим магически-религиозным категориям того, что создано человеком: так, за последствия социального неравенства обычно винят судьбу, хотя оно на самом деле — результат социальной конкуренции за ресурсы. Конечно, случайности рождения не зависят от человека. Никто не выбирает, кем родиться — мужчиной или женщиной, ребенком фермера или чиновника, но разные возможности этих групп обусловлены их социальным положением, которое определяет не судьба, а культура и история. Признавая судьбу, люди отодвигают на второй план социальные истоки неравенства. Таким образом, признание роли судьбы формирует важный аспект идеологической роли *гаокао*.

Однако, подчеркивая идеологическую роль судьбоносных обрядов, я не приписываю людям всех времен и народов универсальное стремление к свободе. Концепция идеологии, берущая начало в работах Маркса, справедливо критиковалась за универсализацию (с культурной и исторической точки зрения) частных забот человека, а именно стремления к освобождению от социальных уз, включая религию, семью, класс и т. д. Критики утверждают, что такого рода освободительная политика — узкокультурный продукт современных западных субъектов [Махмуд 2023; Strathern 1988]. С этим можно согласиться с оговоркой, что западные общества не обладают монополией на такую политику; скорее, она в той или иной форме возникает в любом достаточно сложном, рыночно ориентированном обществе, включая позднеимператорский Китай.

Гораздо шире, в отличие от современной освобождающей политики, распространена политика признания. По иронии, даже в относительно открытых меритократических обществах люди должны дисциплинировать себя, чтобы стать образцами культурной добродетели, необходимой для обретения власти и признания. Возьмем пример пианиста-виртуоза, который должен тренироваться годами, чтобы получить признание в судьбоносные моменты исполнения [Махмуд 2023]. Аналогичным образом участники *гаокао* готовятся более десяти лет, практически все детство, ради успеха на экзамене. Признание, которого они добиваются посредством демонстрации своих знаний — события, которому придается чуть ли не религиозное значение, — в ходе мероприятия, основанного непосредственно на их оценке, облегчает им процесс реализации себя в семье, где они стремятся стать примерным ребенком или супругом [Howlett 2020].

Культурная логика меритократии: креденциализм, гегемония и почтительность к родителям

Поскольку в каждом обществе социализация подразумевает восприятие своей элиты как образца высших достоинств, все культуры можно считать меритократиями. Однако этот термин я преимущественно использую в более узком смысле: в данной работе он относится к культурам, в которых документы об образовании играют важную роль в подтверждении статуса элиты. Обычно, если не всегда, это сложные рыночные общества.

Меритократические культуры сильно различаются в зависимости от времени и места, но их идеологические основы имеют общие черты. Люди верят, что успех соразмерен индивидуальным заслугам, оцениваемым универсальными рациональными авторитетами, доказательства благосклонности которых следует искать в плодах усердного земного труда. К таким авторитетам относятся основанные на системе правил институты: экзамен, суд и рынок. Последние в представлении верящих в меритократию регулируются еще более великими трансцендентными инстанциями — нацией, невидимой рукой, природой или божественными существами.

Документы об образовании выполняют важную функцию входного контроля укреплением идеологии индивидуальных заслуг и таким образом гарантируют элитам возможность установить относительную монополию на социальную и экономическую власть, одновременно усиливая миф об открытой конкуренции. Однако элиты не образуют однородный класс, а, скорее, состоят из групп, чьи интересы могут пересекаться или конфликтовать. В таком большом обществе, как Китай, сосуществуют местные, региональные и национальные элиты. Важны и другие социальные различия, в том числе этнические (в Китае официально признаны 55 меньшинств, в основном уступающие титульной нации хань в образовании). В какой-то степени можно отдельно рассматривать социальные группы, разделенные по половому признаку. Китай, как и большинство стран, патриархален: здесь за многовековую историю экзаменов женщины лишь недавно получили право в них участвовать. Хотя девочки в школах учатся лучше, чем мальчики, женщины в Китае, как и в других странах, по-прежнему не допускаются на высшие уровни социальной и политической власти.

В борьбе за монополию на образование не доминирует ни одна социальная группа: скорее, элиты ведут переговоры друг с другом за кусок пирога, в том числе договариваются и о содержании экзаменов, особенно дающих право перехода, таких как *гаокао*. На первый взгляд кажется, что переговоры касаются идеалов характера. Однако на более глубоком уровне лежит социальная борьба. Разные группы стремятся закрепить канонический статус в образовательной программе для содержания, которое будет отвечать их интересам. Такие переговоры я называю гегемонистскими, поскольку относительно доминирующие группы (региональные и национальные элиты) должны получить согласие, зачастую неохотное, более слабых групп (например, местных сельских элит). Концепция гегемонии, теоретически разработанная марксистским мыслителем Антонио Грамши [Gramsci 1971], относится к такого рода альянсам элит. Местные могут не обладать определенными формами социальной и экономической власти, но доминирующие элиты нуждаются в молчаливом согласии первых для обеспечения социальной стабильности. Даже в таком авторитарном обществе, как Китай, содержание экзаменов должно быть согласовано. На деле переговоры могут быть особенно важны в подобном китайском обществе, где экзамен важен для укрепления мифа о меритократии.

Заявленная цель экзамена заключается в справедливом отборе достойных кандидатов в соответствии с объективными универсальными критериями, однако, поскольку его содержание — всегда результат гегемонистских переговоров между элитами, полагаемая объективной оценка неизбежно отражает отдельные интересы. Таким образом, стандартизированные экзамены, как и другие рассчитывающие критерии системы (бюрократические механизмы ранжирования), никогда не могут в полной мере отразить уникальности человеческого существования [Derrida 1989]. Личные истории людей слишком уникальны, чтобы их было можно справедливо измерить оценкой теста.

В результате такой культурной логики меритократия порождает двойную тревожность. С одной стороны, загрязняющие частные влияния всегда преследуют невозможный идеал — достижения универсального отбора. Лихорадочный аскетизм экзаменационного ритуала — 12 лет строгой самоотдачи ради последней битвы — проистекает из тщетного желания стереть все следы этого влияния. С другой стороны, каждый чувствует личную ответственность за свои заслуги — за достижение признания со стороны других людей, рынка, государства и (во многих случаях) божественных существ или самого Бога. Это ужасающее чувство личной ответственности означает, что каждый член меритократического общества в конечном счете сталкивается со своей судьбой в одиночку.

По этим причинам усердный труд в меритократических культурах наделяется большой духовной ценностью. В европейском контексте Макс Вебер [Вебер 1990] указывает, что немецкое слово, обозначающее профессию или занятие — *Beruf*, — буквально означает «призвание, данное Богом». Я полагаю, что ему аналогично китайское *шие*, который обычно переводят как 'начинание', 'дело', 'занятие' или 'миссия'. Как и *Beruf*, этот термин подразумевает, что человек самостоятельно создает судьбу благодаря преданности какому-либо занятию. В императорском Китае кандидаты, претендующие на экзаменационную славу, называли подготовку к нему своим занятием (*e*) [Chaffee 1995: 4].

Сейчас в Китае, как и в императорские времена, наисвященным занятием считается воспитание следующего поколения: традиционно сыновей, но все чаще и дочерей. В меритократических обществах повсеместно наблюдается парадокс: люди стремятся к индивидуальному успеху, чтобы исполнить свои социальные обязательства. Наиболее ярко это проявляется в Китае, где сочетаются высокоразвитые культуры меритократии и почтительности к родителям (*сяо*). Последний термин обозначает долг почитать родителей и предков, что, по мнению исследователей, относится к конфуцианскому наследию Китая. Однако почтительность к родителям также прививается в китайских семьях [Sangren 2013]. К какому бы призванию люди ни стремились, они обычно утверждают, что их настоящая миссия в жизни заключается в воспитании детей, которые позаботятся о них в старости и продолжат род. Таким образом, дети дают родителям смысл, защиту и искру бессмертия. Однако для детей (а каждый родитель и сам приходится ребенком) такая ситуация представляет собой экзистенциальную двойную связь [Bregnbæk 2016]. Чувство агентности и автономии у детей тесно переплетено с благочестивым следованием идеалу почтительного ребенка.

Правильное воплощение последнего подразумевает, что дети должны быть успешными. По этой причине родители обычно направляют все ресурсы, какие только могут накопить в других сферах деятельности, на образование своих детей. Подобное стремление к образованию распространено в Китае в поразительных масштабах [Kipnis 2011]. Как говорил отец Цзэюя, сборщик отходов: «Мое истинное призвание (*чжэньчжэндэ ши*) — это воспитать сыновей. Все жертвы моей жизни ради них». Для многих, таких как отец Цзэюя, успех в воспитании детей служит ориентиром для успеха в целом — успеха, который свидетельствует о божественной благосклонности или кармических заслугах, поэтому экзамен — главное стремление, ради которого люди занимаются разными видами экономической и социальной деятельности: от миграции до брака, от покупки дома до предпринимательства.

В каждом из перечисленных видов деятельности заложен момент судьбоносного действия, которым проверяются культурные достоинства, но центральное место занимает экзамен, ради которого семьи, ищущие мобильности, прикладывают усилия и которым социальные элиты оправдывают свой статус. Широкие слои населения заняты тем, что историк Бенджамин Элман [Elman 2013] называет экзаменационной жизнью — жизнью, посвященной подготовке к сдаче экзаменов.

Меритократия в зеркале истории: дисциплинарные революции на Востоке и Западе

В Европе и Китае рост меритократии шел рука об руку с упадком аристократической власти. В эпоху Реформации и Просвещения (примерно XVI–XVIII века) аристократия слабела по мере того, как монархи заключали союзы с новой социальной группой — растущим средним классом или буржуазией. В Китае аналогичная трансформация произошла несколькими столетиями ранее, в период между династиями Тан и Сун (приблизительно VIII–XII века) [Bol 2008; Hartwell 1982]: старые аристократические семьи пришли в упадок, а новая меритократическая социальная группа — образованное сословие (*ши*) — установила симбиотические отношения с императорским двором. В европейском и китайском обществах упомянутые изменения совпали с коммерческой, технологической и экономической революциями. В новых условиях люди скромного социального происхождения могли накопить огромные состояния. С ростом социальной мобильности статус, приписываемый по рождению и крови, постепенно утратил свой блеск: новая элита все больше обосновывала свое положение через достигнутый с помощью титулов и полномочий статус [Linton 1936], и для управления этим процессом потребовались новые меритократические обряды перехода.

Экономические и социальные преобразования сопровождались растущей бюрократизацией, которая предвещала революцию другого рода — дисциплинарную [Gorski 2003]. В Европе и Китае власть суверена налагать запреты и наказания уменьшилась, поскольку существенная часть населения все больше посвящала свою жизнь аскетической дисциплине меритократического самосовершенствования, на что сильно повлияла религия.

Протестантское духовенство бюрократизировалось на два столетия раньше, чем само государство, и многие первые бюрократы были сыновьями священников. В Китае во время правления династии Сун (960–1279) параллельно с укреплением гражданских экзаменов происходило возрождение конфуцианства, оформившееся в неоконфуцианство или учение о пути (*дао сюэ*) [Bol 2008]. Согласно этому учению, каждый член общества (мужчина) нес личную ответственность за нравственное развитие империи посредством личного самосовершенствования [Bol 2008].

Во времена Тан (618–907) участвовать в экзаменах могла только аристократическая элита, которая была знакома с экзаменаторами лично. Напротив, позднеимператорские экзамены были открытыми, соревновательными и анонимными. Почти все мужчины могли участвовать в экзамене, а их личности были тщательно анонимизированы [Elman 2013; Miyazaki 1981]. Армии писцов копировали и переписывали экзаменационные работы, чтобы ни один проверяющий не мог узнать почерк своих учеников. Этот процесс нивелировал социальный статус экзаменуемых, позволяя им соревноваться только за счет индивидуальных заслуг. Хотя противоречивые взгляды на достижения все еще сохранялись, в основном те считались результатом прилежной учебы, а не врожденного таланта. Такой образ мышления исходил из эгалитарного побуждения конфуцианства — идеи, что, как говорил мудрец, «образование не делает различий между классами» (*юцзяо улэй*) [Ho 1962; Munro 2001]. Соответственно, постепенно менялась программа экзаменов, смещая упор с сочинения стихов, что требовало наличия огромного культурного капитала, к повторению классики и написанию высоко формализованных восьмичленных сочинений. Хотя для успешной сдачи экзаменов больше не требовалось демонстрировать поэтическую одаренность, лучшие кандидаты тем не менее были весьма харизматичными личностями. Пантеон популярных китайских божеств представляет собой небесную бюрократическую структуру, включающую по большей части бывших чиновников. Достижение успеха на экзаменах, особенно на высших уровнях, приближало к тому, чтобы стать богом [Yang 1967].

Гражданские экзамены представляли собой сложную систему, поддерживаемую сетью государственных школ по всей стране. Восхождение по экзаменационной лестнице означало перемещение в географической иерархии, из сельской местности — в города. Кандидаты были кочевниками, постоянно совершавшими паломничества в центры сдачи экзаменов. Экзамены на получение начальной степени или выдающегося таланта (*сюцай*) проводились на местах, а следующей степени — «возвышенный человек» (*цзюйжэнь*), проходили раз в три года в столицах провинций. Наивысшую степень *цзиньши* — присваивал сам император в Пекине.

Только последние две степени давали право претендовать на чиновничьи должности. Немногие добивались успеха на этих более высоких уровнях конкуренции, но к династии Цин (1644–1911) степень *сюцая* стала важным показателем статуса элиты: она была приблизительно у одного из 540 человек [Elman 2013: 106]. Примечательно, что в современном Китае такое же соотношение верно и для обладателей дипломов престижных университетов. Эта зависимость достойна особого внимания, если учесть, что в императорские времена женщины — половина населения — не допускались к экзаменам. Менее 1 % китайских детей добиваются поступления в вузы «Проекта 985», наличие дипломов которых отличает современную успешную элиту[6]. Сейчас, как и тогда, строгие квоты ограничивают число обладателей степеней престижных вузов небольшой, но влиятельной частью населения.

Как и современные выпускники вузов, сюцаи не сразу получали право на государственную службу, но с надеванием соответствовавшей статусу специальной шапочки их жизнь радикально менялась. Они получали иммунитет от телесных наказаний и освобождались от обязательных работ (*corvée*) на службе государству. По сути, обладатели степени сюцаи переходили из мира,

---

6   В целом по стране менее 2 % выпускников академических средних школ учатся в вузах «Проекта 985» (см. главу 3) и, как отмечается ниже, менее половины детей в Китае посещают средние школы верхней ступени.

управляемого наказаниями, в мир, управляемый дисциплиной, то есть, согласно Фуко, из подданных феодализма в модерн [Фуко 2020].

Гражданские экзамены были поразительно модернистской формой дисциплинарной технологии. При входе в залы для сдачи кандидатов осматривали в поисках запрещенных мнемонических средств, в том числе нижних рубашек с написанными на них каноническими текстами[7]. На одной из сохранившихся рубашек-шпаргалок шрифт настолько мелкий, что его едва можно разобрать без увеличения (илл. 2). Экзаменационные залы состояли из рядов кабинок, похожих на линии посевов. В кабинках кандидаты работали, спали, ели и отправляли естественные надобности в течение всего экзамена, который мог длиться несколько дней (илл. 3). Поражает сходство этих зданий с современными пенитенциарными учреждениями и школами, что на сотни лет предвосхитило появление подобных заведений в Европе (илл. 4). Некоторые исследователи даже утверждают, что гражданские экзамены оказали важное, но недооцененное влияние на Европу, где до XVIII века не имелось документальных свидетельств о конкурсных письменных экзаменах. Китайское чиновничество, поддерживаемое системой экзаменов, основанных на заслугах, вызывало восхищение у мыслителей эпохи Просвещения и европейских колонизаторов [Jacobsen 2015; Teng 1943]. В случае с экзаменами на государственную службу в США, которые были введены в конце XIX века, есть свидетельства прямого китайского влияния [Teng 1943: 306–308].

Однако, по иронии судьбы, в то время как другие страны начали модернизировать свои системы образования и управления путем введения открытых анонимных конкурентных экзаменов, Китай отменил свои экзамены также во имя модернизации. Государственных реформаторов беспокоило, что слабость Китая, столкнувшегося с угрозой западных колониальных вторжений и недавно проигравшего войну с Японией, была в экзаменационной системе. Они опасались, что бюрократическая рациональ-

---

[7] Я благодарен Эмили Мартин, подметившей это сходство в личной переписке.

ность экзаменов изолировала людей, превращая их в конкурирующие монады, тем самым уменьшая социальную солидарность, которая требовалась для модернизации и укрепления нации [Woodside 2006]. Отказавшись от экзаменов, государство ликвидировало институт, который на протяжении веков гарантировал социальную стабильность. В 1911 году два тысячелетия императорского правления резко оборвала революция за установление республики. Поскольку Китай обратился к Западу за ответами на насущные социальные вопросы, модернистская система гражданских экзаменов была утрачена вместе с 600-летним опытом управления крупной бюрократией [Woodside 2006].

Современные историки подвергают сомнению предположение о том, что для модернизации Китаю было необходимо отказаться от экзаменов [Elman 2013; Woodside 2006]. Они выступали культурным гироскопом — механизмом, обеспечивающим стабильность, — который объединял даже в случае неудач вокруг общих стремлений и целей [Elman 2013]. Этот институт также объединял аристократическую элиту с правительством в политике взаимного признания, обеспечивая «связь между государством и учеными» [Perry 2020: 7]. Наделяя элиту документами об образовании, государство признавало ее заслуги. Так же и элита, соответственно, признавала авторитет государства.

Отмена экзаменов в 1905 году разрушила эти отношения, предвещая социальный хаос. В республиканскую эпоху (1912–1949) ослабла центральная власть, начался период милитаристского правления и гражданской войны. В новых высших учебных заведениях западного образца проводились отдельные вступительные экзамены. Отсутствие государственных экзаменов способствовало отчуждению китайской элиты от власти [Yeh 1990]. После победы в Народно-освободительной войне в 1949 году одним из первых приоритетов нового правительства стало внедрение единой национальной системы экзаменов. В 1952 году правительство провело первый *гаокао*, тем самым возвращая элиту в сферу влияния вновь укрепляющегося государства.

Ренационализация экзаменов при коммунистическом правлении — хотя теперь и под влиянием советских и западных моде-

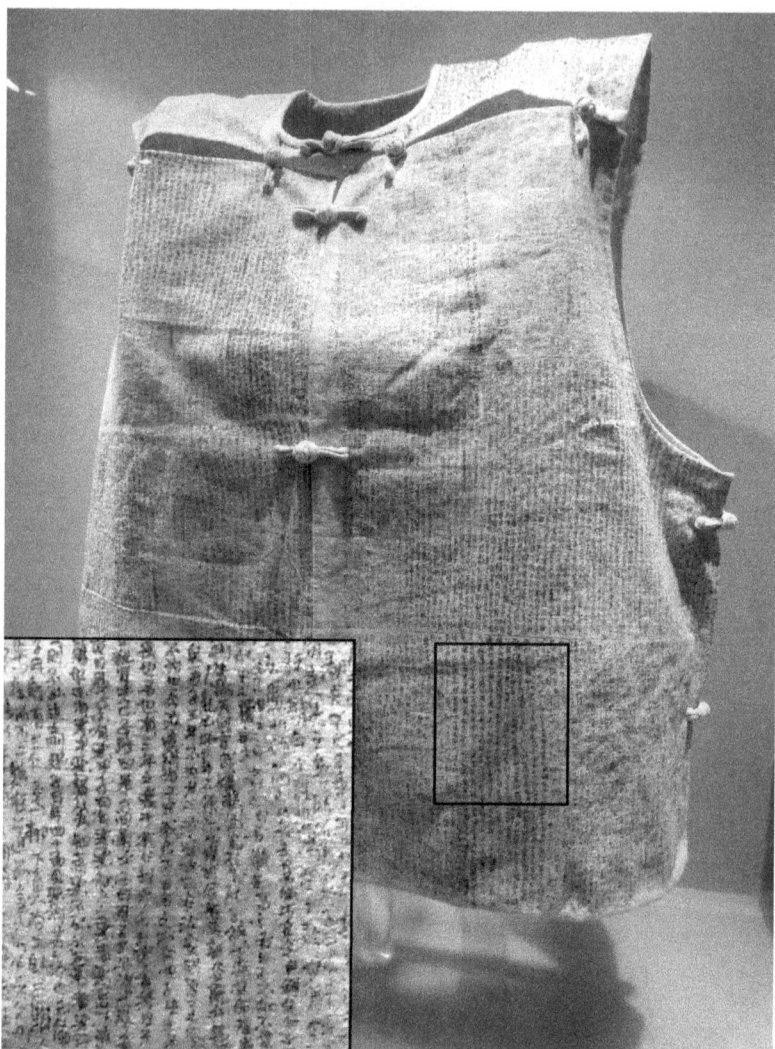

Илл. 2. Рубашка-шпаргалка императорской эпохи. Фотография сделана автором в Музее императорской экзаменационной системы в Шанхае

Илл. 3. Макет экзаменационных кабинок императорской эпохи. Фотография сделана автором в Музее императорской экзаменационной системы в Шанхае

Илл. 4. Императорский экзаменационный комплекс в Пекине, около 1899 года. *Источник*: Sarah Pike Conger, Letters from China: With Particular Reference to the Empress Dowager and the Women of China. Chicago: A. C. McClurg, 1909, 56–57

лей — сопровождалась восстановлением централизованной власти после десятилетий разобщенности. В последующие годы государство постоянно вносило изменения в экзаменационную систему, чтобы адаптировать его к меняющимся обстоятельствам, и за исключением перерыва на время «культурной революции» (1966–1976) *гаокао* и по сей день остается неизменным национальным ритуалом.

Потеря образовательного наследия во время «культурной революции»

«Культурная революция»была периодом, когда люди всерьез усомнились в идеологии индивидуальных заслуг. Студенты осуждали экзамены как правый капиталистический институт. Они рвали свои экзаменационные билеты и требовали, чтобы им разрешили сдавать экзамены в группах. После пика активизма с 1966 по 1968 год университеты полностью закрыли. С их повторного открытия в 1972 году и до окончания «культурной революции» в 1976 году прием в вузы осуществлялся на основе рекомендательной системы, которая отдавала предпочтение детям рабочих и крестьян.

Критики сетуют, что эти идеологические изменения повернули время вспять в развитии Китая, подавив подготовку технократических талантов [Liu 2007]. Без сомнения, «культурная революция» принесла огромные страдания, развязав внутренние распри и стравив соседей на «сеансах борьбы» *пидоу дахуэй* — форме публичного унижения, когда жертв заставляли признаваться в своих «преступлениях» перед толпой под угрозой словесного и физического насилия. Однако сейчас историки признают некоторые недооцененные достижения того бурного времени. В частности, «культурная революция» была также революцией в области образования, периодом быстрого обеспечения равного доступа к школьному образованию [Andreas 2004; Thøgersen 1990].

До 1966 года китайские школы в основном фокусировались на подготовке небольшого меньшинства к успешной сдаче конкурсных экзаменов, однако в «культурную революцию» реформаторы демонтировали эту иерархическую систему, известную как «маленькая пагода» [Andreas 2004]. Деревенских жителей мобилизовали на строительство огромного количества школ. Число учащихся резко возросло, а учителя уделяли особое внимание практическим навыкам и элементарной грамотности. В отсутствие судьбоносных экзаменов, которые мотивировали бы учиться, требовались другие причины, поэтому учителя обращались к патриотическим идеалам служения родной деревне и стране.

После возобновления *гаокао* в 1977 году государственные планировщики заново выстроили лестницу успеха. Поскольку маятник качнулся в сторону элитного образования, многие местные школы были закрыты. Государство создало новую категорию высокоселективных школ с ключевыми «точками роста» (*чжундянь сюэсяо*) для подготовки следующего поколения лидеров [Thøgersen 1990]. Обычные люди остались позади. Когда дети, родившиеся в 1980-х годах, достигли совершеннолетия в начале 2000-х, уровень грамотности в стране заметно снизился [Хуан 2012]. В 1986 году девятилетнее образование было объявлено обязательным, но Китай не добился значительного прогресса в достижении этой цели вплоть до 1990-х годов, когда стал ощущаться эффект государственного контроля над ростом населения в рамках «политики одного ребенка» [Andreas 2004: 33]. Введенная в 1979 году, она позволила уменьшить число детей, особенно в городах, что облегчило реализацию программы образования для всех.

Уровень грамотности восстановился, но требования обязательного образования выполнялись гораздо реже, чем утверждали радужные данные официальной статистики [Andreas 2004; Khor et al. 2016; Wu 2016]. Государство уверяло, что почти все учащиеся заканчивают девять классов. Это было сильным преувеличением, особенно для деревень, где многие бросали школу ради работы [Chung, Mason 2012; Yi et al. 2012]. Для консолидации ресурсов власти продолжали закрывать школы в сельской местности.

В течение первых двух десятилетий XXI века государство пыталось повысить доступность и качество профессионального образования [Woronov 2015]. Однако школы по-прежнему были сосредоточены на подготовке детей к экзаменам. Критики утверждают, что этот акцент на *гаокао* не удовлетворяет образовательные потребности жителей сельской местности и других маргинализированных групп [Andreas 2004; Yang 2006]. Но многие в Китае продолжают стремиться к неуловимой мечте об успехе на *гаокао* для себя и своих детей. Как и в императорские времена, для миллионов китайцев экзамены остаются священным ритуалом перехода. До сих пор широкие слои населения посвящают экзаменам свою жизнь, а единый государственный экзамен для поступления в вузы остается удивительно эффективным культурным гироскопом.

Управление культурным гироскопом в постмаоистском Китае

С возрождением в постмаоистском Китае меритократии, основанной на экзаменах, существенно изменился состав элиты. В эпоху маоизма (1949–1976) она в основном состояла из партийных кадров коммунистической революции, самой по себе бывшей судьбоносным ритуалом перехода. В постмаоистскую эпоху экономических реформ (с 1976 года до настоящего времени) сформировалась предпринимательская элита, объединившая богатых бизнесменов. Одновременно партия становилась все более технократической, пополняя свои ряды коммунистическими инженерами, юристами и экономистами [Andreas 2009]. Членство в ней стало сильно коррелировать с успехом в меритократическом соперничестве.

До 1990-х годов выпускникам вузов была практически обеспечена пожизненная работа в государственном учреждении — то, что называлось «железной миской риса». Выпускников того времени часто сравнивают с сюцаями императорской эпохи, которым гарантировалась ежегодная стипендия, выплачиваемая рисом. Однако в 1990-х годах чиновники ускорили демонтаж государственной системы планового распределения работы (*фэньпэй чжиду*) и расширили набор в высшие учебные заведения, что привело к быстрой инфляции дипломов. Теперь только диплом элитного вуза способен обеспечить сравнимый престиж и защищенность. Хотя определение элитной степени неоднократно менялось с эпохи Цин до наших дней, важность обладания ею не изменилась. Сейчас, как и раньше, получение такой степени закрепляет статус человека в утвержденной государством иерархии дипломов.

Западные специалисты могут отвергать сходство между экзаменами на должность императорских времен и *гаокао*, но мало кто в Китае полагает это сравнение странным. С большим основанием они считают свою страну родиной экзаменов и воспринимают *гаокао* как продолжение этого наследия. В Сямыне целая исследовательская организация — Институт образования — преимущественно изучает экзаменационную систему Китая императорских времен, чтобы понять современные проблемы образования. А должностные лица системы образования, вторя мнению директрисы сельской школы, о которой я упоминал в начале этой главы, сравнивают *гаокао* с императорскими экзаменами по их социально стабилизирующему эффекту. Один провинциальный чиновник в сфере образования заявил мне: «Цель *гаокао*, как и гражданских экзаменов в прошлом, — дать простым людям надежду».

Скептики могут заметить, что *гаокао*, в отличие от экзаменов императорской эпохи, не дает права занимать государственную должность. Согласно этой точке зрения, по-настоящему на экзамены той эпохи, если такое сравнение уместно, похожи современные экзамены на государственную службу, которые были введены в 1991 году по образцу Южной Кореи [Woodside 2006]. Однако императорские гражданские экзамены представляли собой целую систему экзаменов, и только прохождение их высших уровней давало право занять должность чиновника. Аналогичным образом экзамены в современном Китае следует анализировать не изолированно, а как социальную систему, основу которой составляет *гаокао*. Как и экзамен на сюцая, *гаокао* выступает пороговым экзаменом (*мэнькань каоши*). Его сдача дает кандидатам право участвовать в более сложных испытаниях, включая экзамены на государственную службу (провинциальные и национальные), государственные судебные экзамены или экзамены для адвокатов, квалификационные экзамены для учителей и экзамены при приеме на работу, а также известный своей сложностью экзамен для дипломированных бухгалтеров. В сегодняшнем Китае многие тратят годы на сдачу и пересдачу экзаменов на государственную службу, чтобы получить работу в системе (*тичжи нэй*). Под системой понимается любой вид стабильной занятости в государственных или бюджетных учреждениях. В нынешний период экономической неопределенности работа в системе стала особенно желанной. Тем не менее все эти экзамены люди считают сильно коррумпированными, в то время как *гаокао* полагают относительно справедливым.

Конечно, императорские и современные экзамены разделены эпохами. За последние 150 лет Китай пережил множество социальных революций, гражданских войн и международных конфликтов. В XX веке масштабные проекты социальной инженерии, финансируемые государством, стали катализатором продолжающейся трансформации Китая из аграрного общества в городское. За 30 лет с начала эпохи реформ до недавнего экономического спада валовой внутренний продукт на душу населения вырос более чем в 30 раз, и Китай стал мировой фабрикой. Несмотря на возрождение конфуцианства, его классические каноны занимают незначительное место в *гаокао* — современные ученики штудируют математику, естественные науки, английский язык и другие предметы. Теперь не нужно совершать паломничества в главные города провинций и столицу, чтобы сдать экзамены — те сами приходят к ученикам с помощью современных технологий. Используя все те же современные технологии, администраторы и чиновники в сфере образования собирают огромное количество статистических данных, пытаясь на основе науки управлять ресурсами учащихся и преподавателей. И если прежде женщины были полностью исключены из экзаменационной конкуренции, то сейчас они составляют более половины выпускников китайских университетов.

Эти, даже столь существенные различия, могут быть легко преувеличены. Сейчас, как и раньше, экзаменационная система связывает местные элиты с центральной государственной властью, помогает объединить лингвистически и этнически разнообразную страну вокруг изучения общего письменного и разговорного языка. И сейчас экзамен пользуется большим авторитетом, но его грязная закулисная реальность вызывает шок. И сейчас, как и раньше, он втягивает в свой культурный гироскоп даже проваливших экзамен.

Доказательством социальной и политической значимости *гаокао* может послужить регулярное и непосредственное вмешательство в его проведение высших эшелонов государственной власти. В 1989 году протесты на Тяньаньмэнь под эгидой студентов — отчасти в ответ на бешеную инфляцию — грозили свержением режима. В ответ государство расправилось с протестующими, но после этого придерживалось, казалось бы, противоречивой стратегии. Вместо того чтобы ограничить набор в вузы, китайские лидеры продолжали увеличивать число студентов, которое выросло с 670 тысяч в 1988 году до 980 тысяч в 1993 году[8]. Конечно, государство вернуло идеологический контроль в системе образования, обратив вспять характерную для 1980-х годов либерализацию. Наблюдая за распадом бывшего Советского Союза и падением одного за другим режимов Восточного блока в череде «бархатных революций», китайские лидеры осознавали важность такого контроля. Но повышение набора в период студенческих волнений кажется специфически китайской реакцией, которая признает важность связи между государством и учеными.

Примерно в то же время государство резко увеличило инвестиции в высшее образование. Начиная с 1995 года администрация Цзян Цзэминя потратила миллиарды долларов на ведущие университеты Китая, чтобы сформировать «Проект 211» (аббревиатура от «XXI век» и «100» — приблизительное число вузов-участников). Более эксклюзивный «Проект 985», названный так

---

[8] Цифры взяты из Sina Education (2015).

по году (1998) и месяцу (май) его начала, предусмотрел направление еще больших сумм в 40 самых элитных исследовательских университетов Китая. Эти инвестиции ставили целью ускорить инновационную экономику Китая и укрепить связи между государством и учеными [Perry 2020]. Одновременно, чтобы подчеркнуть качественный уровень *гаокао*, начали менять его формат и содержание. Для дальнейшего стимулирования инноваций полномочия по разработке экзаменационных заданий были переданы отдельным провинциям, каждая из которых стала своего рода лабораторией для экспериментов в области реформы образования. Руководство Китая надеялось, что эти меры позволят сохранить социальную стабильность и одновременно повысить конкурентоспособность страны на мировом рынке.

В конце 1990-х годов режим столкнулся с очередной угрозой, когда азиатский финансовый кризис подорвал доверие общества к национальному развитию под руководством компартии. Политбюро, высший руководящий орган Коммунистической партии Китая, отреагировало приказом об очередном расширении набора в высшие учебные заведения, перечеркнув этим чрезвычайным актом автократической власти постепенные планы Министерства образования. На этот раз расширение приняло эпические масштабы. В течение следующего десятилетия число студентов, поступающих в вузы, увеличилось более чем в пять раз, с 1 миллиона в 1998 году до 6,3 миллиона к 2009 году. Принимая эти меры, руководители государства надеялись улучшить состояние экономики за счет стимулирования потребления [Wang 2014: 151]. В конфуцианском обществе высшее образование было одной из немногих сфер, в которой спрос значительно превышал предложение. В результате контроля рождаемости все в большем количестве семей, чем прежде, рос только один ребенок — таких детей иногда называют «маленькими императорами», и в них охотно вкладывали деньги [Fong 2006]. Расширение также вовлекло беспрецедентное число людей в орбиту культурного гироскопа вступительных экзаменов, дав надежду на лучшую жизнь при коммунистическом правлении. В результате большинство экзаменуемых (около 80 %) теперь поступают в вузы.

Однако многие из этих извещений о приеме в вуз — лишь утешительный приз. В большинстве провинций менее 15 % студентов учатся в вузах первого уровня и менее 2 % — в вузах «Проекта 985»[9]. Но если выпускники вузов первого уровня с трудом находят работу, то это тем более справедливо для выпускников тысяч менее статусных вузов [Sohu 2017][10]. Поступление в вуз в Китае при расширенном наборе студентов представляет собой пример того, что Бурдьё называет отсроченным отбором [Бурдьё, Пассрон 2007]. Вместо того чтобы быть отсеянными на уровне вуза, так называемые неудачники теперь отсеиваются на рынке труда, где те, кто не имеют элитного диплома, с трудом находят хорошую работу. Сдающих *гаокао* до сих пор по этой причине описывают как «огромную армию, переходящую по узкому дощатому мосту» (*цяньцзюньваньма го думуцяо*). По одну его сторону находятся массы, требующие возможности изменить судьбу, по другую — элитные вузы с их обещаниями светлого будущего и хорошей работы (илл. 5).

Очередной экономический шторм, с которым сегодня сталкивается Китай, грозит обострить кризис занятости. Вливанием кредитов в экономику государство предотвратило худшие последствия мирового финансового кризиса 2008 года, но это привело к колоссальному уровню безнадежных долгов и усугубило и без того высокий уровень коррупции. В то же время экономическая экспансия Китая наконец замедляется после десятилетий двузначного роста, в значительной степени подпитываемого дешевой рабочей силой. По мере роста заработной платы многие отрасли промышленности автоматизируются или перемещаются за границу, и руководство страны опасается, что Китай не сможет перепрыгнуть через ловушку среднего дохода,

---

[9] К категории первого уровня относятся вузы «Проекта 985», «Проекта 211» и ключевые провинциальные заведения. URL: www.sohu.com/a/198431528_507475

[10] Университетские программы в Китае делятся на три уровня в зависимости от «потоков» (*пи*), на которые они набирают студентов, причем каждый уровень имеет свой общий проходной балл; см. подробнее в [Yu et al. 2012].

Илл. 5. «Великая армия переходит реку по узкому дощатому мосту». На табличке на столе в конце моста написано: «Прием в престижные вузы». Карикатура Эньшэн Хань, 2006 год

в которую попадают развивающиеся страны [Shambaugh 2016]. В ответ на эти вызовы чиновники проводят очередной раунд реформ в области экзаменов под руководством Си Цзиньпина, нынешнего лидера КПК. Как и предыдущие, эти меры направлены на ускорение перехода Китая к инновационной экономике, основанной на потреблении. Но они также соответствуют антикоррупционной кампании, которая во многом определила председательство Си [Cohen, Beauchamp-Mustafaga 2014]. Возвращая централизованный контроль над экзаменом, который, по общему мнению, стал жертвой коррумпированной местной политики и частных интересов, реформы ставят целью укрепить веру населения в этот столп китайской меритократии.

Вмешательство центрального руководства показывает, насколько сопряжена легитимность экзаменов с последствиями для легитимности партийного правления. Серьезное отношение партийных лидеров к экзамену обусловлено их ролью в поддержании веры в меритократию. Внешние наблюдатели часто предполагают, что китайская политическая легитимность основывается на негласной сделке: люди соглашаются на партийно-государственное правление в обмен на благосостояние. Согласно этой точке зрения, китайцы поддерживают партию, потому что экономическое развитие улучшает их жизнь. Однако такой акцент на развитии не учитывает заслуги. Люди ожидают не столько улучшения жизни при КПК, сколько *возможности* улучшить ее, другими словами — что государство гарантирует условия для продвижения достойных людей. Как минимум оно должно обеспечить ощущение, что такие условия существуют.

Хотя нынешний экономический спад может изменить такое восприятие, люди обычно говорят, что партия относительно хорошо справляется с обеспечением экономического роста и социальной стабильности — основными предпосылками для мобильности. Они считают это достижение особенно достойным восхищения в свете положения Китая (*гоцин*) на фоне перенаселенности и отсталости (*жэнькоу до, дицзы бао*). Несмотря на широко распространенное двойственное отношение к партийному правлению, люди считают, что такие альтернативные варианты, как электоральная демократия, чреваты непредсказуемыми рисками.

Замечания о системе *гаокао* и соответствующей терминологии

Двенадцать лет обучения в школе воспринимаются как длинная дорога к *гаокао*, но непосредственно подготовке к нему посвящены только последние три года. По всей стране около половины учеников сдают экзамены для поступления в старшие классы, проходной балл которых устанавливается на центральном уровне [Woronov 2015: 5]. Не сдавшие его получают клеймо неудачников и идут в профессионально-технические училища либо бросают учебу [Hansen, Woronov 2013; Ling 2015; Woronov 2015].

В дальнейшем я буду, как и в Китае, называть десятый класс первым, одиннадцатый — вторым, двенадцатый — третьим классами старшей школы (соответственно *гаои, гаоэр, гаосань*). В административном отношении средние школы делятся на подразделения по классам, каждый из которых называется годовой секцией (*няньдуань*). Для краткости будем называть эти административные подразделения классами, например старший первый класс, старший второй класс и так далее. Каждый год возглавляет куратор (*дуаньчжан*), который контролирует классных руководителей (*баньчжужэнь*). Каждый такой классный руководитель управляет классом (*баньцзи*), в котором обычно от 40 до 50 учеников. Классные руководители координируют работу учителей-предметников *(кэму лаоши)* и, в дополнение к этим административным обязанностям, ведут у своего класса какой-либо предмет. Большинство учителей, включая классных руководителей и кураторов, сопровождают своих учеников на протяжении всех трех лет обучения в старших классах[11]. После сдачи выпускниками *гаокао* педагогический состав года приступает к работе с новыми десятиклассниками, что дает им желанный отдых от стресса и давления последнего года.

В первые два десятилетия XXI века в большинстве провинций, включая Фуцзянь, где проходила моя полевая работа, экзамен *гаокао* проводился по модели «3 + х». Это означало, что выпускники сдавали три обязательных предмета: китайский язык, математику и иностранный язык (почти всегда английский); а в качестве *х* выступал один из двух комплексных экзаменов: по гуманитарным или естественным наукам. В конце старшего первого класса ученики выбирали гуманитарное или естественно-научное направление, от которого зависел предстоящий комплексный экзамен. Экзамен по гуманитарным наукам включал историю, географию и политологию (смесь этики и марксизма); по естественным — химию, физику и биологию.

---

[11] Новым учителям потребуется проявить себя, прежде чем им позволят преподавать в столь важном выпускном классе: успешным могут предложить специализироваться только на нем.

В рамках нового раунда реформ *гаокао*, которые государство планирует внедрить в большинстве провинций к 2022 году, стандартом принята модель «3 + 1 + 2». Китайский, математика и английский остаются обязательными, но вместо направления ученики могут самостоятельно выбирать необязательные предметы в качестве факультативов. «+1» означает выбор между историей и физикой, «+2» — любых двух предметов из оставшихся четырех, то есть биологии, химии, географии или политологии. Экзамен по-прежнему проводится ежегодно в июне, но власти планируют ввести систему, позволяющую сдавать английский язык дважды в год, начиная со старшего второго класса, и сохранять для экзамена свои лучшие результаты[12].

Цель новой модели — предоставить ученикам больше независимости и гибкости, а также разрешить частые жалобы на то, что результаты одного экзамена могут определить жизненные перспективы (*и као дин чжуншэн*). Однако многие учителя и родители говорят, что реформированная система — это просто «то же самое лекарство в новом супе». Как и прежде, экзамен представляет собой единый национальный ритуал. Он до сих пор

---

[12] Системе «3 + 1 + 2» предшествовала недолгая экспериментальная «3 + 3» в некоторых провинциях: старшеклассники сдавали три обязательных предмета (китайский, математику и английский) и могли выбрать три факультативных из оставшихся шести (биологии, химии, географии, истории, физики и политологии). По заявлению критиков реформы, в результате ученики комбинировали факультативы так, чтобы относительно легко получить высокий балл. Мало кто сдавал физику из-за ее сложности. Система «3 + 1 + 2», вынуждающая выбирать между физикой и историей, обеспечивает достаточное количество сдающих для этих относительно непопулярных предметов. В нескольких провинциях учащимся уже разрешено сдавать экзамен по английскому языку дважды в год, начиная со старшего второго класса, но в провинции Фуцзянь, где я проводил полевое исследование, эту реформу отложили. В провинции Чжэцзян была проведена пилотная реформа, позволяющая учеником проявлять такую же гибкость при сдаче экзаменов по факультативным предметам, но сроки ее внедрения на национальном уровне пока не определены. В Чжэцзяне часто жалуются, что эта реформа превращает учебу в старших вторых и третьих классах в затяжной и изнурительный марафон перед *гаокао*, когда ученики пересдают все возможные экзамены в надежде улучшить результаты. Многие из новых реформ *гаокао* все еще находятся в стадии разработки и, скорее всего, претерпят дальнейшие изменения.

дирижерская палочка *(чжихуэйбан)* всей системы образования. И, как и прежде, его главная цель заключается в отборе победителей и проигравших.

Полевая работа и методика

Моя работа в основном носит этнографический характер: я изучал *гаокао*, общаясь с учениками, учителями, администраторами и чиновниками. Полевые исследования проходили в течение двух лет, с 2011 по 2013 год, в регионе Миньнань юго-восточной провинции Фуцзянь, через пролив от Тайваня. Разницу между сдачей экзаменов в городах и сельской местности я рассматривал на трех примерах: в прибрежном мегаполисе Сямынь (население около четырех миллионов человек), городе окружного значения Нинчжоу (население около 700 тысяч человек) и Шаньши (горном городе округа Нинчжоу с населением около 80 тысяч человек). В каждом из них я участвовал в жизни сообщества как учитель-волонтер в малоресурсных школах: преподавал общий курс разговорного английского для учеников и учителей английского языка, временами уделяя этому от 15 до 20 часов в неделю. Иногда я заменял преподавателей английского языка в обычных классах, благодаря чему непосредственно узнал, с какими трудностями они сталкиваются при подготовке учеников к экзамену.

Хотя во время занятий я обычно старался говорить по-английски, вне уроков я придерживался путунхуа[13]. Я общался с учениками, наблюдал за ходом занятий и вместе с паломниками молился за успешную сдачу экзаменов, а также опрашивал учителей, родителей, администраторов и чиновников. В Сямыне я проводил фокус-группы со студентами вузов, что позволило мне узнать об

---

[13] Во время полевых работ мои знания местного миньнанского диалекта оставались в зачаточном состоянии, но моего уровня путунхуа, официального языка школьного обучения, было для моих целей достаточно. В школах учителя и ученики придерживаются почти исключительно путунхуа, особенно в городах, куда многие приезжают из других регионов Фуцзяня и Китая (см. главу 2).

опыте ветеранов *гаокао* из других регионов Китая. Во всех трех городах я тенью следовал за старшими преподавателями. Эти жрецы и жрицы *гаокао* посвятили меня во многие тайны, включая закулисные манипуляции с результатами экзаменов и практику паломничества в храмы, спонсируемую школой[14].

К школам и сообществам у меня был разный доступ. В Сямыне, важном экономическом центре Китая, иностранцы — обычное явление, поэтому не выделяться там при посещении средних школ было относительно просто: в самых престижных даже работают иностранные преподаватели английского. Однако в основном я работал в непрестижной школе Лунмэнь, расположенной в недавно урбанизированном районе города. По мере расширения моих контактов я посещал и другие школы. Кроме того, мне очень помогло общение с исследователями и студентами Института образования Сямыньского университета, а также участие в дискуссионных группах, организованных исследователями Сямыньского муниципального института педагогических наук.

В отличие от Сямыня, где сохранять относительную анонимность просто, в Шаньши я был единственным иностранцем, и мое присутствие требовало официального разрешения правительства. В этом периферийном малонаселенном уезде Нинчжоу на площади 2000 квадратных километров проживает около 350 тысяч человек. В низинах выращивают бананы, в горных районах — бамбук, сахарный тростник и другие культуры; однако горная местность не благоприятствует крупномасштабному сельскому хозяйству. Во время гражданской войны, с перерывами шедшей с 1927 по 1949 год, этот регион был перевалочной базой партизан-коммунистов. В императорские времена здесь находили убежище бандиты. Как и в других районах провинции Фуцзянь, здесь до сих пор можно встретить земляные дома (*тулоу*) — крепости из глинобитных блоков, которые возводили местные жители.

---

[14] В фокус-группах я с разрешения делал аудиозаписи и проводил интервью. Обычно во время разговоров я делал пометки в блокноте, а затем переносил записи в подневный полевой дневник. Иногда я просматривал полевые заметки вместе с собеседниками, по ходу совместного чтения дополняя их комментариями.

Обычно я проводил в Шаньши две недели в месяц, работая в школе номер один уезда, лучшей из трех государственных старших школ уезда. Я жил в общежитиях для учеников и питался в основном с ними.

По пути из Шаньши в Сямынь я обычно останавливался на несколько дней в Нинчжоу, который находится между ними. Хотя он состоит из городской застройки с населением около 700 тысяч человек, местные жители называют его сельским и захолустным *(бисэдэ нунъе чэнши)*. Там я общался с учителями, навещал семьи и исследовал школы.

Во всех трех городах роль учителя давала мне определенный статус и обязанности. Старшие школы, площадки для подготовки к экзамену, считаются в Китае престижными, и благодаря связи с ними из анонима я стал известной личностью, что облегчило мне взаимодействие с членами местных сообществ.

После первого года полевой работы я стал меньше преподавать, но по-прежнему бывал в школах и больше проводил времени в сообществах. В частности, я много наблюдал за массовыми религиозными мероприятиями и общался с родителями. Я посещал школы и в других районах Фуцзяни. В конце концов моим исследованием заинтересовалось провинциальное управление образования, что дало мне возможность откровенно побеседовать с чиновниками.

Фуцзянь относительно репрезентативна по опыту участников *гаокао* в масштабах всей страны. Провинция не спешит и не отстает в проведении реформ, и ее результаты на *гаокао* близки к средним по стране. Хотя юго-восточное побережье Китая считается процветающим, между Сямынем и сельскими районами уезда Нинчжоу существует огромный разрыв в возможностях, что отражает общенациональную тенденцию неравенства между городом и деревней.

Учитывая теорию центральных мест Г. Уильяма Скиннера [Skinner 1964–1965], я выбрал три полевых объекта, чтобы сформировать репрезентативный срез иерархии «город — деревня». Согласно теории Скиннера, Китай состоит из сетевой системы центральных мест, которые следуют закономерностям географических изменений. Такой подход позволяет сделать осторожные обобщения относительно опыта проведения *гаокао* в других частях Китая. Уездный центр в Фуцзяни будет иметь больше общего с аналогичным по размеру городом в Цзянси, чем с крупным городом в любом из этих регионов. Однако у этого метода есть свои ограничения. Китай огромен и состоит из нескольких отдельных макрорегионов [Skinner 1964–1965]; поэтому, когда мои полевые объекты демонстрируют потенциально большие расхождения с другими регионами — например, сильное влияние, которое оказывают народные верования на юго-востоке Китая, — я стараюсь привлечь внимание к этим различиям.

Следуя Скиннеру [Skinner 1980], я рассматриваю центральные места иерархий не как изолированные единицы, а как командные пункты экономической деятельности в ее широком понимании, бо́льшая часть которой заключается в перемещении между центрами социальных субъектов: водителей, туристов, мигрантов, родителей, паломников, учителей, учеников, чиновников, должностных лиц, продавцов, рабочих и многих других. Некоторые из моих самых ярких встреч с другими путешественниками произошли в пути, в автобусах и такси. Таким образом, перемещение вверх и вниз по иерархии само по себе представляло метод, позволявший мне воочию наблюдать многообразные связи между этими местами.

Глобальная конвергенция и культурное многообразие

Меритократические экзамены, даже с учетом культурных различий, характеризуют современную жизнь во всем мире и значимы повсюду: от поступления в вуз до приема на государственную службу, от тестирования интеллекта до призыва в армию [Hanson 1993]. Национальные вступительные экзамены в вузы высокой важности наподобие *гаокао* независимо развивались в четырех «азиатских тиграх» (Гонконг, Сингапур, Южная Корея и Тайвань), а также во Вьетнаме, разделяющих общее конфуцианское культурное наследие [Kipnis 2011; Seth 2002; Zeng

1999]. Они представляют собой довольно крайние примеры меритократии. Однако мало в каком современном обществе, если такие существуют вообще, независимо от политической системы, отбор в вузы или на государственную службу не основан на достижениях. Меритократия принята как в авторитарных, так и в либерально-демократических обществах. Как и в случае с *гаокао*, семейное происхождение и богатство часто выступают лучшими предикторами достижений [Бурдьё, Пассрон 2007; Lemann 1999; Soares 2007]. Тем не менее успех продолжают считать отражением индивидуальных заслуг, а в обществах, где подобная идеология проявляется сильнее всего, таких как Китай и США, наблюдается особенно высокий уровень социального неравенства [McNamee 2009; Whyte 2010].

В последние десятилетия неравенство растет повсеместно [Миланович 2017]. Этот рост обусловлен сложными причинами. Среди прочих факторов ученые отмечают распространение принципа экономики laissez-faire, которую критики называют неолиберализмом, технологические изменения и рост финансовой системы, основанной на извлечении прибыли [Харви 2007; Миланович 2017; Пикетти 2016]. Власть государства всеобщего благосостояния ослабевает, а мультинациональных и транснациональных корпораций — растет [Ридингс 2010]. Многие представители элиты в таких развивающихся странах, как Китай, отправляют своих детей для получения образования в развитые страны [Fong 2011]. Эти тенденции порождают транснационально мобильную группу корпоративных технократов, в то время как обычные люди повсеместно остаются за относительно закрытыми национальными границами [Robinson 2012].

Подкрепляя миф о меритократии, конкурентные экзамены дают оправдание неравенству. Но люди сопротивляются. И в Китае, и в США критики осуждают возникновение наследственной меритократии[15]. В обеих странах сетуют на усиливающийся дух

---

[15] Я заимствую терминологию из журнала «The Economist» (2015), где она используется для Соединенных Штатов. Как я отмечаю ниже в эпилоге, в Китае люди иногда определяют обучение в том или ином вузе «правом по рождению», подразумевая аналогичную критику.

технократической профессионализации и рост жестокой конкуренции в сфере образования. В обоих случаях люди обеспокоены тем, что такая этика обесценивает гуманистические стремления, заставляя поклоняться исполнению, а не подлинности, и полезности, а не мудрости [Blum 2009, 2016; Bregnbæk 2016; Ридингс 2010; Zhao 2015].

Несмотря на эти глобальные сближения, политики в Китае и США принимают судьбоносные решения, основываясь на межкультурном восприятии, которое зачастую определяется не столько объективным анализом, сколько взаимной идеализацией или демонизацией.

В США боятся отстать от «большого красного дракона» [Чжао 2017]. Опасение, что Соединенные Штаты могут проиграть международную гонку в образовании, усилило внимание к стандартизированному тестированию в американских школах [Ravitch 2010]. Когда Шанхай возглавил экзаменационные рейтинги Международной программы по оценке образовательных достижений учащихся, проводимой Организацией экономического сотрудничества и развития в Париже в 2009 и 2012 годах, американские чиновники назвали это «эффектом Спутника» [Finn 2010]. Однако в Китае многие считают американское образование превосходным. Они удивляются, когда слышат, что в Соединенных Штатах расширяется система стандартизированных экзаменов. По их мнению, сила западного образования заключается в отказе от экзаменационного образования *(инши цзяоюй)* в пользу воспитания целостной личности. В последние десятилетия реформаторы в Китае стремятся внедрить качественное образование *(сучжи цзяоюй)*, которое во многом должно вдохновляться западными моделями. В средних школах и вузах распространяются учебные программы по гуманитарным дисциплинам американского образца. Между тем спрос на обучение за рубежом настолько велик, что теперь даже государственные средние школы создают специальные классы для учеников, которые планируют отправиться на учебу за границу.

Западный подход к образованию рассматривается на примере американского многофакторного приема в колледж. В Китае восхищаются тем, как в этой системе учитываются различные факторы, включая эссе, оценки, рекомендательные письма и участие во внеклассных мероприятиях. В то же время китайцы уверены, что подобное никогда не будет работать в их стране. В обществе, где доминирует *гуаньси*, многофакторная система приема быстро коррумпируется. В этих словах есть смысл. В США и других странах сотрудники приемных комиссий жалуются на высокий уровень мошенничества среди китайских абитуриентов — в итоге решения о приеме все чаще основываются на результатах экзамена *гаокао*.

Ирония ситуации вызывает другой вопрос о том, достигает ли многофакторный подход к приему в вузы заявленной цели — отбора достойных людей, способствуя при этом многообразию, и этот вопрос остается открытым [Guinier 2015; Karabel 2006; Soares 2007; Warikoo 2016]. Элитные вузы США принимают все больше студентов из числа меньшинств и учащихся государственных средних школ. Однако число «вдвойне обездоленных» — тех, кто происходит из бедных слоев населения и учился в государственной школе, — остается в вузах крайне незначительным [Jack 2016][16]. Более того, скандал с приемом в вузы в США в 2019 году показал, что американская система столь же уязвима для коррупции. Богатые родители платят посредникам огромные деньги, чтобы обеспечить своим детям места в элитных вузах США неэтичными способами, например, подкупая тренеров по легкой атлетике, чтобы те набирали учеников под ложными предлогами спортивных достижений [Medina et al. 2019]. В свете этих разоб-

---

[16] Совет колледжей — организация, проводящая главный вступительный экзамен в колледж США, Академический оценочный тест (SAT), — в 2019 году начал включать в свои отчеты о результатах так называемый индекс неблагополучия, пытаясь количественно оценить влияние районов проживания и школ на успеваемость учащихся. Эту инициативу резко осудили и с тех пор свернули. Теперь приемные комиссии смотрят на баллы неблагополучия школ и районов, а не на единый индекс неблагополучия, который, по мнению критиков, является слишком упрощенным показателем трудностей и социального происхождения. Тем не менее некоторые комментаторы рассматривают показатель неблагополучия как шаг в правильном направлении, признавая влияние социальной среды на результаты тестирования [Jack 2019].

лачений китайская критика *гуаньси* с точки зрения многофакторного учета при приеме кажется вполне уместной. Имеются некоторые свидетельства того, что *гаокао*, как бы несовершенна ни была эта система, может лучше способствовать социальной мобильности [Liang et al. 2012].

Настоящая книга предлагает столь необходимый этнографический взгляд на эти политические дебаты. Она предназначена не только для антропологов и китаеведов, но и для преподавателей, политиков и обычных читателей. Я уверен, что читатели получат более глубокое понимание *гаокао* как сложного культурного феномена. Интересующиеся образованием получат представление об экзамене как судьбоносном обряде перехода, переплетенном с обществом за пределами школьных ворот. Китаеведы, в том числе историки — исследователи императорских экзаменов, получат возможность взглянуть иначе на роль экзаменов в моральной жизни человека и общества. Они также смогут по-новому оценить то, как современные механизмы, помимо разрыва с прошлым, продолжают наследие императорской эпохи [Chau 2006; Puett 2006; Sangren 2000]. И хотя я не могу здесь подробно останавливаться на более широких результатах своего проекта, надеюсь, что антропологи и представители смежных дисциплин увидят в судьбоносных обрядах перехода полезный инструмент для анализа обществ и за пределами Китая.

Книга состоит из шести глав. В этой главе дается культурно-исторический контекст *гаокао* и объясняется, почему он выступает судьбоносным обрядом. Каждая из последующих глав посвящена одному из аспектов экзамена как судьбоносного события. В главе 2 анализируется важность экзамена, которая, вместе с его неопределенным результатом, составляет основу его судьбоносности (напомним здесь, что судьбоносность = далеко идущие последствия + неопределенный результат). Экзамен считается судьбоносным, поскольку он позволяет мигрировать из сельской местности в город, расширяя возможности для реализации таких важных жизненных планов, как брак, рождение детей и уход за престарелыми родителями. Ценность этой миграции тесно связана с тем, что ее воспринимают как движение вперед во времени, к современности и национальному развитию. Глава 3 обращается к другому компоненту судьбоносности — неопределенности. В ней исследуется ложная уверенность людей в своей способности читать между строк государственные декларации о справедливости образования. В этом обществе постправды мало что свято. Тем не менее люди, несмотря на цинизм, имеют завышенные ожидания по отношению к своим результатам на экзамене. Искренняя вера в относительную справедливость *гаокао* продолжает играть важную идеологическую роль. Глава 4 посвящена идеалам характера: в ней показано, как трудолюбие и качество формируют конкурирующие идеалы в гегемонистском взаимодействии между сельскими и городскими интересами, а также как сельский идеал трудолюбия получает гендерную и этническую окраску, тем самым усиливая доминирование городской мужской ханьской элиты. Глава 5 переходит к самому судьбоносному моменту экзамена, исследуя важную роль личностного отношения и самообладания в успешной сдаче экзамена. В ней показано, как старшие преподаватели олицетворяют собой образовательное противоречие, одновременно помогая детям преодолеть дефицит культурного капитала и поощряя их брать на себя личную ответственность за результаты экзаменов. В главе 6 исследуются народно-религиозные и магические аспекты меритократии. Если в главе 3 основное внимание уделяется агонистическому аспекту неопределенности (неопределенности, возникающей в результате межличностной конкуренции), то глава 6 посвящена алеаторному аспекту (то есть неопределенности, возникающей в результате неконтролируемых случайных событий). В ней рассматривается, как используются магические понятия — судьба, удача и кармические заслуги — для объяснения превратностей успехов и неудач. Это магически религиозное измерение меритократии не антинаучный пережиток суеверного мышления, а неотъемлемый компонент экзаменационной жизни. В кратком эпилоге рассматривается растущая эпидемия растерянности и замешательства в Китае и высказываются предположения о будущем *гаокао* и подобных меритократических институтов в нашем быстро меняющемся мире.

Глава 2
Мобильность, время и ценности

Критическая важность экзамена и идеология девелопментализма

Вода течет вниз, а человек стремится вверх.
Китайская пословица

В средней школе номер один округа Шаньши я часто был на занятиях китайских коллег. В первый год полевой работы я сидел на уроке географии, посвященном урбанизации. Его проводили специально для «медленного», или, как учителя иногда между собой называли такие группы, «мусорного» класса, состоявшего из деревенских детей, набравших низкие баллы за тесты.

Я сидел за партой на заднем ряду. Учительница Ху попросила класс открыть учебники на странице 29. Она объяснила, что мы будем изучать «функции городов разных иерархических уровней». Открыв учебник, я с удивлением обнаружил введение в теорию центральных мест. Как уже упоминалось в главе 1, эта теория является важным концептуальным инструментом в моем собственном исследовании.

Антропологи и историки используют теорию центральных мест для моделирования сложной системы взаимосвязанных, иерархически вложенных друг в друга регионов и рынков Китая. Кроме того, эта теория тесно связана с исконным пониманием людьми места. Крупные города вроде Сямыня воспринимаются как экономически и культурно более значимые, чем города окружного значения, такие как Нинчжоу, которые, в свою очередь, считаются более важными, чем уездные центры, такие как Шаньши. Чиновники в Шаньши подчиняются чиновникам в городе окружного значения Нинчжоу. Самые высокопоставленные чиновники в Нинчжоу занимают более низкое положение, чем их коллеги в Сямыне. Но и те и другие подчиняются чиновникам в столице провинции Фучжоу. Эта иерархия распространяется даже на пантеон богов, небесную бюрократию, которая зеркально отражает земную [Feuchtwang 1992; Yang 1967]. Городской бог-покровитель Нинчжоу, храм которого привлекает паломников со всей округи, контролирует местные божества — те же, за некоторыми исключениями, привлекают верующих только из ближайших населенных пунктов.

Эта иерархия городов — одновременно экономическая, административная и религиозная — имеет в Китае долгую историю. В местах моих полевых исследований иерархия приобрела нечто похожее на свою нынешнюю форму после коммерческой революции переходного периода от Тан к Сун в IX–XIII веках [Hartwell 1982; Skinner 1980]. В ту эпоху китайские переселенцы с севера вытесняли, усмиряли силой аборигенов или вступали с ними в брачные отношения. Колонизаторы основали относящиеся к этому периоду торговые города, включая те, где я проводил свои полевые работы. Китайские летописи описывают этот процесс как «открытие пустошей» *(кайхуан)*, а историки называют его «конфуцианским освоением Юга» [Miyakawa 1960; Wiens 1954]. Включение этих недавно цивилизованных окраин в орбиту экзаменационной системы и императорской бюрократии было важной частью этого процесса. Многие из богов, которым сегодня поклоняются люди, являются чиновниками той ранней эпохи заселения и урбанизации, обожествленными за их достижения в распространении китайской цивилизации.

Но в тот день урок географии был посвящен более поздней урбанизации. Чтобы оживить абстрактную теорию центральных мест, учительница обратила внимание учеников на рисунок в учебнике. На картинке были изображены отец и дочь в сельской местности под надписью «Низкий доход; социальное обеспечение отсутствует». Рядом крестьяне трудятся в поле под другой надписью: «Быстрый рост населения создает большую нагрузку на землю». Один из крестьян задумчиво смотрит на город вдалеке. Над городом нависают надписи: «Много возможностей для трудоустройства», «Высокий уровень гарантий социального обеспечения», «Полный комплекс культурных объектов» и «Удобное транспортное сообщение».

«Урбанизацию можно разделить на два типа, — объяснила учительница, — урбанизация мест (*цюйюй*) и урбанизация населения (*жэнькоу*)... По мере развития урбанизации многие вещи улучшаются, поднимаются на более высокий уровень (*тигао*) — условия жизни, повседневные привычки, мысли, даже уровень духовного наставления и всего остального...»

«Качество (*сучжи*)!» — предположил один из учеников. «Да, качество, включая физическое качество, — ответила учительница. — Основная причина миграции в города в том, что люди в городе имеют более высокое качество и более высокий уровень образования».

Качество относится к общему поведению и восприятию человека, но может быть разделено на отдельные компоненты, включая моральные (*даодэ*), физические (*шэньти*) и психологические (*синьли*) качества [Kipnis 2006]. Жители Китая говорят, что качество сосредоточено в городских районах и повышается по мере урбанизации. Повышение качества населения является центральной целью национального развития [Anagnost 2004; Greenhalgh 2010; Murphy 2004; Jacka 2009; Yan 2008; Yi 2011].

Продолжая урок, учительница географии представила некоторые исторические предпосылки, лежащие в основе этого мировосприятия. Она объяснила ученикам, что урбанизация является неизбежной глобальной тенденцией, которая началась в Европе во время промышленной революции в XVIII и XIX веках. Развивающиеся страны, такие как Китай, должны «догнать Запад» (*ганьшан Сифан*), который рассматривается как источник всего современного. Для жителей Китая догнать Запад означало стереть «национальное унижение» (*гочи*), которое западный империализм нанес Срединному государству, начиная с Опиумных войн XIX века (1839–1842, 1856–1860).

Желание стереть национальное унижение широко распространено в Китае [Wang 2012]. Люди воспринимают эту миссию как попытку вернуть Срединному царству былую славу. Правительственная пропаганда называет это стремление мирным подъемом (*хэпин цзюэци*) или великим восстановлением (*вэйда фусин*). Такое национальное чаяние подпитывало стремительное развитие Китая с 1980-х годов, которое политические деятели государства осуществляли посредством масштабных проектов социальной инженерии, включая индустриализацию, инфраструктурное строительство, либерализацию рынка, контроль численности населения и начиная с конца 1990-х годов — расширение сферы высшего образования.

Как объяснила учительница, эти проекты изменили иерархию «центр — периферия». В постмаоистскую эпоху реформ и открытости (с 1978 года по настоящее время) городские районы разрастались, многие из них удвоились в размерах. Доля городского населения Китая увеличилась с 20 % в 1980 году до почти 50 % в 2013 году и продолжает расти [Goodman 2014]. Сотни миллионов людей переехали в городские районы или стали частью «текучего населения» — мигрантов среди городских жителей.

За этот же период в Китае произошел демографический переход от относительно высоких к относительно низким показателям рождаемости и смертности. Падение рождаемости привело к быстрому старению населения Китая, что вызвало демографический кризис [Feng 2010]. В ответ на этот кризис Китай существенно ослабил контроль над ростом населения. С 2015 года политика одного ребенка превратилась в политику двух детей. В районах проживания меньшинств родителей поощряют иметь более двух детей. Однако эти меры, скорее всего, не окажут большого эффекта. Несмотря на десятилетия драконовских мер контроля, включая принудительные аборты и стерилизацию, надвигающийся демографический кризис, вероятно, в большей степени обусловлен быстрым развитием, чем последствиями контроля численности населения [Hesketh et al. 2005: 1172]. Несмотря на то что сейчас разрешается и даже поощряется иметь больше детей, многие жалуются, что расходы на их воспитание стали непомерно высокими. Социологи предупреждают о грядущем «старческом землетрясении», которое ограничит рост Китая, до предела напрягая семьи и социальные службы [Keimig 2017].

Как бы то ни было, многие в Китае продолжают придерживаться того мнения, что Китай страдает от «перенаселения и слабой основы» (*жэнькоу до, дицзы бао*) или, иными словами, от перенаселения и отсталости. Говорят, что эта двойная напасть составляет суть национальных особенностей Китая (*гоцин*). Такими национальными особенностями можно легко объяснить любое неизбежное зло развития, включая коррупцию, загрязнение окружающей среды, авторитарное правление и *гаокао* как таковой. Когда от людей требуют объяснения этих необходимых зол, они почти неизбежно восклицают: «Ничего не поделаешь (*мэй баньфа*)! В Китае просто слишком много людей». Как вера в индивидуальные заслуги, так и убеждение в том, что Китай перенаселен и недоразвит, представляют собой своеобразную идеологию, искаженное представление о реальности, которое оправдывает статус-кво. Назовем эту идеологию девелопментализмом.

Говоря о девелопментализме как об идеологии, я не имею в виду отрицание ценностей развития. Люди везде хотят улучшить свою жизнь, и борьба с бедностью, разумеется, цель благородная. Без сомнения, развитие значительно улучшило жизнь многих людей в Китае, сделав их более обеспеченными и мобильными [Kipnis 2016]. Однако навязанное государством развитие часто усиливает неравенство и создает новые проблемы даже при сокращении некоторых видов бедности [Ferguson 1990; Hobart 2002]. Анализируя девелопментализм как идеологию, я присоединяю свой голос к тем, кто представляет себе более справедливые и равноправные формы развития (см., например, [Ferguson 2015; Kubiszewski et al. 2013]).

Конечно, девелопментализм не ограничивается только Китаем. Читатели, знакомые с этой идеологией в других культурных контекстах, заметят много общего с тем, как она проявляется в Китае. В то же время китайская версия девелопментализма обладает многими специфическими чертами.

В Китае, как и в других странах, девелопментализм прочно укоренен в сознании людей, потому что он ассимилирует их самые сокровенные желания. Желание национального развития (*гоцзя фачжань*) подкрепляется еще более фундаментальным желанием — индивидуального развития (*цзыво фачжань*). По неоконфуцианской логике, коллективные усилия людей, направленные на саморазвитие, являются важным источником национального развития, а также основным способом накопления качества или индивидуальных заслуг. Таким образом, идеология девелопментализма переплетается с идеологией индивидуальных заслуг. Люди критически относятся к Коммунистической партии Китая, которую они считают коррумпированной. Но их личные устремления тем не менее привязывают их жизненные планы к обозу национального развития при партийно-государственном правлении, тем самым укрепляя авторитет компартии.

По крайней мере, с 2000-х годов центральное руководство стало выходить за рамки единственного ориентира на экономический рост и переходить к более широкому кругу задач, включая борьбу с коррупцией, социальное обеспечение и защиту окружающей среды [Perry 2014]. В какой-то степени поддержание стабильности (*вэйвэнь*) вытеснило развитие в качестве легитимирующей идеологии партийного государства. Хотя китайское государство уже давно ориентировано на социальную гармонию, поддержание стабильности стало четким лозунгом режима после 2008 года[1]. Этот термин относится к целому ряду политических мер, сочетающих принудительные методы социального контроля, такие как цензура и подавление инакомыслия, с такими более мягкими подходами, как разрешение конфликтов и умиротворение маргинальных групп с помощью гарантий благосостояния [Benney 2016; Lam 2019; Wang, Minzner 2015]. Однако экономический рост является важной составляющей поддержания стабильности, и логика обоснования развития продолжает вдохновлять официальный дискурс и народный опыт.

---

[1] Среди провоцирующих факторов упомянем Вэньцзюаньское землетрясение 2008 года в Сычуани, которое вызвало волну социальных протестов, унеся жизни многих детей после обрушения некачественно построенных школ, и этнические беспорядки в 2009 году в Урумчи.

Для большинства населения Китая индивидуальное развитие является синонимом урбанизации. Люди ассоциируют личное преобразование (положительное или отрицательное) с перемещением вверх и вниз по географической иерархии географической иерархии Китая. Большинство желает переместиться вверх по иерархии из относительно периферийных мест, где, по их мнению, отсутствуют возможности и ценности, в относительный центр, который, по их мнению, обладает этими качествами [Liu 1997; Nyíri 2010; Skinner 1976]. Часто повторяемое изречение — эпиграф этой главы — свидетельствует о силе естественного закона, который люди приписывают этому стремлению: «Вода течет вниз, а человек стремится вверх» (*шуй ван дичу лю, жэнь ван гаочу цзоу*).

Как следует из этой максимы, люди рассматривают городскую иерархию как иерархию талантов (*цайнэн, жэньцай*). Расширяя сферу своего влияния, центр своей деятельности, вверх по иерархии мест (от деревень к поселкам и от поселков к городам), люди повышают свой статус, репутацию и увеличивают свой потенциальный заработок. По этой причине люди рассматривают географическую мобильность (перемещение в пространстве) как синоним социальной мобильности (повышение статуса). Поэтому вслед за Джули Чу [Chu 2010] я анализирую мобильность как вариант того, что антрополог Нэнси Манн [Munn 1986] называет пространственно-временным расширением себя. Но в отличие от Чу, которая фокусируется на материальных и семиотических аспектах мобильности, я подчеркиваю ее экзистенциальные последствия. Достигая мобильности, люди зарабатывают признание. Они делают это, повышая свою самоэффективность, свой потенциал для достижения целей в мире, добиваясь этого как пространственными, так и временными способами.

Возможно, самоочевидно, что мобильность людей расширяет их самоэффективность в пространстве. Но мобильность также расширяет самоэффективность во времени. Продвигаясь по иерархической лестнице, люди улучшают свою способность реализовывать будущие жизненные планы, включая брак, воспитание детей и уход за старшими. Одним словом, достижение мобильности — это изменение своей судьбы.

Мой друг, старший преподаватель местной средней школы господин Цзянь, в одном из запоминающихся высказываний подытожил эти механизмы следующим образом: «Удача — это тип движения *(юаньфэнь ши и чжун юньдун)*», — сказал он. В китайских культурных концепциях фортуна *(юаньфэнь)* похожа на такие выражения, как судьба *(мин)* или предназначение *(минъюнь)*, но подчеркивает случайные связи между людьми, местами и вещами[2]. Говоря об удаче как о форме движения, господин Цзянь четко обозначил культурную логику, которая связывает стремление к мобильности с благоприятными разворотами судьбы. Стремясь к мобильности, родители и дети стремятся создать то, что Цзянь назвал «лучшей платформой для удачи» *(гэй юаньфэнь игэ гэнхаоде пинтай)*. Создание лучшей платформы для удачи означает расширение сферы самоэффективности человека на более централизованные направления, что является основным способом, с помощью которого люди создают ценности для самих себя и своих семей. В целом в этих культурных концепциях мобильность приравнивается к расширению самоэффективности и, следовательно, к созданию ценности. Эта связь существует и в других культурных контекстах, но она особенно сильна в Китае из-за большой географической значимости и культурной ценности городской иерархии [Skinner 1964–1965].

В современную эпоху эта связь между мобильностью и ценностью носит как пространственный, так и временной, хронологический характер в дополнительном смысле. Люди все больше принимают линейное представление о времени, в значительной степени заимствованное на Западе. Согласно этому взгляду, история развивается к телосу, или цели, обычно к коммунизму, социалистической современности или просто к современности. В результате люди ассоциируют движение вверх по иерархии с тем, что они становятся более современными. Переезд в города — это движение вперед в истории, а мобильность и ее различные атрибуты являются важным способом, с помощью которого люди выражают свою принадлежность к современности [Chu

---

[2]   «*Юаньфэн*» часто переводится как «судьба», но я бы перевел как «фортуна», чтобы отличить от тесно связанных понятий *мин* и *минъюнь*.

2010]. В то же время города расширяются, чтобы удовлетворить все большее количество мигрантов. Этот двойной процесс урбанизации — урбанизация людей и мест — подразумевает одновременное развитие отдельных людей и нации в целом.

Эти тесные ассоциации между мобильностью, ценностями и временем составляют основу идеологии девелопментализма. Огромные новые города Китая, с головокружительной скоростью поглощающие сельскохозяйственные угодья, свидетельствуют об огромных ресурсах, которые государство влило в эту концепцию развития. За десятилетия стремительной урбанизации идеология девелопментализма объективировалась, то есть физически воплотилась в иерархии [Бурдьё 2001]. Развитые города привлекают мигрантов из так называемых отсталых внутренних районов — манихейское разделение, которое закрепляется системой регистрации домохозяйств. Следуя порочной логике, люди видят последствия развития — увеличение разрыва между городом и деревней — как неопровержимое доказательство правильности этой идеологии.

Однако опыт людей в области мобильности усложняет этот нарратив линейного движения через пространство и время. Расширение «я» вверх по иерархии необязательно означает отказ от более низкого положения в ней. Большинство семей ведут рассеянное существование [Cohen 1970]. Они сохраняют связь со своими родными местами, одновременно пытаясь открыть новые платформы для возможностей в более центральных, современных местах.

Гаокао — это главная санкционированная государством стратегия Китая по созданию этих новых платформ возможностей. По этой причине *гаокао* имеет особое значение. Как ортодоксальная стратегия мобильности, экзамен дает людям возможность не только переехать в город, но и приобрести статус и стабильность, которые они ассоциируют с городской жизнью — надежную «беловоротничковую» работу и городскую прописку. Однако семьи должны прокладывать путь к ортодоксальной мобильности через неортодоксальные стратегии мобильности, включая пребывание в городах без документов. В то же время органы власти используют *гаокао* для управления и контроля над мобильностью, например, ограничивая места, где дети мигрантов могут посещать школу и где они могут сдавать экзамен.

В этой главе рассматриваются отношения между мобильностью, временем и ценностями. Ее главная цель состоит в том, чтобы объяснить, почему *гаокао* имеет значение для людей, то есть почему ставки здесь столь высоки. Моя аргументация требует от меня раскрытия некоторых исторических и культурных основ девелопментализма. В дополнение к обсуждению западного империализма я рассматриваю историю императорской экспансии и внутреннего колониализма Китая. В частности, я утверждаю, что девелопментализм не так уж беспрецедентен, как думают многие, включая китайскую учительницу географии. Я рассматриваю развитие как новейшую итерацию более ранних цивилизаторских миссий Китая по окультуриванию населения и инкорпорации периферии, которая долгое время считалась царством некультурных варваров [Harrell 1995; Rowe 1994]. Девелопментализм — это всего лишь новейший вариант меритократической идеологии Китая.

Важно отметить и другие исторические преемственности. В период коллективизма (1949–1977) люди были привязаны к местам своего происхождения. Однако после Мао люди вернулись к моделям мобильности, которые больше напоминают те, что существовали в позднеимператорскую эпоху, когда расселение было обычным явлением [Skinner 1976]. Это увеличение мобильности имело целый ряд последствий. Она улучшила жизнь людей, хотя и повысила их осведомленность о социальных проблемах, включая деградацию окружающей среды, неравенство между городом и деревней и демографический кризис. По мере того как люди расширяют свой кругозор (*кайко яньцзе*) и становятся более сведущими (*чжан цзяньши*), они становятся более критичными по отношению к статус-кво.

Гаокао представляет собой весьма эффективную систему, позволяющую направить неудовлетворенность на достижение ортодоксальных целей. Но, помимо мифа о меритократии, *гаокао* предлагает большинству людей лишь обещание ограниченной мобильности, а не радикальные изменения.

Мобильность, история западного влияния и лихорадочная страсть к учебе за рубежом

Вода течет вниз, а человек стремится вверх. Как сила земного притяжения тянет воду в низины, так и центральные места неумолимо притягивают людей, призывая их двигаться вверх по социальной лестнице.

С точки зрения Шаньши эта максима кажется особенно уместной. Представьте, что вы стоите на склоне холма. Если вы крестьянин, работающий в поле, вы приостановитесь, чтобы представить себе иерархию мест, простирающихся в пространстве. Вдали гряда за грядой холмистых террас исчезает в покрытой туманом низине. Невидимая, за горами лежит столица округа Нинчжоу, а за ней — прибрежный мегаполис Сямынь. Еще дальше манят еще бо́льшие города, Шанхай и Гонконг с их сверкающими башнями и бесконечными верфями, а также смутная громада Пекина, центр притяжения политической и культурной власти. В сознании родителей и учеников каждый шаг вверх по этой лестнице означает лучшие ресурсы, лучшее благосостояние, лучшие школы, лучшую работу — другими словами, больший статус и бо́льшую ценность.

Многие дети сельского происхождения целиком посвящают себя подготовке к сдаче экзамена, потому что, как они говорят, они боятся стать фермерами (па дан нунминь). Этот страх может иметь и роковые последствия для судьбы. Когда одна деревенская девушка покончила с собой после неудачи на гаокао, люди говорили: «Она не могла быть крестьянкой и не знала, как учиться, поэтому самоубийство было ее единственным выходом»[3]. Но разочарование и унижение, безусловно, также повлияли на трагическое решение этой девушки. В сельской местности диплом

---

[3] Трудно сказать, насколько распространены самоубийства среди сельских школьников. Органы управления образованием тщательно охраняют эту информацию. В целом, однако, уровень самоубийств в сельской местности, особенно среди женщин, относительно высок [Kleinman et al. 2011: 12–13]. Более того, самоубийства — это проблема не только сельских районов, но и городской элиты [Bregnbæk 2016].

колледжа — это не просто избавление от изнурительного кресть-
янского труда, а показатель статуса. Как объясняла другая девушка из бедной семьи крестьян: «В деревне моего отца всегда бьют.
В прошлом месяце он потерял два зуба в драке. Моя тетя сказала
мне, что, если я поступлю в вуз, люди перестанут его обижать.
Это важная причина, по которой мы так усердно учимся — в вуз
поступить престижно». В другой деревне мужчину выбрали
старостой, потому что трое из его четырех детей (двое из них
девочки) учились в вузе. Эти истории наглядно демонстрируют
некоторые из глубоких последствий мобильности на примере
экзаменов, которые столь много значат для рядовых экзаменуемых и их семей.

Иерархия «балл — ценность»

Гаокао создает тесную связь между результатами экзаменов
и мобильностью. По этой причине результаты экзаменов одновременно представляют ценность и хранят ее [Woronov 2015].
Учащиеся, получившие высокие результаты, поступают в средние
школы и вузы с высоким рейтингом, что дает возможность получить работу и прописку в крупных городах. Получившим же
плохие результаты остаются только так называемые плохие
школы, плохая работа и нестабильная городская жизнь. Их
единственная надежда на улучшение своего положения заключается в том, чтобы трудиться, создавая условия для успешной
сдачи экзаменов следующим поколением. В то же время положение человека в географической иерархии тесно связано с его
экзаменационным баллом. Школы и колледжи с низким рейтингом, как правило, располагаются на периферии и считаются отсталыми, а школы и колледжи с высоким рейтингом находятся
в центральных районах, которые считаются современными. По
этим причинам городская иерархия представляет собой то, что
я называю иерархией «балл — ценность».

Я подробно рассказываю об иерархии «балл — ценность»,
включая жизненные шансы людей, занимающих различные позиции в этой иерархии, в главе 3. Как отмечается там, истинные

масштабы различий в результатах экзаменов являются государственной тайной. Но люди знают, что возможности для получения образования лучше в центральных районах, и, как и везде, родители в Китае стремятся дать своим детям все возможные преимущества. Хотя они склонны неверно воспринимать результаты экзаменов как проявление индивидуальных заслуг, а не общественного труда, они прекрасно понимают, что могут повысить шансы своих детей, предоставив им лучшие возможности и лучшие условия — словом, поместив их в лучшую среду. На практике это стремление обычно влечет за собой миграцию вверх по иерархической лестнице или отправку туда своих детей.

Желание продвигаться вверх по иерархической лестнице кажется людям в Китае само собой разумеющимся. Но эта модель мобильности не обязательно обусловлена естественными наклонностями. Скорее, она возникает в результате специфической культурной логики, государственной политики и исторических тенденций. В Китае меритократия имеет долгую историю. Как и сегодня, в императорские времена люди воспринимали иерархию мест как иерархию талантов. Как раньше, так и сейчас, центральные места ассоциировались у них с цивилизацией, а сельские — с пасторальным идеалом [Berg 2002; Harrell 1995]. Однако современная версия меритократической идеологии, а именно девелопментализм, во многом отличается от мышления императорской эпохи.

В отличие от идеологий императорской эпохи, девелопментализм побуждает людей воспринимать пространственную иерархию через призму времени. Более того, это особый вид времени: линейная концепция целеполагающего, или телеологического, времени. В отличие от циклических представлений о времени, таких как смена времен года или прошествие лет, телеологическое время начинается в прошлом и заканчивается в будущем. Когда люди рассматривают пространственную иерархию через девелопменталистское понятие телеологического времени, они видят, что сельские районы отстают от города в развитии. Привлекая сельских жителей в городские центры, государство стремится синхронизировать сельское население с городским настоящим, ускоряя экономический переход Китая к нации городских потребителей со средним уровнем дохода.

Такая логика развития может показаться интуитивно понятной большинству жителей Запада. Телеологическое представление о времени разделяется авраамическими религиями, все из которых имеют некоторую концепцию конца времен. Схожая концепция времени характерна для мышления Карла Маркса, чье представление о развитии к телосу коммунизма было сформировано под влиянием христианской эсхатологии и гегелевской философии. В отличие от этих взглядов на время, в Китае времен империи была распространена циклическая концепция времени. Старый лунный календарь Китая был разделен на циклы по 60 лет, которые люди высчитывали, комбинируя 10 небесных стеблей с 12 земными ветвями. В более широком масштабе люди отсчитывали историю по императорским династиям. Они рассматривали историю через призму династических циклов.

Однако не стоит преувеличивать разрыв между воззрениями императорской эпохи и современными взглядами [Puett 2014]. С одной стороны, сегодня в Китае, особенно в сельской местности, люди продолжают считать основные события жизни (рождение, брак, смерть) по старому календарю. Более того, многие продолжают воспринимать историю как череду династий, из которых коммунистическая партия — всего-навсего последняя. Даже проект КПК по великой реставрации основывается на принципе цикличности времени и ставит целью возвращение стране былой славы. С другой стороны, было бы неправдой утверждать, что имперский Китай не имел представления о телеологическом прогрессе. Конфуцианская доктрина гласит, что целью просвещенного руководства является развитие мира к периоду великого единения, когда все и вся будут в мире. Это великое единение смоделировано на основе идеализированного представления о древнем Китае, но, как и коммунизм, оно представляет собой утопическое ви́дение будущего. Тем не менее представление о том, что сельская местность является отсталой, а городская — современной, которое доминирует в Китае сегодня, является значительным отходом от более старой культурной логики. Эта логика развития представляет собой образование — гибрид из старых представлений о меритократии, оставшихся от императорской эпохи, и линейных представлений об исторических изменениях, которые пришли в Китай через марксизм и другие формы западного девелопменталистского мышления.

Эта телеологическая девелопменталистская логика развития оправдывает урбанизацию, включая планы по объединению отсталого округа Нинчжоу с современным Сямынем в один мегаполис, а это лишь один из многих подобных проектов по всей стране. Проводя такую политику, миссия социалистической модернизации *(шэхуэй чжуи сяньдайхуа)* обещает — по крайней мере, в принципе — создание в итоге монадической современности, в которой ни один человек не будет отстающим и ни одно время не будет отставать от будущего. Согласно этому плану урбанизации, лишь небольшое число жителей должно остаться в сельской местности, где они будут управлять механизированными фермами, добывать природные ресурсы и воссоздавать идиллическое пасторальное прошлое для городских туристов.

Девелопментализм и разрыв между городом и деревней

В Китае и других странах развитие изначально задумывалось как противоядие от негативных последствий глобального капитализма и западного империализма [Kipnis 2016]. Действительно, это помогло вывести сотни миллионов людей из нищеты. Но с 1990-х годов в Китае развитие в условиях авторитарного партийного государства все больше обогащало коррумпированное меньшинство, заставляя огромные суммы перетекать вверх по иерархии из периферии в центр [Хуан 2012; Huang 2015].

Во время полевой работы я регулярно ездил на работу между Сямынем и Шаньши. Этот путь занимал всего 120 миль, но при этом пересекал совершенно разные социальные миры. Буколический и слаборазвитый Шаньши резко контрастировал с хаотичными улицами Нинчжоу и высотками Сямыня.

Как объяснил мне один чиновник, Шаньши, как и многие другие места в Китае, стремится «переселить всех людей с гор в города». Как и в других сельских районах, правительство поощряет людей к переезду, предоставляя субсидии на переселение, дешевые ипотечные кредиты и используя другие стимулы. Часть населения переселяют принудительно. При Си Цзиньпине эта политика урбанизации стала основным компонентом стратегии по искоренению бедности к 2020 году.

С точки зрения центрального государства, урбанизация — это не только борьба с бедностью, но и забота о том, чтобы двигатели экономики продолжали работать. После мирового финансового кризиса 2008 года Пекин влил огромное количество ликвидности в китайскую экономику, смягчив тем самым последствия кризиса. Это вливание легких кредитов способствовало строительному буму как внутри Китая, так и за его пределами. В результате с 2011 по 2013 год вокруг Шаньши появилось несколько новых жилых комплексов. Однако в Шаньши, как и в других местах, многие из этих новых зданий оставались пустыми или недостроенными, превращая целые кварталы в города-призраки [Ulfstjerne 2017]. Такая модель развития позволила связанным с правительством застройщикам присвоить огромные суммы денег.

К 2015 году политические веяния в Шиньши переменились. В рамках антикоррупционной кампании Си был арестован окружной судья. Местные жители говорили, что «большие начальники», получившие государственные деньги на строительство новых зданий, сбежали, оставив после себя безнадежные долги и серьезный излишек производственных мощностей. Как сказал господин Ву, охранник средней школы: «Если бы все эти дома были заполнены, население Шаньши удвоилось бы».

Вместо того чтобы селиться в Шаньши, люди из глубинки едут в города на работу. Как сказал местный школьный администратор: «Что им делать, если они останутся здесь? Здесь нет возможности заработать деньги. А те, кто могут позволить себе новый дом, лучше купят его в столице округа, где школы лучше».

Расположенная на окраине города средняя школа номер один выходит на застойный ирригационный канал и окружена одним из пустующих жилых комплексов времен строительного бума. Это самая большая из трех действующих средних школ округа, оставшихся после закрытия многих сельских школ в 1990-х и 2000-х годах. Это лучшая школа в округе, она привлекает многих учеников из сельской местности. Примерно половина учеников — иногородние, большинство из них — крестьянские дети.

Преподавая в школе, я близко познакомился с насмешливым настроем этих молодых людей, которые пытаются выбраться из деревень. Один из примеров — урок географии, который описан выше. Там доказывалась правильность социалистической модернизации под руководством правящей партии. Однако ученики считают партию коррумпированной, и поэтому идеологические фразы типа «социалистическая модернизация» кажутся многим лицемерными и пустыми. Тем не менее они повторяют эти штампованные лозунги, чтобы наилучшим образом сдать экзамены, а вот к цели своей они относятся с большой искренностью. Для них *гаокао* — это лучшая надежда на хорошую жизнь в городе, или, говоря языком этого школьного предмета, на урбанизацию. Верят ли студенты в идеологию развития или нет, почти несущественно; они воплощают ее в жизнь в своих собственных жизненных проектах, хотя и в собственных интересах. Успех на экзамене — это синоним самопреобразования через миграцию.

В этих механизмах кроется еще одна ирония. Политика урбанизации усугубила некоторые виды неравенства между городом и деревней. Парадоксально, но эта политика лишает многих людей шансов реализовать свою мечту о комфортном городском существовании. Как и в других регионах Китая, правительство закрыло многие сельские школы. Заявленная цель этой политики — известной как консолидация школ (*чэдянь бинсяо*) — повышение качества обучения за счет концентрации ресурсов в центральных школах [Chan, Harrell 2010]. Но местные педагоги признают, что эта политика ставит в невыгодное положение сельских детей. Немногие простые семьи могут позволить себе купить или арендовать дом в городе, чтобы отправлять детей в пансион или вовсе прекращать учебу. Школы, которые остаются открытыми, в значительной степени ориентированы на обеспечение поступления в вуз для нескольких человек с высокими результатами, а не на повышение уровня образования для всех остальных.

Утечка мозгов усугубляет эту неравномерную тенденцию. Лучшие и самые амбициозные учителя Шаньши покинули село. Многие теперь работают в недавно открывшихся частных школах в Нинчжоу, где бюро образования поддерживает частичную приватизацию обучения. Другие переехали в Сямынь, воспользовавшись муниципальными программами по ускорению урбанизации города за счет привлечения талантов из сельской местности. В то же время студенты, имеющие средства и способности (деньги и высокие результаты тестов), используют различные лазейки в системе, чтобы переехать в города, где образование лучше (то есть экзамены расцениваются как более престижные).

Кроме того, расширение системы высшего образования открыло доступ к вузам для новых слоев населения, но также привело к широкому распространению работы, не соответствующей квалификации, и безработицы. Это бедствия, от которых непропорционально сильно страдают люди сельского происхождения, которые обычно могут поступить только в вузы с низким рейтингом. Перед лицом такого растущего образовательного и экономического разрыва многие сельские школьники бросают школу, чтобы искать работу по найму в городах, не закончив обязательного образования [Chung, Mason 2012; Wu 2016; Yi et al. 2012].

Но несмотря на растущее неравенство, большинство населения Китая продолжает — хотя и с растущей амбивалентностью — верить в урбанизацию, меритократию и развитие. Почему? Частичный ответ кроется в том, как идеология девелопментализма объективируется в центральной иерархии. Люди находят объективное доказательство обоснованности развития в своем восприятии центральных мест как относительно передовых и современных, с одной стороны, и периферийных мест как относительно отсталых и традиционных, с другой. Процессы, которые люди ассоциируют с модернизацией — например, строительство высотных зданий, регулирование дорожного движения, реализация образовательной политики, — проникают в периферийные районы из центральных. Таким образом, все более отдаленные районы оказываются на все более ранних стадиях развития.

Перенаселение и отставание в развитии — национальные особенности

Примером девелопментализма является почти повсеместно распространенное в Китае мнение о том, что страна страдает от перенаселенности и отсталости или от перенаселенности и слабого фундамента. Эта концепция требует некоторого пояснения. В основном люди понимают под слабым фундаментом неразвитость, в том числе избыток низкоквалифицированных граждан. Более того, люди связывают низкое качество и неразвитость с преобладанием партикулярных связей, или *гуаньси*, которые многие считают культурным пережитком традиционного, или, по официальной марксистской терминологии руководства, феодального (*фэнцзянь*) прошлого Китая. Говорят, что превалирование *гуаньси* в культуре сдерживает развитие Китая, поощряя кумовство и коррупцию. Это сочетание отсталости, низкой квалификации и *гуаньси* формирует «национальные особенности», «национальное своеобразие» Китая. Этот термин относится к якобы непреложным истинам, присущим китайскому обществу, которые могут быть преодолены только путем непрерывного развития. В качестве доказательства существования таких национальных особенностей, как перенаселенность и недостаточный уровень развития, люди указывают на следующие проблемы: переполненные вокзалы, загруженные дороги, загрязнение окружающей среды, разгул коррупции и жесткая социальная конкуренция, олицетворением которой является в том числе и *гаокао*. Люди интерпретируют эти проблемы как доказательство необходимости дальнейшего развития, а значит, и неизбежности нынешней модели развития — стремления к современности под руководством авторитарного партийного государства.

Кроме того, вера людей в перенаселенность и низкий уровень развития долгое время черпала силу из другого источника — трагических жертв, на которые шли многие семьи ради соблюдения государственной политики по контролю за ростом населения. В Китае эту политику называют «планированием рождаемости» (*цзихуа шэнюй*). С начала 1980-х до 2015 года большинство пар были ограничены (по крайней мере, теоретически) рождением только одного ребенка. Большинство людей на Западе, где это ограничение было известно как политика одного ребенка, считали его ответом на мальтузианский призрак (реальный или воображаемый) перенаселения. Но государственные планировщики никогда не рассматривали эту политику только как способ снижения роста населения. Они также рассматривали ее как метод обратного инжиниринга демографического перехода [Greenhalgh 2010]. Этот термин относится к демографическим изменениям, которые претерпевают страны по мере своего развития. По мере роста благосостояния на душу населения рождаемость и смертность обычно снижаются. Экономисты утверждают, что такой переход приводит к тому, что родители вкладывают больше средств в меньшее число детей [Becker 1993]. Китайские политики рассматривали контроль численности населения как способ ускорить этот переход от количества к качеству. Ограничивая рождаемость, они намеревались сосредоточить родительские и государственные инвестиции на ограниченном числе способных детей. По сути, планирование рождаемости было евгеническим проектом; действительно, явной целью этой политики было «превосходное рождение» (*юшэн*). «Изучение превосходного рождения» (*юшэнсюэ*) — китайский термин для евгеники [Kipnis 2006: 305].

В развитых прибрежных районах и крупных городах Китай, похоже, уже пережил демографический переход. Сейчас страна сталкивается с демографическим кризисом, который угрожает сорвать его экономический рост. Бо́льшая часть этого роста (целых 15 % с 1982 по 2000 год) объясняется «демографическим дивидендом» в виде большого количества рабочих рук [Feng 2010: 246–247]. Однако по мере старения населения количество молодых работников резко сокращается. Для борьбы с этой демографической бомбой замедленного действия центральное планирование с 2015 года ослабило контроль над численностью населения. Теперь супружеским парам разрешено, более того, активно поощряется, иметь двух детей. Но эти изменения в политике произошли слишком поздно, чтобы обратить вспять тенденцию старения. Многие городские семьи теперь решают вообще не заводить детей. Такое нежелание является неожиданным в этом конфуцианском обществе, где одним из самых больших грехов считается прекращение своего рода.

С точки зрения политики, наиболее рациональным ответом на проблему старения общества был бы отказ от контроля над численностью населения. Но демографический контроль остается в силе, хотя и более слабый, чем раньше. Более того, многие в Китае продолжают считать население страны чрезмерно многочисленным, несмотря на демографический кризис. Эта инерция в политике и общественном мнении имеет много причин. Во-первых, огромная государственная инфраструктура направлена на контроль численности населения, за которым кроются корыстные интересы. Еще важнее то, что вера в перенаселение играет важную культурную и идеологическую роль, формируя центральный принцип китайского развития. Призрак национальной специфики Китая в сочетании с панацеей развития является главным обоснованием существования партийного государства. По этой причине полная отмена контроля над народонаселением, если она будет осуществлена слишком быстро, может поставить под угрозу легитимность компартии.

Дискурс о национальных специфических особенностях имеет очень схожий культурный эффект с дискурсом о судьбе. Оба термина функционируют как теодицея — теория того, как божественные силы, или в данном случае партийное государство, могут быть добрыми и справедливыми, несмотря на существование социальных бедствий, страданий и других зол. Люди обвиняют в любых проблемах перенаселение и отсталость. *Гаокао* причисляют к таким бедам. Ссылаясь на то, что экзамен постоянно нацелен на запоминание, люди задаются вопросом, действительно ли этот тест отбирает способных людей. Они критикуют преувеличенную роль этого экзамена в определении судьбы. Но, как говорится, «Ничего не поделаешь. В Китае просто слишком много людей. Конкуренция очень жесткая. *Гаокао* — единственный выход».

Когда люди ссылаются на жесткую конкуренцию в контексте перенаселения, они имеют в виду, что эта конкуренция происходит в очень специфической культурной среде, в которой доминирует *гуаньси*. Они говорят, что прием в вузы на основе единого экзамена является эффективным корректором этой культуры, которая, по их мнению, сделала бы многофакторный прием в колледж в стиле США неосуществимым в Китае. Другими словами, люди видят в *гаокао* противодействие этому особому виду перенаселенности, который, по их словам, порождает коррупцию и непотизм.

Индивидуальные удачи и национальные особенности: повышение качества населения для преодоления отсталости

Этот дискурс о национальном своеобразии выстраивает меритократический нарратив национального искупления, в котором китайский народ предстает как героический победитель, преодолевающий трудности. Коммунистическая партия делает ставку на свою легитимность, гарантируя сохранение условий для развития этого нарратива — возможности для нации стать богатой и достичь реставрации — несмотря на проблему перенаселенности и отсталости. Такое утопическое ви́дение национального развития опирается на меритократическую логику социальной взаимности, на представление о том, что упорный труд вознаграждается индивидуальным и национальным развитием. Согласно этой логике, только через непрерывную борьбу (*фэньдоу*), которая идет одновременно на национальном и личностном уровне, Китай и его граждане могут преодолеть национальное унижение и догнать Запад. В этом дискурсе под «Западом» подразумеваются страны Запада, среди которых Соединенные Штаты обычно считаются (несмотря на высокий уровень бедности по сравнению с другими развитыми странами) привилегированным и прототипичным образчиком в силу своего статуса сверхдержавы[4].

---

[4] Обсуждение крайней бедности в США см. в отчете специального докладчика ООН Филипа Олстона [Олстон 2017].

Гаокао — это важный метод, с помощью которого люди вписывают себя в этот нарратив меритократического национального искупления. Усердно стремясь к успеху на экзамене, люди связывают изменение своей личной судьбы с изменением судьбы нации. Обычные люди и политики рассматривают *гаокао* не только как побочный продукт отсталости и перенаселенности, но и как потенциальное средство, с помощью которого люди и нация могут преодолеть эти трудности.

Действительно, люди прямо связывают трансформацию индивидуальной судьбы (*гэжэньдэ минюнь*) с национальной судьбой (*гоцзядэ минюнь*). Эта связь является основным компонентом идеологии девелопментализма. Согласно этой идеологии, индивидуальное развитие и национальное развитие идут рука об руку. Как сказал мне один ученик средней школы:

> Национальное развитие и индивидуальное развитие взаимно зависят друг от друга и взаимно стимулируют друг друга. Развитие страны стимулирует индивидуальное развитие; усердная индивидуальная борьба способствует дальнейшему национальному развитию.

Эта связь личной и национальной судеб означает, что пространственно-временное расширение себя (урбанизация населения) зависит от пространственно-временного расширения китайского общества в целом (урбанизация мест). Непрерывное национальное развитие дает каждой семье надежду на лучшие возможности для саморазвития в будущем. Как говорил 40-летний водитель такси из Нинчжоу: «Мой отец окончил только начальную школу. В 1990-х годах я закончил восьмой класс. Моя дочь скоро закончит вуз. Когда Китай был бедным, уровень общего образования был плохим. По мере развития Китая уровень образования растет». Более того, многие уверены, что такой путь повышения уровня образования — это одновременно и путь из деревни в город.

В результате этой культурной логики дети несут бремя не только собственного развития, но и развития нации [Bregnbæk 2016]. Придерживаясь одной из форм сыновнего национализма, некоторые считают, что у них имеется сыновний долг перед родителями и государством [Fong 2011]. Примечательно, что на китайском языке люди называют государство «страной-семьей» (*гоцзя*). Как сказала мне одна девушка: «Помимо родителей, меня вырастило государство (*ян во*), поэтому, когда я закончу вуз, я буду использовать свои навыки, чтобы ему отплатить».

Девелопментализм в исторической перспективе: нарративы западного влияния и психологическая колонизация

Такое отождествление способностей с центральными местами и центральных иерархий с современностью является чем-то новым. Но люди в Китае уже давно отображают моральные различия в иерархической системе «центр — периферия». С ранних времен люди ассоциировали центр с моральным авторитетом высокомобильной космополитической элиты, а периферию — с провинциальными обычаями неподвижных, неимущих местных жителей [Lewis 2007: 11–16]. Точно так же люди воспринимали Китай — Срединное государство — как центр цивилизации, а все за границами страны — как обиталище варваров. Границы китайского государства постоянно смещались, но центр всегда определял себя как оплот цивилизации по отношению к нецивилизованной периферии.

Ко времени перехода от Тан к Сун центр превратился в скопище крупных городских поселений с населением до миллиона человек. Многие историки считают, что Китай вступил в период ранней современности по крайней мере к эпохе Мин (1368–1644), за столетия до колониального Запада [Brokaw 2007; Brook 1998; Chow 2004; Miyakawa 1955]. Несмотря на это историческое наследие, китайская школьная программа учит студентов, что современность и урбанизация зародились на Западе, вместе с капитализмом. Как объяснял студентам один учитель истории, весь китайский мир «был ввергнут в капитализм» (*бэй цзюаньжу цзыбэньчжуи*) в результате воздействия западного империализма в XIX веке. Такой тип исторического нарратива, опирающийся на марксизм и другие модернистские течения, лежит в основе линейного взгляда на время, который является неотъемлемой частью девелопментализма.

Если под «капитализмом» понимать промышленный капитализм, то это повествование отражает важную истину. Промышленная революция, начавшаяся в Северо-Западной Европе в конце 1700-х годов, стала эпохальным историческим событием. Однако такая одержимость Западом заслоняет долгосрочные исторические преемственности и циклы, которые имеют мало общего с влиянием Запада. До промышленной революции развитые коммерческие районы китайской дельты реки Янцзы имели самый высокий уровень жизни в мире [Померанц 2017], и многие проблемы управления, с которыми сталкивается современное китайское государство, включая неравенство между городом и деревней, огромное население и огромную полиэтническую территорию, являются наследием императорской эпохи, а не результатом воздействия западного империализма как такового [Kuhn 2002; Woodside 2006; Wong 1997].

Однако китайская националистическая история и бо́льшая часть научной историографии продолжают вращаться вокруг влияния западного капитализма на Китай. Черпая вдохновение в историографической критике Пола Коэна [Cohen 1984], назовем такие нарративы *нарративами западного воздействия*. Хотя нарративы о влиянии Запада очень распространены в Китае, это не единственный имеющийся взгляд на историю. В тех местах, где я работал, в религиозных верованиях закреплены альтернативные исторические нарративы. Как я уже упоминал выше, многие божества являлись как исторические чиновники, которым после смерти начали поклоняться как богам. Например, божество — покровитель Нинчжоу — это апофеоз чиновника эпохи Тан, который «открыл пустошь», истребив бандитов и усмирив коренное население. Ссылаясь на такие народно-религиозные предания, люди полагают, что места, расположенные в центре, имеют более древнюю историю, чем периферийные. Как сказал мне один таксист: «История Нинчжоу старше истории Шаньши, потому что Шаньши был открыт для заселения только после Нинчжоу».

Такие популярные версии истории представляют собой альтернативу повествованиям о воздействии Запада, но исключают другие возможные варианты, например истории завоеванных и перемещенных народов. С императорских времен государственные деятели стремились интегрировать периферийные народы в Срединное царство, неся им цивилизацию. Антрополог Стивен Харрелл [Harrell 1995] называет эту миссию цивилизационным проектом Китая — проектом, который в измененной форме продолжается и сегодня. Центральным планом этого проекта является продвижение грамотности [Yi 2008]. Действительно, цивилизация и грамотность имеют один и тот же корень в китайском языке — *вэнь*, что означает 'узор', 'письмо' или 'культура'. В имперские времена распространение культуры среди нецивилизованных людей называлось «преобразованием через образование» (*цзяохуа*) [Rowe 1994]. Это наследие до сих пор заметно в местах моих полевых работ. В округе Шаньши периферийные поселения хакка — китайских поселенцев, которые смешивались с аборигенами, — чтят память сыновей коренных жителей, сдавших гражданские экзамены, ставя им памятники.

В современную эпоху цивилизационный проект Китая слился с девелопментализмом [Fiskesjö 1999, 2006; Liu 2004]. В общих чертах этот проект является колониальным предприятием. Колониализм Китая наиболее ярко проявляется в политике развития юго-запада, Внутренней Монголии, Тибета и Синьцзяна, где этнические меньшинства сталкиваются с особенно острыми экзистенциальными проблемами в условиях правления Коммунистической партии [Gladney 2004; Harrell 1995; Lau 2020; Makley 2018]. Но люди сельского происхождения по всему Китаю сталкиваются с большим структурным неравенством по отношению к центру. В этом смысле все сельские жители живут в условиях внутреннего колониализма.

Колониальное господство наносит психологический удар, порождая сильное амбивалентное отношение к метрополии как предполагаемому центру цивилизации [Фанон 2022]. Отношение сельских жителей Китая характеризуется подобной амбивалентностью по отношению к городским центрам. Они считают себя одновременно и отсталыми, и морально превосходящими городских жителей, которые, по их словам, развиты, но лишены тепла и искренности. Кроме того, одним из наиболее устойчивых наследий западного колониализма в Китае является психологическое. Убежденные в эффективности западной науки и техники дипломатии XIX века, ранние реформаторы из Движения самоусиления Китая (1861–1895) в конце эпохи Цин подчеркивали, что Китай должен сохранить свою превосходную культурную сущность, перенимая при этом западные функции. В республиканскую эпоху (1911–1949) антиимпериалистическое Движение 4 мая пошло дальше, критикуя все традиции как препятствие для модернизации. Парадокс этих интеллектуальных течений заключается в их одержимости именно тем, чему они сопротивлялись: западным влиянием. Но в отличие от многих других стран, Китай никогда не был полностью колонизирован. При западных оккупантах в XIX веке его обычно называли полуколониальным. Эта история относительной независимости делает его колониальный опыт отличным от опыта многих других колоний, таких как Индия [Ong 1999: 32–36], и остается предметом гордости современного Китая. В целом эти исторические противоречия формируют условия для амбивалентного национального чувства, которое остается повсеместно распространенным и сегодня.

Научные и популярные взгляды на *гаокао* демонстрируют эту амбивалентность. С одной стороны, критики воспринимают *гаокао* как наследника имперских экзаменов — традиции, препятствующей движению Китая к современности. В частности, они критикуют то, что *гаокао* делает упор на формулирование бесполезных заученных шаблонов — тот же самый довод использовали реформаторы эпохи Цин для аргументации отмены императорских гражданских экзаменов [Woodside 2006; Elman 2013]. С другой стороны, люди утверждают, что *гаокао* — «единственное честное соревнование» в Китае — уникально подходит для содействия развитию страны в ее нынешних национальных условиях перенаселенности и отсталости. Так, например, люди говорят, что приостановка проведения *гаокао* во время «культурной революции» 1966–1976 годов представляла собой прерывание национального развития Китая — прискорбное событие, которое значительно сбило страну с пути к современности. Таким образом, люди рассматривают *гаокао* и как стимул, и как препятствие для модернизации.

Эта амбивалентная позиция по отношению к экзаменам типична для отношения людей к традициям в Китае в целом; оно — психологическое последствие колонизации. Эти последствия реальны. Но нарративы о влиянии Запада помогают поддерживать и воспроизводить их, прославляя статус Запада как истока и центра современности. Более того, нарративы воздействия Запада закрепляют эту амбивалентную психологию по отношению не только к Западу, но и к центру Китая. Люди сельского происхождения вдвойне порабощены, психологически колонизированы и центром Китая, и Западом. В некотором смысле городские центры Китая, которые лидируют в имитации идеализированного образа западной современности, служат суррогатом Запада по отношению к сельской периферии. Жители сельской местности чувствуют себя неполноценными по сравнению с жителями городских центров, потому что эти городские центры, считающиеся более развитыми, являются более близкой имитацией этого идеализированного образа. Как ни странно, те, кто имеет возможность посетить Запад, находят реальность разочаровывающей по сравнению с идеалом. Запад редко бывает таким современным, каким его представляли себе гости из Китая. Например, китайские туристы в Нью-Йорке или Сан-Франциско часто повторяют, что эти города кажутся маленькими и пыльными по сравнению с вертикальным великолепием Пекина или Шанхая.

В целом идеологические потребности китайской компартии, вероятно, представляют собой самое большое препятствие для психологической деколонизации. Чтобы поддержать националистическое рвение к развитию, официальный дискурс подчеркивает унижения, которым подверглись китайцы в колониальную эпоху. Фокусируясь на западном гонителе, партия-государство отвлекает людей от внутреннего колониализма, включая неравенство между городом и деревней. Однако, как я утверждал выше, девелопментализм представляет собой лишь новейшую форму китайского цивилизационного проекта, гибридное образование китайских различий между центром и периферией и западных идеологий развития. Нарративы о западном влиянии не означают фундаментального пересмотра китайского цивилизационного проекта; скорее, они просто перемещают центр цивилизации на Запад. Согласно этой логике, достижение великой реставрации будет означать возвращение этого центра на его законное место в составе Срединного государства.

Бегство среднего класса: выход за пределы
национальной иерархии

Девелопментализм, который долгое время поддерживало правление коммунистической партии, парадоксальным образом содержит семена критики этого правления. После открытия Китая в 1980-х годах люди все чаще следуют принципу девелопментализма до его логического завершения. Если центр цивилизации находится на Западе, то люди должны там жить или мигрировать туда. В результате претенденты на статус среднего или высшего среднего класса, число которых постоянно растет, отправляют своих детей получать образование за границу во все большем количестве, лихорадочно подстегивая эту тенденцию [Fong 2011; Kajanus 2015]. С 2007 по 2017 год число китайских студентов и аспирантов, обучающихся за рубежом, выросло более чем в четыре раза, с 140 тысяч до 610 тысяч, причем более половины из них учились в США[5]. Помимо США, многие студенты едут в такие влиятельные западные страны, как Австралия, Ка-

---

[5] Данные по Китаю взяты из информации Центра по Китаю и глобализации [Center for China and Globalization 2017]. Данные по США предоставлены Институтом международного образования [Open Doors 2017]. Однако после президентских выборов 2016 года многие американские вузы начали отмечать заметное снижение числа китайских студентов.

нада, Франция, Германия и Великобритания. Все больше студентов едут в развитые незападные страны, такие как Япония, Сингапур и Южная Корея. Посредством миграции и пребывания за рубежом китайские студенты стремятся к «гражданству развитого мира» — культурной, социальной, а иногда и правовой принадлежности к развитому миру в широком понимании [Fong 2011: 12–20]. Тем не менее Соединенные Штаты для китайцев играют важную психологическую роль парадигматического Другого, что придает им особый статус в китайских представлениях о развитом мире. Особенно в сельской местности люди часто отождествляют развитые страны с Западом, а Запад — с США. В то же время незападные развитые страны занимают особое положение в китайском воображении как места, которые уже «догнали Запад»[6].

Не только очень богатые, но даже многие люди из относительно скромного среднего класса присоединяются к тенденции обучения за рубежом [Fong 2011]. Это явление особенно ярко выражено в городских районах, где ресурсов больше. Приватизация городского жилья в 1990-х годах и вызванный ею бум на рынке недвижимости привели к перемещению огромного богатства в городские районы [Tomba 2014; Zhang 2010]. При грамотном инвестировании многим родителям достаточно продать второй дом, чтобы профинансировать обучение ребенка за границей. Но состоятельные люди в сельской местности, хотя их и меньше, также отдают предпочтение международному образованию. Дети богатых предпринимателей Шаньши, таких как вышеупомянутый старший преподаватель школы господин Цзянь, также учатся в вузах, а иногда даже в средних школах за границей.

Если харизма Запада как центра цивилизации является фактором притяжения, способствующим международной миграции, то ряд тесно связанных с ней факторов отталкивания также усиливают эту тенденцию. Возникшая в Китае в эпоху реформ

---

6 В частности, сингапурский меритократический авторитаризм уже давно сделал свой город-государство образцом для китайского развития [Ortmann, Thompson 2016].

форма капитализма сочетает в себе государственный патронаж и рыночную конкуренцию, что напоминает экономику поздне-императорской эпохи [Brandt et al. 2014]. Такая зависимость от патронажа порождает сильное беспокойство среди богатой предпринимательской элиты, которая опасается, что государство может в любой момент отказать в поддержке [Osburg 2013]. Кроме того, элиты беспокоятся о будущем Китая. Они сомнева-ются, сможет ли партия сохранить социальную стабильность в нынешний период снижения темпов роста. Как сказал мне один руководитель сталелитейной компании и член Коммунисти-ческой партии, «чувство незащищенности среди высшего среднего класса похоже на вирус». Этот человек сообщил, что более поло-вины его друзей планируют отправить своих детей за рубеж.

Среди сельской элиты также распространена тенденция от-правлять детей учиться за границу. Должность господина Цзяня в Народном политическом консультативном совете Шаньши — политическом консультативном совете, состоящем в основном из местных предпринимателей, — дала ему особое представление об этом развитии. По его оценкам, около 70 % членов совета либо имеют заграничные паспорта, либо их ближайшие родствен-ники (партнеры, дети) живут за границей. Объясняя мотивы их отъезда из Китая, господин Цзянь сказал:

> Примерно половина родителей, отправляющих своих детей учиться за границу, хотят, чтобы они вернулись домой. Еще половина — такие же, как я. Они хотят «диверсифицировать свой портфель». Для таких людей, как я, семья за грани-цей — это выход (*чулу*). Партия может прийти завтра и отнять у нас все. На самом деле мы ничем не владеем. Все зависит от прихотей коррумпированных чиновников. Люди не чувствуют себя в безопасности. Они говорят: «Полити-ческая макросреда не очень хорошая (*чжэнчжи дахуаньцзинг бу хао*)». Это эвфемизм для обозначения политической коррупции и страха перед социальным хаосом.

Помимо беспокойства о политической обстановке, многие родители из среднего класса беспокоятся о внешней среде, в том числе о токсичном воздействии загрязнения воздуха в Китае, которое переросло в острый кризис в эпоху реформ [Lora-Wainwright 2013]. Как предполагает господин Цзянь, эмиграция дает возможность выбраться из Китая, так же как *гаокао* позволяет выбраться из деревни. Таким образом, многие из этих детей являются так называемыми «детьми-парашютистами», которые создают плацдарм для семьи за рубежом на случай, если Китай распадется.

Образовательная эмиграция стимулируется еще одним источником — неприятием *гаокао*. Родители детей с посредственными результатами могут призывать их не сдавать этот экзамен, считая, что диплом иностранного вуза лучше, чем диплом китайского университета второго уровня. В целом люди сомневаются в том, что китайское образование выпускает действительно способных детей. Напротив, они считают Запад центром качественного образования. Как я предполагаю в главе 1, это мнение может быть основано скорее на идеализированном образе, чем на реальности, хотя оно логически вытекает из взгляда на историю под влиянием Запада. Если развитие ведет к качеству, и если Запад представляет собой и источник, и модель развития, то качество естественным образом концентрируется на Западе.

В этих условиях широко распространенную критику *гаокао*, а также призывы к реформе образования можно рассматривать как критику экономического развития в условиях партийно-государственного правления. Многие китайцы среднего класса говорят, что они голосуют ногами, эмигрируя в зарубежные страны. Отправка детей за границу является одним из способов выйти за рамки проблем страны, более того, выйти за рамки национальной иерархии. Эта логика распространяется даже на тех родителей, которые планируют вернуть своих детей домой после окончания вуза. Они ссылаются на большой престиж, который люди в Китае связывают с иностранным дипломом. Во многих отраслях диплом иностранного вуза может дать соискателям преимущество перед их конкурентами с местным образованием, хотя это преимущество ослабевает по мере роста числа репатриантов с иностранным образованием. Даже если они все еще рассматривают Запад как источник качества, все большее их число воспринимает Китай как страну будущих возможностей[7].

Обеспокоенная идеализацией Запада, администрация Си Цзиньпина начала закрывать школьные программы, готовящие детей к обучению за рубежом. В то же время правительство Си накладывает ограничения на учебники, в которых пропагандируются западные ценности. Но такие репрессивные меры вряд ли изменят мнение среднего класса о китайской системе образования. Растущий средний класс Китая уже не считает, что *гаокао* имеет такое же значение, как раньше. Сейчас, как и прежде, они рассматривают мобильность как основной способ создания преимуществ для себя и своих семей. Но они больше не считают ценности, существующие в Китае, подлинными и ищут истинное качество за рубежом.

Однако, как любил подчеркивать господин Цзянь, критики *гаокао* в основном принадлежат к относительно привилегированным классам. Как бы ни была значительна тенденция к обучению за границей, эти цифры меркнут по сравнению с десятью миллионами человек, ежегодно сдающих *гаокао*. Для многих простых людей «большой экзамен» остается священным.

Крах надежд и святость книжной учености

В отличие от многих представителей элиты, избегающих *гаокао*, родители из сельских районов и представители рабочего класса, как правило, продолжают рассматривать этот экзамен как лучшее средство для повышения статуса и обретения лучшей жизни. Но по мере замедления экономического роста Китая

---

[7] Если в 2007 году соотношение вернувшихся и новых обучающихся за рубежом составляло всего 35 %, то к 2017 году оно выросло почти до 80 % [Center for China and Globalization 2017]. Однако неясно, сколько из этих вернувшихся решили приехать обратно в Китай после того, как они или их близкие родственники получили вид на жительство за рубежом или заграничное гражданство, найдя таким образом выход из ситуации.

и увеличения числа выпускников найти непыльную работу в городе становится все труднее. Комментируя эту тенденцию, многие родители говорят, что лучше иметь *гуаньси*, чем высшее образование. Проведя всю жизнь в стремлении получить высшее образование, безработные выпускники переживают, что принесли свое детство в жертву ложным надеждам.

Учитывая это, некоторые простые родители из сельской местности и рабочего класса стали поощрять своих детей искать не только общепринятые пути к большей мобильности. Как сказала мне одна мать-мигрантка из Сямыня: «Я говорю своему сыну, что неважно, чем он будет заниматься, лишь бы он мог найти стабильную работу и содержать свою семью». Такие родители утешают своих детей старой пословицей: «Есть 360 профессий, и в каждой из них свой чемпион по сдаче экзаменов». Другие больше не рассматривают вуз как способ изменить судьбу, но поощряют детей к получению высшего образования, чтобы у них был диплом, на который можно опереться, если они потерпят неудачу в качестве предпринимателей. По их словам, *гаокао* — это не выход, но путь к выходу.

Однако среди большинства родителей сохраняется мнение, что общепринятая мобильность обеспечивает наилучший путь к хорошей жизни [Kipnis 2011]. Эти представления сохраняются, несмотря на то что квалифицированные рабочие сегодня зарабатывают больше, чем многие выпускники вузов. Один строитель ответил следующим образом, когда я спросил его, почему он не поощряет своего сына пойти по его стопам:

> Китайцы смотрят свысока на тех, у кого нет документов об образовании. В Китае, если ты простой работяга, неважно, сколько денег ты зарабатываешь, люди все равно будут считать тебя неполноценным. Любой вид ручного труда уступает работе в конторе... В старые времена любой клочок бумаги с буквами считался священным, его нельзя было сжигать или топтать ногами. Несмотря на все изменения, которые претерпела история, это по-прежнему так. Как говорится, «ценность других занятий мала, изучение книг превосходит их все» (*ваньбань цзе сяпинь, вэйю душу гао*).

Неотрадиционная мобильность, место и расселение

Традиционные представления о мобильности в сравнении с реальностью на местах: паттерны кочующих семей

В официальных документах, таких как государственные удостоверения личности, регистрации домохозяйств и паспорта, люди представлены как статически сосредоточенные в одном или двух местах (как правило, это место жительства и место рождения). С начала 2000-х годов китайское государство отходит от жесткой административной дихотомизации регистрации на сельскую и городскую. Однако на практике де-факто сохраняется двухуровневая система, при которой с жителями сельских районов и небольших городов обращаются иначе, чем с обитателями развитых городских районов [Wallace 2014; Li B. 2015]. Такое разделение отражает урбанистический уклон, служащий интересам метрополии, на которую в основном ориентируется китайское государство. Многие представители устоявшейся столичной элиты в таких местах, как Шанхай и Пекин, могут захотеть уехать за границу, но у них нет необходимости поддерживать прочные личные связи с деревней. Напротив, такие элиты заинтересованы в ограничении и контроле мобильности жителей сельских районов, которых они воспринимают как дешевую рабочую силу и опасных конкурентов [Yan 2008].

Но реальность гораздо сложнее, чем можно предположить, исходя из этой дихотомизации на сельские и городские районы. Большинство людей в Китае трудно отнести к той или иной категории. Люди не просто пересаживаются, когда поднимаются по иерархической лестнице; скорее, они расширяют сферу своей самоэффективности. Чтобы повысить свой статус и улучшить жизненные шансы, они создают платформы удачи, временные или постоянные, в городах, но сохраняют при этом тесные связи с деревней. Даже многие долго живущие в городах возвращаются в родные места на праздники или такие важные жизненные события, как свадьба или похороны. Огромное количество людей в Китае регулярно перемещаются вверх и вниз по иерархии мест, применяя различные стратегии пребывания [Skinner 1976].

Существует множество типов временного пребывания. Общий термин «мигрант» плохо отражает эти различия. В эпоху реформ, начиная с 1980-х годов, крестьяне стали искать оплачиваемую работу на городских фабриках или в других местах; эту практику люди называют «выходом на работу» *(дагун)*. Таких работников называют мобильным, или «плавающим» населением *(людун жэнькоу)* или, неофициально, крестьянами-рабочими *(нунминь-гун)*. Тех, кто регулярно возвращается домой, называют перелетными птицами *(хоуняо),* поскольку они работают в городе в течение посевного сезона и возвращаются в деревню, чтобы помочь в сборе урожая.

Но большинство крестьян-рабочих уже не занимаются сельским хозяйством. Многие 20–30-летние являются крестьянами-рабочими во втором поколении. По большей части это поколение не знало ничего, кроме своей «плавающей» жизни. В семьях крестьян, состоящих из нескольких поколений, каждый человек может заниматься различными видами работы или предпринимательской деятельности в разных городских центрах, выбираясь лишь раз в год в родные места на китайский Новый год. Во многих деревнях почти все уехали на заработки. Такие деревни называют «деревнями пустой шелухи» *(кункэцунь),* потому что только старики живут там круглый год, чтобы присматривать за оставшимися детьми родителей, работающих в городах. Другие родители забирают своих детей с собой в город, где им приходится преодолевать многочисленные трудности, связанные с попытками обеспечить доступ к хорошему образованию без городской прописки.

Распространены и другие типы кочевников. Сейчас, как и в имперские времена, некоторые деревни или города специализируются на производстве продукции для продажи в больших городах [Skinner 1976]. На семейных производственных предприятиях каждый член семьи может отвечать за разные участки цепочки поставок: одни остаются в родной деревне, чтобы контролировать сборку, а другие едут в различные города, чтобы закупать детали и осуществлять продажи. Даже многие обычные городские профессионалы из числа «белых воротничков» поддерживают прочные связи с родными сельскими районами. И наоборот, такие профессионалы, живущие в сельской местности, как руководители заводов или партийные чиновники, часто регулярно ездят в город, где их дети ходят в школу.

Во многих семьях люди используют сочетание традиционных и нетрадиционных стратегий мобильности. Например, одни члены семьи идут работать, а другие стремятся получить высшее образование и «беловоротничковую» работу. Многодетные семьи с четырьмя или пятью детьми распространены в деревнях, где политика «одного ребенка» соблюдалась менее строго.

В больших семьях считается нормальным, когда старшие дети, особенно девочки, идут работать, чтобы оплатить образование младшего брата или сестры. Ожидается, что по окончании школы те тоже внесут свой вклад в благосостояние семьи.

Жизнь большинства людей в Китае пересекается или проходит через несколько уровней иерархии «деревня — город». Как отмечает Майрон Коэн [Cohen 1970], китайские семьи во многих случаях расселены, хотя они тем не менее могут (и часто делают это) рассматривать мобильность как объединение. Скептики могут возразить, что китайские семьи все больше предпочитают супружеские отношения сыновним [Yan 2003]. Большинство пар теперь предпочитают жить в своих собственных домах, а не в семье жениха (неолокальная, а не вирилокальная модель проживания). Но родители, особенно со стороны жениха, продолжают принимать активное участие в жизни своих детей и внуков. Таким образом, многие семьи демонстрируют вирилокальный характер и могут быть названы «вирицентричными» [Kipnis 2017]. В более широком смысле семьи, как правило, выступают в качестве агрегаторов, поддерживая тесное экономическое сотрудничество даже после того, как братья и сестры разделяются на несколько семей [Judd 1996: 14]. Эти рассеянные, но все еще сохраняющие целостность семьи намеренно культивируют несколько центров, или платформ удачи, в разных точках иерархии «центр — периферия».

В расселении нет ничего нового. Оно характерно для китайских семей еще с императорских времен. Но паспорта, удостоверения личности и учет регистрации по месту жительства добавляют сюда новое измерение. Семьи координируют свои действия, чтобы получить гражданство в нескольких местах. Многие распространяют эту стратегию на зарубежные страны, мигрируя за границу. Прибрежный юго-восточный Китай, в частности, провинция Фуцзянь, известен как источник международной миграции. Поколения фуцзяньцев, кантонцев и других, известных как зарубежные китайцы, искали свою судьбу в Юго-Восточной Азии и на Западе [Chu 2010; Kuhn 2008]. Многие используют нетрадиционные стратегии, чтобы попасть за границу, например нанимают контрабандистов. Однако, как показывает страсть к обучению за рубежом, все большее число людей используют образование для миграции. Как и в случае с внутренней миграцией, многие семьи сочетают традиционные и нетрадиционные стратегии, чтобы изменить судьбу. Например, один отец из Фуцзяни рассказал, что устроил свою дочь в Колумбийский университет, работая на неквалифицированных работах в качестве нелегального иммигранта в США.

Применяя такие стратегии мобильности, мигранты стремятся получить гражданство и закрепиться в более чем в одном государстве [Chu 2010; Fong 2011]. Например, китайские иммигранты в США могут получить грин-карту, даже если они стремятся сохранить выгодную прописку в Китае. Таким образом, отношение людей к гражданству является гибким, основанным больше на экономическом обосновании, чем на политической идентификации [Ong 1999]. Но в то время как гибкое гражданство условно относится к международной мобильности, большинство обычных людей в Китае придерживаются более скромной формы гибкого гражданства, создавая для себя несколько платформ внутри Китая.

Регистрация по месту жительства, города-муравейники и престиж

Теоретически регистрация по месту жительства привязывает людей к одной локации. Однако десятки миллионов людей живут без прописки по месту работы, хотя равный доступ к социальным благам, включая социальное обеспечение, здравоохранение и государственное образование, требует наличия официальной прописки.

Правила городской прописки не одинаковы в разных местах. Такие провинциальные города, как Шаньши или Нинчжоу, давно поощряют иммиграцию, позволяя приезжим получить местный вид на жительство, если они покупают там жилье. Начиная с конца 2010-х годов, города с населением менее трех миллионов человек начали полностью отменять требования к регистрации, чтобы привлечь жителей [Zhang 2019]. Но такие места мало привлекательны по сравнению с развитыми мегаполисами, в которых намного лучше школы, условия жизни и социальное обеспечение. Получить вид на жительство в самых привлекательных городских районах Китая может быть крайне сложно. Один пекинец, женатый на женщине из Нинчжоу, сказал, что стать жителем Пекина сложнее, чем получить гражданство США. Хотя их сын был официальным резидентом, его жена должна была состоять с ним в браке в течение десяти лет, прежде чем она могла подать заявление на получение прописки в столице.

После отмены системы распределения на производство и либерализации рынка труда в 1990-х годах выпускникам вузов пришлось самостоятельно искать работодателя подходящего уровня и престижа, который мог бы гарантировать в финансовом плане их постоянное проживание. Некоторые города внедрили миграционные схемы на основе баллов, которыми вознаграждали потенциальных мигрантов на основе репутации работодателя, послевузовского образования, предпринимательства и других желаемых характеристик [Zhang 2012]. Многие обычные выпускники остаются невостребованными. Не имея официальной регистрации, они присоединяются к новому нестабильному классу низкооплачиваемых, не имеющих работы городских «белых воротничков», которые концентрируются в районах с низкой арендной платой. Эта группа известна как «муравьиное племя» (ицзу), что говорит как об их многочисленности, так и об их ограниченном социальном влиянии. Но даже для этих «муравьев», которым не удается с выгодой воспользоваться своим вузовским дипломом и стать полноценным городским жителем, диплом все равно означает значительное повышение статуса.

Рост арендной платы и пресечение незаконного передела квартир заставили многих выпускников провинциальных вузов переехать из мегаполисов, несмотря на то что безработица среди выпускников продолжает оставаться растущей проблемой[8]. Совсем недавно центральное государство попыталось исправить этот дисбаланс, смягчив политику регистрации [Zhang 2019]. Политика в отношении городов с населением более пяти миллионов человек остается ограничительной. Таких городов 13, включая Пекин и Шанхай, а также такие менее известные, как Тяньцзинь, Чунцин и Ханчжоу. Однако с 2018 года в средних городах с населением от трех до пяти миллионов человек выпускникам вузов стало проще получить прописку. Такая политика призвана ускорить урбанизацию, стимулировать экономический рост и частично ослабить демографическую и жилищную нагрузку в крупнейших городах Китая. В Сямыне выпускники вузов в возрасте до 45 лет, имеющие стабильную работу по специальности, могут подать заявление на получение постоянной прописки, а для новых выпускников эта политика еще более мягкая [Xinhua 2018]. Хотя долгосрочные последствия этого сдвига пока неясны, гарантии регистрации, вероятно, повысят ценность вузовского образования, что еще больше укрепит систему *гаокао*.

Успешная сдача вступительных экзаменов остается для простых людей наилучшей надеждой на получение статуса и защищенности, которые дает желанная городская прописка. Для тех, кто уже проживает в городах, *гаокао* дает возможность продвинуться дальше по иерархии мест. Кроме того, высшее образование дает доступ к важным социальным связям или *гуаньси*, включая самую важную форму *гуаньси* — желательных брачных партнеров. Например, женщина из Нинчжоу, которая вышла замуж за пекинца, познакомилась со своим будущим мужем во время учебы в столичном университете. Хотя ее семья жаловалась, что у мужчины «нет культуры», его проживание в Пекине компенсировало

---

8   В журнале «Economist» [Economist 2019] обобщены эти тенденции.

этот недостаток, улучшив жизненные шансы их потомства. Особенно для женщин, но также и для мужчин, *гаокао* создает платформу для удачи в этом смысле — возможность встретить желанного спутника жизни.

По этим причинам многие продолжают рассматривать обучение в вузе как достойную цель. Как сказал один сельский учитель: «Цель, за которую борются сельские старшеклассники, очевидна — уехать из деревни, изменить себя, изменить [социальное] окружение, [и] дать своим будущим детям лучшие возможности».

Деревня в городе, город в деревне

Стремительная урбанизация Китая привела к стиранию четких различий между городом и деревней. Во время моей полевой работы я остро осознал это явление, работая в средней школе под названием «Ворота дракона» на окраине Сямыня. Как и многие городские жители Китая, большинство учителей там принадлежали к разбросанно живущим семьям с крепкими корнями в деревнях.

Как и многие города Китая, Сямынь быстро рос в эпоху реформ. Рост начал ускоряться в 1990-х годах, и в течение первого десятилетия XXI века население Сямыня удвоилось с двух миллионов до почти четырех миллионов. Поскольку школы расширялись, чтобы идти в ногу со временем, спрос на учителей резко возрос. В ответ на это муниципальные власти начали проводить специальные экзамены, чтобы привлечь квалифицированных и амбициозных учителей из села. Они приезжали издалека, стремясь получить постоянное место жительства в большом городе. Но даже те учителя, которые пришли в школу стандартным путем через *гаокао* и сдачу обычных экзаменов для приема на работу учителями, в основном не считали себя городскими. Многие из них были выходцами из деревни и воспользовались этими экзаменами, чтобы оттуда выбраться. Кроме того, сама школа стала городской только в 2000-х годах. Всего десять лет назад вокруг школы простирались обширные сельскохозяйственными угодья. Теперь же перед ней возвышались высотки и восьмиполосное шоссе. Некоторые участки старой деревни к югу от школы, состоящей из приземистых строений, спрятанных в лабиринтных переулках, еще не были снесены. Но эти «деревни в городе» (*чэнчжунцунь*) были в основном домом для мигрантов, многие из детей которых учились в нашей школе. Таким образом, в этих школах учителя олицетворяли урбанизацию Сямыня. Либо они наблюдали, как сельскохозяйственные земли вокруг превращаются в городские кварталы, либо приехали в город как раз вовремя, чтобы увидеть, как он поглощает деревню.

Некоторые учителя в частном порядке выражали недовольство программой привлечения талантов, говоря, что она усилила конкуренцию за продвижение по службе. Но эти жалобы не отражают раскол между городом и деревней. Почти все учителя с гордостью заявляли о своих сельских корнях. Даже пожилые учителя, которых назначили на работу в этой школе, в основном не считали себя городскими. Как сказал мне один заместитель директора: «Вы смотрите вокруг себя и видите город, но на самом деле мы все просто деревенщина».

Почти у всех учителей школы есть ближайшие и дальние родственники в их родных уездах, в основном в пределах одного дня езды от Сямыня. Они регулярно ездят в деревню на семейные встречи и важные события. Городские жители сельского происхождения наслаждаются преимуществами жизни в городе, используя свое происхождение, чтобы обойти некоторые из ограничений, включая контроль численности населения, который, как правило, более строго осуществляется в городских районах.

Такая высокая степень расселения — смешение сельской и городской идентичности в одной семье — является естественным результатом стратегий мобильности, которых придерживаются люди. Достаточно привести один пример, чтобы проиллюстрировать этот тезис: 30-летняя завуч школы, госпожа Ян, хакка из маленького городка в округе Лунъянь, примерно в 90 милях от Сямыня, где ее отец прошел путь от рабочего до подрядчика в бизнесе по дорожному строительству. Добившись успеха в бизнесе благодаря хорошим связям с местными властями, старший господин Ян перевез свою семью в столицу округа, где устроил дочь в лучшие государственные школы. После хороших результатов на *гаокао* она продвинулась по центральной иерархии в Сямынь, получив место преподавателя в школе «Ворота дракона». К сожалению, отец госпожи Ян умер в 50-летнем возрасте от рака печени, что семья объясняла большим количеством алкоголя, который он употреблял для «смазки» государственных сделок. После смерти господина Яна его вдова переехала к дочери в Сямынь, за ней последовали сестра и брат. Но бабушка и дедушка госпожи Ян остались в деревне, где семья собиралась во время китайского Нового года. Непутевый брат госпожи Ян часто ездил на работу в свой родной город, где он занимался бизнесом по выращиванию креветок. Сестра госпожи Ян вышла замуж за другого подрядчика из Лунъяна, который только что вернулся со строительного проекта в Ливии, но бо́льшую часть своего бизнеса вел в родном округе. Муж госпожи Ян, госпон Хэ, учитель физкультуры, был единственным членом семьи, который мог претендовать на наследие Сямыня, хотя его статус городского жителя был сомнительным. Он вырос в сельском районе Сямыня, Тунъань, который был включен в состав города только в 1997 году. Как и многие мои собеседники, госпожа Ян определяла сельскую местность (*нунцунь*) не только как физическое местоположение, но и как образ действий. Несмотря на якобы городское происхождение ее мужа, госпожа Ян жаловалась, что он «настоящая деревенщина, самый деревенский из всех нас».

Гуаньси и правила: трансформация гуаньси в квалификацию

По мере продвижения по центральной иерархии люди стремятся преобразовать *гуаньси* (которое ассоциируется у них с традиционными, сельскими, феодальными практиками) в качество (которое они связывают с современностью и урбанистичностью).

В случае госпожи Ян ее покойный отец использовал свои связи в Лунъяне, чтобы обеспечить возможность получить лучшее образование. Благодаря упорному труду госпожа Ян повысила свой статус в рамках меритократической системы — стала учителем государственной школы в Сямыне. Многие учителя, включая госпожу Ян, используют свои новообретенные городские связи, чтобы помочь детям своих деревенских родственников. Например, часто они помогают племянникам и племянницам «пройти через черный ход» (эвфемизм для коррупции) в школы Сямыня, где у них больше шансов преуспеть на *гаокао*.

Действительно, в Китае мало что делается без хотя бы малейшей примеси *гуаньси*. Даже многие сельские учителя, которые заслуженно получили место в Сямыне благодаря программам привлечения талантов, должны были «пройти через *гуаньси*», чтобы воспользоваться этой возможностью. Так было с госпожой Ма, старшей учительницей сына мусорщика (см. главу 1). В 2014 году она выиграла престижный педагогический конкурс в Сямыне, что позволило ей переехать из Нинчжоу в большой город. Но муниципальные власти Нинчжоу, не желая терять учительские ресурсы (*шиюань*), не одобрили ее переезд. Чтобы сделать переезд возможным, отцу госпожи Ма пришлось искать связи с отставным министром образования Нинчжоу, дальним родственником, который носил ту же фамилию и жил там же.

Как показывают эти примеры, миграция в город — даже традиционным способом — часто требует наличия связей. Однако, как ни странно, люди говорят, что они переезжают в города, помимо прочих причин, именно потому, что там связи менее важны. В городе, считают они, можно добиться успеха даже без *гуаньси*. В мегаполисах большое количество людей, предприятий и учреждений конкурируют друг с другом; кроме того, государство более строго следит за соблюдением правил и норм. По этим причинам жизнь в городе более приближена к современному идеалу универсалистской, или основанной на правилах, конкуренции. В то же время люди с некоторым основанием считают, что современный идеал меритократической конкуренции, основанной на правилах, более полно реализуется на Западе, и это еще одна причина, по которой они отправляют своих детей за границу. В отличие от этого, говорят они, в Китае связи — это все. Это особенно верно в сельской местности, где местное покровительство преобладает над меритократической конкуренцией.

Эти реалии отражаются даже в языке, на котором говорят люди. В сельской местности, например в Шаньши, где чужаков мало, незнание местного диалекта сразу выставляет человека чужаком. Но в больших городах, таких как Сямынь, куда приезжают мигранты со всей провинции и страны, путунхуа является «лингва франка», отражая более устоявшуюся этику открытой, анонимной конкуренции. Одним словом, иерархия между городом и деревней — это также социолингвистическая иерархия. Получая лучшее школьное образование, люди одновременно приобретают бо́льшую грамотность и более высокий уровень владения разговорным путунхуа, что позволяет им свободно передвигаться и конкурировать на более высоких уровнях центральной и социальной иерархии [Kipnis 2016: 3].

Ностальгия и амбивалентность прогресса

Однако даже в китайских городах многие жалуются, что современность остается в основном фасадом, за которым проступают реалии коррупции, недоверия, эксплуатации и разрушения окружающей среды.

Во время поездок между Сямынем и Шаньши я часто беседовал с попутчиками о несоответствии между идеалом и реальностью урбанизации. Поездка в город, далекая от путешествия в утопическое будущее, была похожа на спуск во все более загрязненный индустриальный ад. Этот апокалиптический пейзаж окончательно рассеивался только при въезде в центр Сямыня — мираж современности. В этой идиллической картине офисные здания, отели и кафе в западном стиле окружают искусственное озеро, населенное предоставленной правительством стаей белоснежных цапель. Турист, никогда не покидающий этот мир грез в центре города, может вообразить, что Китай шагнул в сияющее, хотя и задымленное будущее. Но обычные мигранты знают, что эта видимость обманчива из-за относительной убогости условий их жизни, разрушающейся инфраструктуры в бедных кварталах и пропасти неравенства, которая нависла между деревней и городом. Как остроумно заметил один мигрант, город похож на «позолоченную какашку» *(дуцзиньдэ дабянь)*.

Ссылаясь на такие различия, люди говорят, что урбанизация во многом постановочная, а модернизация фальшивая, ложная или пустая. Они жалуются, что верховенство закона, регулирование и общественная мораль создают поверхностную видимость, которая не «проникла в сердца людей». Как говорят многие, программное обеспечение *(жуаньцзянь)* сознания людей не догнало аппаратное обеспечение *(инцзянь)* современной инфраструктуры. Но даже эта инфраструктура вызывает подозрения. В частности, люди осуждают распространенность «проектов с лицом» *(мяньцзы гунчэн)* — проектов, которые хорошо выглядят, но не несут идеи и мало способствуют улучшению жизни людей. Ссылаясь на такие примеры, некоторые говорят, что современность — это в основном шоу, которое чиновники устраивают, чтобы добиться продвижения по службе.

В сельской местности, напротив, «небо высоко, а император далеко» *(тянь гао хуанди юань)*. Люди испытывают меньше потребности в исполнении современных идеалов, а правила соблюдаются менее строго. По этим причинам сельские жители считают себя менее лицемерными *(сюйвэй)* и более приземленными *(шицзай)*, чем их городские собратья. Люди любого происхождения, как городские, так и сельские, считают, что жизнь в деревне чище, спокойнее и безопаснее, еда полезнее, а люди проще *(пуши)* и честнее *(чжэньчэн)*. Они признают, что сельское существование может быть бедным и нестабильным. Оно также может быть жестоким. В периферийных районах относительно мало полиции и других контролирующих органов, поэтому люди более склонны решать вопросы с помощью рукоприкладства. Однако в отличие от городов, где, по словам людей, в межличностных отношениях преобладает холодный инструментализм *(гунлисин)*, жизнь в сельской местности пронизана подлинным человеческим чувством *(жэньцин)*. В сельской местности все друг друга знают. Но в городах люди действуют вне этих сетей конкретных отношений; поэтому городские люди воспринимаются как ловкие (*хуа*), хитрые (*цзяо*) и недоверчивые (*бу кэ синьжэньдэ*).

Обратите внимание, как эти представления меняют распространенное в городах предубеждение, которое преобладает в таких мегаполисах, как Шанхай и Пекин, что сельская местность Китая — это беззаконное, аморальное место. Одна ученица средней школы округа, дочь учителя, так выразила свое беспокойство по поводу переезда в город для поступления в вуз: «Родители говорят, что я еще ребенок; они переживают, что меня могут обмануть... В городе царит хаос (*луань*)».

В 2010-х годах ностальгия по идеализированному сельскому прошлому усилилась настолько, что заставила некоторых городских родителей из числа среднего класса вернуться в сельскую местность и растить своих детей в деревне — явление, нарушающее общую тенденцию движения из села в город. Но жители сельских районов по-прежнему в большинстве своем видят будущее в городе. Многие из тех, кто остался, вынуждены бороться с чувством, что они неудачники, которые не смогли пробиться.

В целом мигранты часто соглашаются с тем, что жизнь «сама по себе» (*бэньшэнь*) лучше в деревне. Но рабочих мест не хватает, зарплаты низкие, а образование некачественное. Работа в городе — с пропиской или без — может показаться единственным способом выполнения своих обязанностей по уходу за детьми и старшими. Как они говорят об этой обязанности: «Выше — старшие, ниже — дети» (*шан ю лао, ся ю сяо*). Дети занимают в этом уравнении особенно важное место. Как говорят многие родители: «Все мои жертвы — ради детей». Конечно, воспитание детей — это также способ обеспечить собственное будущее, и для многих семей воспитание успешных сыновей для продолжения рода остается важной целью. Как сказал бывший хлопковод из Шаньдуна, обобщая эти веяния: «Если бы я остался в деревне, как бы я смог оплатить образование и женитьбу своего сына? И кто выйдет замуж за сына бедного, необразованного крестьянина? Наконец, кто будет заботиться обо мне, когда я состарюсь?»

Перенаселение или отсталость?

Несмотря на двойственное отношение людей к урбанизации, многие связывают социальные проблемы с перенаселением, а не с развитием. Но китайская урбанизация превращает перенаселение в самоисполняющееся пророчество. Привлекая в город толпы мигрантов из сельской местности, урбанизация фактически становится причиной высокого уровня плотности населения, который люди ассоциируют с перенаселенностью и отставанием в развитии: переполненный общественный транспорт, переполненные улицы, ухудшение экологии, перегруженная и гиперконкурентная система образования. Быстрая урбанизация усиливает восприятие перенаселенности, тем самым побуждая людей добиваться еще более радикальных форм урбанизации.

Однако крупнейшие города Китая, похоже, меньше страдают от проблем перенаселения, чем города второго и третьего эшелонов. Учительница из Нинчжоу, уроженка сельской местности, госпожа Ма с удивлением прокомментировала свою первую поездку в Шанхай, крупнейший город Китая, в которой я сопровождал ее и ее мужа. «Здесь так тихо!» — воскликнула она. В те вечерние часы, когда автобусы Нинчжоу забиты людьми, а на улицах города располагаются импровизированные рынки, где кипит бурная, «горячая и шумная» (жэнао) деятельность, Шанхай, особенно его пригороды, кажется тихим и пустым.

Мои шанхайские друзья поспорили с госпожой Ма. «Вы были на Нанкинской улице, главной торговой улице? — спрашивали они. — Ездили на метро в час пик?» Из вежливости г-жа Ма уступила этим возражениям. Но позже она призналась мне, что они ее не убедили:

> Ваши друзья считают меня деревенской простушкой, ничего не видавшей... Конечно, в любом большом городе есть торговые улицы, час пик. И у туристических достопримечательностей всегда будут толпы. Но видели бы они Нинчжоу в 10 вечера. В автобусе даже места не найти. Шанхай кажется пустым бо́льшую часть дня. Все так хорошо организовано и отрегулировано (гуйфаньхуа), людей не видно...

Даже воздух здесь лучше, чем в Нинчжоу. Это заставляет меня серьезно задуматься, действительно ли Китай перенаселен. Я думаю, что он просто недостаточно развит.

После возвращения в Фуцзянь я поделился мыслями госпожи Ма с друзьями и коллегами в Сямыне и Нинчжоу. Но лишь немногие из них побывали в таких отдаленных местах, как Шанхай или Пекин. Для большинства из них мысль о том, что Китай может быть не перенаселен, а лишь недостаточно развит, вызывала крайний скептицизм. На фоне такой позиции и ощутимых доказательств перенаселения вокруг них теория госпожи Ма казалась легкомысленным вызовом научному факту. Как сказал один из коллег, «перенаселение — это просто реальность (*сяньши*)».

В предыдущих разделах было показано, как люди рассматривают центральную иерархию через призму линейного времени, которое основано на западном взгляде на историю. Будучи циклическим, их восприятие одновременно отражается и объективируется в иерархии и включает следующие моменты:

1. Люди склонны воспринимать периферийные места как хаотичные и отсталые, тогда как центральные места кажутся им относительно «регулируемыми» и «продвинутыми».
2. Люди считают современность в значительной степени постановочной, поэтому центральные места воспринимаются ими как пустые, фальшивые и поддельные, а периферийные — как относительно настоящие, подлинные и приземленные.
3. Люди считают городские районы более качественными и ценными, в то время как сельские воспринимаются ими как воплощение большей искренности и человечности.

Такие иерархические эффекты содержат как субъективные, так и объективные измерения. Если использовать антропологическую номенклатуру, они являются одновременно эмическими (то есть отражающими культурное восприятие) и этическими (указывающими на лежащие в основе объективные реалии). Другими словами, даже если они содержат субъективный элемент, восприятие людей относится к систематическим вариациям социальных моделей вдоль иерархии центрального места, которые я называю иерархическими эффектами. Примеры включают иерархию «балл — ценность» (чем ближе к центру место, тем выше балл *гаокао*), социолингвистические различия (чем центральнее место, тем шире используется путунхуа) и многие другие аспекты культуры. Например, мнение о том, что сельские жители более искренни, подразумевает, что люди, находящиеся в разных точках иерархии «центр — место», имеют разные культурные практики, разные представления о взаимности и, в феноменологическом смысле, живут в разных мирах.

Восприятие иерархии также варьируется в зависимости от иерархии внутри нее самой. Например, люди сельского происхождения могут оспаривать мнение о том, что они обладают более низкой квалификацией, чем горожане. Как сказал один мигрант: «Я думаю, это просто неправда, что у людей из города более высокое качество. Городские жители намного грубее, чем сельские. Многие из них откровенно грубы. Они не знают, как вести себя (*цзожэнь*). И чем больше у них дипломов об образовании, тем они высокомернее».

Наконец, поскольку люди ведут крайне рассредоточенное существование, они перемещаются вверх и вниз по иерархии, сталкиваясь с ней и формируя различные представления о ней. Любопытно, что люди сообщают, что перемещение между местами влияет на их мышление. Они говорят, что мобильность открывает их сознание (*кайфань сысян*). Когда они приезжают в новое место, то становятся чужими для окружающих. Но мир (включая их собственный культурный фон) также становится для них чужим. Привычное (эмическое) становится на некоторое время незнакомым (этическим). Другими словами, мобильность выводит людей из их субъективного погружения в повседневность, заставляя их видеть себя и свое окружение по-новому, как объекты. В этом смысле мигранты становятся антропологами своего собственного общества. Пересекая социальные и культурные границы, они задумываются над своими обыденными представлениями. По этой причине люди, которые много перемещаются, развивают критическое восприятие общества, которого не хватает их менее мобильным коллегам. У мигрантов есть язык для описания этого опыта получения знаний через мобильность. Они называют это «расширением кругозора» и «становлением мировоззрения».

Познание мира может заставить людей по-новому воспринимать свои обычные предположения. Рассмотрим, как визит госпожи Ма в Шанхай заставил ее усомниться, что Китай перенаселен. Что касается сферы образования, то студенты и преподаватели, переехавшие из деревни в город, обычно обладают относительно высоким уровнем осведомленности о неравенстве в образовании. Поскольку государство активно подавляет объективную информацию о неравенстве (см. главу 3), мобильность обеспечивает один из единственных способов получения таких знаний. Как говорят многие выходцы из деревень об эпохе после Мао в целом: «Раньше мы никуда не выбирались из деревень. Всем жилось одинаково нелегко — никакого неравенства мы не чувствовали. Оттого нас все устраивало. Но теперь общество стало более открытым, люди богаче. Возможность перемещения позволила нам собственными глазами наблюдать царящее в мире неравенство»[9].

Эта связь между мобильностью и социальной критикой согласуется с давней закономерностью в китайской популярной культуре. Еще в императорскую эпоху в сказках, народной литературе, операх, а в последнее время и в кино был очень популярен

---

[9] Мобильность вызывает аналогичные эффекты и в других культурных контекстах. Исследование Янга [Young 2004], посвященное маргинализированным чернокожим мужчинам в Чикаго, показывает, как те, кто не имеет возможности познакомиться с миром за пределами своего сообщества, склонны винить себя как личность в последствиях социального неравенства и дискриминации. Шедд [Shedd 2015], также пишущая о Чикаго, сообщает о похожих результатах. Она документально подтверждает, что учащиеся из бедных районов, которые ездят в школу на автобусе в богатые районы, достигают сравнительно большего понимания того, как доступ к ресурсам и возможностям способствует успеху.

жанр рассказа, повествующий о подвигах странствующих героев боевых искусств, известный как *ся*. Эти Робин Гуды, наиболее известные по роману эпохи Мин «Речные заводи», странствуют с места на место, борются с несправедливостью, наказывая обидчиков и продажных чиновников. Встречаясь друг с другом в пути, они делятся тем, что видели и слышали во время своих странствий; это «плавучая» жизнь, которая жанрово описывается как «блуждание по рекам и озерам» (*цзоу цзянху*).

В своих поездках по деревням я встречал множество проезжих: таксистов, строителей, разъездных продавцов, специалистов по ритуалам, временных рабочих и даже некоторых учителей и студентов, которые описывали себя как «странствующих по рекам и озерам». Подобно странникам из народной традиции, они делились увиденным и услышанным с другими путешественниками, в том числе и со мной. Мой собственный анализ иерархических эффектов представляет собой попытку структурировать их наблюдения. Таким образом, я рассматриваю мобильность не только как объект теоретизации, но и как метод сбора данных и критики общества; это метод, которому я научился у своих попутчиков.

Но если мобильность способствует вдохновлению критики, то как получилось, что *гаокао*, которое якобы создает мобильность, тем не менее функционирует как культурный гироскоп, помогая стабилизировать китайский социальный порядок? Ответ на этот вопрос сложен и включает в себя как минимум три фактора.

Во-первых, важно проводить различие между ортодоксальной и неортодоксальной мобильностью. Ортодоксальная мобильность с меньшей вероятностью вызовет резкую критику государства, поскольку эта форма мобильности основана на признании с его стороны (см. главу 1). Те, кто добивается мобильности ортодоксальными способами, такими как *гаокао*, иногда могут критиковать социальное неравенство; однако они склонны принимать статус-кво, потому что от этого зависит их статус и идентичность. Напротив, люди, отождествляющие себя с тропом блуждания по рекам и озерам, как правило, являются мигрантами, использующими менее ортодоксальные стратегии мобильности. Но мобильность любого рода имеет социально скрепляющий эффект, который в определенной степени противодействует ее дестабилизирующему потенциалу. Люди, продвигающиеся вверх по иерархии центральных мест, становятся членами более широких, инклюзивных социальных коллективов (например, Нинчжоу вместо Шаньси). Они склонны изучать и использовать путунхуа, национальный язык, и более тесно идентифицировать себя с национальным коллективом. Эта модель идентификации особенно характерна для тех, кто стремится к ортодоксальной мобильности.

Во-вторых, люди в Китае часто воспринимают перенаселенность и отсталость как обыденную реальность, которая объективируется в окружающем мире. Как я уже отмечал выше, эти национальные условия функционируют аналогично понятию судьбы, усиливая неизбежность нынешних социальных механизмов: быстрого развития под руководством авторитарного государства. В результате этих представлений люди воспринимают иерархию между городом и деревней как иерархию баллов и ценностей, как иерархию талантов, к которой каждый должен стремиться естественным образом. Как говорится, «вода течет вниз, а человек стремится вверх».

В-третьих, и это, пожалуй, самое важное, мобильность не так масштабна, как думают люди. Иерархия «балл — ценность» сильно стратифицирована. Студенты из школ с низким рейтингом поступают в вузы с низким рейтингом в периферийных местах, в то время как студенты из школ с высоким рейтингом поступают в вузы с высоким рейтингом в центральных местах. Другими словами, система экзаменов создает достаточно контролируемую мобильность, чтобы укрепить миф о меритократии, ограничивая при этом виды мобильности, которые могли бы привести либо к широкому распространению критического сознания, либо к масштабному перераспределению социальных ресурсов. Но способ, которым система достигает этого, включает в себя не столько организованный сговор, сколько пересечение множества иногда совпадающих, иногда конкурирующих интересов — так называемые гегемонистские переговоры.

По этим причинам экзамен является чрезвычайно эффективным инструментом для направления недовольства людей своей жизнью на достижение общепринятых целей. Однако, как я подробно рассказываю в следующей главе, мнимые цели экзаменационной системы — модернизация и урбанизация — сами по себе подрывают представление о справедливости экзамена. По мере того как ресурсы и человеческий капитал перетекают по иерархии «балл — ценность» в постоянно расширяющиеся города, жители сельской местности воспринимают экзамен как более детерминированный и, следовательно, менее справедливый. В ответ на это государственные субъекты на разных уровнях иерархии центральных мест стремятся сохранить видимость справедливости на авансцене, в то время как за кулисами они борются друг с другом за скудные человеческие ресурсы.

Глава 3
Фальшивая справедливость

Государственные секреты и ложная уверенность сдающих экзамены

Мое поколение вскормлено ядовитым молоком.
Миньфэнь, школьник Шаньши, школа номер один

«Похожи ли средние школы в США на средние школы в Китае? Притворяются ли там учителя, что к каждому ученику относятся справедливо, а делают такое, что совершенно несправедливо?»

Этот вопрос задала мне ученица школы Шаньши, Чуньсяо, в сообщении, которое отправила мне после того, как я посетил ее класс. Мне было интересно, что она имела в виду, я договорился-ся встретиться с Чуньсяо и ее подругой Шаньшань за ужином в столовой. Совместная трапеза предоставила хорошую возможность для откровенного диалога. Обыденность обстановки располагала всех к непринужденности, а шум болтающих подростков и стук алюминиевых подносов отпугивал случайных слушателей.

В основном Чуньсяо жаловалась на то, школы используют для распределения (*фэньбань*) результаты тестов. В сельской местности школы распределяют учеников по двум, трем, а то и четырем и более уровням иерархии. Классы с высоким рейтингом называются «быстрыми классами» (*куайбань*), а с низким рейтингом — «медленными» (*маньбань*). Официально эти термины обозначают относительную скорость, с которой классы продвигаются по учебной программе средней школы. Но люди понимают эти термины метонимически, имея в виду быстроту ума учеников. Хорошая успеваемость на регулярных ежемесячных контрольных тестах позволяет ученикам переходить из медленных классов в быстрые.

Чуньсяо оказалась на нижней ступеньке иерархии в самом медленном из медленных классов — «мусорном классе». «Такие ученики, как я, чувствуют себя гражданами второго сорта», — говорит Чуньсяо.

Шаньшань, чей класс был немного быстрее, не согласилась. «Не так уж плохо быть в медленном классе, — сказала она. — Я думаю, что лучше быть большой рыбой в маленьком пруду».

Чуньсяо заметила, что доступ к быстрым классам можно было получить с помощью таких незаконных средств, как кумовство, взяточничество и *гуаньси*. Как поется в школьной песенке: «Можно учить математику, физику и химию, но лучше всего хороший отец» *(сюэ хао шу у хуа, бужу ю гэ хао баба)*.

Практика распределения варьируется в зависимости от иерархии «город — деревня». Жители городских районов, как правило, не одобряют агрессивное распределение, которое, по их мнению, работает против качественного образования, поскольку уделяет чрезмерное внимание результатам тестов. В городах, расположенных в центре, обычно существует только два уровня классов. Быстрые классы обычно называются ключевыми *(чжундяньбань)* или экспериментальными *(шияньбань)*. Все остальные классы называются параллельными классами *(пинсинбань)*.

В отличие от городских школ, сельские школы подвергаются меньшему контролю со стороны центральных властей, поэтому руководство в них чувствует меньшую необходимость соответствовать диктуемым центром нормам. В результате они могут свободно применять более агрессивную стратегию распределения. Как и многие другие сельские школы, в средней школе номер один Шаньши ученики делятся на четыре потока[1].

---

[1] В других районах и даже в некоторых городах размером с Нинчжоу распределение ведется относительно агрессивно, но общая тенденция сохраняется: чем крупнее и централизованнее город, тем больше вероятность того, что он будет соответствовать диктуемым центром нормам.

Для сельских школ агрессивное распределение является важным оружием в борьбе за хорошие ученические ресурсы *(шэнюань)*, то есть за высокорезультативных учеников. Школы используют сверхбыстрые или экспериментальные классы в качестве инструмента набора, чтобы удержать учеников с самыми высокими результатами от отъезда в города. Администраторы говорят родителям отличников, что в сельском экспериментальном классе их детям будет уделяться больше индивидуального внимания, чем в обычном классе городской средней школы. Кроме того, относительно небольшое количество учебных заведений в сельской местности означает, что сельские школы должны обеспечить интересы учеников с самыми разными результатами тестов, и эта тенденция усугубляется оттоком хороших учеников в города. В таких условиях руководство говорит, что объединение всех лучших учеников в один или два класса — это способ максимизировать результаты тестов за счет наилучшего использования ограниченных ресурсов учеников и учителей.

Учителя объясняют, что на практике ученики медленных классов, как правило, происходят из фермерских семей, в то время как ученики быстрых классов — это дети учителей, менеджеров и чиновников. Ученики медленных классов практически не поддаются обучению; кроме того, считается, что многие из них имеют проблемы с дисциплиной. Неудивительно, что ученики медленных классов обижаются на такие характеристики. Среди учеников медленных классов Чуньсяо не одна чувствовала себя человеком второго сорта. Как сказал мне один ученик, разница между быстрыми и медленными классами «как разница между богатыми и бедными». Другой каламбурил по поводу номера своего класса — Б4, что по-китайски звучит как «презирать». «Если ты учишься в классе Б4 *(Б-сы)*, то люди тебя презирают *(биши)*», — говорил он.

Для учеников такое распределение — не просто название, оно вызывает негодование. В результате получается так, что школьники разных классов в буквальном смысле учатся в разных школах. Учащиеся по-разному относятся к подкупу и *гуаньси* для получения желанных мест в лучших классах. Но все они понимают, что лучшие классы получают несправедливый доступ к различным преимуществам, возможностям и ресурсам. Во-первых, качество обучения сильно различается между быстрыми и медленными классами. В быстрых классах преподают лучшие учителя, с большим опытом и серьезным *(жэньчжэнь)* отношением к делу. Медленные классы, напротив, получают несерьезное, даже неквалифицированное обучение. Например, ученики медленных классов жаловались, что их учителя математики иногда сами не понимали, как решить ту или иную задачу, что особенно неприятным образом говорит об их неподготовленности. В медленных классах учителя английского плохо произносили слова, учителя китайской литературы говорили с сильным местным акцентом или «сладким картофельным тоном» *(дигуацян),* а учителя естественных наук вместо лекций рассказывали истории.

Ученики медленных классов также протестовали против того, что ученики быстрых классов получают неравный доступ к другим возможностям, якобы основанным на заслугах. Например, только они получают приглашения участвовать в специальных академических конкурсах и «автономных вступительных испытаниях» *(цзычжучжаошэн),* которые могут дать студентам бонусные баллы на *гаокао.* Исключительность таких приглашений можно обосновать, апеллируя к предполагаемым различиям в способностях. Однако гораздо менее легко обосновать дисбаланс при выдвижении быстрых студентов на более субъективные награды, такие как «Трижды хороший ученик» *(саньхаошэн).* Получение звания «Трижды хороший ученик» якобы свидетельствует о всестороннем развитии — хорошей учебе, хорошей физической форме и хороших моральных качествах. Но на практике такие награды получают только студенты с высокими баллами. Такие школьники, как Чуньсяо, возмущаются, что им внушают, будто бы они морально неполноценны только потому, что их результаты тестов ниже. Аналогичным образом приглашения на вступление в Коммунистическую партию, которые подлежат строгому квотированию, должны распределяться среди учеников в соответствии с широкими критериями общих заслуг. На практике, однако, эти приглашения предназначены только для учеников самых быстрых классов, и только они получают отличные баллы при оценке общих заслуг или «всесторонней оценке качества» *(цзунхэ сучжи пинцзя)*. Заявленная цель этого мероприятия — произвести проверку, основанную не только на результатах экзаменов, но учителя и руководство действуют так, будто бы всестороннее качество является синонимом высоких тестовых баллов, так что только ученики быстрых классов могут получить высшие оценки.

Конечно, поступление в вуз основывается почти исключительно на результатах экзаменов. Поэтому большинство привилегий быстрого класса на первый взгляд кажутся относительно несущественными. В расположенных в центре школах вожделенные возможности прямого зачисления *(баосун)* могли бы распределяться среди привилегированных учеников; однако средняя школа номер один не располагает такой щедростью. Как я объясню ниже, даже разный уровень квалификации учителей может быть относительно несущественным для образовательных результатов учеников, хотя никто в Шаньши не рассматривал всерьез эксперимент по назначению хороших учителей так называемым плохим ученикам.

Однако сами ученики медленных классов считают, что у них было бы больше шансов с лучшими учителями. Как сказал один ученик: «Система нелогична. Ученики, которым больше всего нужна помощь, получают худших учителей». А другой жаловался: «У нас низкие результаты тестов, но мы много работаем. Мы заслуживаем большего». Такой несправедливый доступ к одобрению и наградам способствует формированию всеобъемлющей этики, в которой только результаты тестов кажутся «настоящими» *(сяньши)*. На фоне такой направленности риторика учебного заведения о том, что оно стремится к качественному образованию и всестороннему нравственному развитию, кажется пустой и фальшивой.

Проблемы агрессивного распределения в средней школе номер один Шаньши — микрокосм более системных проблем справедливости образования в Китае. Государственные лозунги провозглашают, что «справедливость образования является основой социальной справедливости» и что «каждый выигрывает от справедливого образования». Повсеместное распространение таких лозунгов свидетельствует о том, что государство придает большое значение равноправию. Однако, как и Чуньсяо, многие в Китае считают эту риторику вводящей в заблуждение или лицемерной. Они говорят, что такие заявления опровергаются проблемами неравенства возможностей и *гуаньси*. Более того, они считают усилия государства по исправлению ситуации фальшивыми и неэффективными.

Этот разрыв между риторикой и реальностью порождает различные механизмы для его преодоления. Возьмем, к примеру, ответ другого ученика медленного класса из округа Шаньши, Миньфэня; когда я спросил его, как он сохраняет психологическое равновесие перед лицом непотизма и неравного обращения в его школе, он ответил, ссылаясь на скандал с загрязненным меланином молоком, который потряс Китай в 2008 году, и сравнил утверждения своей школы о «справедливом отношении» с поддельным товаром: «Если у вас нет хорошего отношения, вам конец. Мое поколение сильное. Мы вскормлены ядовитым молоком».

Сравнение Миньфэня этой фальшивой справедливости с контрафактным молоком имеет большой общественный резонанс в Китае. С 2000-х годов безопасность продуктов питания стала предметом всеобщего национального беспокойства, символизируя общее недоверие к официальным заявлениям, общественной морали и институциональным идеалам [Oxfeld 2017; Yan 2012]. Как заметила госпожа Ма, учительница из Нинчжоу, говоря о сравнении Миньфэня: «Что действительно заставляет вас оцепенеть (*маму*), так это когда вы знаете, что что-то является ядом, но все равно вынуждены принять его». Это затруднительное положение, как мне кажется, составляет суть замечания Миньфэня. Понятие «хорошего отношения» у Миньфэня в основном сводится к форме циничной покорности — или, как называет это госпожа Ма, оцепенению.

В этом отношении Миньфэнь был типичным учеником. Большинство его одноклассников, включая Чуньсяо и Шаньшань, разделяли его циничное отношение. Ученики сельских школ, где так заметно расслоение по результатам тестов, обычно меньше обманываются насчет справедливости, чем их сверстники в городах, где преобладают параллельные классы. Но даже в городских школах ученики часто жаловались на несправедливость системы образования, в том числе на различия между отдельными провинциями. Однако, несмотря на этот всепроникающий цинизм, Миньфэнь и его сверстники сходились в другом. Они постоянно подчеркивали, что экзамен дал им надежду выбраться из сельской местности и изменить свою жизнь. В Китае говорят, что *гуаньси* и политика искажают систему образования. Но они верят, что *гаокао*, рассматриваемый как единственное в Китае относительно честное соревнование, способен изменить судьбу.

Данная глава посвящена этому противоречивому сочетанию цинизма и надежды, подозрительности и веры, характерному для участников *гаокао*. Во многих отношениях Китай сегодня — это общество «после веры» [Osburg 2015]. Мало кто верит в официальную социалистическую риторику, которая резко контрастирует с реальностью кумовского капитализма [Hansen 2017]. Цинизм и ирония широко распространены [Steinmüller 2011; Steinmüller, Brandtstädter 2015]. С 1970-х годов китайское общество претерпело перформативный сдвиг — термин, который Алексей Юрчак [Юрчак 2014], пишущий о позднем советском обществе, использует для описания растущего разрыва между политическими лозунгами и реальным жизненным опытом. И в какой-то степени вера — это изначально навязанная идея западной культуры [Mazzarella 2015; Seligman et al. 2008; Юрчак 2014]. Люди в Китае склонны придавать большее значение косвенному выражению и ритуализированному исполнению, чем искренности и внутренней убежденности [Blum 2007; Seligman et al. 2008; Steinmüller 2013]. И в Китае, и в других странах вера тем не менее остается важной. Китайцы верят в судьбу, в богов, в семью и друзей, в величие своей цивилизации [Boretz 2011; Carrico 2017; Harrell 1987; Jing 1998; Oxfeld 2010; Sangren 2000]. Они также верят в результаты экзаменов. В свете открытий 2010-х годов о спонсируемых государством кампаниях дезинформации — не только в авторитарных странах, но и в западных демократиях — представляется особенно важным подчеркнуть, что вера может культивироваться, насаждаться, искажаться и вводить в заблуждение [Снайдер 2020].

Идеология не принимает какую-либо одну монолитную форму, будь то заблуждение, ложное сознание, цинизм или представление. В то время как заблуждение и ложное сознание относятся к искаженным убеждениям, цинизм и исполнительность описывают поведение человека, который считает нечто правдой, даже если сам в это не верит. На мой взгляд, эти различные концепции представляют собой не конкурирующие объяснения, а различные теоретические подходы, или разную оптику, для отражения различных аспектов отношения людей к власти [Boyer 2010]. Этот объединяющий подход помогает подчеркнуть, как люди принимают «сложно дифференцированное» отношение к власти [Юрчак 2014: 80–81][2].

Восприятие людей меняется в пространстве и во времени. Оно может быть амбивалентным или меняться по мере того, как люди перемещаются в различных контекстах или переезжают с места на место. Живущие в авторитарных режимах, да и в других политических системах, сталкиваются с континуумом дисциплинарно-символического контроля, который варьируется от

---

[2]   Критики возражают, что такие понятия, как «непризнание» [Bourdieu 1991] и «цинизм» [Жижек 1999; Слотердайк 2021], ложно предполагают реальность унитарного речевого «я» — «единой, ограниченной, суверенной личности», для которой смысл полностью сформирован еще до акта говорения [Юрчак 2014: 62]. Разделяя приверженность широко определенному постструктуралистскому подходу к социальному анализу, я согласен с тем, что таких эссенциалистских представлений о личности следует избегать (см. главу 1). Тем не менее философски строгая концепция личности не исключает сохранения этих понятий в качестве полезных инструментов анализа. Кроме того, иногда такая критика может быть чрезмерно преувеличенной. Например, Гофмана критиковали за то, что он придерживается того эссенциалистского мнения, что «настоящее Я» существует «за маской» [Butler 1988]. Но, как утверждает Ян Хакинг [Hacking 2004], микрополитический подход Гофмана к социологии полностью соответствует социально-конструкционистскому представлению о личности, дополняющему генеалогический подход Мишеля Фуко к истории.

таких мягких форм побуждения, как денежные стимулы, до таких жестких, как тюремное заключение, пытки и насилие [Wedeen 1999: 150]. В мире, где более сильные формы сопротивления приводят к маргинализации, остракизму, порицанию, наказанию или к чему похуже, выбор Миньфэня и других в пользу циничной покорности — «хорошего отношения» — может показаться меньшим из зол.

Учитывая общее циничное отношение к несправедливости образования в Китае, почему такие люди как Миньфэнь, Чуньсяо и Шаньшань сохраняют искреннюю веру в относительную справедливость *гаокао*? Чтобы объяснить это противоречие, я различаю *структурную справедливость* и *процедурную справедливость*. Структурная справедливость относится к равенству возможностей. Экзамен структурно справедлив в той степени, в какой подготовка к нему, которая для многих начинается еще в детском саду, дает людям равные возможности для развития качеств, необходимых для успеха. Процедурная справедливость относится к самому моменту отбора. Экзамен является процедурно справедливым в той степени, в какой его результат определяется открыто, индивидуальными заслугами в день экзамена, а не предопределяется закулисными социальными факторами, такими как культурный капитал или *гуаньси*.

Люди прекрасно понимают, что система образования и, соответственно, экзамен — это сплошное структурное неравенство. Тем не менее они твердо верят в процедурную справедливость экзамена. Эта вера основывается на двух предположениях. Во-первых, люди полагают, что результаты экзамена, в отличие от других конкурсов, рассматриваются объективным национальным органом. По этой причине они считают, что экзамен относительно не подвержен локальным искажениям, связанным с фаворитизмом и *гуаньси*. Во-вторых, люди не верят, что структурное неравенство настолько велико, что затмевает собой процедурную справедливость.

На самом деле, однако, экзамен еще менее справедлив, чем многие думают, а его объективность — скорее видимость, чем реальность. Справедливость — это в значительной степени фальсификация. Я заимствую свое понимание фальсификации у Ирвинга Гофмана, который определяет ее как «действия одного или нескольких индивидов, направленные на то, чтобы изменить ситуацию таким образом, чтобы у других людей создалось ложное представление о происходящем» [Гофман 2004: 145]. Фальсификация включает в себя элемент обмана и сговора. Те, кто обмануты фальсификацией, становятся ее заложниками. Они верят, хотя не без назойливого подозрения или сомнения, что какая-то фальсифицированная часть реальности является тем, что она есть на самом деле.

Но что именно фабрикуется и почему? Ответ на этот вопрос кроется в соответствии между справедливостью и неопределенностью. Напомним, что события являются судьбоносными в той степени, в какой их исход — одновременно и далеко идущие последствия, и неопределенный результат. Как я предполагаю в главе 1, неопределенность имеет два измерения, алеаторное и агонистическое. Экзамен является неопределенным в этом последнем, агонистическом смысле в той степени, в какой он определяется индивидуальной конкуренцией в день экзамена. Это понятие неопределенности является синонимом процедурной справедливости. Поэтому, чтобы сохранить видимость справедливости, такие различные государственные субъекты, как учителя, чиновники и администраторы, создают неопределенность. Таким образом они заставляют сдающих экзамен поверить в то, что результат экзамена более неопределен, чем это есть на самом деле. Я называю этот вид сфабрикованной неопределенности *фальшивой справедливостью*, отсюда и название главы. Цель фальсификации справедливости проста: так субъекты государства укрепляют представление людей о том, что экзамен является судьбоносным, тем самым подкрепляя миф о меритократии.

Но здесь следует различать справедливость как реальность (сфабрикованную или нет) и справедливость как абстрактный идеал. Люди могут продолжать придерживаться идеала меритократической справедливости даже тогда, когда они теряют веру в то, что реальность ему соответствует. Иными словами, вера людей в справедливость как идеал, как правило, не может быть поколеблена разоблачениями сговора или фальсификации. Это происходит потому, что идеал заключается в глубоко укоренившейся в культуре вере в индивидуальные заслуги. Но поскольку индивидуальные заслуги в значительной степени являются продуктом общественного труда, ни о ком нельзя сказать, что в день экзамена он прошел его в одиночку. Таким образом, вера в индивидуальные заслуги является идеологической, в какой-то степени представляя собой форму неправильного признания или ложного сознания. По этой причине различие между структурной и процедурной справедливостью, хотя и является эвристически полезным, на практике разрушается. Справедливое процедурное рассмотрение индивидуальных заслуг в конечном счете недостижимо, потому что индивидуальные заслуги всегда включают в себя структурные предубеждения. Однако миф о том, что такое рассмотрение желательно и возможно, является в китайских средних школах само собой разумеющимся или, как его называет Бурдьё [Бурдьё 2001], доксическим допущением. Поэтому, как ни странно, даже те, кто ответственен за фабрикацию справедливости, обычно совмещают свои действия с искренней верой в меритократию.

Как и другие виды сговора, фабрикация справедливости требует секретности. Обычные люди имеют лишь смутное представление о том, как разрабатываются и оцениваются экзамены, как школы и местные органы власти конкурируют за ресурсы учеников и учителей и как эти ресурсы распределяются между классами. Для сохранения тайны власти жестко контролируют распространение данных о результатах экзаменов — это форма цензуры путем умолчания. Чиновники оправдывают эту цензуру, ссылаясь на ее важность для поддержания социальной стабильности. Как говорили мне несколько чиновников и администраторов, если люди поймут истинные масштабы неравенства в системе образования, они могут потерять веру в *гаокао*, в культминационный ритуал. Пролитие света на структурную несправедливость разрушит любую оставшуюся веру в процедурную справедливость. Но когда я говорю сдавшим *гаокао*, что они не могут не знать о неравенстве в экзаменационной системе, большинство реагирует с недоверием, они отвечают: «На самом деле мы знаем, насколько несправедлива система, но все равно участвуем. Как бы ни было плохо с неравенством, экзамен все равно остается единственным в Китае относительно честным соревнованием».

Конечно, *гаокао* относительно справедлив. Ни одно другое социальное соревнование в Китае не делает так много, чтобы создать видимость справедливости, во многом правдивую. В частности, экзамен тщательно контролируется. Хотя люди часто используют связи, чтобы попасть в хорошую школу или класс, относительно трудно (хотя и возможно) обмануть на самом экзамене или использовать *гуаньси* для поступления в университет. Тем не менее подобные суровые меры помогают укрепить идеологию, согласно которой экзамен измеряет индивидуальные, а не общественные способности. Более того, тем, кто настаивает на том, что люди в Китае прекрасно знают о несправедливости экзамена, будет трудно объяснить, на что идут администраторы и чиновники, чтобы скрыть свои фальсификации. По этой причине истинно верующие в *гаокао* часто испытывают разочарование, когда сталкиваются с «истинным лицом» экзамена (*чжэньсян*). Я согласен с тем, что люди знают о структурном неравенстве. Но большинству не хватает совокупного взгляда на это неравенство, который подорвал бы их относительное доверие к системе в целом. Хоть они и цинично относятся к справедливости, но недостаточно цинично.

Другими словами, ложные убеждения бывают нескольких типов. Обычные люди не только придерживаются ложного сознания относительно идеала заслуг, но и поддаются ложной уверенности относительно своих шансов на экзамене. Эта ложная уверенность имеет два аспекта. Люди искренне полагают, что могут противостоять государственным утверждениям о справедливости. В то же время они склонны переоценивать свои возможности получить высокие баллы на экзамене. Эти два типа ложной уверенности подпитывают и усиливают друг друга. Перед лицом трудностей ложная уверенность — это стратегия сохранения эго. Позволяя людям воображать, что они обладают большей проницательностью и властью, чем на самом деле, ложная уверенность защищает их самовосприятие как эффективных социальных субъектов.

Осведомленность людей о несправедливости экзаменов только укрепляет их ложную уверенность в своей способности видеть систему «насквозь» (*каньтоу*). Простые люди особенно хорошо осведомлены о неравенстве в образовании на национальном уровне, которое широко обсуждается в средствах массовой информации. Например, все знают, что учащиеся таких городов Китая, как Пекин и Шанхай — муниципалитетов с административным статусом провинций, — имеют гораздо больше шансов на экзамене, чем учащиеся обычных провинций. По причинам, которые я представлю ниже, однако, это знание практически не подрывает веру людей в авторитет экзамена. Люди также знают о нечестной практике в школах, многие из которых (хотя и не все) им очевидны. Но у них мало возможностей получить четкое представление о глубине и масштабах этих практик. Еще меньше они знают о неравенстве и несправедливой практике за стенами школы на местном и региональном уровнях. Учителя отговаривают учеников размышлять о неравенстве баллов, так же как администраторы и чиновники держат своих подчиненных в неведении относительно своих манипуляций с системой. И даже видные исследователи *гаокао*, связанные с правительством, не имеют прямого доступа к официальным данным о результатах тестов. Однако, если на то пошло, различия между школами в одном городе или между городом и деревней еще больше, чем различия между провинциями.

Чтобы проанализировать это, казалось бы, парадоксальное сочетание осознания и неосознания справедливости, я использую различие, которое проводил Гофман [Гофман 2000] между фасадом и кулисами. Анализируя повседневные взаимодействия как спектакль, Гофман предполагает, что люди и институты создают идеальный образ, который в значительной степени является фасадом. Этот образ формирует их личность на фасаде. Однако он может (фактически обычно так и происходит) вступать в конфликт с закулисными «реалиями». Я беру реалии в кавычки, потому что, конечно, закулисное взаимодействие также представляет собой некий тип представления. Но кулисы и фасад различаются в важных аспектах. Когда люди находятся на авансцене, они обычно хранят молчание о том, что происходит за кулисами. Они скрывают работу — репетиции, обсуждения, подготовку и так далее, — которая направлена на создание спектакля. Эта секретность особенно важна, когда работа включает в себя сговор (намерение обмануть).

На последующих страницах будет показано, как система *гаокао* организована в виде пространственных слоев секретности. Авансцена публичных разногласий помогает отвлечь внимание людей от кулис, за которыми скрываются еще большие различия. У каждой кулисы есть свое закулисье. Те, кто находятся выше в административной и географической иерархии, как правило, обладают бо́льшим доступом к внутренней информации. На более высоких уровнях власти особенно озабочены поддержанием социальной стабильности. В целом, однако, фабрикация справедливости зависит не столько от крупномасштабного организованного заговора, сколько от локальной политики лояльности и сохранения лица. В своих манипуляциях с системой чиновники и администраторы полагаются на помощь друзей и знакомых, преследуя различные интересы. Эти интересы, как правило, связаны с поддержанием репутации школ или регионов для накопления заслуг (*чжэнцзи*), необходимых для продвижения по карьерной лестнице.

Поэтому в некоторых отношениях жизнь в Китае напоминает игру на доверие, которую государственные акторы ведут с обществом. Термин «государственные акторы», как и более широкий, «социальные акторы», привлекает внимание к этому драматургическому измерению социального действия, к тому, что оно всегда содержит элемент уверенности и перформативного представления. Чтобы укрепить доверие, власти используют инструменты цензуры и убеждения. Благодаря ложной уверенности люди регулярно переоценивают свою осведомленность об этой афере. Таким образом, они сами способствуют своему вовлечению в обман. По иронии судьбы различные попытки людей играть в эту систему часто усиливают их ложную уверенность. И чтобы еще больше усложнить ситуацию, люди продолжают верить в относительную справедливость экзамена, потому что он действительно меняет их жизнь, даже если эта разница не так велика, как многие думают.

Противоречия на фасаде: сверху политика, снизу контрмеры

В 2013 году в социальных сетях широко распространился телевизионный репортаж о несправедливости на *гаокао*. За реалистичность его хвалили и учителя, и студенты. Среди прочего в репортаже рассказывалась история строителя из Цзянсу, который разговорился с менеджером по строительству из Пекина. Оба в одном году сдавали *гаокао*. Рабочий-строитель недобрал всего несколько баллов для поступления в вуз, но вместо того, чтобы пересдавать экзамен, что отнимает много времени и средств, он начал работать, чтобы содержать свою семью. Хотя менеджер набрал меньше баллов, чем рабочий, он смог поступить в хороший вуз, потому что родился в Пекине, где проходные баллы ниже.

Люди ссылались на этот репортаж как на пример несправедливого протекционизма при приеме в колледж, который, как отмечали многие, опирается на систему регистрации. Как правило, люди обязаны сдавать *гаокао* по месту жительства, что не позволяет детям многих мигрантов сдавать его по месту работы родителей. В ходе дискуссии вокруг репортажа внимание было обращено на главный парадокс системы *гаокао*. Люди так уверены в относительной справедливости этого экзамена, потому что много знают о связанных с ним несправедливостях. Они особенно хорошо разбираются в национальных диспропорциях, то есть различиях между провинциями.

Примером такого неравенства служат два типа государственной политики, которые публично обсуждаются в СМИ. С одной стороны, преференциальная политика усиливает неравенство, работая на благо доминирующих социальных групп. С другой стороны, позитивная политика якобы направлена на устранение неравенства путем оказания помощи социально незащищенным группам. Оба типа политики работают путем манипулирования экзаменационными шансами студентов, изменяя величину проходного балла, корректируя квоты приема или предоставляя бонусные баллы. Студенты в разных провинциях сталкиваются с радикально различными перспективами получения высшего образования из-за таких манипуляций и образовательного неравенства (илл. 6)[3].

Неравенство особенно ярко выражено в самых богатых городах на уровне провинций: Пекине, Шанхае и Тяньцзине. Местные жители пользуются завышенными квотами на поступление в региональные колледжи повсеместно, но именно в этих городах сосредоточена львиная доля лучших университетов Китая. Эта схема, равносильная выборочному распределению экзаменов, помогает объяснить, почему уровень приема в вузы первого уровня в таких городах провинциального уровня превышает 20 % — вдвое или втрое больше, чем в большинстве обычных провинций. Диспропорции при поступлении в вузы «Проекта 985» аналогичны или даже более разительны. От 4 до 5 % студентов в этих городах провинциального уровня поступают в вузы «Проекта 985», тогда как в обычных провинциях уровень приема в них колеблется между 1 и 2 %. При этом региональный протекционизм сильнее всего проявляется в лучших вузах страны. Например, совокупный коэффициент приема в два ведущих университета Китая, Цинхуа и Пекинский, расположенные в Пекине, составляет около 1 % для жителей столицы, в то время как в этих университетах может учиться лишь 1 из 1000 студентов из Шанхая и всего несколько из каждых десяти тысяч студентов из обычных провинций [Fu 2013].

---

[3] Я заимствую полезное аналитическое различие между «преференциальной» и «позитивной» политикой у Чжоу [Zhou 2010]. Большинство ученых называют оба типа политики «преференциальной», прямо переводя китайское выражение *юхуэй чжэнцэ*. Ханнум и Ванг [Hannum, Wang 2006] предлагают полезный анализ региональных различий в образовании.

**Процентная доля учащихся всех школ
в провинциях и городах со статусом
провинций, получивших доступ
в престижные университеты**

1. Аньхой
2. Пекин
3. Чунцин
4. Фуцзянь
5. Ганьсу
6. Гуандун
7. Гуанси
8. Гуйчжоу
9. Хайнань
10. Хэбэй
11. Хейлунцзян
12. Хэнань
13. Хубэй
14. Хунань
15. Внутренняя
    Монголия
16. Цзянсу
17. Цзянси
18. Цзилинь
19. Ляонин
20. Нинся
21. Цинхай
22. Шэньси
23. Шаньдун
24. Шанхай
25. Шаньси
26. Сычуань
27. Тяньцзинь
28. Тибет
29. Синьцзян
30. Юньнань
31. Чжэцзян

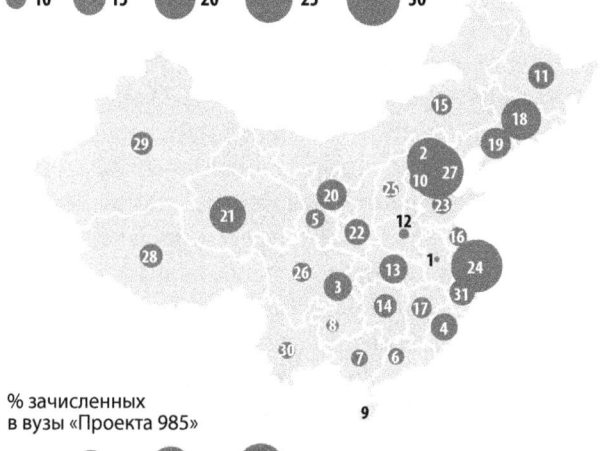

% зачисленных
в вузы первого уровня

● 10   ● 15   ● 20   ● 25   ● 30

% зачисленных
в вузы «Проекта 985»

● 2   ● 3   ● 4   ● 5

Илл. 6. Перспективы поступления в колледж для учащихся из разных регионов Китая сильно различаются в результате неравенства в образовании и влияния преференциальной и позитивной политики. *Источник*: Диаграмма Стивена Оливера: интернет-медиа Sohu. URL: http://www.sohu.com/a/198431528_507475 (дата обращения: 12.10.2019). Информация за 2016 год. Данные по провинции Хайнань отсутствуют

Такую преференциальную политику трудно скрыть от общественности. Отборочные баллы и процент зачисленных в каждой провинции — открытая информация. Таким образом, несправедливые преимущества столичной элиты беспокоят большинство обычных семей. В 2010-х годах государство попыталось исправить эти перекосы, поощряя провинции с непропорционально большим числом университетов первого уровня увеличивать квоты на прием приезжих. Но эти усилия вызвали обратную реакцию. Во многих местах родители даже устраивали демонстрации на улицах, неся таблички с лозунгами «За справедливое образование! Против сокращения приема!». Ничто так не возбуждает ярость родителей, как мысль о том, что их дети после стольких лет прилежной учебы столкнутся с внезапным ростом конкуренции, которую они считают нечестной [Teixeira 2017].

Многие семьи также ропщут на позитивную политику. Самая известная из мер такой политики повышает шансы студентов из этнических меньшинств на сдачу экзаменов. Люди, которые могут подтвердить свою принадлежность к этническому меньшинству, получают на *гаокао* бонусные баллы. Представители этнических меньшинств также могут воспользоваться специально выделенными квотами для поступления в престижные старшие школы и колледжи; такая политика известна как прием на целевые места (*динсян чжаошэн*). Как и преференциальная политика, позитивная политика имеет региональную направленность. Большинство меньшинств проживают в слаборазвитых западных провинциях Китая, которые выигрывают от введения относительно низких проходных баллов. Но не все меры позитивной политики ориентированы на этнические меньшинства. Целевой прием существует на местном уровне по всему Китаю. Во многих населенных пунктах элитные старшие школы резервируют места для выпускников младших школ с низким рейтингом, в которых непропорционально много учащихся из неблагополучных семей. Оба вида позитивной политики, местная и национальная, вызывают обвинения в несправедливости среди тех, кто не пользуется ее преимуществами. Но сильнее возмущает особое отношение к меньшинствам в западных провинциях.

Споры вокруг преференциальной и позитивной политики подчеркивают те трудности, с которыми сталкиваются государственные акторы при балансировании между региональными и национальными интересами, между индивидуальной справедливостью (*гэжэнь гунпин*) и социальной справедливостью (*шэхуэй гунчжэн*) [Zheng 2011]. Справедливость для одного человека — это несправедливость для другого. Пытаясь создать впечатление справедливости, государственные акторы должны играть на разные аудитории и пытаться примирить конкурирующие интересы. Получающаяся в результате переговоров гегемония удовлетворяет немногих и требует постоянной корректировки.

Миграция для гаокао и возможность удаленной сдачи

Позитивные и преференциальные политики приводят к схожим непредвиденным последствиям. Они побуждают родителей обыгрывать систему, меняя места учебы своих детей. Люди называют эту стратегию миграцией для *гаокао (иминь)*. В пределах Китая существует два типа подобной миграции по программе *гаокао*. Первый называется «идти на запад и спускаться на юг» *(сицзинь нанься)*; родители используют позитивную политику, отправляя детей в бедные западные и юго-западные провинции, чтобы воспользоваться относительно высокими квотами приема в этих местах.

Второй тип, «бросок на восток» *(дун чуан)*, связан с тем, что родители пользуются преимуществами льготной политики, отправляя детей в богатые прибрежные города. Поскольку студентам обычно разрешается сдавать *гаокао* только по месту их длительного проживания, оба вида миграции для *гаокао* требуют от родителей обхода требований к месту регистрации. Постоянное местожительство семьи можно изменить с помощью различных законных, полузаконных или незаконных мер. Но такие меры обычно требуют значительных *гуаньси*, денежных сумм или того и другого.

Ограничительные меры к месту жительства ставят детей обычных мигрантов в невыгодное положение. В прошлом у таких детей было мало надежды на исправление своего положения. Они должны были возвращаться в место своего официального проживания в последний год обучения в средней школе, что не оставляло им времени для адаптации к учебной программе в родной провинции [Ling 2017]. Однако начиная с 2012 года государство выпустило ряд руководящих принципов национальной политики, так называемую политику удаленных *(иди) гаокао*, призванную облегчить детям трудовых мигрантов сдачу *гаокао* по месту жительства. Это изменение политики было достигнуто с большим трудом благодаря Движению новых граждан *(Синьгунминь юньдун)* — серии низовых кампаний по защите гражданских прав, в рамках которых среди прочего было собрано более 100 тысяч подписей рабочих-мигрантов, пострадавших от ограничений на пребывание, связанных с *гаокао*[4]. Однако большинство муниципалитетов проводят эти реформы с большой осторожностью, поскольку они подрывают местные интересы, усиливая конкуренцию. Эта политика также имеет потенциально большой эффект цепной реакции на миграционное давление и цены на жилье. Таким образом, многим мигрантам по-прежнему трудно сдать экзамен по месту учебы.

Растущая международная мобильность привела к появлению третьего типа миграции для *гаокао* — международной. Этот тип менее распространен, чем его внутренние аналоги, но становится все более популярным по мере роста числа китайских семей с двойным гражданством. Национальные и провинциальные власти ввели целый ряд преференций для привлечения «морских черепах» *(хайгуй)* — китайцев, возвращающихся из-за рубежа. Такие ученики сдают *гаокао* в особой, облегченной форме или получают дополнительные баллы. Кроме того, прибывшие из-за рубежа не сталкиваются с теми же требованиями по регистрации по месту жительства, что и китайские граждане. Поэтому с 2000-х годов некоторые китайцы с двойным гражданством стали отказываться от китайских паспортов, чтобы получить преимущество на *гаокао*. Многие яростно критикуют эту практику, утверждая,

---

[4] См. также Human Rights [Human Rights in China 2014].

что она порождает «поддельных» иностранцев, но преподаватели сообщают, что она становится все более распространенной. Конечно, для самих международных мигрантов сдача *гаокао* — это не просто средство получения преимущества при поступлении в китайские вузы. Получение образования в Китае для мигрантов — это своего рода кульминация сложного процесса формирования транснациональной идентичности, который может включать среди прочих факторов принятие своего культурного наследия, бегство от расизма и структурного неблагополучия в странах своего гражданства, протест против транснациональных амбиций своих родителей-мигрантов или стремление к приключениям и вызовам, связанным с получением высшего образования в Китае.

Попытки обыграть систему — дело обычное. Но возможности для этого распределены неравномерно. Решающим преимуществом обладают те, у кого есть деньги и власть. Тем не менее люди продолжают считать, что *гаокао* относительно справедлив. Парадоксально, но стойкость этой веры отчасти объясняется тем, что люди восхищаются подобными стратегиями, которые они оценивают как проявление сообразительности и трудолюбия. Как говорят люди, «сверху — политика, снизу — контрмеры» *(шан ю чжэнцэ, ся ю дуйцэ)*. Это выражение лаконично передает то, как бюрократическая власть неизбежно вызывает сопротивление. Но беспечность, с которой люди цитируют эту фразу, свидетельствует о ложной уверенности в своей способности видеть эту власть насквозь.

Позитивная политика и национальная гегемония

Однажды я наблюдал, как в школе номер один Шаньши учительница географии задала своему классу провокационный вопрос: «Справедливо ли начислять дополнительные баллы студентам из числа меньшинств на *гаокао*?» Класс ответил хором: «Несправедливо!» Смеясь, учительница сказала: «Но надо делать поправку на то, что их уровень развития и способностей относительно низок».

Этот случай подчеркивает важное различие между политикой позитивных действий в таких странах, как США, и позитивной политикой в Китае. Обе политики создают социальную конкуренцию, чтобы дать больше шансов уязвимым группам. Но в отличие от американской политики позитивных действий, позитивная политика в Китае не направлена на компенсацию таким группам за их дискриминацию [Yamada 2012]. Скорее, они следуют логике развития с его линейной моделью времени. Китайские политики рассматривают позитивную политику как помощь меньшинствам — людям с низкой квалификацией — на пути к развитию. Концепция взаимности в этих двух случаях различна. При позитивных действиях доминирующие группы могут считать себя обязанными ущемленным группам в качестве компенсации за прошлое угнетение. В позитивной политике Китая члены доминирующей группы, ханьского большинства, считают, что меньшинства должны *им* за помощь в развитии. Например, в этнических юго-западных приграничных районах Китая изобилуют лозунги, призывающие меньшинства быть благодарными *(ганьэнь)* Коммунистической партии. Конечно, в контексте позитивных действий, например в США, представители большинства также часто считают себя благодетелями и ожидают, что ущемленные меньшинства будут им признательны. Такая политика также может преследовать цель возвысить группы, считающиеся маргинальными. Но в Китае люди редко рассматривают позитивную политику как компенсацию за дискриминацию. Логика приобщения меньшинств к цивилизации преобладает в китайском контексте, где идеология развития составляет столь важную часть общественного договора (см. главу 2).

Преференциальная политика является откровенно несправедливой, поскольку она приносит пользу интересам элиты столицы в ущерб маргинальным группам. Но позитивная политика также служит интересам элиты, хотя и менее очевидным образом. В императорские времена государственные чиновники использовали позитивную политику для продвижения цивилизационного проекта Китая по интеграции периферии в центр — роль, которую такая политика играет и сегодня [Harrell 1995; Rowe 1994; Zhou 2010].

Несомненно, позитивная политика оказывает определенную помощь незащищенным группам населения. Но она больше способствует изменению взглядов на прием в вуз, нежели решению фундаментальных вопросов социальной справедливости. Позитивная политика дает незащищенным группам достаточно надежды, чтобы они продолжали участвовать в сдаче *гаокао*. Однако, как и в случае с экзаменом в целом, мобильность, которую обеспечивает эта политика, недостаточно велика, чтобы добиться значительного перераспределения богатства и возможностей. И даже когда представители этих групп добиваются поступления в вуз, система образования направляет многих из них в учебные заведения и на курсы с низким статусом (см. главу 4). Таким образом, несмотря на то что позитивная политика в определенной степени способствует устранению социального неравенства, она также способствует воспроизводству социальной сегрегации и иерархии.

Полемика на фасаде как источник ложной уверенности

И преференциальная, и позитивная политика усиливают гегемонию элиты другим, более тонким способом. Конечно, национальное неравенство является важной социальной проблемой, но акцент на неравенстве отвлекает людей от закулисного неравенства в регионах, местах и отдельных школах. По этой причине я называю национальное неравенство, о котором известно общественности, неравенством на авансцене. Отчасти люди сосредотачиваются на этих диспропорциях, потому что протест против них может привести к изменениям. Но протестующие, однако, упускают из виду более глубокие слои неравенства, которые могли бы иметь отношение к их делу.

Жители провинций знают, что с ними обходятся несправедливо по сравнению с теми, кто живет в городах, приравненных к провинциям, таких как Пекин или Шанхай. Это просто прискорбный «факт жизни» *(шиши)*. Но этот факт не подрывает уверенности людей в своей способности конкурировать с соседями в пределах своей провинции или региона. Однако, как подробно будет рассказано ниже, местные различия на самом деле больше многих различий между, скажем, Шанхаем или Пекином и провинциями. Более того, местные различия проистекают исключительно из фундаментального неравенства в доступе к возможностям, а не из искусственных квот.

В свете местных различий национальное неравенство также служит отвлекающим маневром. Как бы ни была значима эта последняя форма неравенства, она уводит людей от более детальных сравнений и обсуждений. Поскольку такой тонкий анализ выявил бы еще более вопиющие формы неравенства, данные, необходимые для его проведения, подвергаются цензуре.

Аналогичным образом, дебаты о позитивной политике также работают как отвлекающий маневр. Те, кто не получают выгоды от позитивной политики, считают, что она добавляет дополнительный пласт несправедливости в систему. Но эта несправедливость является прикрытием, которое еще больше отвлекает людей от сосредоточения внимания на глубинных проблемах местного неравенства.

Рецентрализация полномочий: реформы гаокао Си Цзиньпина

Конечно, если неравенство на авансцене становится слишком серьезным, оно может существенно подорвать веру людей в систему. У политиков сложная работа. Каждая попытка сбалансировать противоречивые интересы вызывает гневные протесты. Каждая попытка ужесточить лазейки подталкивает людей к открытию новых, творческих способов игры с системой. Как сказал один известный исследователь *гаокао*, «внесение изменений в *гаокао* похоже на попытку свернуть воздушный шар. Вы крутите с одной стороны, а воздух раздувает шар с другой».

В сентябре 2014 года Государственный совет КНР объявил о масштабных реформах *гаокао* [Cohen, Beauchamp-Mustafaga 2014; Postiglione 2014]. Эти реформы представляют собой наиболее значительные общенациональные изменения в экзаменационной системе с момента радикального расширения высшего образования, начавшегося в 1999 году. Реформы преследуют две цели. С одной стороны, они направлены на повышение справедливости экзамена. С другой стороны, они вносят существенные изменения в структуру экзамена во имя продвижения инноваций и качества.

Одним из наиболее значимых аспектов новых реформ Си в системе *гаокао* является ренационализация процесса разработки экзаменационных вопросов. В начале 2000-х годов полномочия по разработке экзаменационных вопросов были переданы провинциям. Хотя люди продолжали ассоциировать экзамен с национальной властью, его структура и содержание значительно отличались от провинции к провинции. Первоначальной целью этой политики было содействие инновациям в сфере образования путем создания условий для реформ на местах. Согласно этому подходу, экзаменационные вопросы составлялись в столице провинции ведущими преподавателями средних школ и вузов. Но такой порядок, независимо от того, насколько строго он соблюдался, создавал возможности для коррупции и непотизма на местах. Согласно новой системе, вступившей в силу в 2016 году, каждая провинция использует одну из трех национальных экзаменационных работ по обязательным предметам (китайскому языку, математике и английскому), которые составляются в Пекине. Такая рецентрализация направлена на повышение авторитета экзамена и укрепляет в народе мнение о его беспристрастности и объективности.

Реформы усиливают впечатление справедливости еще несколькими способами. Во-первых, они поощряют университеты проводить дополнительную позитивную политику в отношении студентов из числа сельских жителей, также внутренних и западных провинций и членов ущемленных этнических групп. Во-вторых, они сузили лазейки для различных полунелегальных способов обыгрывания системы, включая плату за «выбор школы» (*цзэсяофэй*) для доступа в хорошие средние школы, различные схемы начисления бонусных баллов, преимущества, предоставляемые спортсменам, и посещение специальных курсов по гуманитарным наукам в средней школе. Последнее, в частности, давало родителям и школам возможность помочь учащимся со средними академическими способностями добиться успеха на экзамене, поскольку у учеников-гуманитариев были более низкие проходные баллы для поступления в колледжи первого уровня [Chumley 2016]. В-третьих, реформы позволяют учащимся сдавать экзамен по английскому языку более одного раза, что развеивает впечатление, что один экзамен определяет всю жизнь. Наконец, они обещают сделать *гаокао* более прозрачным благодаря политике «солнечного света».

Общая направленность новой политики касается жалоб на то, что экзамен может быть загрязнен *гуаньси*. Она в целом соответствуют попыткам Си Цзиньпина укрепить легитимность Коммунистической партии путем борьбы с коррупцией. Старт реформам дал высший руководящий орган Китая, Госсовет, а не Министерство образования, что говорит об участии высших эшелонов политической власти Китая [Cohen, Beauchamp-Mustafaga 2014].

Но учителя и администраторы скептически относятся к реформам. Они говорят, что предложения по уменьшению регионального и социально-экономического неравенства носят расплывчатый, рекомендательный характер, а не представляют собой что-то конкретное. Например, реформы направлены на сокращение разрыва в поступлении в вузы между богатыми и бедными провинциями всего на несколько процентных пунктов в масштабах страны. Более того, реформы мало что дают для устранения более фундаментальных различий в типе вуза, в который поступают учащиеся. Школьники в деревнях чаще будут поступать в учебные заведения второго и третьего уровней и двухгодичные колледжи (*чжуанькэ*), тогда как городские ученики чаще поступают в учебные заведения первого уровня [Wang et al. 2013; Yeung 2013]. Как сказал один преподаватель: «В конце концов, *гаокао* остается *гаокао*. Все будет вращаться вокруг него, и ученики по-прежнему будут ставить все на карту (*пиньмин*), чтобы его успешно сдать». Более того, несмотря на обещания государства проводить политику «солнечного света», данные о неравенстве в образовании остаются, за редким исключением, труднодоступными.

Закулисные знания о справедливости: государственные секреты и цепочка интересов

Как количественная и проверяемая мера ценности человека, результаты экзаменов чрезвычайно хорошо подходят для ранжирования людей и учреждений. Один из основных терминов для обозначения тестовых баллов в китайском языке буквально переводится как «достижения» (*чэнцзи*). Получить высокие «достижения» — для студентов поступить в вуз, для учителей — поднять статус и получить бонусы, для руководства — продвинуться по службе. Даже чиновники в сфере образования поднимаются по служебной лестнице в основном за счет повышения тестовых баллов в своей юрисдикции, что является важнейшим показателем их «политических достижений» (*чжэнцзи*). По этим причинам люди покорно вздыхают, когда речь заходит об ориентированной на экзамены системе образования, ведь такова реальность.

Один из моих учеников из Шаньси, крайне проницательный девятиклассник по имени Чживэй, предположил, что образование в Китае образует «цепочку интересов» (*лии лянь*). В его понимании «цепочка» означала иерархию, состоящую из учеников, родителей, учителей, администраторов и чиновников. Поскольку в школе он изучал марксизм, Чживэй утверждал, что между людьми на разных уровнях цепи существуют отношения эксплуатации (*босюэ*). Чиновники претендуют на достижения администраторов, администраторы — на достижения учителей и родителей, а учителя и родители — на достижения учеников. По мнению Чживэя, оценки представляют собой валюту прибавочной стоимости, которая экспроприируется у людей, стоящих ниже в цепи.

Чживэй был далеко не глуп, но он упустил из виду ту роль, которую играет общественный труд в производстве индивидуальных заслуг. Китайские школьники на всех уровнях иерархии ценностей усердно работают, но только те, кто находится на вершине иерархии, попадают в лучшие вузы. Конечно, можно сказать, что люди, занимающие высокие позиции в цепочке интересов, присваивают достижения тех, кто находится ниже.

Но Чживэй неверно посчитал, что эти достижения принадлежат исключительно ученикам. Администраторы и чиновники, напротив, хотя и придерживаются веры в индивидуальные заслуги, хорошо понимают социальное происхождение достижений. Они говорят, что к старшему школьному возрасту дети уже более или менее полностью сформированы (см. главу 5), и цель менеджеров образования состоит не только в том, чтобы заставить школьников усердно учиться, но, что еще более важно, в том, чтобы обеспечить правильный тип учеников, или, как они выражаются, их «ученики с потенциалом».

С этой оговоркой «цепочка интересов» Чживэя представляет собой полезный инструмент для анализа взаимоотношений субъектов, находящихся в разных точках административной и географической иерархий. Эти иерархии, как правило, пересекаются. Влияние, ранг, власть администраторов и чиновников тесно связаны с их положением в центральной иерархии мест (см. главу 2). Школы, расположенные в центре, привлекают учеников из более обширного географического региона; соответственно, администраторы таких школ имеют более высокий статус и положение. Аналогичным образом, чиновники высокого ранга курируют более географически обширные регионы, чем их коллеги, находящиеся на периферии. А продвижение чиновников по службе в значительной степени синонимично продвижению по иерархии «деревня — город».

Поэтому в целом интересы администраторов и чиновников, находящихся в центре, должны совпадать с интересами более обширных географических территорий, которые они курируют, и, следовательно, с более широкими представлениями об общем благе. Но люди на всех уровнях иерархии обычно преследуют стратегии, которые максимизируют ресурсы учащихся для своей сферы особого контроля, будь то отдельный ученик, класс, школа, город, округ или провинция. В погоне за высокими результатами и хорошими ученическими ресурсами различные школы и регионы регулярно вступают в конфликт друг с другом.

Знания о таких конфликтах различаются контекстуально и географически. Даже некоторые субъекты, занимающие относительно низкие позиции в цепочке интересов, обладают незаурядным пониманием функционирования системы. Но среднестатистический ученик, родитель и даже учитель мало что знает о закулисных реалиях. Усилия людей, занимающих высокое положение в цепочке интересов, в основном покрыты тайной. И чем выше человек поднимается по цепочке, тем более тайной становится его деятельность.

Дублирование данных и приглушение дискуссии

Когда я начинал свою полевую работу, мне очень хотелось получить объективные, поддающиеся количественному измерению показатели социального неравенства на местах. Например, я хотел создать полную карту иерархии «балл — ценность», соотнеся средний балл каждой школы на *гаокао* с положением школы в региональной системе центральных мест. Я также собирался провести опросы, чтобы изучить взаимосвязь между родом занятий родителей, историей образования и результатами поступления в вуз. Я надеялся, что такие исследования дополнят мою этнографическую работу и внесут вклад в количественные исследования образовательного неравенства в Китае. Однако, пробыв здесь дольше, я узнал, что школы и государственные учреждения сами собирают бóльшую часть данных, которые я надеялся получить.

Эти усилия по сбору данных являются логическим следствием важности тестовых баллов в Китае. Задача каждого старшего преподавателя школы — максимизировать баллы его или ее класса (обычно ее). Аналогично, задача каждого руководителя секции — максимизировать баллы его года. Руководители школ делают то же самое для школы, чиновники — для региона. Никто домыслы не строит. Как говорилось выше, при поступлении в среднюю школу ученики уже распределяются по классам на основании результатов вступительного экзамена. Во многих школах старшие преподаватели создают электронные таблицы, в которых соотносят результаты этого экзамена с подробными

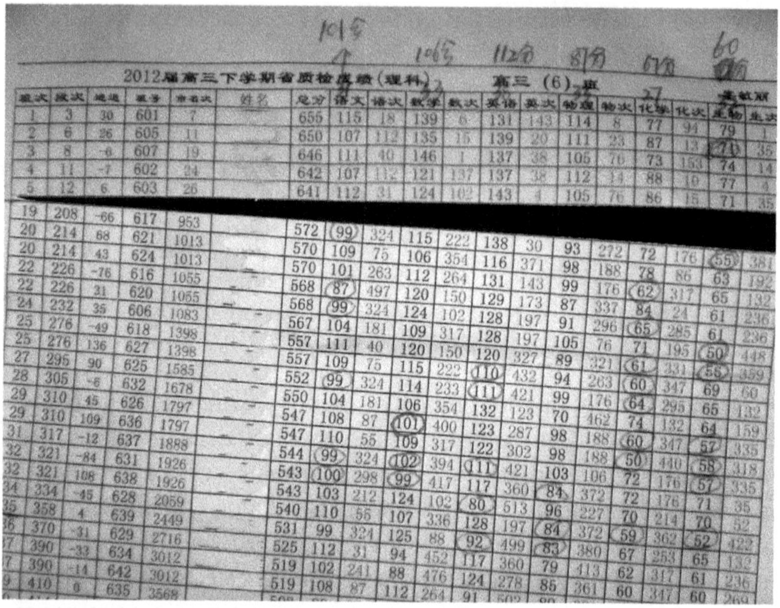

Илл. 7. Учет результатов практических тестов ведется старшим преподавателем школы. Баллы перечислены в соответствии с предметами. Слева показаны рейтинги отдельных учеников по классу и школе, а также изменения в рейтинге по сравнению с последним пробным экзаменом. Преподаватель обвел кружком баллы, которые не соответствуют проходным для поступления в вузы первого уровня по каждому предмету. Идентифицирующая информация удалена. *Фото автора*

данными о семьях учащихся, включая род занятий матери и отца, этническую принадлежность и домашний адрес. Последующий сбор результатов экзаменов в средней школе начинается немедленно. Преподаватели работают в тесном сотрудничестве с руководителями секций, чтобы подготовить подробный анализ результатов тестирования каждого ученика на каждом формальном экзамене — ежемесячном, промежуточном, выпускном экзаменах (илл. 7).

Администраторы используют эти данные для разработки стратегии расстановки персонала и принятия педагогических решений. Старшие преподаватели используют те же данные для координации усилий отдельных учителей-предметников и планирования вмешательства в жизнь отдельных семей и учеников (см. главу 5). Администраторы используют обратные каналы для получения данных тестов из других школ, чтобы сравнить свои результаты с результатами конкурентов. В местных органах власти чиновники от образования собирают данные тестов для координации усилий на подконтрольной им территории. Немало учителей и администраторов помнят собрания, на которых местные чиновники ругали их за плохие результаты на муниципальных и провинциальных пробных экзаменах. Такой навязчивый анализ данных характерен для китайской культуры аудита, история которой уходит корнями в императорские времена [Kipnis 2008].

Этот сбор данных формирует культуру экспертизы, которая в значительной степени неотличима от усилий академических исследователей в области образования. Старшие школы и государственные учреждения используют научные методы и подходы к анализу данных: количественный анализ, целевое вмешательство, контрольные группы и так далее. Во многих случаях цели исследователей и бюрократов даже совпадают. Исследователи обычно хотят исправить неравенство, что, как правило, означает поиск политических мер, которые повысят результаты тестов учащихся из неблагополучных семей. В то же время многие учителя согласованно работают на местном уровне, чтобы бороться с последствиями неравенства в своих классах. В некоторых случаях учителя даже принимают непосредственное участие в спонсируемых извне научно-исследовательских проектах, что еще больше размывает разделение между внутренними и внешними исследованиями (см. главу 5). Конечно, большинство администраторов и чиновников в основном заинтересованы в повышении результатов тестов в подконтрольной им школе или регионе, а не в устранении неравенства как такового. Но их усилия идут на пользу многим обычным семьям.

Методы и цели академических исследователей и бюрократов от образования во многом совпадают. Однако, несмотря на это совпадение, официальные данные не предоставляются исследователям и тем более общественности. Официальные данные являются совершенно секретными. Исследователи получают их только с большим трудом. Мне все же удалось получить доступ к некоторым внутренним данным средней школы, которые сочувствующие учителя предоставили мне на условиях строгой конфиденциальности. Я опираюсь на эти данные при обсуждении неравенства в образовании в этой и других главах. В целом, однако, администрация средних школ и государственные чиновники не согласились разрешить мне провести масштабные опросы их учеников, и даже известные китайские исследователи в области образования сталкиваются с большими трудностями при получении данных о результатах тестов и сведений о поступлении.

В теории сделать такие данные общедоступными было бы довольно просто. Как и другие государственные организации Китая, китайская образовательная бюрократия очень централизована. Центральным властям было бы просто попросить средние школы передавать результаты тестов и демографические данные вверх по административной иерархии. Центральные органы власти могли бы выступить в качестве центра обмена этой информацией. Действительно, центральные органы власти в провинции Фуцзянь и других провинциях ранее играли такую роль, хотя и для внутренних образовательных учреждений, а не для общественности. До конца 2000-х годов провинциальные власти распространяли результаты *гаокао* в разбивке по школам среди местных управлений образования, которые передавали их администраторам школ. Но власти прекратили эту практику. Контролируя распространение данных о результатах тестов, власти надеялись снизить накал конкуренции на *гаокао* между регионами и школами. Примерно в то же время правительство запретило устраивать экстравагантные праздники для муниципальных и провинциальных экзаменуемых, занявших первые места, так называемых «чемпионов», которых иногда даже чествовали на публичных муниципальных церемониях в местных конфуцианских храмах (см. главу 6). Причина та же: чиновники надеялись сгладить остроту регионального соперничества.

На практике, однако, мало что изменилось после того, как провинциальные органы образования перестали распространять информацию о результатах. Школы и регионы нашли другой способ получения данных: старшие преподаватели школ теперь собирают баллы по *гаокао* у отдельных учеников после экзамена. Затем школы группируют эти данные и передают их по административной иерархии в местные органы власти. Теперь, как и раньше, местные министерства образования анализируют и сравнивают баллы *гаокао* по разным школам. И сейчас, как и раньше, региональные чемпионы-победители *гаокао* широко чествуются, хотя и с меньшим размахом. С точки зрения отдельных школ, новая политика привела лишь к увеличению нагрузки. Школы должны кропотливо собирать и сопоставлять баллы по *гаокао*. Но эта дополнительная работа дает школьным администраторам возможность, которой у них раньше не было: возможность подтасовывать данные. Одна преподавательница рассказала, как начальство попросило ее подправить результаты учеников на *гаокао* на несколько баллов. По расчетам этой учительницы, если бы все учителя были проинструктированы подобным образом (она не уверена, что так и было), эффект был бы едва заметным, но глубоким, и разница между достижением или недостижением целей по результатам экзаменов, установленных муниципальным бюро образования, была бы значительной. В итоге конкуренция между школами и регионами продолжается более или менее бесконтрольно, но местные органы власти и школы уже не так уверены в данных, как раньше.

Теоретически отдельным школам разрешается обнародовать свои данные, но у большинства школ нет никаких мотивов для этого. Поскольку только школы, занимающие ключевые позиции в центральных районах, направляют значительное количество учеников в колледжи с высоким рейтингом, только у таких школ есть причины обнародовать результаты своих тестов. Напротив, школы, находящиеся ниже в иерархии «балл — ценность», держат свои результаты в строжайшем секрете. В открытом доступе о них можно найти мало информации — только расплывчатые заявления о тенденциях к улучшению. Государственные чиновники также осмотрительны. Как правило, только такие крупные города, как Сямынь, публикуют данные о количестве поступающих в целом по муниципалитету. Публичные данные о периферийных населенных пунктах еще более скудны[5].

В свете бешеного закулисного сбора данных о результатах тестов, непубликация этих данных является вопиющим упущением — громким умолчанием. Эта цензура не только затрудняет получение общественностью объективной картины образовательного неравенства, но и делает работу исследователей в области образования обременительной. Как сказал один из таких исследователей, профессор Ван:

> Некоторые из моих коллег входят в состав комитетов национального уровня, консультирующих правительство по вопросам реформы *гаокао*. Но ни у кого из нас нет доступа к детальным государственным данным. Различия в показателях приема между школами и регионами — это, с точки зрения исследователя, лишь верхушка айсберга. Мы также самостоятельно собираем данные о том, в каких школах студенты поступают именно в такие университеты и т. д... Без таких данных трудно дать какую-либо объективную оценку политики... Многие мои бывшие ученики работают в провинциальном министерстве образования, но им запрещено помогать мне в получении данных. Они просто говорят мне: «Извините, учитель, ничего не могу сделать». Если я хочу провести исследование неравенства в образовании, мне приходится посылать аспирантов в отдельные школы. Другими словами, я через *гуаньси* связываюсь с администраторами отдельных средних школ, чтобы получить доступ к данным в каждой отдельной школе по очереди.

Почему государство держит в секрете результаты экзаменов? Как заметил профессор Ван:

---

[5] В 2015 году Шэньчжэнь изменил эту тенденцию, опубликовав показатели приема в вузы первого уровня для всех муниципальных средних школ в рамках политики «солнечного света». Но, похоже, эти данные больше не доступны.

Скрывая эту информацию, правительство пытается приглушить (*даньгуа*) обсуждение неравенства (*буцзюньхэн*). Правительство не хочет, чтобы люди обращали свое внимание на эту проблему. Сохранение результатов в тайне — способ замять все обсуждение неравенства (*лэн чули*).

Диспропорции в образовании и цензура как фабрикация

Вскоре после этого разговора профессор Ван позволил присоединиться мне к сбору данных. Он попросил меня познакомить одного из своих аспирантов со старшим преподавателем школы «Ворота дракона». Ван надеялся, что тот согласится предоставить мне данные о показателях приема в вузы первого уровня. Я был польщен, что помогаю выдающемуся исследователю, но в то же время меня тревожило то, что приходится обращаться к подобным мерам. Как бы то ни было, участие в проекте дало мне возможность ознакомиться с данными студента профессора Вана, которые дополнили мою картину неравенства в иерархии «балл — ценность».

Эти данные свидетельствуют о резком региональном неравенстве. Напомним, что вероятность поступления в вузы первого уровня для школьников из таких городов со статусом провинций, как Шанхай или Пекин, в два-три раза выше, чем для учеников из обычной провинции. Однако в пределах одной провинции или региона вероятность поступления в вуз первого уровня у ученика хорошей средней школы может быть более чем в 50 раз выше, чем у ученика плохой средней школы. В городских школах с высоким рейтингом почти все ученики либо поступают в вузы первого уровня, либо учатся за границей. Лучшие средние школы в Сямыне направляют 95 % и более своих выпускников, сдавших *гаокао*, в высшие учебные заведения первого уровня. В лучших средних школах Нинчжоу и Шаньши этот показатель ниже, но все же заслуживает уважения, составляя 80 и 25 % соответственно. Однако в школах с низким рейтингом, как в сельской местности, так и в городе, менее 2 % учащихся поступают в вузы первого уровня. В Шаньши, по словам одного из администраторов, за пределами средней школы номер один лишь нескольким

● ——— 80 миль ——— ● ——— 50 миль ——— ●

СЯМЫНЬ
Население около 5 млн
Лучшие средние
школы: 95 %
«Плохие» школы: 1–2 %

НИНЧЖОУ
Население: 700 000
Лучшие школы: 80 %
«Плохие» школы:
менее 2 %

ШАНЬШИ
Население: 80 000
Лучшие школы: 25 %
Другие школы: менее
2 %

Илл. 8. При приеме учеников в престижные университеты наблюдается перекос в пользу лучших средних школ в больших городах. Проценты приема сравниваются здесь на примере хороших и «плохих» школ и трех населенных пунктов в одном регионе. *Данные автора*

ученикам удается каждый год пройти экзамен для поступления в вуз первого уровня (илл. 8).

Разница между школами с низким и высоким рейтингом настолько велика, что школы с высоким рейтингом уже не уделяют особого внимания приему в вузы первого уровня, делая упор на заведения «Проекта 985», но самым большим показателем престижа является уровень приема в два ведущих университета Китая, Университет Цинхуа и Пекинский университет, который известен как «уровень Цинхуа — Пекина» (*цинбэйлу*). Особо престижным считается показатель приема в элитные вузы по «чистому баллу» (*лофэнь*), под которым понимается первичный балл *гаокао* до его искажения различными схемами начисления бонусных баллов.

Учащиеся школ с низким рейтингом жалуются, что у учащихся школ с высоким рейтингом больше возможностей для начисления таких бонусных баллов. Более того, многим ученикам школ с высоким рейтингом вообще не нужно сдавать *гаокао*, что еще больше усугубляет эффект неравенства. Значительное число учащихся таких школ напрямую зачисляются в лучшие вузы. Изначально реформаторы образования задумывали эту программу для выявления учеников, обладающих высокими способностями, но не обязательно показывающих высокие результаты на экзаменах. Однако на практике она благоприятствует учащимся лучших средних школ, которые получают большие квоты для участия в программе. Кроме того, с 2000-х годов лучшие средние школы городов отправляют все большее количество учащихся за границу. По этим причинам, как сообщил мне администратор средней школы иностранных языков в Сямыне, только около трети учеников из лучших школ Сямыня поступают в престижные вузы лишь по результатам чистых баллов *гаокао*. Еще треть поступает по специальным программам, а остальные отправляются учиться в вуз за рубежом. Но в итоге почти 100 % поступают в хорошие вузы.

В целом имеющиеся данные рисуют суровую картину крайнего географического и социального неравенства. Перед лицом такого неравенства замалчивание данных о результатах представляет собой особую форму фальсификации: цензуру путем умолчания. Обычные люди знают, что у них плохие шансы на поступление в вуз, но не осознают масштабов накладываемых на них ограничений. Подобно тому, как операторы казино держат в секрете коэффициенты, чтобы игроки продолжали спускать деньги в игровых автоматах, китайские чиновники от образования и администраторы средних школ ограничивают публичное распространение данных о шансах поступления в вуз, чтобы защитить свою репутацию, а люди продолжали сдавать *гаокао*.

На более поздней стадии полевой работы у меня была возможность расспросить чиновника из провинциального министерства образования об этой цензурной политике. Этот чиновник проявлял интерес к моим исследованиям, регулярно приглашал меня на беседы за чаем или ужином, чтобы приглядывать за моей работой. Сравнивая *гаокао* с китайскими императорскими экзаменами, он высказал предположение, что этот экзамен поддерживает социальную стабильность, «давая простым людям *(лаобайсин)* надежду». Если бы люди знали истинный масштаб неравенства, сказал он, это знание только «усугубило бы несправедливую тенденцию». Он рассуждал следующим образом: доступ в хорошую среднюю школу определяется результатами тестов. Но без хорошего фундамента на обязательном этапе образования, в начальной школе и младших классах, дети не смогут успешно сдать вступительные экзамены в среднюю школу. Поступление в хорошую начальную школу, однако, определяется способностью родителей купить дом в районе с хорошей школой. Как всем известно, цены на дома в районах, где располагаются хорошие школы, уже настолько выросли, что ни одна обычная семья не может их себе позволить. Поэтому обнародование реальных данных о приеме в вуз приведет лишь к дальнейшему росту цен на жилье, еще большей конкуренции в сфере образования и созданию почвы для социальных волнений.

Профанация разработки и оценки тестов: гуаньси, иерархия и объективность

В значительной степени люди считают *гаокао* объективным из-за того, что он ассоциируется с национальной властью. Люди говорят, что региональные и провинциальные экзамены пристрастны из-за местных интересов и *гуаньси*. В отличие от них, *гаокао* представляет собой универсальный, справедливый и легитимный национальный институт.

В этом отношении *гаокао* очень напоминает гражданские экзамены императорской эпохи. В императорскую эпоху более высокие уровни экзаменов ассоциировались с более центральными местами. Самая престижная экзаменационная степень — «цзиньши» — присваивалась самим императором в столице. Экзаменуемые проходили через ранжированную иерархию экзаменов. Каждый шаг по экзаменационной лестнице соответствовал подъему по географической иерархии, укрепляя мнение о том, что пространственная иерархия представляет собой иерархию талантов (см. главу 1).

Аналогичным образом, экзаменуемые по программе *гаокао* проходят через серию тренировочных экзаменов, каждый из которых связан с местом, располагающимся все более центрально. Обычные еженедельные и ежемесячные экзамены составляются и проводятся в школах учащихся. В элитных школах авторами промежуточных экзаменов могут быть учителя сестринских школ, которые обычно состоят из учебных заведений, занимающих аналогичное место в иерархии «балл — ценность» в соседних округах. За несколько месяцев до *гаокао* учащиеся сдают муниципальную аттестацию (*шичжицзянь*) — это муниципальный тренировочный экзамен. В последние недели подготовки они сдают провинциальную аттестацию (*шэнчжицзянь*) — это провинциальный тренировочный экзамен. За провинциальным тренировочным экзаменом следует собственно *гаокао* — синхронизированный по всей стране ритуал.

Роль пространственной иерархии в экзаменах аналогична ее роли в бюрократии и религии. Небесная бюрократия богов зеркально отражает земную (см. главу 2). Подобно тому, как каждый шаг вверх по административной иерархии соответствует контролю над более обширным регионом, люди связывают бóльшую магическую эффективность (*лин*) с божествами, привлекающими паломников с бóльшей географической территории. Одним словом, чиновники самого высокого уровня, боги и экзамены обладают мощной притягательной силой, которая отражает их связь с более обширными коллективами.

Но у учащихся есть и практические причины полагать, что экзамены образуют восходящую иерархию объективности и справедливости. Для того чтобы понять этот момент, необходимо углубиться в детали того, как оцениваются и разрабатываются экзамены.

Во-первых, рассмотрим процесс оценивания. Экзамены содержат много вопросов со множественным выбором, на которые есть объективно правильные или неправильные ответы. Однако значительные разделы экзамена образуют субъективные эссе и задания с краткими ответами, которые должны оцениваться вручную. Местные экзамены оцениваются в школах учащихся, муниципальная оценка проводится в уезде, а провинциальная оценка — в столице округа. Выпускной экзамен, сам *гаокао*, оценивается в столице провинции. Но большинство оценивающих — это действующие учителя средних школ, которые могут быть склонны к различным формам предвзятости. Ученики и родители считают, что проверяющие на провинциальных экзаменах и особенно на *гаокао* с меньшей вероятностью угадают происхождение и личность экзаменуемых. Они считают, что эти экзамены менее загрязнены фаворитизмом и *гуаньси*.

Аналогичная логика применима к восприятию людьми авторства экзаменов. Местные экзамены создаются местными учителями; таким образом, они могут отражать идиосинкразические предубеждения и методы. Напротив, люди полагают, что окружные, провинциальные и национальные экзамены, которые в каждом случае создаются все более многочисленными группами учителей, работающих на все более высоких уровнях центральной иерархии, менее предвзяты.

Но учителя, имеющие личный опыт проверки экзаменов и составления тестов, начинают сомневаться в этих предположениях. Повсеместно считается, что выставление оценок — это обременительная работа. Учителей просят участвовать в этом добровольно, но мало кто делает это охотно. Многие учителя могут рассказать о внезапном чувстве разочарования после того, как их посвятили в тайны выставления оценок. Подобно Дороти, заглянувшей за занавес волшебника страны Оз, они сталкиваются лицом к лицу с реальностью священного авторитета *гаокао*. Проверяющим приходится работать в сжатые сроки в условиях, напоминающих заводские. В течение двух недель они ютятся в грязных номерах мотелей и переполненных офисах, проводя долгие дни за принятием решений, которые в доли секунды решат судьбы учеников. Они награждаются за эффективность и тратят доли минуты на комментарии к эссе, которые обычно занимают страницу или более (800 слов) рукописного текста. Неудивительно, что многие проверяющие говорят, что чувствуют себя роботами.

Кроме того, оценщиков обычно набирают из лучших школ, расположенных в центральных районах. Многие из них, сами выпускники, всю жизнь были изолированы от социального неравенства китайской экзаменационной системы. Оценщики *гаокао*, возможно, впервые видят контрольные работы из обычных школ. Одна учительница английского языка, которая привыкла ставить своим ученикам 16 или 17 баллов из 20 за сочинение по английскому языку на *гаокао*, рассказала, что была ошеломлена, когда впервые увидела сочинения из сельских школ. Она никогда раньше не видела сочинений, в которых, по ее словам, «слабые усилия» учеников могли принести им всего несколько баллов или даже «шиш» — ноль баллов. В условиях огромной нехватки времени большинство оценщиков признают, что усредняют свои оценки. Они не решаются поставить слишком высокую или слишком низкую оценку. Каждый экзамен проверяется двумя учителями, но значительные расхождения должны быть перепроверены, что вызывает задержки.

Более того, коррупция проникает своими грязными пальцами даже в этот священный центр экзаменационной власти. Одна оценщица рассказывала, что ее начальник, заместитель старшего преподавателя, попросил ее следить за экзаменационной работой конкретного ученика, которую она сможет определить по особым ключевым словам в его сочинении.

Аналогичное чувство разочарования сопровождает первое знакомство молодых учителей с разработкой экзаменов. Экзамены создаются людьми, а не богами; тем не менее, когда учителя начинают сами создавать практические экзамены, они по-новому осмысливают *гаокао*. Как сказал один учитель:

> Мы все смотрим с оглядкой на большие города, такие как Сямынь, Гуанчжоу или Пекин, в поисках образцов экзаменационных вопросов, но почему мы должны это делать? На самом деле, разработчики этих тестов — тоже простые люди.

До ренационализации разработки экзаменов учителя жаловались на то, что тесты разрабатывались преимущественно учителями в центральных районах. Они говорили, что такая практика дает несправедливое преимущество элитным городским школам. Поскольку в элитных однотипных школах регулярно проводятся пробные экзамены, а разработчики *гаокао* преимущественно нанимаются из таких школ, учителя говорили, что ученики этих школ лучше подготовлены к тому типу вопросов, которые могут появиться на экзамене. Похоже, что эти жалобы обоснованы.

После перехода в 2016 году на национальный экзаменационный лист провинция Фуцзянь, которая ранее показывала относительно высокие результаты на «большом экзамене», опустилась на последнее место среди пяти провинций, которые использовали один и тот же экзаменационный лист. Преподаватели и администраторы объясняют такой поворот судьбы устранением коррупции из процесса подготовки экзаменов.

Закулисная конкуренция: битва за ресурсы

Самоисполняющееся пророчество: сходство между школами и храмами

Отношение людей к школам похоже на их отношение к храмам. Прихожане предпочитают храмы, которые они считают эффективными, то есть храмы, божества-покровители которых, как считается, действенно отвечают на молитвы. Точно так же родители предпочитают школы, которые они считают хорошими, то есть школы, которые имеют высокий показатель поступления детей в хорошие вузы. Храмы считаются эффективными, если они привлекают много верующих, но они привлекают много верующих, потому что люди считают их эффективными [Sangren 2000]. Точно так же и школы хороши, если они привлекают лучших учеников, но они привлекают лучших учеников главным образом потому, что считаются хорошими. Успех как храмов, так и школ круговым образом связан с их воспринимаемой эффективностью. Как и эффективность божеств, репутация школ имеет характер самоисполняющегося пророчества.

Школы и храмы даже используют аналогичные методы для укрепления своей репутации. В храмах верующие обычно делают пожертвование, давая обет благодарности *(хуаньюань)* божеству-покровителю за исполнение желания (см. главу 6). Для рекламы своей эффективности храмы вывешивают на видном месте имена жертвователей и суммы их пожертвований. Аналогичным образом школы вывешивают имена студентов, поступивших в лучшие университеты. Показ таких «радостных объявлений» (*сибао; сисюнь*), или списков почета (*гуанжунбан),* напоминает демонстрацию храмовых пожертвований. Школы и храмы — не единственные учреждения, использующие такую стратегию продвижения. Лотерейные магазины, спонсируемые государством, также вывешивают списки почета, в данном случае выигрышные лотерейные билеты (илл. 9). Подобно тому, как пожертвования в храмах служат доказательством их магической силы, а высокие баллы по *гаокао* свидетельствуют о качестве образования, выигрышные лотерейные билеты считаются доказательством божественной удачи или везения (см. главу 6).

Скептики могут предположить, что репутация должна пониматься по-разному в контексте школ, с одной стороны, а храмов и лотерейных контор, с другой. Учителя и школы, скажут они, оказывают реальное влияние на жизнь людей, в то время как божества и божественные благословения не существуют. На практике, однако, сотрудники школы — администраторы и учителя — выражают больше агностицизма в отношении эффективности школ, чем обычные обыватели.

В то время как родители придают большое значение учителям — или, по крайней мере, винят учителей, когда ученики не достигают высоких результатов на тестах, — администраторы и чиновники больше внимания уделяют ресурсам учащихся. Они говорят, что хорошие ученические ресурсы способствуют успеху школы больше, чем любой другой фактор. Ресурсы учителей тоже считаются важными. Но администраторы утверждают, что значимость хороших учителей во многом зависит от того, как они привлекают хороших учеников. Как я уже отмечал выше, например, администрация Шаньши убедила учеников с высокими результатами остаться в округе, предложив им посещать специальные классы, где преподают только лучшие учителя.

Конечно, хорошие учителя действительно вносят определенный вклад в результаты тестирования учеников. Госпожа Ма из средней школы номер один Шаньши получила похвалу за то, что средний балл ее класса по английскому языку вырос на десять пунктов — значительное улучшение. Также учителя средней школы «Ворота дракона» в Сямыне получили одобрение за то, что всего за три

Илл. 9. «Витрина достоинств» в лотерейном магазине. Выигрышные лотерейные билеты приклеены на витрину изнутри. Вверху надпись: «Почетный список». Школы, храмы и лотерейные магазины используют подобные демонстрации для укрепления своей репутации, рекламируя успехи тех, кто пользуется их услугами. *Фото автора*

года подняли рейтинг школы на острове Сямынь с последнего места до третьего снизу среди 13 средних школ. Тем не менее эти различия можно назвать скорее поступательными, чем преобразующими. Большинство учителей в «Воротах дракона» — выходцы из сельских школ с высоким рейтингом, где процент поступления в вузы первого уровня составляет 25 % и выше. Но, несмотря на все их усилия, показатель приема в вузы первого уровня среди учеников этой школы никогда не превышал 2 %. Более того, многие из этих учителей утверждают, что все улучшения, которых они добились, можно отнести скорее на счет их влияния на мотивацию и отношение к учебе, чем на педагогическую эффективность как таковую (см. главу 5). Итак, количество способных учеников может поднять или разрушить репутацию школы. И чем лучше репутация школы, тем лучших учеников она может привлечь.

По этим причинам администраторы и чиновники рассматривают привлечение способных учащихся как важную, если не первостепенную цель своей работы. Их борьба за ресурсы для учащихся и соответствующие усилия родителей и семей, пытающихся играть в систему, доминируют в местной и региональной политике образования. В местах, где я работал, история этой борьбы формирует местную историю образования.

Сельские районы проигрывают. С первого десятилетия XXI века неравенство в образовании увеличилось в результате урбанизации и частичной приватизации образования. Но история этих изменений в основном пишется за кулисами в серых зонах между официальной политикой и незаконной деятельностью.

Публичная презентация и внешний образ

Даже если обычные ученики школы номер один округа Нинчжоу, такие как Чуньсяо и Миньфэнь, избавлены от иллюзий, что с ними обращаются одинаково, репутация школы, а значит, и ее способность привлекать хорошие ученические ресурсы, зависит от создания наилучшего возможного общественного имиджа. По этой причине право на публичное существование имеют только быстрые классы и их учителя. Таким образом, у любого случайного наблюдателя создается ложное впечатление, что школа состоит в основном из хороших учеников.

Например, на доске объявлений в центральном корпусе размещен полный список всех учителей быстрого класса, в котором восхваляются их достижения. На той же доске объявлений опубликован список школьников, получивших награды на различных окружных и провинциальных конкурсах, и все они учатся в быстром классе. Аналогично, только ученики быстрого класса и их учителя присутствуют в рекламных брошюрах школы.

К публичным церемониям не привлекают учеников медленных классов. Каждый год в начале апреля, в праздник Цинмин — день поминовения усопших — первокурсники идут к городской Могиле мученика революции, где местные политические и военные руководители проводят ритуал приема в Коммунистический союз молодежи. Все ученики обязательно вступают в этот китайский комсомол, но в церемонии участвуют только быстрые классы. Однажды школьная администрация пригласила только представителей быстрых классов выступить с речами на мобилизационном митинге *(дунюань дахуэй)* — публичном мероприятии для поднятия боевого духа перед *гаокао*. Однако в этом случае такое отношение вызвало резкую реакцию, что заставило администрацию занять более мягкую позицию.

К моему ужасу, меня не раз привлекали к рекламной деятельности школы. Однажды местный телеканал снял мой ежедневный «Английский уголок» — ежедневный час общения на английском языке, который я вел. Телеканал сообщил, что мероприятие открыто для всех студентов, что технически было правдой. Но студенты из медленных классов в частном порядке говорили мне, что им было стыдно общаться со своими сверстниками из быстрых классов. В другой раз корреспондент местной газеты был у меня на уроке, но класс, который я вел, был собран из группы лучших учеников быстрого класса, которых проинструктировали изображать преувеличенный энтузиазм перед камерой.

Потом ученики сравнивали такие рекламные трюки с другими пустышками или фальшивками, когда их просили продемонстрировать приверженность принципам качественного образования, например, во время проведения открытых уроков и официальных проверок (см. главу 4). Как и школьники, я чувствовал себя неловко во время таких публичных мероприятий, но они имели последствия для статуса и репутации учителей, администраторов и чиновников, то есть людей, которые без исключения хорошо ко мне относились. Некоторые руководители школы даже стали моими друзьями, и многие обращались ко мне «брат» во время групповых застолий, на которые меня иногда приглашали. На этих встречах, когда время переваливает за полночь, а на столе громоздятся бутылки, мужчины (подавляющее большинство руководителей — мужчины), как принято выражаться, «говорят правду». Естественно, я хотел помочь своим «братьям»; так же естественно, что мои ученики хотели помочь своему учителю. Этот добровольный сговор в институциональных проектах управления общественным восприятием формирует основное требование эмоциональных связей или «человеческого чувства» *(жэньцин)* между учениками, учителем и руководством.

Таким образом, публичное соответствие идеалам — даже если все знают, что это соответствие пустое — дает повод для искреннего выражения чувств и преданности между людьми, чья репутация зависит от поддержания этих идеалов. Например, классная руководительница отчитывала одного из своих учеников за курение: «Когда люди видят, что ты куришь, они говорят, что я не выполняю свою работу. Мне все равно, что ты делаешь дома, но когда ты в школе, ты должен вести себя уважительно по отношению к преподавателю. Показывать старшим лицо, уважать — это надо, чтобы быть человеком *(цзожэнь)*. Как ты будешь жить с людьми, если не можешь сделать даже этого?»

Утечка мозгов и приватизация образования: незаконнорожденные дети старшего преподавателя

Необходимость придать школе более привлекательный вид в значительной степени вызвана закулисной реальностью крайнего неравенства между быстрыми и медленными потоками, что усугублялось утечкой мозгов и урбанизацией. Как мне еще предстояло узнать, это давление истощило лучшие ресурсы школы, что заставило администрацию прибегнуть к некоторым секретным стратегиям.

После нескольких месяцев преподавания в средней школе номер один округа Нинчжоу администраторы попросили меня сосредоточить свои усилия на учениках первого класса и не преподавать второ- и третьеклассникам. Третьеклассники находились на последних этапах подготовки к большому экзамену. Но я не знал, почему из занятий исключены второклассники. Причины я узнал лишь постепенно, в ходе ряда неформальных бесед с администраторами.

Как выяснилось, в 2000-х годах в столице префектуры Нинчжоу были открыты три частные средние школы. Эти частные школы привлекали лучших учеников из сельской местности, предлагая им щедрые стипендии. Родители, получив чеки на стипендию, шутили, что «растить ребенка выгоднее, чем свинью». В частные школы заманивали и опытных учителей, которым обещали более высокую зарплату и большие премии. Публично органы управления образованием префектуры Нинчжоу оправдывали приватизацию как способ повышения местных образовательных стандартов за счет усиления конкуренции. Однако ходили слухи, что муниципальные власти получали щедрые откаты от частных школ, хорошо зарабатывающих тем, что взимали плату за обучение с обычных, низкорезультативных учеников[6].

В 2008 году одна из этих новых частных школ наняла старшего преподавателя средней школы номер один округа Нинчжоу, который впоследствии использовал свои личные связи для привлечения учеников и учителей из своей старой школы. Этот отток только усугубил потери, которые школа уже понесла в результате программы по привлечению талантов в Сямынь (см. главу 2). Те, кто остался в Горном уезде, возмущались, что у них «крадут учеников и учителей» (бэйцян).

---

[6] Частные школы привлекают учеников и тем, что дают им возможность пересдать экзамен за третий старший класс (фуду): такую услугу теперь легально могут предоставлять только частные школы.

Во время моего первого года работы в Горном округе класс второго года обучения, который был набран в 2009 году, продолжал испытывать серьезные последствия этих событий. Администраторы считали весь этот второй класс особенно слабым, «мусорным», состоящим из «провинциалов» (*ту*). В ответ на это руководство провело сортировку. Они создали эксклюзивный экспериментальный класс из наиболее успевающих учеников второго года обучения. Этот класс получал хороших учителей, и ему оказывалось особое внимание. Все остальные ресурсы были переданы учащимся третьего и первого классов.

Тем временем руководители школ совместно с представителями органов образования округа работали над тем, чтобы остановить отток учеников с высокими баллами из Шаньши. Чтобы удержать хороших учеников в округе, администраторы и чиновники использовали специальные новые экспериментальные классы для лучших учеников. Я тоже стал частью совместных усилий по привлечению учащихся. Администраторы попросили меня провести специальный урок для потенциальных новобранцев экспериментального класса, которым обещали, что их поселят вместе со мной в здании общежития — заброшенном строении, которое я до сих пор занимал один. Такая схема размещения обещала новобранцам особый доступ к иностранному учителю английского языка, но также подчеркивала их относительно сакральное положение в школе, отдаленное от обычных учеников.

Эти усилия по набору учащихся были признаны успешными. Многие ребята, которые планировали уехать в Нинчжоу или Сямынь, остались в Горном округе. В результате администраторы посчитали, что собрано сравнительно многообещающее количество ресурсов. При этом на второклассников предпочли не обращать внимания. Соответственно, администраторы решили, что нечего зря тратить время на их обучение, за исключением экспериментального класса. Конечно, эти соображения не были обнародованы, и ученикам оставалось только гадать, почему я перестал приходить к ним на занятия.

Однажды в середине весны я обедал в столовой с двумя старшеклассниками. Мое присутствие вызвало между ними дискуссию о моей роли в школе. Первый мальчик, Вэйцзюнь, учился в одном из старших классов средней ступени. Его друг, Линфу, принадлежал к медленному классу. Обычно в это время года, в начале марта, весь старший второй класс входил в «выпускной режим» (*бие чжуангтай*). Этот термин означает период усиленного обучения, включая занятия в субботу и воскресенье, в преддверии финальной битвы. Переход на выпускной режим позволяет учащимся второго класса с новыми силами перейти в третий год, во время которого они будут работать неустанно и усердно семь дней в неделю без выходных.

Но в этом году учебные возможности второго класса посчитали недостойным такого внимания, поэтому выпускной режим был отложен. Возможно, в других странах студенты были бы рады более легкой, чем ожидалось, нагрузке, но не в Китае. Отсутствие дополнительных занятий вызвало горькие жалобы второклассников. Некоторые из них говорили: «Наши результаты тестов не очень хорошие, это правда. Но мы очень стараемся и заслуживаем большего». В довершение ко всему, по слухам, новый старший преподаватель назвал второкурсников своими «незаконнорожденными детьми» — явная ссылка на то, что этот контингент учеников был воспитан его ныне отсутствующим предшественником.

Исходя из этого, Вэйцзюнь и Линфу обсуждали, почему я преподаю всем первоклассникам, но только нескольким избранным ученикам второго класса. Вэйцзюнь отстаивал свою точку зрения уклончиво. Он был одним из трех лучших студентов в своем классе средней скорости, сказал он. Но поскольку лучшие классы уже «наполовину заполнены» «учениками с семейными связями» (*гуаньсишэн*), он не мог быть переведен в быстрый класс. «А при чем тут господин Хо?» — спросил Линфу, называя мое имя по-китайски. «При том. Они считают, что отправлять его в наши классы — пустая трата ресурсов», — ответил Вэйцзюнь. Линфу недоверчиво посмотрел на него. Его учитель сказал ему, что я больше не буду учить его класс, потому что их уровень английского недостаточно высок. Однако, как отметил Вэйцзюнь, это не объясняет, почему я буду преподавать медленным первым классам, а не вторым. Этот случай — небольшой, но показательный пример того, как государственные субъекты, в данном случае учителя и администраторы, скрывают свои закулисные образовательные практики, которые в противном случае могут быть признаны предвзятыми и, следовательно, вредными для создания имиджа процедурной справедливости. Этим и множеством других повседневных способов бюрократы низового уровня вступают в сговор с целью фальсификации справедливости, что укрепляет ложную уверенность обычных учеников в своих шансах на сдачу экзаменов.

Стратификация и осознание неравенства

Помимо того, что случай таких учеников, как Линфу и Вэйцзюнь, наглядно демонстрирует утечку мозгов, с которой столкнулась сельская местность с 2000-х годов, он проливает свет на взаимосвязь между образовательной стратификацией и осознанием неравенства. Хотя ученики Нинчжоу четко распределены по различным классам, школа в целом объединяет учеников из разных социально-экономических слоев. Как я уже говорил выше, школа номер один не отличается от множества школ, объединенных в одну. Благодаря такому расположению, учащиеся школы обладают относительно развитым пониманием образовательного неравенства. Они узнают о неравенстве, просто наблюдая за своими сверстниками в разных классах. Простое посещение школы создает эффект осознания, который я связываю с мобильностью в главе 2.

В больших городах, напротив, школы, как правило, состоят из более однородных групп учащихся; другими словами, система образования в целом имеет тенденцию быть более стратифицированной. По этой причине городские учащиеся, как правило, не сталкиваются с такими значительными различиями в уровне образования и подготовки при посещении школы. Поскольку они изолированы от столкновения с радикально отличными учащимися, они относительно мало осведомлены о неравенстве в образовании.

Данные кросс-культурных опросов подтверждают эти выводы. Студенты из социально-экономически интегрированной среды склонны объяснять различия в результатах обучения, апеллируя к внешним, структурным факторам, таким как качество обучения. Напротив, студенты в более стратифицированных условиях обладают более меритократическим взглядом на успех, говоря о сравнительно высокой вере в такие внутренние, индивидуальные факторы, как усилия и интеллект [Mijs 2016].

Приведенные выше этнографические наблюдения позволяют объяснить эти различия. В однородной среде студенты относительно изолированы от негативной информации, которая может дискредитировать меритократические нарративы об успехе. Но рост осведомленности о неравенстве приводит к тому, что порочится миф меритократии. Студенты в медленных классах начинают смотреть сквозь призму общественной справедливости. Их общее недовольство и так называемое плохое отношение во многом являются результатом этого понимания.

Ученические ресурсы: хищение, присвоение, манипулирование

Ученики по-разному осознают неравенство в образовании, но мало кто, кроме сыновей и дочерей чиновников, имеет реальное представление о закулисной политике, сопровождающей это неравенство. Обобщая эти тенденции, администраторы жалуются, что центральные районы крадут, или «добывают» (ва), ресурсы учащихся из периферийных районов. Помимо открытия частных школ в центральных районах, другие известные методы хищения ресурсов включают организацию специальных автономных вступительных экзаменов (цзычжу каоши) для набора детей с высокими баллами непосредственно из сельской местности и использование «кротов» или подставных лиц в сельских школах, которые могут получать денежное вознаграждение или откат за предоставление перспективных учеников элитным средним школам в городе. Когда я расспрашивал старших администраторов средней школы номер один о подобных хищениях ученических ресурсов, они часто вздыхали в ответ, вслед за тем приводя пословицу, ставшую эпиграфом главы 2: «Ничего не поделаешь. Вода течет вниз, а человек стремится вверх». Но администраторы и чиновники системы образования округа Нинчжоу не настолько смирились с этой реальностью, как можно предположить по такой реакции. Управленцы прилагают все усилия, чтобы остановить отток ученических и учительских ресурсов из округа и максимально эффективно использовать остающиеся.

Однако региональный протекционизм — не единственный источник борьбы за ученические ресурсы. Свою роль играют и личные амбиции. А где есть личные амбиции, там есть и *гуаньси*. Отношения *гуаньси* между администраторами и чиновниками иногда приводят к драматическим формам фальсификации, которые включают в себя накопление больших объемов ученических ресурсов и их перемещение. Например, старший преподаватель средней школы номер один Шаньши был переведен с аналогичной должности в школе номер два. Он добился этого повышения, продемонстрировав улучшение результатов тестов по сравнению со школой с лучшим рейтингом. Однако, не зная многих рядовых учителей и учеников, старший преподаватель добился этих улучшений, полагаясь на личные связи с местным министром образования, который организовал для его школы лучшие ученические ресурсы.

Учащиеся и их родители воспринимают *гаокао* как шанс определить судьбу. Однако они практически не подозревают, что на их судьбу могут повлиять закулисные переговоры, которые ведутся на высоких уровнях цепочки интересов. Преследуя свои личные интересы, государственные деятели успешно скрывают махинации, влияющие на экзаменационные шансы множества людей. Когда подобное раскрывается, это часто не вызывает особого удивления у китайцев, которые стали цинично относиться к государственной коррупции. Но обычные люди часто не догадываются о закулисных маневрах, которые касаются непосредственно их. Систематическое сокрытие этих схем государственными структурами оставляет у людей впечатление об относительной справедливости *гаокао*. Как отмечалось выше, ложная уверенность людей в своей способности видеть систему насквозь зачастую только усиливает эффективность таких уловок.

Мяч от сетки: классы образования за рубежом и обсуждение региональных интересов

Поскольку отток ресурсов учащихся и учителей из сельской местности становился все более серьезной проблемой, обратная реакция привела к нескольким изменениям в политике. Эти изменения отчасти стали результатом вмешательства провинциальных властей, которые больше заботятся о поддержании баланса региональных интересов, чем местные органы образования. Начиная с 2006 года образовательные органы Сямыня значительно сократили набор опытных учителей из сельской местности. В 2009 году власти запретили элитным городским средним школам — школам префектур, таким как школа номер один Нинчжоу и триумвират элитных школ Сямыня (Сямыньская школа иностранных языков, Средняя школа Шуанши, Сямыньская средняя школа номер один) — использовать специальные автономные вступительные экзамены для набора высокобалльных экзаменующихся из сельской местности.

Элитные средние школы, однако, не хотели отказываться от этих тестов, которые гарантировали приток из сельской местности. Многие сельские родители также сожалели о приостановке специальных экзаменов, которые давали возможность попасть в элитные школы. Таким образом, приостановка автономного приема нанесла ущерб как элитным школам, так и сельским ученикам, набравшим наибольшее количество баллов, но помогла устранить неравенство в образовании на региональном уровне, удерживая хороших учеников в сельской местности. Конечно, сельские власти ратовали за такое изменение политики не только для обеспечения равенства в образовании, но и для защиты собственных интересов, поскольку престиж и карьерный рост учителей, администраторов и чиновников от образования также тесно связаны с результатами тестов.

Однако различные конфликты интересов регулярно подрывают такие политические цели. Органы управления образованием, школы и семьи регулярно ищут лазейки в политике, чтобы продвигать свои собственные планы. В данном случае городские школы продолжали набирать сельских учеников под видом приема их в классы специального образования за границей (*гоцзибань*). Подобно прекратившейся практике приема учеников в среднюю школу через автономные экзамены, прием в эти классы для обучения за рубежом основан на сдаче специального теста, который открыт для всех. Поэтому, как и раньше, сельские школьники с высокими баллами могут посещать средние школы Сямыня, если их родители могут позволить себе оплатить обучение.

Как следует из названия, классы образования за рубежом номинально предназначены для подготовки студентов к обучению в вузах за границей. Действительно, с резким ростом популярности обучения за рубежом в Китае спрос на такие программы растет (см. главу 2). Кроме того, эти программы согласуются с целью муниципального правительства Сямыня стать международным мегаполисом, способным конкурировать на мировой арене. Однако во время моей полевой работы только половина или даже меньше из учеников, участвующих в программе, действительно намеревались учиться за границей. В кулуарах эти классы делились на классы настоящие и фальшивые. Только учащиеся первого типа, которые, как правило, имеют низкие баллы, в конечном итоге поступают в зарубежные университеты; учащиеся второго типа сдают *гаокао*.

В Горном округе местные администраторы рассматривают программы обучения за рубежом как уловку для переманивания лучших сельских студентов. Они пренебрежительно называют эти программы «циничной личиной» или «рекламой собачьего мяса с бараньей головой». Особенно наглядной метафорой для подобных измышлений является выражение, заимствованное из тенниса: «мяч от сетки» (*цабяньцю*). Такой мяч находится в игре, но его невозможно отбить. Так как политика таких «мячей» занимает промежуточное пространство между авансценой и кулисами, ее номинальное соответствие официальной политике затрудняет противостояние ей.

Преследуя иногда пересекающиеся, иногда противоречивые интересы, различные группы семей, учителей, администраторов и чиновников подтасовывают и обыгрывают систему. Справедливость и правосудие всегда запятнаны корыстными интересами. На практике эти универсалистские принципы неизменно загрязняются политикой *гуаньси*. Попытки людей определить, переопределить, усилить, сфабриковать или обесценить справедливость не приводят к игре с нулевой суммой. Те, кто обладают бо́льшим социальным и культурным капиталом, доминируют в соревновании. Система работает таким образом, что ценность, объективированная в результатах тестов, поднимается вверх по иерархии центральных мест и социальной иерархии. Однако, чтобы признать легитимность экзамена, люди должны верить в то, что он неопределенный. По этой причине знание о многих наиболее вопиющих несправедливостях охраняется субъектами, находящимися высоко в цепочке интересов, которым это неравенство выгодно.

Разумеется, Китай — далеко не единственное общество, где элиты ограничивают поток информации в интересах социального контроля. В разных культурах специалисты по ритуалам часто скрывают секреты от участников судьбоносных событий, чтобы они воспринимали эти события как неопределенные и, следовательно, судьбоносные[7]. В *гаокао* высокопоставленные специалисты по ритуалам (администраторы и чиновники) скрывают знания от низкопоставленных (обычных учителей) и от посвященных (экзаменуемых). В результате люди могут поверить, что экзамен справедливее, чем он есть на самом деле. В мире, где так много

---

[7] Возьмем, например, обряд кровопускания из носа у народа самбия в Папуа — Новой Гвинее. Когда старейшины впервые подвергают посвящаемых этой процедуре, испуганные юноши верят, что на них злобно нападают духи [Herdt 1981: 224]. С точки зрения отдельных посвященных, этот опыт является поистине судьбоносным. Они боятся за свою жизнь. Но старейшины знают, что на самом деле это хорошо отрепетированный ритуал, в котором участники редко получают серьезные травмы.

фальши, люди воспринимают *гаокао* как редкое явление, внешняя оболочка которого совпадает с внутренним содержанием.

Тем не менее большинство обычных людей обладают значительными знаниями о несправедливых практиках, даже если степень их проницательности различна. Следовательно, отношение к справедливости является сложным, включая как неузнавание или ложное сознание, с одной стороны, так и цинизм и ложную уверенность, с другой. Люди повсеместно считают пустой декларацию справедливости школами и правительствами, что является симптомом широко распространенного скептицизма в отношении китайской системы образования. Однако повсеместно они считают сам *гаокао* относительно справедливым; таким образом, они полагают результаты тестов полноценными или реальными показателями индивидуальных заслуг. Их ложная уверенность в своей способности видеть сквозь фальсификации справедливости не позволяет их чувствам циничной покорности перерасти в более острые формы недовольства.

Однако, как гласит философская пословица, есть «пустота в полноте и полнота в пустоте» (*сюй чжун ю ши, ши чжун ю сюй*). Отмечая это напряжение между пустым и полным, поддельным и настоящим, один учитель сказал: «Китайцы ведут расколотое существование» (*хо дэ хэнь фэньле*). А другой: «Я постоянно перемещаюсь туда-сюда между идеалом и реальностью». Искренняя вера людей в результаты тестов представляет собой одну из попыток преодолеть этот разрыв. Но, как гласит другая пословица, «в каждом лекарстве есть яд» (*ши яо сань фэнь ду*). Многие в Китае беспокоятся, что аскетическое, постоянное внимание к экзаменам, которые они считают совершенным и действенным компонентом системы, делает систему пустой и бессмысленной в целом. Тем не менее из Шанхая, Пекина и других мест на авансцене Китай транслирует картину образовательного успеха внешнему миру, который, похоже, охотно потребляет такие образы [Loveless 2014].

В отличие от них, люди там, где я работал, часто чувствовали разочарование от этого чрезмерного внимания к тестам и заучиванию. Такие чувства ярко выразил мой знакомый сельский старший преподаватель, господин Цзянь, который отправил свою дочь учиться в США. Думая о призраке нации, страдающей анемией от пустоты своей молодежи, он сравнил китайскую образовательную практику с методами жаждущих прибыли фермеров, которые выращивают продукцию с химическими добавками для потребления в городах: «Наши дети похожи на ростки бобов, выращенные на гидропонике и искусственных питательных веществах. Они растут очень быстро, но они ядовиты».

Но большинство обычных студентов, у которых нет возможности учиться за рубежом, могут надеяться только на то, что им придется оцепенеть от необходимости употреблять другой вид яда — ядовитое молоко фальшивой справедливости. Этот образ служит мощной метафорой той огромной тревоги, которую испытывают обычные люди по поводу экзамена. Родители постоянно беспокоятся об огромных затратах времени и денег, необходимых для воспитания успешного экзаменуемого, а также о роли, которую играет *гуаньси* в обеспечении преимуществ в образовании. Многие говорят, что они «проигрывают уже на старте» (*шу цзай ципаосянь*). Это выражение подчеркивает произвольность, с которой экзамен сводит соревнование за образование к одному судьбоносному моменту, даже если семьи стремятся к успеху еще до рождения своих детей.

Тем не менее экзамену в значительной степени удается убедить людей в том, что он является законным мерилом индивидуальных заслуг. Представление о справедливости помогает объяснить причину этого. Но еще одна важная причина кроется в том, как люди отождествляют успех на экзамене с образцовым моральным обликом. Несмотря на свое двойственное отношение к экзамену, люди склонны рассматривать успех на нем как признак высшей добродетели, о чем пойдет речь в следующей главе.

Глава 4
Усердие против качества
Заслуги, неравенство и городская гегемония

> Небо награждает за упорный труд;
> без труда не выловишь и рыбку из пруда.
> *Китайская пословица*

Усердие издавна было краеугольным камнем подготовки к экзаменам в Китае. В императорскую эпоху желающие сдать экзамены обычно заучивали наизусть весь конфуцианский канон, четыре книги и пять канонов, китайский текст которых состоял из 431 286 иероглифов [Miyazaki 1981]. Посвящая бо́льшую часть своего времени учебе, прилежные ученики могли достигнуть подобного результата к 15 годам. Женщины не допускались к экзамену, но в нем могли участвовать мужчины из самых разных социальных слоев. Таким образом, прилежание в учебе стало общественным идеалом, вызывающим всеобщее восхищение.

В наши дни сдающие экзамены — теперь уже и юноши, и девушки — рассматривают свою подготовку к *гаокао* как продолжение этой традиции трудолюбия. Эта добродетель особенно ценится в сельской местности, где, по словам людей, она соответствует аграрному духу усердного труда. Восхваляя трудолюбие, люди приводят старую поговорку: «десять лет у холодного окна» (*шинянь ханьчуан*). Эта фраза, которая восходит к императорским временам, напоминает о тоскливой дисциплине предэкзаменационной жизни и намекает на скромное происхождение, из которого многие экзаменуемые стремятся подняться. Но, как шутили мои ученики, они учатся 12 лет, а не десять.

Прилежные *(нулидэ)* ученики проводят бóльшую часть времени, готовясь к экзамену. В средней школе номер один округа Нинчжоу, в которой довольно типичное расписание, каждый день в 5:50 утра меня вместе с примерно 1500 учениками интерната (это около половины учащихся школы) будила музыка, раздававшаяся из громкоговорителей общежития. Молодых школьников будит не побудка или патриотические песни, как можно было бы ожидать, а бодрая западная популярная музыка. Во время моей полевой работы для этой цели особенно любили включать Тейлор Свифт.

Когда ученики только встают, их самые прилежные одноклассники уже приступили к работе. Держа перед собой учебники, они прогуливаются по школьной дорожке, по коридорам или по двору. Предпочтительным методом обучения является заучивание *(бэйсун)* или буквально «перечитывание наизусть». В имперские времена ученик демонстрировал владение текстом, читая его по памяти, повернувшись к книге спиной. По сей день «стоять спиной» *(бэй)* к чему-либо означает выучивать это наизусть. Шагая по кругу или раскачиваясь на месте, молодые ученики бормочут тексты своих книг, словно в трансе.

В предрассветный час все больше людей присоединяются к этому журчащему потоку речитатива. Эти песнопения создают жутковатый эффект в утреннем тумане, который окутывает своими туманными космами территорию школы и скрывает от глаз окружающие горы. Наблюдатели могут легко представить себя перенесенными в более раннюю эпоху, когда предыдущие поколения прилежных учеников усердно декламировали слова Конфуция и Мэн-цзы.

В 6 утра открывается столовая, и самые прилежные ученики — большинство из них девушки — занимают заветные места. Завтрак подается только в 6:50, но жаждущие завтрака ученики с жадностью поглощают каждую минуту в усердной учебе, так же как позже толпы завтракающих будут выскребать каждую рисинку из своих мисок. Большинство учеников интерната — сельские жители. Их одноклассники из города приезжают на велосипедах, паркуя свои транспортные средства аккуратными рядами. Вновь прибывшие присоединяются к остальным в столовой или в классах. Согласно официальному расписанию, время с 6:05 до 6:15 утра отводится на утреннюю зарядку, но школа поощряет учеников посвящать это время домашним заданиям, над которыми они продолжают корпеть на утренних занятиях с 6:20 до 6:50.

В 7:20 ученики собираются в своих классах для утреннего чтения под руководством преподавателя. Два дня в неделю они читают на английском языке или слушают английские записи; два дня в неделю они заучивают отрывки из китайских учебников, а по пятницам чередуют китайский и английский языки. Занятия длятся с 7:45 утра до 17:10 вечера и разделены на семь 45-минутных уроков — четыре утром и три после обеда.

Учащиеся выполняют два вида синхронизированных физических упражнений, способствующих их усердию. Каждое утро с 9:25 до 9:55 они собираются на спортивной площадке на 30 минут для групповой гимнастики; считается, что эта практика помогает связать (*шуфу*) их вместе слаженной дисциплиной. Затем, в начале четвертого и шестого классных занятий, они занимаются поддержанием здоровья глаз (*яньбаоцзянь*). Это занятие состоит из серии упражнений по самомассажу, которые государство ввело в 1980-х годах, чтобы защитить школьников от предполагаемых разрушительных последствий длительной учебы, к которым, по общему мнению, относится близорукость. Раз в неделю по вторникам утренняя гимнастика уступает место церемонии поднятия флага, на которой руководители школы и избранные ученики — образцы усердия — говорят о моральном долге учеников прилежно учиться на службе семье, школе и стране.

Утро и день разделяет двухчасовая полуденная сиеста, когда живущие в городе ученики могут сходить домой пообедать. Однако даже во время этого периода отдыха учеников можно застать за занятиями в столовой. Время с 17:10 до 17:40 номинально отведено для внеклассных мероприятий, но таких мероприятий проводится немного. Живущие в общежитии учащиеся используют это время для отдыха или учебы, в то время как городские могут уйти домой пораньше на ужин, который официально начинается в 17:40 и длится час. После ужина ученики собираются в своих классах на вечерние занятия, которые длятся с 18:40 до 22:00. Вечерние занятия делятся на три блока, каждый из которых разделен десятиминутным перерывом. Когда звенит последний звонок, городские ученики расходятся по домам, а обитатели общежития наскоро принимают душ или покупают что-нибудь перекусить в школьном магазине; затем в 22:30 в общежитии выключается свет. Но многие продолжают заниматься до поздней ночи при свете маленьких ламп. Согласно народной поговорке, «если спишь четыре часа — сдашь экзамен, если пять — провалишься» (*сыдан уло*).

Не все ученики одинаково прилежны. Утром опоздавшие приходят в класс после звонка. Вечером небольшие группы мальчиков из медленных классов прогуливают уроки. Во время вечерней пробежки я иногда видел, как они собираются группками на спортивной площадке, где темнота скрывает их шалости. Эти ученики говорят, что учителям нет до них дела. Служители и служительницы экзаменационного культа смиряются с тем, что такие безнадежные их подопечные брошены на произвол судьбы из-за лени.

Школьники, не проживающие в общежитиях, имеют преимущество на экзаменах, потому что они могут заниматься дополнительно в тишине собственного дома. В общежитиях нет парт, там шумно и тесно, там живут по восемь учеников в комнате. В выпускном третьем классе те, кто может позволить себе такую роскошь, снимают комнату недалеко от школы, чтобы учиться более эффективно.

У учеников редко бывает выходной. Занятия в быстрых потоках проводятся шесть дней в неделю в течение первого и второго выпускных классов. В весеннем семестре второго выпускного года, когда приближается *гаокао*, школьники переходят на выпускной режим и учатся шесть дней в неделю с экзаменами в воскресенье. За пределами крупных городов летние каникулы короткие, не больше двух-трех недель. Хотя такое расписание может показаться читателям довольно жестким, ученики и учителя средней школы номер один считают, что дисциплина там относительно слабая. Гораздо более драконовские режимы преобладают в частных фабриках по подготовке к экзаменам и печально известных супершколах *(чаоцзичжунсюэ)*, в которых, как говорят, насаждается полувоенная дисциплина *(цзюньшихуа)*. В сети распространяются видеоролики, на которых ученики таких школ декламируют лозунги во время пробежки строем во время утренней зарядки или читают учебники, стоя в очереди в столовую.

В целом, однако, школы различаются только в том, как они следят за прилежанием, а не в том, как они оценивают его важность. Эта добродетель превозносится повсеместно, хотя не от каждого можно ожидать, что он будет соответствовать образцу лучших школ или самых трудолюбивых учеников. Все без исключения ученики и учителя согласны с тем, что для успешной сдачи экзамена требуется большое усердие. Как они часто повторяют: «12 лет усердия — все для *гаокао*».

Такая оценка трудолюбия основывается на распространенной вере в то, что упорный труд будет вознагражден успехом. Эта вера ярко выражена в пословице, которая является эпиграфом к этой главе: «Небо награждает за упорный труд; без труда не выловишь и рыбку из пруда» *(Тянь дао чоу цинь, бу лао у хо)*. Эти слова, которые также можно перевести как «под лежачий камень вода не течет», написаны крупными красными буквами над классной доской в средней школе номер один округа Нинчжоу. Эта фраза используется в качестве экзаменационного девиза и подчеркивает аграрную этику трудолюбия. Ученики и преподаватели часто сравнивают учебу с работой в поле, а успех с урожаем. (К представлениям людей о Небе, верховном китайском божестве, вернемся в главе 6.)

Многие в Китае считают трудолюбие типично сельской добродетелью. Говорят, что сельские жители, привыкшие к поту и труду, лучше умеют «питаться горечью» *(чи ку)*. Но жителями села не ограничивается вера в трудолюбие. Преданность трудолюбию пронизывает китайское общество. Действительно, повсеместное распространение этой добродетели побудило антрополога Стивена Харрелла [Harrell 1985] задаться вопросом, почему китайцы так много работают. Как он предполагает, один из ответов может заключаться в важности семьи в экономической жизни Китая [Harrell 1985]. По некоторым оценкам, 90 % китайского бизнеса — это семейные фирмы, где трудолюбие, наряду с сопутствующими ценностями бережливости и предприимчивости, рассматривается как моральная основа экономического успеха[1]. Большая ценность, которую люди придают заботе о родителях (то есть сыновней почтительности) и успешному потомству (то есть продолжению рода), мотивирует трудолюбие в других сферах. Другими словами, частные требования семьи вдохновляют на универсалистские достижения — достижения, измеряемые общим мерилом объективных авторитетов, таких как рынок или *гаокао*. Но *гаокао* не только измеряет трудолюбие, но и прививает эту добродетель. Экзамен, которому ученики посвящают годы своего становления, укрепляет общую веру в усердное стремление.

Даже отчисленные и не сдавшие экзамен покидают школу с верой в ценность трудолюбия. Ученики, как хорошие, так и плохие, широко превозносят эту добродетель. Те, кто преуспел в жизни, объясняют свой успех ее наличием, а те, кто потерпел неудачу, — ее отсутствием. Однако, учитывая высокий уровень социального неравенства в Китае, кажется парадоксальным, что трудолюбие получило столь широкое признание. Люди из относительно привилегированных слоев общества, как правило, добиваются лучших результатов в меритократических соревнованиях: их культурный и социальный капитал дает им определенное преимущество. Однако истинные приверженцы трудолюбия встречаются в самых разных социально-экономических слоях общества; более того, люди из маргинальных социальных слоев, как правило, выражают особое почтение трудолюбию. Почему же именно обездоленные так сильно верят в могущество этой добродетели?

Необходимо учитывать как минимум два фактора. Во-первых, вера людей в трудолюбие не слепа. Они считают трудолюбие скорее необходимым, чем достаточным условием успеха. Необ-

---

[1] См. «Straits Times» [Straits Times 2017]. Семейные фирмы уже давно способствовали возникновению характерных для Китая форм капитализма [Hamilton 1996].

ходимым условием считается и удача (см. главу 6). Существует точная формула для определения соотношения трудолюбия и удачи, которое, по мнению людей, необходимо для достижения успеха. Говорят: «30 % — удача, 70 — упорный труд» (*Сань фэнь Тянь чжудин, ци фэнь као дапинь*). Это предписание, которое даже стало названием популярной песни на местном диалекте миньнань, часто повторяется во время экзаменов. Некоторые ученики придают еще большее значение усердию, утверждая, что успех на 80 % состоит из упорного труда.

Однако, учитывая неравные шансы, с чем сталкивается большинство учеников, такое соотношение может показаться ложной уверенностью в силе усердия (см. главу 3). Но, без сомнения, успех на экзамене требует огромной подготовки. По этой причине многие ученики, особенно из относительно привилегированных слоев населения, с трудом воспринимают любые предположения о том, что в их победе слишком много от удачи. Как сказала мне одна сдавших *гаокао*, дочь высокопоставленного университетского администратора: «Мы чертовски много работаем для своего успеха, никто нам его не дарит!» Каждый может привести примеры богатых, но ленивых одноклассников, которые провалили экзамен.

Во-вторых, что более важно, люди считают трудолюбие оружием слабых. Они говорят, что трудолюбие — это единственное средство для тех, у кого нет *гуаньси*, чтобы преодолеть свои невыгодное положение. Таким образом, люди считают, что трудолюбие, решительность и упорство являются истинным выражением индивидуальных достоинств. Согласно этой точке зрения, акцент на трудолюбии в *гаокао* дает простым людям возможность конкурировать с теми, кто обладает унаследованными социальными преимуществами. Как гласит популярный экзаменационный лозунг: «Сможешь ли ты без *гаокао* превзойти (*пинь дэ го*) богачей второго поколения (*фуэрдай*)?» Конечно, родители и учителя признают важность культурных и социальных условий (*тяоцзянь*) или среды (*хуаньцзин*) в воспитании трудолюбия (см. главу 5). Но мало кому из учеников нравится считать себя привилегированным или ленивым. Всегда можно указать на кого-то, кто имеет больше преимуществ, чем ты сам. Поэтому недовольство привилегиями, коррупцией и *гуаньси* широко распространено в Китае, даже среди относительно обеспеченных людей. *Гаокао* направляет это недовольство на достижение ортодоксальной социальной цели — меритократической конкуренции.

По всем этим причинам усердие имеет широкую привлекательность. Это общая ценность, которая объединяет учеников. Но после 1990-х годов произошла обратная реакция, направленная против такого чрезмерного внимания к усердию. Критики китайского «образования на основе экзаменов» (*инши цзяою*), как правило, выходцы из городских районов, говорят, что заучивание, которое они пренебрежительно называют «педагогикой в стиле откорма гусей» (*тяньяши цзяою*), плохо готовит учащихся к инновационной экономике XXI века. В ответ на это реформаторы с 1990-х годов продвигают «образование для качества» (*сучжи цзяою*). Этот термин относится к ряду образовательных практик, которые, по мнению людей, прививают способности к творчеству и критическому мышлению. Высокая квалификация ассоциируется с изысканными манерами и высокими моральными качествами личности. Поиск качества отражает желание быть современным и конкурировать на быстро глобализирующемся рынке труда.

В результате реформы образования в интересах качества, навыки, которые люди считают высококачественными — например, участие в академических олимпиадах или владение музыкальным инструментом, — стали играть все более важную роль при поступлении в школы и колледжи. Но этот новый акцент на качество ставит в невыгодное положение сельских учащихся. Культивирование качества требует доступа к культурному капиталу и возможностям, которые обеспеченные люди в городах могут получить с большей легкостью. Когда при приеме в школы и колледжи акцент делается на качество, это ослабляет единственное преимущество, которым обладают сельские ученики, — их способность «хлебнуть горя».

Но в споре между трудолюбием и качеством заключается большая ирония. Культивирование качества требует не меньшего усердия, чем заучивание учебников. С тех пор как качество стало играть важную роль при поступлении, родители и школы нашли способы регламентировать его изучение. В результате за десятилетия, прошедшие с 1990-х годов, появилось множество новых экзаменов, конкурсов и соревнований, призванных измерить и подтвердить эту добродетель. Теперь ученики старательно трудятся не только для того, чтобы «отчитать» учебники, но и для того, чтобы проявить творчество и талант. Но такая регламентация противоречит первоначальной цели реформ, которая заключалась в том, чтобы дать противоядие образованию, основанному на экзаменах.

Таким образом, ориентация среднего класса на качество не исключает трудолюбия. Скорее, те, кто подчеркивает качество, просто презирают некоторые проявления усердия — в частности, заучивание. Они считают такие проявления прилежания, которые они находят отсталыми, характерными для сельского, низкокачественного прошлого Китая, которое они хотят преодолеть [Anagnost 1997]. Городские родители говорят об успешных сельских экзаменуемых, что они «умеют быть только прилежными». У них «высокие баллы, но низкие способности» (*гаофэнь динэн*). Но почти все ценят трудолюбие. Таким образом, я провожу различие между трудолюбием как идеалом сельского характера и трудолюбием как широко распространенной социальной ценностью, которую принимают даже те, кто подчеркивает качество.

Соответственно, несмотря на общий акцент на трудолюбии, идеалы качества и усердия отражают противоречивые социальные интересы. Первый соответствует в основном городским интересам среднего класса, второй — сельским. В этой главе утверждается, что переговоры между этими интересами приводят к неравному (и потенциально нестабильному) статус-кво — форме согласованной гегемонии (см. главу 1). Городские интересы господствуют, но должны поддерживать молчаливое согласие сельских жителей, прибегая к пустым разговорам о справедливости (см. главу 3). Различными способами *гаокао* усиливает внимание к качеству. Но если бы в экзамене отказались от заучивания, то сельские жители почувствовали бы себя вне конкуренции.

Многие ученые отмечают то, как дискурс качества усиливает городскую гегемонию [Anagnost 2004; Kipnis 2001; Woronov 2008; Wu 2016; Yan 2008; Yi 2011]. Другие исследуют противоречия между качественным образованием и образованием, ориентированным на экзамены [Fong 2006; Hansen 2015; Kuan 2015; Kipnis 2011; Zheng 2011]. Мой вклад заключается в исследовании культурной логики, которая связывает трудолюбие и качество. Для этого я сравниваю, как люди меняют свои стратегии самосовершенствования в зависимости от иерархии «деревня — город». Несмотря на то что трудолюбие и качество представляют собой конфликтующие социальные интересы, они занимают общее моральное пространство. Но эта общность легко отступает на задний план за стремлением родителей среднего класса отличить себя от людей сельского происхождения. Далее я также исследую гендерные различия в трудолюбии. В частности, я пытаюсь объяснить то, что люди называют особым трудолюбием девочек. Девочки в Китае, как и в других странах, превосходят мальчиков в учебе. Однако, как ни парадоксально, их усердие служит предлогом для того, чтобы их отстранили от стереотипно женских дисциплин и профессий. Этнические меньшинства также сталкиваются с подобной формой гендерной маргинализации, часто оказываясь обреченными на такие традиционно считающиеся женскими профессии, как преподавание и перевод.

Несмотря на то что трудолюбие по-разному воспринимается по гендерному, этническому и сельскому/городскому признакам, эта ценность служит моральным клеем для общества, объединяя даже бросивших школу и проваливших экзамены в общей вере в дисциплину и трудолюбие. Люди любого происхождения стремятся изменить судьбу с помощью упорного труда. Во многих случаях люди даже добиваются успеха в достижении этой цели. В то же время, однако, их усердное самосовершенствование укрепляет социальную иерархию и придает легитимность национальным институтам. Практически всеобщая вера людей в трудолюбие усиливает их склонность возлагать вину за последствия социального неравенства на моральные устои отдельных людей.

Я не хочу сказать, что люди «высокого качества» не проявляют реальных заслуг; скорее, в этой главе, как и в книге в целом, меня волнует вопрос равенства (см. главу 1). Кто способен и кто не способен превратить трудолюбие в социальную власть и почему?

Усердие, качество и социальное неравенство

Одно из первых, что замечает посетитель сельской китайской средней школы, — это повсеместное восхваление усердия в труде. Повсюду на школьных зданиях и стенах классов красными иероглифами начертаны лозунги, прославляющие трудолюбие. Они рассказывают о хороших последствиях прилежной учебы и плохих последствиях при ее отсутствии. Вот примеры из средней школы номер один округа Нинчжоу:

«Для того, что называется учебой, нам хватает времени, но не хватает усердия» — на стене общежития для мальчиков.

«Боль *(кутун)* от учебы пройдет; страдание *(тунку)* от неуспеваемости останется на всю жизнь» — на здании школы.

«Если вы сейчас дремлете, в будущем вы будете видеть сны *(цзомэн);* если вы сейчас учитесь, в будущем вы исполните свои мечты *(юаньмэн)*» — на стене перед учительским общежитием.

«Только вставая раньше других, работая усерднее других, будучи прилежнее других, можно ощутить сладкий вкус успеха» — на стене общежития для девочек.

Эти лозунги говорят о том, что у трудолюбия нет предела или, как говорят учителя, «нет дна» *(мэйю ди)*. Нехватка времени не является оправданием для недостатка усердия. При строгой самодисциплине и хороших жизненных привычках каждую драгоценную секунду можно выжать из времени дня и посвятить подготовке к экзаменам. Прилежная учеба — это овладение телом

Илл. 10. Девиз, прославляющий трудолюбие, на боковой стороне школьного здания: «Боль от учебы пройдет; страдание от неуспеваемости останется на всю жизнь». *Фото автора*

через овладение своими привычками. Учеба может быть болезненной *(кутун)* или тяжелой *(синьку)*, но эта боль, вре́менная и телесная по своей природе, меркнет по сравнению со страданиями *(тунку)* от неудачи. Последний вид боли длится всю жизнь. Она экзистенциальна. Конечная цель прилежной учебы заключается в исполнении желаний. Те, кто проводят время в дремоте, лишь мечтают о хорошей жизни в будущем; только те, кто усердно учатся, исполнят свои мечты. Но этот процесс сопряжен с жесткой конкуренцией. Не каждый сможет добиться успеха. Только проявляя высшее самообладание, только вставая раньше других, только будучи трудолюбивее других, можно изведать сладкий вкус успеха.

В сельских школах господствует усердие. Важность и долговечность усердия как ценности можно продемонстрировать, сравнив приведенные выше воодушевляющие девизы и политические лозунги. Последние, такие как «Гармоничное общество» Ху Цзиньтао или «Китайская мечта» Си Цзиньпина, меняются с каждым новым лидером и политическим сезоном, поэтому их обычно вывешивают на таких менее устойчивых носителях, как плакаты, баннеры, бегущие строки, светодиодные панели, меловые доски или афиши. В отличие от этого, об усердии пишут прямо на стенах и фасадах зданий (илл. 10). Подобный подход отражает то, что ученики и учителя полагают такие девизы относительно истинными и реальными по сравнению с политической риторикой, которую они считают сравнительно пустой, преходящей и фальшивой. Говорят, что усердие вечно, оно переживет эфемерность политики и сиюминутную моду.

В экзаменационной жизни показная демонстрация девизов об усердии является лишь верхушкой дискурсивного айсберга. Руководители и администраторы рассказывают о важности усердного труда. Представители учащихся, которых выбирают за их пылкость и энтузиазм, во время мобилизационных митингов ведут своих одноклассников на публичное почитание трудолюбия. Старшие преподаватели постоянно призывают учеников к большей усидчивости. После большого экзамена ученики бесконечно обсуждают, кто добился успеха упорным трудом, а кому просто повезло. Учителя и ученики постоянно повторяют, что прилежная учеба способна изменить судьбу.

Способность *гаокао* создавать социальную мобильность широко переоценивается (см. главы 2 и 3). Тем не менее имеется немало объективных оснований считать, что упор на прилежное запоминание выгоден людям сельского происхождения. В любой образовательной среде дети с превосходным культурным капиталом, то есть культурным капиталом, который соответствует доминирующим или гегемонистским нормам того, каким должен быть культурный человек, как правило, превосходят тех, у кого культурный капитал ниже (см. главу 1). Культурный капитал может быть приобретен имплицитно (то есть случайным образом, без осознания того, что он был усвоен) или ему можно обучить эксплицитно (то есть регламентированным образом)

[Бурдьё, Пассрон 2007]. Однако большинство дискуссий о культурном капитале сосредоточены на первом варианте. Как говорят в Китае, дети приобретают основные привычки и знания путем осмоса *(сюньтао)* из своей культурной среды *(хуаньцзин)*: дома, в группе сверстников и в классе. Те, кто не имеют доступа к хорошей среде, «проигрывают на старте» *(шу цзай ципаосянь)*.

По этой причине многие прогрессивные теоретики образования утверждают, что детям любого происхождения следует открыто преподавать знания, необходимые для успеха в школе и обществе [Бурдьё, Пассрон 2007; Gramsci 1971; Guillory 1993]. С этой точки зрения, традиционный акцент на запоминание в *гаокао* является относительно прогрессивным. Когда содержание экзамена заучивается наизусть в школе, любой прилежный ученик имеет возможность добиться успеха, независимо от семейного или социального происхождения.

Образование для качества

По крайней мере с конца 1990-х годов образование в Китае, по мнению многих, находится в состоянии кризиса. Реформаторы утверждают, что упор, который делается в Китае на тщательную подготовку к экзаменам, не позволяет учащимся приобрести предпосылки для успеха в глобализирующейся экономике, которые, как считается, включают в себя креативность, инновационность, адаптивность и практическую компетентность. Эти критики жалуются, что «если это не проверяется, то этому не учат». Они считают перепроизводство учеников, которые имеют «высокие баллы, но низкие способности», признаком отсталости Китая. Для борьбы с этим мнимым недостатком качества образования власти провели ряд реформ, которые принято называть образованием для качества. Общая цель этих реформ заключается в повышении всеобъемлющего качества *(цзунхэ сучжи)* человеческого капитала Китая наряду с улучшением как индивидуальных перспектив, так и состояние страны.

Качество — уже не то громкое слово, что раньше [Woronov 2015]. Во многих школах чаще можно услышать близкий синоним «приобретение знаний» *(суян)*. Появление этого термина в качестве альтернативы качеству, по-видимому, отражает некоторый дискомфорт от последнего слова, в котором сочетаются логограммы «сущность» *(су)* и «природа» *(чжи)*. Многие преподаватели и ученики не приемлют даже намека на то, что общие способности и характер человека могут быть важны для его сущности. В отличие от этого, понятие «приобретение знаний» объединяет «сущность» и «культивирование» *(ян)*, тем самым предполагая, что сущность человека можно целенаправленно взращивать. Несмотря на такое изменение терминологии, слово «качество» по-прежнему широко распространено в повседневной речи за пределами школ. Более того, реформы образования для качества и проблемы, которые их вызвали, остаются центральными вопросами образовательной политики Китая.

Хотя эти реформы объединены одним ключевым словом, они сильно различаются по своим подходам, содержанию и даже целям [Kipnis 2006]. Краткое описание наиболее заметных педагогических инициатив, направленных на повышение качества, включает следующее:

1. Различные подходы, способствующие развитию инноваций и творчества, например участие в соревнованиях по робототехнике или в научных исследованиях.
2. Культивирование особых способностей *(тэчан)*, таких как музыка, боевые искусства или художественное творчество.
3. Коммуникативные методы на занятиях по изучению языков с упором на обмен информацией вместо зубрежки и заучивания.
4. Различные программы патриотического воспитания *(айго цзяоюй)* для укрепления национальной гордости.
5. Внеклассные мероприятия, такие как клубы иностранных языков, спортивные соревнования или дискуссионные группы.
6. Программы, направленные на ознакомление учеников с физическим трудом, чтобы они могли практиковать навыки самостоятельности.
7. Усиленный акцент на физическом воспитании.
8. Образование, направленное на воспитание нравственности (моральных качеств).

9. Уменьшение внимания к результатам экзаменов и акцентирование внимания на личности в целом.
10. Воспитание самообладания, или «хорошего отношения» и «психологических качеств» (см. главу 5).

Как читатель может понять из этого списка, качественное образование — это многогранная концепция. Качество для разных людей означает разное. Однако выделяются некоторые четкие закономерности. В частности, обладание качеством сильно связано с проживанием в городских районах. Чем более центральное положение занимают люди в рамках континуума «деревня — город», тем более высоким качеством, по общему мнению, они обладают; кроме того, люди рассматривают Запад как трансцендентный центр качества — восприятие, которое способствует желанию многих китайцев отправить своих детей получать образование за границей (см. главу 2).

Итак, люди в Китае ассоциируют качество с урбанистичностью, современностью и развитием. С социологической точки зрения, этот идеал характера указывает на формы культурного капитала, который легче приобрести жителям городских районов.

Пространственные различия в отношении к качественному образованию

Люди любого происхождения склонны испытывать искреннее восхищение достижениями, которые ассоциируются у них с высоким качеством. Однако отношение к качественному образованию сильно различается в сельской и городской местности. В частности, сельские жители склонны считать реформы в области качества благими, но пустыми намерениями. С их точки зрения, качественное образование — это досадное отвлечение от подготовки к экзаменам, и они склонны скорее фабриковать соблюдение политики повышения качества, чем проводить ее в жизнь. В городах же, напротив, администраторы и учителя чаще поддерживают или «бросаются в бой» (*тоужу*) для проведения кампаний по повышению качества. В городах даже критики склонны рассматривать качественное образование как достойную, хотя иногда и бесполезную затею.

В некоторой степени иерархия центральных мест и иерархия рангов школ взаимозаменяемы в проявлении этих тенденций. По отношению к качеству, школа с самым высоким рейтингом в захолустной столице префектуры Нинчжоу похожа на школы в мегаполисе Сямынь, в то время как школы с более низким рейтингом в Нинчжоу похожи на школы в деревенской глубинке. Кроме того, как правило, в сельской местности, где «небо высоко, а император далеко» (см. главу 2), политика, диктуемая центром, проводится менее жестко.

В подтверждение этих наблюдений можно привести некоторые репрезентативные различия между тремя местами моего пребывания. В средних школах Сямыня и с низкими, и с высокими баллами, учителя английского языка обычно делают акцент на качественном образовании в течение первых двух лет обучения в средней школе, переходя к постоянной зубрежке только в последний год. Например, учителя английского языка в школе «Ворота дракона» используют коммуникативные методики в первом и втором классах. При таком подходе они разговаривают с учениками только на английском языке и поощряют учеников разговаривать друг с другом на английском. Эти методы получили официальное одобрение со стороны руководства школы и инспектирующих чиновников, которые подчеркивают соответствие качеству образования. Но учителя здесь, большинство из которых родом из сельских школ, где предпочитают традиционные методы, крайне неоднозначно относятся к такому акценту на общение. Они говорят, что это плохо подходит многим из их учеников, особенно из бедных семей мигрантов. В отличие от учащихся школ более высокого уровня, ученики школы «Ворота дракона» редко знакомятся с английским языком дома, и многие из них не посещают занятия по английскому языку после школы с раннего возраста. Отрицая акцент на заучивании, коммуникативные методики подрывают основную стратегию возмещения, которую используют такие ученики[2].

---

[2] Воронов [Woronov 2008] отмечает, что частные городские школы для детей бедных мигрантов могут делать упор на качество, поскольку таким школам не нужно готовить учеников к сдаче экзаменов.

В школе с наивысшим рейтингом в Нинчжоу, напротив, ориентированное на качество обучение английскому языку часто используется только на специальных «открытых показательных уроках» (*гункайкэ*). Явная цель таких мероприятий заключается в том, чтобы дать учителям возможность продемонстрировать передовые методы коллегам из других школ. Но обычно такие мероприятия служат только для того, чтобы «придать лицо» руководителям школ и муниципальным органам управления образованием, демонстрируя, что школы уделяют должное внимание качеству образования. Ученики этому подыгрывают, но про себя считают такие уроки пустыми (см. главу 3). И мало кому из учителей Нинчжоу придет в голову применять новомодную педагогику в рамках серьезной подготовки учеников к экзамену. Такая импортная методика, по их словам, не соответствует национальным условиям Китая.

Далее по иерархии «город — деревня» показательные уроки исчезают. Немногочисленные школы округа Нинчжоу находятся слишком далеко друг от друга, чтобы обеспечить удобные возможности для общения. В результате приверженность принципам качественного образования приходится демонстрировать только посторонним: проверяющим муниципальным и провинциальным инспекторам. Например, в 2009 году средняя школа номер один округа Нинчжоу ввела внеклассные занятия и факультативы, чтобы получить аккредитацию в качестве школы первого уровня (*ицзи дабяо сюэсяо*), что является важным показателем модернизации школы; однако вскоре после того, как провинциальные инспекторы одобрили эту аккредитацию, администрация школы отменила все внеклассные занятия, чтобы дать ученикам больше времени на подготовку к экзаменам.

Школы в сельской местности сосредоточены исключительно на подготовке к экзаменам. Педагогика почти полностью состоит из проверенного временем метода зубрежки. Учителя, которые предоставляют ученикам возможность развить свои всесторонние качества, часто делают это втайне. В одном классе я наблюдал, как учитель китайского языка разрешил ученице, дочери фермеров, организовать и провести вечеринку в конце года. Но этот учитель боялся, что я ненароком проболтаюсь администрации школы о его отклонении от ориентированного на экзамены образования. Прося меня хранить секрет, он сказал:

> Ни в коем случае не говорите методисту. Школьное руководство не хочет, чтобы я делал что-то, что не относится к экзамену. Но я все равно иногда даю детям передышку. Эти организованные учениками мероприятия могут стать психологическим прорывом (*туподянь*) для фермерских детей. У их ровесников из города есть много возможностей для выступлений на публике. Но когда дети из сельской местности встают, чтобы выступить перед другими людьми, они так волнуются... Я просто пытаюсь дать им опыт, который пригодится им в дальнейшем.

Учитель считает, что неприятие образования для качества в сельской местности, вероятно, усиливает формы социализации, из-за которых сельских детей считают простыми и застенчивыми — ярлыки, которые создают для них невыгодные условия на рынке труда. Однако сельские учителя и администраторы вполне обоснованно считают образование для качества отвлекающим фактором. Они говорят, что только прилежная учеба может подготовить учеников к успеху в «последней битве».

Снижение бремени и приобретение усердия

Стоит рассмотреть и другие примеры пространственной вариации качества образования. С конца 1990-х и начала 2000-х годов государство проводило различные реформы, чтобы снизить бремя (*цзяньфу),* лежащее на учащихся. Целью этих инициатив было, как говорили реформаторы, «вернуть детям детство», сократив количество времени, которое они тратят на учебу. Эта политика самым непосредственным образом затронула средние школы, сократив часы школьных занятий и, в частности, запретив субботние уроки. Но школы сопротивляются этой реформе, поскольку считают, что результаты экзаменов коррелируют с прилежанием. Сопротивление ярко выражено в сельской местности, где, несмотря на официальные запреты, школы продолжают проводить занятия шесть или даже семь дней в неделю [Kipnis 2001].

Средняя школа номер один округа Нинчжоу — типичный пример такого сопротивления. Пока школьники находятся в режиме подготовки к выпуску, у них, как правило, только один выходной день в месяц. Однако ученики не жалуются на то, что слишком много учатся, а возмущаются тем, что не могут учиться больше (см. главу 3). А поскольку официальные проверяющие редко посещают школу, она не прилагает особых усилий, чтобы скрыть такую интенсивность обучения.

В Нинчжоу, напротив, школы более осторожно подходят к тому, как нарушать эту политику. Школа Нинчжоу номер один будет проводить занятия по субботам только после того, как это сделают школы чуть более высокого уровня в соседних префектурах. Если кто-то спросит, учителям велено отвечать, что они работают в этот день добровольно: ученики сами пришли в класс, а учителя по собственному желанию их учат.

В Сямыне все школы среднего и низкого уровня тщательно соблюдают запрет на обучение по субботам, поскольку его нарушение может привести к серьезным штрафам. Однако иногда школы высокого ранга могут аккуратно использовать вариации добровольной формы, чтобы дать ученикам ограниченное количество занятий по субботам. Такие уловки вряд ли нужны в городе, где частные компании — теневой сектор образования — могут восполнить недостатки в обучении; ученики регулярно посещают дополнительные учебные занятия *(бусибань)* вне школы; их иногда называют «школами зубрежки». В результате усердные городские ученики, по-видимому, учатся столько же, сколько и их сельские сверстники. Конечно, если у семей нет средств на оплату дополнительного обучения, их дети ничего не получают. Отмечая этот феномен, один ученик из Нинчжоу говорил, что усердие городских детей более «пустое», потому что его нужно купить; вместо того чтобы «исходить изнутри», оно стимулируется деньгами.

Частные школы, которые все чаще встречались там, где я жил в Китае, дают родителям еще один способ привить усердие (см. главу 3). Даже в деревнях обеспеченные родители могут отдать нерадивых детей в школы, которые славятся строгими порядками *(чжуадэ хэнь янь)*. В условиях полувоенной дисциплины у так называемых плохих учеников иногда наблюдается резкий рост баллов, хотя учителя сообщают, что этот рост часто исчезает в одночасье, когда ученики покидают эту среду.

Сельские школьники могут сколько угодно пренебрежительно относиться к пустопорожнему усердию городских жителей, которое, по их мнению, оплачивается родителями учеников, но эта критика не меняет суровой реальности. Снижение учебной нагрузки, как и реформы качества в целом, ослабило силу чистого усердия как оружия слабых.

Особое усердие девочек

И для мужчин, и для женщин усердие — это способ добиться успеха в мире, где правит *гуаньси*. Но для девочек, которые, по общему мнению учителей, превосходят мальчиков в учебе, усердие имеет особое значение. Китай, как и подавляющее большинство человеческих обществ, патриархален [Ortner 1972; Sangren 2000]. На работе, пропахших алкоголем семейных сборищах и закулисных собраниях, где принимаются многие важные решения, все контролируется мужчинами. В большинстве семей женщины находятся в подчинении у мужчин, а большинство людей, занимающих руководящие должности в общественной и частной сферах, — мужчины.

Конечно, Китай далеко не исключение в плане гендерного неравенства. Ни в одной стране мира женщины не получают равную оплату за аналогичную работу[3]. Действительно, по некоторым показателям Китай является относительно эгалитарной страной. По индексу гендерного равенства Организации Объединенных Наций он находится ближе к середине, на 85-м месте среди 188 государств[4]. Современная история Китая — это исто-

---

[3] См. World Economic Forum [World Economic Forum 2017].

[4] См. подробную информацию в Докладе о человеческом развитии, опубликованном в рамках Программы развития Организации Объединенных Наций [Доклад о человеческом развитии 2019: 336].

рия относительно стабильного улучшения положения женщин, и если сравнивать с нормами императорской эпохи, то успехи огромны. До XX века лишь немногие женщины имели возможность получить образование, и ни одна из них — сдать гражданские экзамены [Ko 1994; Mann 1997]. Многим девочкам с детства бинтовали ноги, что считалось показателем красоты и статуса и составляло свой собственный обряд посвящения, но обрекало женщин на пожизненные физические страдания [Ko 2005].

Сегодня женщины, напротив, напрямую конкурируют с мужчинами в большинстве областей и считаются формально равными им. Несомненно, женщины сельского происхождения по-прежнему недостаточно представлены в высшем образовании [Cherng, Hannum 2013; Hannum, Adams 2007; Wang et al. 2013], но в целом женщины сегодня превосходят мужчин по количеству обучающихся в вузах и аспирантуре[5]. Образовательные достижения женщин были особенно стремительными после массовизации системы высшего образования в Китае, начавшегося в конце 1990-х годов. Доля женщин в вузах составляла 25 % к 1990 году и выросла до 50 % к 2009 году, и продолжает расти, достигнув 52,5 % в 2016 году [Xu 2018]. Эти достижения особенно впечатляют в свете того, что женщины, далеко не являющиеся объектом позитивных действий, подвергаются строгим квотам во многих областях и программах. Ссылаясь на национальные интересы, администрации университетов по указанию центрального правительства оберегают некоторые специальности от приема слишком большого количества женщин. Программы, на которые распространяются такие ограничения, в основном относятся к таким стереотипно мужским областям, как правоохранительная деятельность и военное дело; но женщины иногда сталкиваются с ограничениями и на других специальностях, таких как иностранные языки, где, по словам чиновников, без таких мер они составляли бы подавляющее большинство студентов.

Начиная с 1980-х годов меры демографического контроля, несмотря на то что они часто серьезно ущемляли репродуктивные

---

[5] См. данные китайской газеты «People's Daily Online» [People's Daily Online 2017].

права, парадоксальным образом способствовали улучшению положения женщин [Shi 2017]. Особенно в городских районах, где политика одного ребенка соблюдалась более строго, родители стали вкладывать больше ресурсов в девочек, которые во многих случаях были единственными детьми в семье [Fong 2002, 2006; Kajanus 2015]. В сельской местности, напротив, семьи могли иметь двух детей, если первым ребенком была девочка. На практике многие семьи нарушали даже этот относительно мягкий вариант политики контроля численности населения. В сельских районах не редкость семьи с четырьмя или пятью детьми. Поскольку многие родители намерены рожать детей до тех пор, пока не родится мальчик, большие семьи часто состоят из нескольких старших сестер и одного младшего брата. Эта тенденция является одним из свидетельств того, что деревня, как правило, отстает от города в сфере гендерного равенства. Однако статус женщин повысился повсеместно, и даже в некоторых сельских районах, например в северо-восточной провинции Ляонин, один ребенок-девочка — обычное явление [Shi 2017].

Женщины добились такого улучшения своего статуса, несмотря на сохранение патриархальных взглядов. Район моей полевой работы, регион Миньнань в Фуцзяни, принято считать особенно патриархальной частью Китая [Friedman 2006]. Особенно в сельской местности в семьях принято «отдавать предпочтение мальчикам и свысока смотреть на девочек» (*чжуннань-цинну*). Поскольку девушки выходят замуж и покидают свои семьи, люди говорят, что они подобны «разбрызганной воде» (*цзя чуцюй дэ нуэр, по чуцюй дэ шуй*), то есть ресурсу, недостойному инвестиций. Несколько успешно учащихся девочек из школы округа Нинчжоу говорили мне, что их родители, бабушки и дедушки, несмотря на чувство гордости за их достижения, неоднократно выражали желание, чтобы они родились мальчиками. И многие учителя считают, что подходящее место для женщины — это дом. Старший преподаватель местной средней школы сказал: «Если девочки не поступают в старшие классы, они должны сразу же выходить замуж и заводить детей». Конечно, распространение получают и противоположные взгляды, и мнения меняются.

Например, одного фермера, у которого было четыре девочки и один мальчик, соседи высмеивали за то, что он дал образование своим дочерям. Но когда две его дочери поступили в вуз, они избрали его деревенским старостой (см. главу 2). Тем не менее эти постепенные изменения лишь подчеркивают преобладающий статус-кво мужского доминирования.

Патриархальные устои преобладают не только в местах моей полевой работы. Несмотря на успехи в достижении равенства, женщины по всему Китаю продолжают сталкиваться с повсеместным сексизмом и крайне высоким уровнем домашнего насилия [Zhao, Zhang 2017]. По этим и другим причинам женщины, особенно сельские, составляют непропорционально большое число жертв самоубийства в Китае [Kleinman et al. 2011]. Гендерная дискриминация и сексуальные домогательства, как и во многих других обществах, носят эндемический характер; поэтому женщинам по-прежнему трудно преодолеть «стеклянный потолок». Например, в китайских средних школах мужчины продвигаются на руководящие должности, в то время как женщины обычно остаются простыми учительницами до самой пенсии. Даже сами женщины жалеют мужчин, которые слишком долго засиживаются в должности учителя, что считается типично женским занятием. Из всех школ, которые я исследовал, единственные, где женщины занимали руководящие должности, находились в городах, да и те были редкими. В Сямыне, пятимиллионном городе с 13 старшими школами, только в одной из них старшим преподавателем была назначена женщина.

Во многих отношениях эпоха Мао (1949–1976) была периодом относительно быстрого прогресса в равенстве между полами, что стало результатом активного вмешательства государства в личные дела людей [Santos, Harrell 2017]. Например, браки должны были быть одобрены рабочей ячейкой. Женщин поощряли работать, а мужчинам запрещали вступать в полигамные отношения. Однако в эпоху после Мао успехи в женском равноправии замедлились, а в некоторых областях и вовсе сошли на нет [Fincher 1992]. Партийное государство в значительной степени отказалось от пристального надзора за семейными отношениями.

Частная сфера брака дает людям больше возможностей для личного выбора, но она же привела к частичному возрождению гендерных норм досоциалистических 1920-х и 1930-х годов, когда для мужчин было обычным делом иметь несколько жен, а свекры и свекрови имели право распоряжаться супружеским имуществом [Davis 2014]. С окончанием политики одного ребенка в 2015 году китайское государство начало поощрять женщин выходить замуж в более молодом возрасте, производить больше потомства и служить примером традиционной добродетельной женственности. В целом женщины приветствуют возможность иметь больше детей, если они этого хотят. Но многие из них боятся оказаться в подчинении у мужа и вернуться к своей традиционной роли — заботе о детях и старших. В качестве ответной реакции на сохраняющиеся патриархальные установки все большее число женщин, которых уничижительно называют «засидевшимися» *(шэнну)*, откладывают вступление в брак [Gaetano 2014; Howlett 2020; Ji 2015].

В этом контексте усердие в учебе приобретает для женщин особое значение. Для многих из них это способ противостоять патриархальным нормам. В школе девочки явно рассматривают прилежание именно в этом свете. Когда я спросил одну ученицу из школы округа Нинчжоу, Чуньсяо, почему девочки учатся усерднее мальчиков, она ответила: «Я думаю, это своего рода непослушание *(буфу синьли)*. Китай — патриархальное общество *(наньцюань чжуи шэхуэй)*, поэтому женщины хотят доказать свои способности». В своих интервью и беседах с другими женщинами я обнаружил, что настроения Чуньсяо разделяются многими из них. В прошлом, по их словам, женщины рассматривали замужество как второй, после *гаокао*, шанс изменить судьбу. Сейчас, напротив, многие рассматривают образование как путь к мобильности, а также как способ найти себя и расширить свои возможности жизненного выбора. Эта тенденция охватывает не только женщин городского происхождения, но и растущий контингент мигранток из села в город. Для этой группы, в частности, получение высшего образования в большом городе — это способ не только достичь социальной мобильности, но и вырваться из патриархального деревенского уклада. Многие из этих женщин чувствуют разрыв между мечтой о личностном развитии в городе и необходимостью проявлять показную добродетельную женственность для своих родителей и родственников дома. Несмотря на эту двойственность, они стремятся получать высшее образование в беспрецедентном количестве.

Усердие — не единственная традиционно мужская добродетель, в которой женщины превосходят мужчин. Насколько в Китае важна преданность родителям, настолько усердие женщин в учебе относят к числу дочерних добродетелей. В то же время все больше и больше женщин принимают на себя ведущую роль в финансовой поддержке пожилых родителей [Fong 2006; Zheng 2009]. Наблюдая за этими тенденциями, родители все чаще начинают полагать, что дочери превосходят сыновей в почтительности к ним в целом. По этой причине все большее число родителей предпочитают иметь дочь, а не сына, что еще больше повышает статус женщин [Shi 2017].

Скептики могут возразить, что почтительность к родителям просто ставит женщин в подчиненное положение. Но проявление этой добродетели требует наличие элемента признания. С одной стороны, почитание детьми родителей требует принятия авторитета последних. С другой — дети используют проявление почтительности как рычаг морального воздействия. Они позиционируют себя как мощных акторов, которые сами достойны общественного признания. В силу того, что дочери все чаще исполняют долг сыновней почтительности, они требуют признания себя равными мужчинам в нравственном плане.

Гендерное разделение труда и богатый ханьский городской мужской клуб

Приведенные выше наблюдения имеют сравнительное значение. Женщины превосходят мужчин в плане образования во многих контекстах в разных культурах; во всем мире они чаще заканчивают вузы [Buchmann, DiPrete 2006; Inhorn, Smith-Hefner 2020; Inhorn 2020]. Но и в Китае, и в других странах более широкое участие женщин в образовании и на рынке труда, как правило, происходит в форме гендерно-дифференцированных ролей [Бурдьё 2005; Charles 2011]. Женщинам не доверяют принятие решений и управление, они часто оказываются в менее оплачиваемых сферах или на сравнительно низких позициях в качестве обслуживающего персонала, будь то кассирша в банке или секретарша.

Причины такой гендерной дифференциации сложны, но, безусловно, включают в себя множество сексистских стереотипов, которые мешают женщинам во время учебы в школе [Harding 1998]. Девочкам и в Китае, и в других странах приходится бороться с широко распространенным мнением, что они от природы неспособны к математическим и естественно-научным дисциплинам. Считается, что в этом отношении они демонстрируют врожденный недостаток качества. Сталкиваясь с такими стереотипами с самого раннего возраста, многие девочки усваивают их. Например, с тем же пылом, с каким она говорила мне о своем непоколебимом отношении к патриархату, Чуньсяо настаивала на том, что мальчики обладают лучшим логическим мышлением.

Из-за такого сексистского отношения превосходное усердие женщин парадоксальным образом служит предлогом для ограничения их маргинальными социальными ролями. Поскольку учителя, родители и сами девочки считают себя неспособными к логическому мышлению, их ориентируют на гуманитарные науки (вэнькэ). На гаокао гуманитарные науки — китайский язык, история, политология, иностранные языки и география — в основном проверяются с помощью вопросов с несколькими вариантами ответов или вопросов, требующих коротких ответов, причем ответы можно заучить заранее. Таким образом, гуманитарные науки считаются относительно бесполезными, пригодными только для авансцены. Это суждение относится ко всем гуманитарным наукам, но с особым рвением высказывают его в отношении таких пропитанных пропагандой предметов, как история и особенно политика. Как сказал мне один ученик, только что проваливший тест по политике: «Это все социалистическое промывание мозгов». Напротив, естественные науки (ликэ) — математика, физика, химия и биология — требуют от учеников «решения задач» *(цзоти).* Поскольку люди верят, что науки имеют реальный эффект в жизни и требуют реальных навыков, они считают эти предметы практичными и истинными. Говорят, что мальчики, с их якобы превосходным логическим мышлением и сильными когнитивными способностями, имеют преимущество в таких предметах, которые требуют навыков решения проблем, а не простого запоминания.

До середины 2010-х годов большинство старшеклассников в Китае должны были выбирать между гуманитарным и естественно-научным направлениями. В новой системе они могут выбирать предметы специализации как из гуманитарных, так и из естественных наук. На практике, однако, учащиеся по-прежнему склонны концентрироваться на одной или другой области. Те, кто считают себя способными изучать естественные науки, обычно так и поступают, даже если им нравятся гуманитарные. Точные науки обещают ученикам более широкий выбор специальностей и больший потенциал заработка в будущем. Как говорится, «Изучайте математику, физику и химию, и вы сможете без страха отправиться куда угодно под небесами!» *(сюэ шу ли хуа, цзоу бянь тянься доу бу па).*

Женщины численно превосходят мужчин в области гуманитарных наук [Ma et al. 2016]. Многие женщины говорят, что хотели бы сосредоточиться на науке, но им не хватает способностей. Как сказала Чуньсяо о своем решении бросить занятия наукой: «Дух желает, но плоть слаба». Поскольку женщины тяготеют к гуманитарным наукам в средней школе, они в избытке представлены на таких так называемых «мягких» специальностях в колледже, как языки или социальная работа; мужчины, напротив, относительно преобладают в естественных науках, инженерии и математике. Мужчины в большом количестве представлены в тех областях точных наук, которые имеют практическое применение и больший потенциал заработка [Guo et al. 2010].

Такие порядки закрепляют стереотип, что мужчины используют талант для достижения успеха, в то время как женщины полагаются на пустое умение излагать заученные факты. Люди считают естественным, что женщины исполняют такие роли на авансцене, как кассир, секретарь, переводчик или спичрайтер, а мужчины занимаются деятельностью за кулисами: управлением, изобретательством, писательством и лидерством. Учитывая, что Китай является технократией, в которой инженеры и ученые занимают большинство государственных руководящих должностей [Andreas 2009], недопредставленность женщин в этих областях имеет далеко идущие последствия для их способности осуществлять власть в обществе.

Женщины — не единственная группа, страдающая от подобных стереотипов. Этнические меньшинства также широко считаются неспособными к научному мышлению. Многие представители меньшинств отмечают, что система образования через негативные стереотипы и системы квот стремится направить их на маргинальные, феминизированные виды работ, такие как преподавание и перевод языков меньшинств. Следовательно, меньшинства, как и женщины, недостаточно представлены в науке и инженерии [Wan, Ling 2016]. В определенной степени это явление отражает неравенство между городом и деревней, поскольку многие меньшинства сосредоточены в сельской местности, а люди сельского происхождения в целом склонны отставать от городских жителей в области науки [Wan, Ling 2016; Li, Yang 2015]. Но в то время, как этнические меньшинства часто описываются как глупые и ленивые, о людях сельского происхождения говорят, что они, как и женщины, проявляют чрезмерную форму недостаточного усердия. Таким образом, во многих сельских районах женщины, и особенно женщины из числа этнических меньшинств, находятся во вдвойне неблагоприятном положении. Учитывая такие тенденции, неудивительно, что колледжи, как правило, являются клубом богатых из числа ханьцев, городских, мужчин [Wang et al. 2013]. В рамках этого элитного клуба эксклюзивная сфера точных наук с еще большей вероятностью соответствует этой демографической группе.

Эти различные формы маргинализации не образуют разрозненных социальных явлений. Скорее, они действуют в соответствии с последовательной, хотя и репрессивной культурной логикой. На одном уровне эта логика основана на идеологии (например, на убеждении, что для женщин и меньшинств естественно быть плохими в науке или для людей сельского происхождения иметь низкое качество), но на глубинном уровне эта логика опирается на ряд фундаментальных предположений о природе и обществе. Взятые вместе, они образуют то, что антропологи называют космологией — способом осмысления мира. Космологию, подразумеваемую в вышеприведенных схемах, можно анализировать как взаимосвязанную серию структурных гомологий (точные и гуманитарные науки, мужское и женское, городское и сельское, цивилизованное и нецивилизованное, хань и меньшинства, высокое и низкое качество). *Гаокао* играет важную роль в воспроизводстве этой космологии, укрепляя гегемонию городской, мужской, ханьской элиты.

Регламентация качества

Как ни странно, широко распространенная озабоченность повышением качества, которая началась как сопротивление образованию, ориентированному на экзамены, постепенно трансформировалась в то, против чего выступают сторонники качества — фокус на формальной оценке и обучении по тестам. Все большее внимание качеству уделяется даже в самом экзамене. Я называю этот процесс *регламентацией качества*.

Причины этой тенденции сложны. На самом базовом уровне люди желают легитимности, которую придают экзамены, а без формальной оценки качество является неопределенным. Оно становится широко желанным объектом, формирующим основную идиому личного и национального развития (см. главу 2). Но те, кому не хватает культурного капитала или, как говорят, хорошей домашней обстановки, могут надеяться приобрести его только упорным трудом. Более того, многие способности, которые люди ассоциируют с высоким качеством — например, владение музыкальным инструментом, — могут быть приобретены только через годы самоотверженной дисциплины под руководством внимательного наставника. Конечно, некоторые формы культурного знания, например художественный вкус, передаются неявно, без особых сознательных усилий [Бурдьё 2005]. Но сосредоточение на таких традиционных примерах культурного капитала может привести к чрезмерному акцентированию внимания на том, как другие формы различий усваиваются через осмос, а не через сознательные усилия. В культуре, в которой люди верят в способность изменить судьбу с помощью упорного труда, неудивительно, что они культивируют в себе качества, которые многие считают атрибутами уважаемых социальных классов или групп.

Разница между трудолюбием и качеством как идеалами характера заключается не в том, что одно подчеркивает усердие, а другое нет. Скорее, главное различие заключается в том, что конкуренция за качество требует гораздо более высокой экономической и социальной планки. Наибольшее преимущество в этом соревновании имеют городские жители, имеющие доступ к культурным, экономическим и социальным ресурсам. Проявления качества происходят в редком мире внеклассных мероприятий, академических конкурсов, шоу талантов и других видов деятельности, к которым сельские жители имеют ограниченный доступ.

Субъективные вопросы и культурный капитал

Преподаватели весьма чувствительны к тому, что некоторые части экзамена лучше поддаются методу прилежного запоминания, чем другие. Например, они замечают, что ученики из сельской местности гораздо лучше справляются с объективными вопросами (*кэгуаньти*), чем с субъективными (*чжугуаньти*).

Объективные вопросы имеют только один правильный ответ. Это, например, вопросы с несколькими вариантами ответов. В гуманитарных науках такие ответы можно зазубрить. В естественных науках же требуется знание методов, которыми можно овладеть только посредством эксплицитного обучения и прилежной учебы. Субъективные вопросы, напротив, являются открытыми, и ответы на них нельзя просто заучить.

Наиболее заметными субъективными вопросами на экзамене являются вопросы с развернутым ответом в разделах китайского и английского языков. Эссе требуют лингвистической и культурной компетенции, которую нелегко приобрести в процессе обучения. Учащиеся из более благоприятной среды — то есть те, кто обладают бóльшим культурным капиталом, — как правило, показывают более высокие результаты. По этой причине учителя считают, что задания по китайскому и английскому легче даются городским детям, которые с раннего возраста находятся в качественной культурной среде.

Различия в культурной среде между сельской и городской местностью могут шокировать непосвященных. Госпожа Ма, моя знакомая учительница английского языка из Нинчжоу, во время своей первой поездки в Шанхай отметила, что в городе есть англоязычные газеты, реклама и даже телеканалы. Иностранцы, которых она раньше никогда не видела, были там в изобилии. По ее словам, такая обстановка не только дает ученикам постоянную возможность практиковать английский язык, но и позволяет им почувствовать, что его изучение может иметь для них практическую ценность.

Есть много других причин, благодаря которым городские дети находятся в лучших условиях для изучения английского. Горожане отправляют своих детей в англоязычные летние лагеря, иногда за границу. В Сямыне обеспеченные родители могут нанять горничных-филиппинок, которые будут говорить с их детьми по-английски. Даже те, кто не может позволить себе такую роскошь, получают выгоду от легкого доступа к частной индустрии образования. Наконец, школьники в городе начинают изучать иностранные языки с раннего возраста и делают упор на коммуникативную компетенцию, что может иметь существенное значение для их подготовки.

Английский язык — не единственный предмет, в котором сельские ученики испытывают дефицит культурного капитала. Китайский язык, в частности, является еще одним предметом, в котором они, как правило, отстают. Но последний недостаток становится неожиданностью для многих сельских родителей.

В отличие от английского языка, который, как они понимают, их дети должны выучить, они считают, что для их детей естественно уметь говорить на родном языке. Почему они должны прилагать дополнительные усилия для изучения этого предмета? Однако многие сельские дети за пределами школы мало знакомы с формальными и литературными вариантами китайского, которые представлены на *гаокао*.

Хотя субъективные разделы экзамена ставят в невыгодное положение людей из маргинальных слоев общества, сторонники качества утверждают, что такие вопросы позволяют лучше оценить одаренность. Тем не менее многие учителя возражают против этого утверждения, говоря, что оно имело бы больший вес, если бы субъективные вопросы оценивались по открытым критериям, а не по балльной системе. Однако в действительности субъективные разделы оцениваются в ограниченных по времени условиях, близких к заводским; более того, цель оценивания заключается в том, чтобы устранить тонкие различия в баллах между кандидатами (см. главу 3). Как утверждают скептики, эти различия, вероятно, мало что значат с точки зрения оценки качества, но могут оказать большое влияние на результат экзамена.

Несмотря на сомнительную целесообразность использования субъективных вопросов в таких условиях, значение этого типа вопросов возросло с 1990-х годов. Разработчики тестов увеличили долю вопросов с краткими ответами и вопросов, требующих развернутых ответов, которые заставляют учеников мыслить нестандартно. Неудивительно, что люди сельского происхождения реагируют на это неоднозначно и даже с разочарованием. В свою очередь, преподаватели пытаются научить сельских учащихся приемам и хитростям, позволяющим справляться с субъективными вопросами, хотя и с ограниченной эффективностью.

Культурные предубеждения

Усиление внимания к субъективным тестовым вопросам демонстрирует, как регламентация качества вносит в структуру экзамена урбанистическую культурную предвзятость. Содержание экзамена также подвержено ей. Разработчики тестов стремятся создать вопросы, которые предполагают высококачественную подготовку, и такая практика приводит к двойной регламентации.

Исследователи в США и других странах широко изучали культурную предвзятость на экзаменах [Hanson 1993]. Вдохновленные такими исследованиями, ученые в Китае призвали к расследованию предвзятости в отношении *гаокао* [Yang 2006; Zheng 2011]. Дискуссии о предвзятости даже привлекают внимание общественности, и каждый год люди обсуждают темы эссе в разделе экзамена по китайскому языку. Раньше учащимся предлагалось ответить на тексты популярных песен или обсудить культурные словечки. Критики утверждают, что учащимся из сельской местности, возможно, нечего сказать на такие темы. Хотя ученики из числа этнических меньшинств получают сравнительно мало внимания со стороны общественности, это тем более справедливо по отношению к ним, поскольку многие из них практически незнакомы с основной ханьской культурой.

Такие проблемы, вероятно, более всеобъемлющи и скрыты, чем предполагают критики, и даже благонамеренные учителя регулярно вносят дополнительную предвзятость в экзаменационную систему. Эта проблема стала очевидной для меня, когда я имел возможность наблюдать за тем, как госпожа Ма, которая сама является уроженкой сельской местности, составляет экзаменационные вопросы. Руководство школы госпожи Ма попросило ее составить английский раздел промежуточного экзамена, который проводился совместно с родственной школой в другом городе. В то время, когда вопросы *гаокао* все еще разрабатывались на провинциальном уровне (см. главу 3), госпожа Ма посчитала это поручение большой честью. Ее непосредственному начальнику, замдиректора школы, в том же году было поручено помочь разработать английский раздел *гаокао*. Таким образом, экзаменационные вопросы самой госпожи Ма могли повлиять на те, которые появятся на большом экзамене.

Она попросила меня посмотреть черновик экзаменационных вопросов. Они требовали от учащихся прочитать рекламу телефона с сенсорным экраном, и я предположил, что многие учащиеся из деревень не обладают ни словарным запасом, ни практическими навыками для выполнения этого задания. В 2013 году многие ученики в Горном округе все еще пользовались таксофоном во дворе школы, чтобы позвонить домой. Даже если ученики знали о существовании сенсорных экранов, у многих не было собственного смартфона или даже простого сотового телефона.

Немного поразмыслив, госпожа Ма признала, что сельские ученики могут оказаться в невыгодном положении.

> Знаете, — объяснила она, — проблема гораздо шире, чем этот один пример. Причина, по которой я выбрала смартфон, заключается в том, что нас поощряют включать в вопросы теста самые передовые и современные вещи. Но вы правы, что люди в сельской местности могут иметь проблемы с подобными вопросами. Мы просто слишком отсталые. Мы еще не догнали город.

Смесь качества и гуаньси: бонусные баллы и прямое зачисление

Регламентация качества также напрямую влияет на прием в колледж. Самым вопиющим использованием качества в процессе поступления, вероятно, является весьма спорная практика прямого зачисления (*баосун*) и бонусных баллов *гаокао* (*цзяфэнь*). Существует большое разнообразие схем начисления бонусных баллов. В прошлом такие схемы сильно различались от провинции к провинции. Однако в ходе нынешних реформ они унифицируются на национальном уровне и значительно сокращаются. Однако бонусные баллы продолжают начисляться за целый ряд достижений, ассоциирующихся с высоким качеством, таких как участие в спортивных соревнованиях высокого уровня, получение призовых мест в национальных академических олимпиадах или победы в конкурсах, направленных на выявление будущих новаторов. Студенты также могут получить дополнительные бонусные баллы для конкретных университетов, сдав специальные автономные вступительные экзамены. Эти схемы бонусных баллов якобы награждают студентов за их личные достижения;

однако, как правило, они работают в пользу высококачественных учащихся в городских районах [Liu et al. 2014; Yang 2006]. Кроме того, критики жалуются, что кумовство влияет на распределение возможностей соревноваться за бонусные баллы [Zheng 2011].

Прямое зачисление также дает преимущества городским детям. Эта программа позволяет высокопоставленным чиновникам распределять небольшое количество мест в элитных вузах непосредственно среди избранной группы отобранных учеников. Прямое зачисление изначально предназначалось для выявления учащихся, обладающих высокими качествами, но не обязательно получающих высокие баллы. Но школам в сельской местности обычно выделяют небольшие квоты или не выделяют их вообще, и, как жалуются критики, этот процесс легко загрязняется *гуаньси*. Чтобы не создавалось впечатления, что имеет место коррупция, администраторы часто используют результаты тестов для отбора учащихся в программу, хотя такой подход противоречит ее первоначальному замыслу.

Культивирование особых способностей

Регламентация качества — это не только вопрос формы и содержания экзамена. Скорее, она институционализирована во всей системе образования, особенно в городских районах. Культивирование специальных способностей (*тэчан пэйян*) является важным проявлением тенденции приобретения навыков, которым обычно не уделяется особого внимания в китайских школах: искусство, музыка и спорт. Теоретически эти качества не могут быть усвоены в рамках образования, ориентированного на сдачу экзаменов; тем не менее в семьях применяется строго регламентированный подход к их культивированию. Например, дети, которые учатся играть на музыкальных инструментах, проходят частые экзамены по мере продвижения по иерархии уровней способностей.

На первый взгляд, такие регламентации качества не имеют большого значения для поступления в колледж, которое в подавляющем большинстве случаев зависит от баллов, полученных на *гаокао*. Но, как отмечают критики, особые способности оказывают сильное, хотя и скрытое влияние на процесс поступления. В рамках реформы «Образование для качества» власти запретили школам использовать экзамены для отбора учащихся на обязательном этапе обучения (который во время моей работы на месте включал шесть лет начальной и три года средней школы). Только некоторые специальные школы, например школы с усиленным преподаванием иностранных языков, сохранили официальное разрешение на проведение экзаменов для потенциальных кандидатов. Однако, как и прежде, успех учеников, учителей, школ и регионов оценивался по результатам экзаменов, поэтому школы и чиновники начали искать подходящие способы обойти запрет. В отсутствие экзаменов школы начали использовать различные показатели качества, такие как развитие особых способностей, чтобы набирать талантливых учеников с высокими баллами (и, как следствие, исключать многих учеников из малообеспеченных семей или принадлежащих к рабочему классу), не нарушая открыто правила. Студенты с высокоразвитыми специальными способностями, как правило, происходят из семей с ресурсами, позволяющими уделять повышенное внимание образованию, и, следовательно, имеют тенденцию производить детей с высокими результатами. Регламентация специальных способностей на экзаменах дает школам объективную проверку таланта. Подчеркивая особые способности, администраторы и чиновники могут усидеть на своих двух стульях. Они на словах заботятся о качестве образования, а на деле набирают лучших учеников. По этим причинам многие родители и учителя считают бесполезным увлечение особыми способностями. Как сказал один критик: «Если придет время, когда выращивание свиней будет считаться особой способностью, мы увидим больше детей из деревень, поступающих в лучшие вузы».

Существует множество других способов обойти запрет на неправомерное использование экзаменов для отбора учащихся. Одним из таких влиятельных методов, который был отменен в рамках недавних реформ, было участие в Международной математической олимпиаде — внеклассном математическом конкурсе. Другой метод — проведение экзаменов под видом оценки качества. Во всех случаях такие механизмы набора дают преимущество богатым, городским и высокообразованным людям. Лучшие начальные и младшие средние школы набирают самых качественных учеников, которые переходят в лучшие старшие школы. Ориентация на качественное образование дает состоятельным городским родителям дополнительное преимущество в борьбе за ограниченные образовательные ресурсы — средство обыграть систему.

Качество в усердии и усердие в качестве

Приведенные выше тенденции подчеркивают важное противоречие качества. Демонстрация этой добродетели требует тяжелого труда, но наделяет ее обладателей знаком отличия, который отделяет их от людей, полагающихся только на усердие. Городские жители парадоксальным образом как принимают усердие, так и отвергают его.

Этот парадокс можно объяснить, если рассмотреть некоторые важные различия между трудолюбием и качеством как идеалами характера. Качество в первую очередь ассоциируется с домом, а не со школой, то есть, как говорят социологи, с первичной социализацией, а не со вторичной [Бурдьё, Пассрон 2007]. Конечно, воспитание качества требует большого усердия и эксплицитного обучения. Но это воспитание происходит вне формальных рамок школьного образования. Учащиеся развивают качество во внеклассной деятельности, на внеурочных занятиях и в домашней практике. Таким образом, с точки зрения школы, качество является продуктом хорошей среды и хороших семей. Учителя признают, что культивирование качества требует тяжелой работы, но одновременно они воспринимают качество как нечто естественное для детей из хороших семей. Таким образом, качество является не столько альтернативой трудолюбию, сколько его дополнением. Подобно тому, как тестовые баллы мистифицируют общественный труд, который их производит, превращая этот труд в меру индивидуальных заслуг (см. главу 1), воспринимаемая естественность качества еще больше мистифицирует тестовые баллы, добавляя блеск их притягательной силе.

Учителя не застрахованы от соблазна качества, перед которым трудно устоять. Госпожа Фу, психолог средней школы «Ворота дракона», однажды посетила среднюю школу иностранных языков в Сямыне — одну из самых престижных средних школ города. После посещения организованной учениками ярмарки мировых культур она была сильно впечатлена подготовкой учеников. «У них такой уровень, умереть не встать!» — восклицала она. Вскоре после этого она провела мотивационное собрание для студентов школы «Ворота дракона» в рамках подготовки к *гаокао*. До начала экзамена оставалось всего 100 дней, и они хотели узнать, как улучшить свои результаты. Под впечатлением от посещения школы иностранных языков госпожа Фу призвала учеников своей школы, многие из которых происходят из бедных семей мигрантов, развивать в себе особые способности. Она объяснила, что лучшие выпускники этой элитной школы, многие из которых стали выдающимися музыкантами и спортсменами, подчеркивают важность баланса между учебой и хобби. Этот баланс, по ее словам, является секретом их успеха на экзаменах.

Без сомнения, поддержание хорошего настроя важно для успешной сдачи экзаменов (см. главу 5). Но подчеркивание важности внеклассных мероприятий для учащихся непрестижной школы за три месяца до выпускного экзамена мистифицирует экзаменационную систему. Логика госпожи Фу ставит телегу качества впереди лошади результатов тестирования. Лучшие ученики в престижных средних школах достигают высоких результатов не только за счет занятий высококачественными хобби; скорее, они превосходят своих сверстников с низким качеством, потому что их культивирование качества с раннего детства указывает на хорошую домашнюю среду и облегчает доступ к лучшим школам.

Отбирают ли экзамены достойных людей? Многие учителя мучатся этим вопросом, в том числе и госпожа Фу, которая, возвращаясь на автобусе в свою школу с ярмарки мировых культур, столкнулась с тревожным недостатком общественного духа *(гундэсинь)*. По ее словам, ученики, изучающие иностранные языки, не уступили свои места в автобусе более старшим пассажирам. Когда я спросил, как она связала уровень этих учеников, которым так восхищалась, с очевидным отсутствием у них общественного духа, она предложила следующее объяснение: «Может быть, они всесторонне развиты, но некоторым из них определенно не хватает *моральных* качеств!»

Многие критики системы экзаменов жалуются, что она не учит молодежь «быть людьми» *(цзожэнь)* и соответствовать основным нормам морали. Жалуясь, одна из старших коллег госпожи Фу, госпожа Ван, использовала аналогию с производством:

> Ученики, которые не знают, как учиться и как быть людьми, — это некачественный товар *(лепинь)*. Ученики, которые знают, как учиться и как быть людьми, — это превосходный товар *(юдэнпинь)*. А ученики, которые знают, как учиться, но не знают, как быть людьми, — опасные товары *(вэйсяньпинь)*.

Ностальгируя по эпохе до рыночной экономики, госпожа Ван предположила, что экзаменационная система производит больше опасных продуктов, чем когда-либо прежде. Она объяснила этот факт тем, что школы, естественно, являются микрокосмом общества в целом, в котором, по ее мнению, в эпоху после Мао стала преобладать общая атмосфера коррупции и эгоизма. Хотя сама она ставила мораль выше результатов тестов, но все равно сокрушалась, что моральный аспект качественного образования стал оторванным от общества в целом. По ее словам, «дети больше не верят тому, что говорят им учителя. Они думают, что наши слова оторваны от реальности *(сяньши)*. Они смотрят на общество и видят, что плохие дети лучше всего к нему адаптируются».

Критика госпожи Ван была направлена скорее на увеличивающийся социальный разрыв между риторикой и реальностью, или перформативный сдвиг (см. главу 3), чем на сам экзамен. Защитники экзамена утверждают, что независимо от явного содержания экзамена или общего состояния общества, прилежание само по себе является важным показателем моральных качеств. Об успешных экзаменуемых говорят с благоговением, даже называют их героями и чемпионами экзаменов (см. главу 1). Преподаватели и администраторы полагают, что ученики с самыми высокими моральными качествами — почитающие родителей и послушные, — как правило, также являются учениками, показавшими лучшие результаты на *гаокао*. Они считают, несмотря на некоторых несогласных, что те, кто культивируют крайний уровень самообладания, которого требует успех на экзамене, скорее всего, также будут самыми внимательными и скромными.

В разных культурах на протяжении всей истории экзамены вызывали похожие споры. Например, в США уже давно ведутся споры о том, отбираются ли на таких вступительных экзаменах в вуз, как SAT (академический оценочный тест), ученики с хорошим характером или, аналогично, позволяет ли экзамен MCAT (тест поступающего в высшее учебное заведение медицинского профиля) отобрать будущих достойных врачей. Подобно тому, как качество использовалось для того, чтобы отказать селянам в доступе в элитные вузы в Китае, характер использовался для исключения представителей нежелательных групп из колледжей США. В 1960-х и 1970-х годах, когда SAT стал доминировать, администраторы использовали характер в качестве критерия приема в колледж, отчасти для того, чтобы уменьшить долю успешных абитуриентов-евреев, которые отлично сдавали стандартизированные экзамены [Karabel 2006]. Американцы азиатского происхождения, борющиеся с тем, что многие называют «бамбуковым потолком», утверждают, что сегодня они сталкиваются с подобной дискриминацией[6]. Тем не менее отбор студентов с хорошим характером также может быть использован как метод повышения многообразия студентов [Stevens 2009]. Многое зависит от того, как определяется этот туманный термин.

Аналогичные дебаты ведутся в Китае на протяжении долгой истории экзаменов. Дискуссии, происходившие сотни лет назад, могут показаться читателям поразительно современными. Возможно, самый известный пример — это споры вокруг неоконфу-

---

[6] Например, споры вокруг приема американцев азиатского происхождения в Гарвард [Mahdawi 2018].

цианства, или учения о пути. Это интеллектуальное течение закрепилось в качестве канона императорских экзаменов в XIII веке нашей эры и оставалось господствующим на протяжении почти 600 лет (см. главу 1). Однако по иронии судьбы учение о пути начало свою жизнь как антиэкзаменационная философия. Ее основатель, Чжу Си (1130–1200), жаловался, что экзамены его эпохи, требовавшие от экзаменуемых сочинять оригинальные стихи, возвышали сладкоречивое исполнение над взращиванием добродетели [Bol 1989]. Другие критики того времени, напротив, утверждали, что экзамены недостаточно способствовали проявлению творческой, спонтанной индивидуальности. Как писал эрудит и государственный деятель Су Ши (1037–1101), «обучение [экзаменуемых] подобно оттискам; они выходят в соответствии с доской; и нет необходимости использовать какие-то особые инструменты, потому что конечный рисунок зависит от доски» [Bol 1989: 175].

Как показывают подобные дебаты, современное противоречие между образованием, ориентированным на сдачу экзаменов, и качественным образованием перекликается с вековыми спорами о том, отбирают ли экзамены людей с высокими моральными качествами. Эти споры отражают не только различные идеалы заслуг, а значит, и личности, но и противоречивые социальные интересы.

Конкурирующие социальные группы ведут переговоры, чтобы установить стандарт в отношении содержания экзамена, который будет выгоден их собственным интересам [Бурдьё, Пассрон 2007; De Weerdt 2007; Guillory 1993]. По этим причинам интеллектуальные течения и педагогические подходы, которые изначально отождествляются с моральными оговорками в отношении экзаменов, в конечном итоге могут стать частью экзаменационного канона.

Итак, экзаменационные системы неизбежно отражают внутренне противоречивый компромисс между множеством различных интересов — согласованную гегемонию. В современном Китае в этой согласованной гегемонии доминирует городская мужская элита ханьского происхождения. В этих переговорах трудолюбие формирует общий знаменатель — общую культурную ценность. Желание изменить судьбу путем усердного само-совершенствования широко распространено в Китае. Даже культивирование качества требует большого усердия. Но рассуждения, окружающие трудолюбие, также служат предлогом для маргинализации женщин, сельских жителей и этнических меньшинств. Помимо того, что эти группы считаются по природе своей неспособными, их предполагаемый недостаток качества приписывается избытку неправильного вида усердия или отсутствию этой добродетели в целом. Парадоксально, но культурная логика усердия укрепляет социальную иерархию, даже если она побуждает людей к преобразованию судьбы. Социальная значимость *гаокао* во многом обусловлена тем, как он прививает людям веру в эту культурную добродетель. Но важность усердия выходит далеко за рамки большого экзамена. Люди разных профессий исповедуют большую веру в связь между упорным трудом и успехом. Хотя они признают, что эта связь «никогда не достигает соотношения один к одному» (*юнюань бу чэн чжэнби*), они тем не менее считают такие плоды усердия, как успех на экзаменах, богатство и благодарность детей, доказательством высшей моральной чистоты.

Эта меритократическая логика оказывается удивительно устойчивой к критике. В ее поддержку всегда можно привести образцы трудолюбия. Та же ученица школы в Горном округе, что жаловалась мне на относительную бессодержательность городского трудолюбия, подчеркнула, что неравенство между городом и деревней мало чем подрывает ее веру в справедливость самого общества. В качестве аргумента она привела в пример успех Джека Ма, интернет-магната, который дважды провалил *гаокао* и в конце концов сдал его со скромным результатом. Позже он основал свою собственную компанию, ныне всемирно известную Alibaba Group. Для нее упорство Ма перед лицом неудач продемонстрировало превосходство характера, которое предвещало его последующий успех. Размышляя над этой историей, она сказала: «На деле не имеет значения, является ли *гаокао* в итоге справедливым. Само общество всегда будет справедливым — успех непременно будет принадлежать усердным».

Согласно этой точке зрения, если Джек Ма провалил *гаокао*, это не значит, что *гаокао* провалил Джека Ма. Таким образом, урок, который люди извлекают из неудачи на *гаокао*, редко заключается в том, что усердие бессмысленно. Все прилежные студенты старательны, даже если и неодинаково; более того, нерадивые смирились со своей мрачной участью задолго до дня экзамена. Скорее, разбор полетов после экзаменов обычно вращается вокруг более туманных и трудно поддающихся количественной оценке качеств характера. Ученики спорят о том, кто из лучших учащихся сошел с дистанции, а какие темные лошадки вышли вперед, чтобы показать достойные результаты (см. главу 5), а также о том, чьи проявления удачи или невезения могут означать наличие или отсутствие божественной благосклонности или кармических заслуг (см. главу 6).

Глава 5
Мужество в бою

*Парадоксальная роль старших преподавателей
и индивидуализирующий аспект экзамена*

Отношение определяет знания.
*Госпожа Фу, психолог-консультант
и старший учитель школы «Ворота дракона»*

В конце декабря 2013 года, за полгода до *гаокао*, в актовом зале школы «Ворота дракона» госпожа Фу, которая одновременно является школьным психологом-консультантом и старшим преподавателем, вела собрание учеников старших трех классов. Расхаживая взад-вперед с микрофоном в руках, она представляла стратегии преодоления психологического стресса перед финальной битвой. Речь в том числе состояла из мотивационных тренингов в корпоративном стиле, включая презентацию в PowerPoint о четырех секретах успеха. В заключение она научила студентов «волшебному заклинанию» (*чжоуюй*) — мантре самоутверждения, — которое, как она обещала, повысит их уверенность в себе за счет улучшения отношения к себе, настроя (*синьтай*). Подчеркивая важность отношения, она задала следующий риторический вопрос:

Что важнее для успешной сдачи экзамена: знания или настрой? Позвольте мне сказать вам, что в день экзамена именно отношение определяет все... Если бы экзамен длился несколько недель, то единственным императивом были бы знания. Но поскольку *гаокао* длится всего два дня, отношение определяет знания *(синьтай цзюэдин чжиши)*. Можете учиться сколько угодно, но если в день экзамена ваше отношение будет плохим, вы оплошаете *(каоцза)*.

Ее речь выражала чувства, которые разделяют и ученики, и учителя: успех на экзамене требует знаний, приобретенных за годы прилежной учебы, но то, что поможет или помешает показать себя в день экзамена, — это психологическое состояние, или настрой. В разгар судьбоносного события приходится противостоять собственному телу, которое вдруг начинает казаться чужим, — справляться с учащенным сердцебиением и дрожью в руках.

В этой главе рассматриваются отношения между знанием и настроем. Если знания в целом подвержены эффектам, которые Бурдьё [Bourdieu 1977, 1984; Бурдьё 2002] рассматривает под рубрикой культурного капитала, то как объяснить капризность отношения? Как обычно отмечают наблюдатели на *гаокао*, лучшие ученики могут оплошать на экзамене, в то время как темные лошадки могут использовать свой потенциал *(цяньли)*, чтобы вырваться вперед *(баофа)*. Иными словами, на экзамене оценивается не только прилежное накопление знаний, но и менее осязаемые аспекты характера. В частности, проверяется способность студентов сохранять самообладание и гибкость ума перед лицом тяжелого стресса — это настрой, или психологическое качество. Эти качества могут быть связаны с культурным капиталом, но также, по-видимому, выходят за рамки его аналитического понимания.

Как видно из слов госпожи Фу, учителя хорошо осведомлены об этой динамике. В частности, старшие преподаватели уделяют большое внимание взаимосвязи между отношением и знаниями. Однако, совмещая роли учителя, наставника и родителя, они оказывают противоречивое влияние на учеников и их семьи. С одной стороны, они постоянно анализируют результаты тестов и семейную жизнь отдельных учеников, чтобы внести педагогически значимые изменения в их учебные привычки и исправить предполагаемые недостатки в их домашней обстановке. Конечно, учителя обычно уделяют внимание тем ученикам, которые, по их мнению, обладают наибольшим потенциалом. При этом, особенно в таких школах, как «Ворота дракона», где многие ученики являются выходцами из относительно непривилегированной среды, их усилия могут помочь уменьшить неравенство в образовании. С другой стороны, учителя подчеркивают, что ученики и семьи должны сосредоточиться на том, что они могут контролировать, а не на тех аспектах судьбы, которые они не во власти изменить. Поощрение учащихся к личной ответственности за свои оценки является важной частью воспитания у них хорошего отношения к учебе. Парадоксально, но этот акцент на хорошем настрое, хотя и помогает учащимся улучшить свою успеваемость, укрепляет миф о меритократии. Таким образом, завучи смягчают социальное неравенство, одновременно усиливая его. Выполняя как аналитический, так и аффективный труд, они помогают людям как преодолеть, так и примириться со своими обстоятельствами — изменить и признать судьбу. Таким образом, работа, которую выполняют старшие преподаватели, усложняет традиционные представления о культурном капитале и воспроизводстве неравенства, которые склонны подчеркивать важность объективных факторов, таких как социальная иерархия, в определении индивидуальной субъективности (см. главу 1).

Через несколько дней после своего выступления госпожа Фу сидела напротив своей коллеги госпожи Ян в одном из торговых центров Сямыня за миской лапши. Они обсуждали успеваемость своих учеников. Госпожа Фу преподавала в младшей школе, где ставки были ниже, в то время как госпожа Ян преподавала в третьем старшем классе: это важный год перед *гаокао*. Класс госпожи Ян, номер четыре, был аутсайдером, который с начала года резко поднялся в рейтинге школ. Она приняла класс от другого завуча, которая была освобождена от своих обязанностей из-за плохих результатов класса.

На первый взгляд, трудно объяснить внезапное улучшение успеваемости в классе номер четыре. Предшественницу госпожи

Ян — опытную старшую коллегу — вряд ли можно обвинить в некомпетентности как педагога. К тому же госпожа Ян руководила классом всего несколько месяцев, что не предоставило ей достаточно времени для существенного изменения давно укоренившихся привычек. Однако госпожа Ян потратила огромную энергию на совершенствование подхода к обучению в классе. Среди прочего, она корректировала рассадку учеников, проводила ободряющие беседы, созывала родительские собрания (*цзячжанхуэй*) и часто посещала учеников на дому (*цзяфан*).

Объясняя внезапные перемены в классе, коллеги госпожи Ян говорили, что ее эффективность связана с усилиями по проявлению заботы (*гуаньсинь*) о своих учениках и соблюдению учебной дисциплины (*цзяосюэ цзилу*). Они отметили ее успешную адаптацию (*тяочжэн*) к различным условиям (*хуаньцзин*), в том числе к условиям отдельных семей и класса в целом. Труды госпожи Ян раскрыли скрытый потенциал учеников класса номер четыре, которые на последних ежемесячных экзаменах превзошли все остальные старшие классы, кроме одного, быстрого.

Однако в последние недели госпожа Ян начала ощущать, что ее ученики расслабились. Казалось, они подустали и решили остановиться на достигнутом. Госпожа Фу назвала это состояние высотной болезнью. «Задача, — спросила госпожа Фу, — состоит в том, чтобы поддерживать студентов в форме (*баочи чжуантай*), но не забывать давать им немного отдыха, чтобы они сыграли на максимуме своих сил непосредственно перед *гаокао*?» — «Верно, — ответила госпожа Ян, — но легче сказать, чем сделать».

По мере приближения экзамена эти темы — настрой, мотивация и время — начинают занимать все большее внимание старших преподавателей. Они говорят, что студенты похожи на профессиональных спортсменов, которые не должны ни слишком расслабляться, ни выгорать от тренировок. Во время работы на местах я пришел к мысли, что директора школ похожи на бейсбольных тренеров. Как вид спорта, бейсбол олицетворяет сочетание трех, казалось бы, несочетаемых тенденций — одержимость статистикой результатов, большой интерес к командной динами-

ке и увлечение индивидуальным характером, самообладанием
и отвагой. Тренеры в этой игре должны быть одновременно
статистиками, стратегами, психологами и лидерами. Подобно
бейсбольным тренерам, старшие преподаватели вникают в цифры. Они скрупулезно изучают результаты еженедельных, ежемесячных и ежегодных экзаменов, анализируют эти данные,
чтобы спланировать меры по улучшению учебных навыков
учащихся. Координируя усилия отдельных учителей-предметников, директора стремятся к тому, чтобы ученики равномерно
развивались по всем предметам, а не проявляли «предвзятость»
к той или иной дисциплине (*пянькэ*). И хотя только в некоторых
школах есть официальные школьные психологи-консультанты,
такие как госпожа Фу, каждый завуч берет на себя эту роль.
Посредством частых личных бесед учителя пытаются воздейство-
вать на настрой и психику учеников.

Многие из этих задач являются обычными для директоров
школ в других странах, но в Китае на них возлагается дополнительная ответственность, которая не входит в сферу компетенции
многих их зарубежных коллег. В Китае завучи регулярно распространяют свое влияние на семьи учеников, так же как тренеры
высшего уровня уделяют внимание личной жизни своих спортсменов. Во время визитов на дом завучи дают родителям советы
по управлению семьей. Они могут выступать в роли родителей,
а в сельской местности учителя могут взять на воспитание детей
при отсутствующих родителях-мигрантах. Таким образом, они
непосредственно вмешиваются в тонкости семейной жизни, что
многие родители на Западе сочли бы оскорбительным, но китайские родители обычно благодарны за такую помощь.

Люди в Китае воспринимают работу старших преподавателей
как квинтэссенцию китайской культуры. Как сказал мне один
провинциальный чиновник от образования, завучи сочетают
в себе отцовскую и педагогическую власть, что напоминает об
идеале учителя императорской эпохи. Интегрируя эти различные
формы власти, завучи формируют связующую опору между
школой, обществом, семьей и учениками. В этом положении они
сталкиваются с давлением как сверху (со стороны руководства

школы и общества), так и снизу (со стороны родителей и учеников). Директор школы в Нинчжоу сравнил эту роль с ролью «цыпленка в сэндвиче KFC» — тонкий кусочек мяса, сжимаемый с двух сторон. Старший преподаватель школы «Ворота дракона» госпожа Ван сказала: «старший преподаватель — это тренер, служанка и советчик. Следует уделять внимание учебе учеников и их психологии, и многим другим вещам, а также регулировать отношения между школой и обществом, и также между учениками и родителями».

Играя эту регулирующую роль, директор школы работает на пороге того, что многие в Китае называют внешними (*вайцзе*) и внутренними, или личными (*цзышэнь*) факторами успеха. Первые обычно ассоциируются с обстоятельствами, не зависящими от человека, включая место рождения, пол и социальное происхождение. Эти внешние факторы расцениваются наравне с такими якобы врожденными (*сяньтянь*) характеристиками, как интеллект, иногда называя и то и другое судьбой. В отличие от внешних, личные факторы, включая настрой и самообладание, считаются находящимися под контролем человека. Подобно бейсбольным тренерам, старшие преподаватели включают индивидуальный характер в свой план игры.

Все границы между внутренним и внешним, врожденным и приобретенным и даже между школой, семьей и обществом произвольны в том смысле, что они институционально произведены и культурно сконструированы. Действительно, работа, которую выполняют директора школ, опирается на окончательную несогласованность этих границ; директор в некотором смысле олицетворяет их непроницаемость. Одной из их основных задач является помощь тревожным родителям в компенсировании так называемой плохой домашней обстановки, или предполагаемого отсутствия условий, то есть недостатка социального, культурного и экономического капитала. В частности, хороший директор школы заставляет родителей и учеников осознать свои культурные недостатки по сравнению с традиционной экзаменационной программой, а затем работает над тем, чтобы помочь им исправить эти недостатки. Родители, стремящиеся грамотно распорядиться жизнью своих детей, чтобы создать им наилучшие условия для успеха [Kuan 2015], охотно принимают эту помощь. По их мнению, никто лучше старших преподавателей — верховных служителей экзаменационного культа — не может помочь им добиться наилучшего использования имеющихся ресурсов.

Многое оправдывает веру родителей в суждения директоров школ. В некотором смысле завучи — это социальные исследователи. Посещая дома учеников и наблюдая за ними в классе, они получают знания того типа, который антропологи называют параэтнографическим. Этот термин относится к исследованиям неантропологов, которые очень похожи на этнографическую работу, проводимую антропологами. Однако, в отличие от большинства антропологов, директора школ сознательно используют свои знания для вмешательства в жизнь своих подопечных. Более того, некоторые завучи, особенно в городах, даже участвуют в спонсируемых университетами исследованиях, направленных на уменьшение социального неравенства, и при этом используют все возможные средства для максимального раскрытия потенциала своих учеников.

Завучи часто оказывают заметное влияние на результаты тестов учеников, и родители делают все возможное, чтобы обеспечить своих детей хорошим завучем. Но качество учителей сильно варьируется в иерархии «балл — ценность». И даже хорошие завучи сталкиваются с неразрешимым парадоксом своей профессии: они не могут помочь ученикам компенсировать дефицит культурного капитала и справиться с экзаменационным стрессом, не поощряя их брать на себя личную ответственность за результаты экзаменов.

Короче говоря, положительное влияние, которое оказывают учителя на мобильность, достигается за счет усиления индивидуализирующего эффекта экзамена. В то же время, даже если труд старших преподавателей основан на проницаемости границ между внешними и личными факторами успеха, он восстанавливает и пересматривает эти границы, особенно в психической жизни отдельного экзаменуемого.

Интернализация окружающей среды: давление и модели

Давление сверстников и рейтинги класса

Учителя говорят, что одна из основных проблем, с которой они сталкиваются, — это установление влияния на детей после того, как их привычки уже в значительной степени сформированы. Они считают, что они еще могут оказывать непосредственное влияние на учеников первых классов средней школы, но к старшим классам дети становятся менее пластичными и более устойчивыми. Как заметил один из учителей, «старшеклассники похожи на деревья, которые уже приняли фиксированную форму». В результате такой жесткости учителя придумывают косвенные методы воздействия на учеников. В частности, поскольку старшеклассники подвержены давлению сверстников, завучи ищут различные способы, как они говорят, «использовать класс для влияния на отдельных учеников».

Одной из самых сильных форм давления со стороны сверстников, которую может оказывать учитель, являются рейтинги (*минцы*). Основываясь на результатах тестов, ученики получают точный рейтинг в классе и году и, хотя учителей призывают не придавать значения результатам в поисках качества, они по-прежнему сосредоточены на этом важном показателе, чтобы вызвать давление со стороны сверстников. Они подстрекают учеников к постоянному сравнению друг с другом. Как сказал один из учеников: «Ты постоянно думаешь о том, как у тебя дела по сравнению с кем-то другим, учишься ли ты так же хорошо, как он или она. Давление огромное. Это ужасное чувство».

В прошлом рейтинги публично вывешивались на доске в классе. Однако в рамках реформы «Образование для качества» эта практика была упразднена. Но, как и во многих других подобных реформах, новая политика «не была реализована в реальности» (*мэйю лоши дао шичу*). В любой момент учебного года большинство учеников все еще мучительно четко осознают свое положение в классе.

Это осознание имеет несколько источников. Поскольку реформы качества поощряют учителей использовать положительную обратную связь, они обычно называют имена и хвалят учеников, занимающих верхние строчки рейтингов. В школе «Ворота дракона» на рекламных щитах перечислены лучшие и наиболее успевающие ученики по каждому предмету. Тем временем те, у кого плохие оценки, могут узнать о них непосредственно от учителей, иногда на глазах у всего класса. Но у учителей есть более простой и эффективный метод передачи информации о рейтинге. Во многих школах рассадка на ежемесячных экзаменах основывается на рейтинге учеников на экзамене предыдущего месяца. Коварство этого метода заключается в том, что он создает огромный стресс, не оставляя при этом никаких следов. Таким образом, он ускользает от внимания инспектирующих чиновников, которые должны подтвердить, что школы соблюдают принципы качественного образования (или, по крайней мере, создают видимость такого соблюдения).

Сейчас, как и раньше, постоянное напоминание о рейтингах приобретает огромное значение в жизни студентов. Последствия рейтингов носят как практический, так и эмоциональный характер. Ученики с высокими баллами могут перейти в классы получше, перейдя в быстрый или ключевой класс. Низкобалльникам грозит понижение в статусе. Неудивительно, что плохие ученики говорят о чувстве стыда и унижения, в то время как высокорейтинговые, по их словам, чувствуют свое превосходство (см. главу 3).

Давление сверстников, вызванное рейтингом, распространяется и на родителей, которых директора школ периодически созывают на родительские собрания. Однако в отличие от многих стран, где учителя встречаются наедине с родителями отдельных детей, в Китае учителя обычно собирают родителей всех детей класса на общее собрание. Выступая перед всеми собравшимися, директора школ хвалят и стыдят отдельных родителей, подробно рассказывая об успехах и неудачах их детей, успехах и поражениях, образцовом поведении и проблемах с дисциплиной.

Этот акцент на ранжировании приводит к ироничному противоречию. В других контекстах учителя не рекомендуют ученикам сравнивать себя со сверстниками. В частности, они осуждают склонность относительно привилегированных учеников «сравнивать папочек» (*пиньде*), то есть хвастаться социальными связями, достижениями и богатством своих родителей. Но в значительной степени экзаменационные баллы являются косвенным показателем этих других форм капитала.

Важность среды

Если способом действия со стороны сверстников является сравнение результатов тестов, то сфера, в которой сравнение достигает своего эффекта, — это среда класса (*баньцзи хуань-цзин*). Эта среда может быть разных форм и размеров. Помимо среды класса, также говорят о школьной среде. Семьи и места тоже имеют свою среду. Также среду называют такими словами, как «атмосфера» (*фэньвей*) или «настроение» (*цифэнь*) — термины, которые можно перевести как «этос».

Влияние среды играет важнейшую роль в китайском педагогическом дискурсе. Госпожа Ван, описывая его значение, говорила:

> В Китае люди всегда были обеспокоены состоянием среды. Вы знаете выражение «Тот, кто находится рядом с киноварью, окрашивается в красный цвет, а тот, кто находится рядом с чернилами, окрашивается в черный»? Вот так и здесь. Люди, особенно дети, очень впечатлительны. Они принимают цвет (*сэцай*) окружающих их людей.

Такой образ мышления согласуется с конфуцианской мыслью, которая подчеркивает пластичность личности и влияние культурной среды [Munro 2001]. Согласно этому образу мышления, люди рождаются хорошими, но их доброта легко развращается и требует постоянного культивирования. Чтобы культивировать доброту, студенты должны приобрести хорошие привычки, подражая хорошим образцам.

Значение, которое люди в Китае придают образцовым моделям, широко отражено в китайской социальной и образовательной практике [Bakken 2000]. Хотя среда имеет материальные аспекты (оборудование, здания, книги), люди воспринимают среду, будь то класс, школа, семья или место, как состоящую в основном из поведенческих моделей. Люди попадают под влияние среды, формируя отношения с этими моделями — сверстниками и авторитетными фигурами. Заимствуя терминологию из психологического дискурса, учителя иногда прямо говорят о таких отношениях в терминах идентификации (*жэньтун*).

В китайских средних школах учителя считают, что внушение и наказание допустимы; однако они считают такие силовые методы относительно бессодержательными, поскольку им можно противостоять. Напротив, они говорят, что создание хороших моделей (*шули хао банян*) имеет подсознательный эффект (*цяньимохуа*), относительно реальный. Учительская концепция о лиминарном влиянии параллельна социологическому анализу имплицитного влияния культурного капитала [Бурдьё, Пассрон 2007]. Учителя говорят, что подсознательное влияние происходит через осмос (*сюньтао*), и это слово вызывает образ окружающих социальных сил, которые, подобно дыму (*сюнь*), постепенно формируют (*тао*) индивидов, проникая в них. Учителя обычно используют понятие «осмос» для обозначения влияний, которые они считают положительными и здоровыми. Также они верят, что плохая среда может испортить учеников.

По этим причинам учителя тратят много сил на корректировку мельчайших аспектов среды, в которой находятся ученики. Например, они всерьез задумываются о том, как правильно рассадить учеников в классе. Этот, казалось бы, простой вопрос включает в себя множество сложных соображений, в том числе стоит ли сажать сильных учеников рядом со слабыми, девочек рядом с мальчиками или высокобалльников — за парты в первых рядах класса. Цель состоит в том, чтобы создать среду взаимоподкрепляющих ролевых моделей, в которой ученики оказывают положительное взаимное влияние друг на друга через подражание и соревнование.

Это предположение о взаимном влиянии через среду формирует еще одно важное обоснование агрессивной практики распределения, которую применяют многие школы. Такие процедуры оправдываются широко распространенным представлением о том, что высокие результаты тестов отражают моральное превосходство. Хотя качественное образование не позволяет учителям проводить прямую корреляцию между баллами и качеством, многие учителя считают, что в лучших классах собираются самые послушные и исполнительные ученики. Следуя этой логике, учителя обычно стремятся объединить хороших учеников в группы, сводя к минимуму влияние тех, кого они воспринимают как плохих элементов.

Патронат

Конечно, не только учителя уделяют пристальное внимание среде, в которой находятся дети. Родители также задумываются над этим вопросом. Создание хороших условий является основной целью их различных попыток обыграть систему, которые часто включают в себя поиск в сети своих социальных связей потенциальных способов создания лучшей среды. Доходя даже до того, что многим родителям в Северной Америке может показаться неприемлемым, родители в Китае для достижения этой цели готовы уступить контроль над своими детьми другим людям. Например, многие сельские учителя содержат пансионы, выступая в роли замещающих родителей для детей, чьи отцы и матери работают в качестве рабочих-мигрантов в городах. В деревнях даже самые маленькие дети могут жить со своими учителями. Считая, что учителя обладают более высоким культурным уровнем, многие мигранты предпочитают именно это, чтобы не оставлять своих детей на попечение бабушек и дедушек, у которых недостаточный уровень культуры.

Мигранты не одиноки в своем желании улучшить среду обитания своих детей через различные патронажные отношения. С изменением экономического положения Китая в эпоху после Мао поколения предпринимателей скромного происхождения сколотили огромные состояния; однако такие люди часто считают себя, как и рабочие-мигранты, страдающими от недостатка культуры [Osburg 2013], и для них стало обычным делом нанимать репетитора с проживанием — например, недавнего выпускника колледжа — для помощи в воспитании своих детей.

Менее обеспеченные родители могут прибегнуть, соответственно, к менее дорогостоящей стратегии. Многие ищут хорошо устроившихся родственников в городе или даже в другой стране, которых можно убедить с помощью долга *гуаньси* выступить в качестве замещающей матери. Особенно в сельской местности, где в семьях часто бывает больше одного ребенка, примеры воспитания детей дальними родственниками — обычное дело. Иногда такой патронат происходит даже на большом расстоянии друг от друга. В бестселлере «Как дочь-беспризорница поступила в Гарвард» (*Фаняндэ нухай Шан Хафо*) описывалось, как отец ловко использовал свои социальные связи, чтобы найти для своего ребенка приемных родителей в других странах [Qiuye 2015]. Как с гордостью заявил этот отец, с четырех лет его дочь посещала 15 разных школ в 12 разных странах и в итоге поступила в Гарвард.

Многие родители в Китае отправляют своих детей в школы-интернаты, хотя это не относится к категории патронатного воспитания в обычном понимании. Обычно дети посещают интернат во время обучения в старших классах, но многие начинают еще в младшем школьном возрасте или даже раньше. В деревнях закрытие местных школ означает, что отправка детей учиться подальше может быть единственным вариантом для родителей. Но даже те, у кого есть другие варианты, часто используют возможность отдать своих детей в школу-интернат, если это улучшит их образовательные перспективы. Учитывая, что качество и возможности образования обычно повышаются по мере продвижения вверх по иерархии центральных мест, родители стараются отправлять своих детей ближе к центру. Аналогичная логика применима к взрывному росту интереса к обучению за рубежом с 2000-х годов, поскольку люди рассматривают развитые страны как высший или трансцендентный локус качества (см. главу 2).

Эти различные усилия по созданию благоприятных условий могут показаться некоторым жителям западных стран экстремальными. Например, многие белые американцы, принадлежащие к среднему классу, сочтут патронат или пансион для маленьких детей отказом от родительских обязанностей, и даже в Китае многие люди возражают против таких мер. Некоторые учителя выражают недовольство тем, что родители якобы не хотят брать на себя ответственность за своих детей. Как сказала одна учительница: «Многие родители воспринимают детей просто как домашних животных. Они думают, что все, что им нужно делать, — это кормить их, одевать и отправлять в школу. Если бы они могли, они бы просто отдали своих детей учителям, и дело с концом». И действительно, отношения патронатного воспитания позволяют родителям сделать почти в точности это. Но с точки зрения многих родителей, патронат — это не отказ от морального долга, а, скорее, его исполнение.

Культурные различия в представлениях об иерархии

Культурные особенности китайского контекста можно прояснить, сравнив его с США, которых жители Китая считают квинтэссенцией культурного Другого. Во многих отношениях китайская и американская культуры меритократии поразительно схожи. Таким образом, распространенность патронатного воспитания в Китае представляет собой культурное различие. Чем объясняется это различие и каково его значение?

Один из вариантов ответа на этот вопрос звучит так, что люди по-разному относятся к социальной иерархии. Люди в Китае часто открыто обсуждают, что у них есть дефицит культуры по сравнению с другими с более привилегированным происхождением. Однако во многих американских семьях среднего класса такое заявление показалось бы странным. В Соединенных Штатах люди вряд ли будут обсуждать свой недостаток культуры по отношению друг к другу, так же как они редко спрашивают незнакомцев, сколько денег они зарабатывают. Открытое обсуждение социальной иерархии обычно считается невежливым или табуированным. Учитывая, что в Соединенных Штатах все предположительно равны, по крайней мере в теории, непринято привлекать слишком много внимания к неравенству. В результате люди в США обычно склонны считать, что равенство социальных классов гораздо более развито, чем это есть на самом деле [Фрэнк 2019; Kraus, Tan 2015; McNamee 2009].

В Китае, напротив, люди обладают относительно высоким уровнем осведомленности о социально-экономической иерархии, которую они считают естественной частью социальной жизни [Whyte 2010]. В то время как в США и многих других западных странах состоятельные люди склонны не акцентировать внимание на своем социальном статусе или скрывать его, в Китае они обычно предпринимают любые шаги, чтобы сделать свой статус максимально заметным [Osburg 2013]. Обсуждение и демонстрация культурного уровня, богатства и других маркеров иерархии — относительно обычное дело, и часто происходит открыто. Вопрос «Сколько вы зарабатываете?» является обычным, даже среди совершенно незнакомых людей.

Эти культурные различия объясняются разными культурными идеалами мобильности. И в китайской, и в американской культурах меритократии люди стремятся к самопреобразованию посредством смены места в социальной иерархии. Однако для людей в Китае явная цель такого самопреобразования заключается в возвращении своего сыновнего долга, а также в формировании и расширении своей сети связей *гуаньси*, центром которой является родное место (или, учитывая расселение по большой территории большинства китайских семей, несколько мест) [Fei 1992]. Следуя этому образу мышления, люди в Китае склонны воспринимать всех людей как ранжированных в рамках единой социально-географической цивилизационной иерархии с центром в столице страны (см. главу 2). Расширение социальных связей является синонимом повышения статуса человека в этой универсальной цивилизационной иерархии, в которой все люди расположены по-разному. Кажется естественным, что люди имеют разный уровень культуры.

В американских представлениях о добродетели, напротив, значение эмоциональных связей с родителями и родственниками относительно приглушено; вместо этого люди склонны подчеркивать свою самодостаточность и независимость. У них есть моральный императив не только преобразовывать себя, но и изобретать себя заново, что часто подразумевает маскировку, а иногда и отказ от своего социального происхождения. А представление о том, что каждый человек должен соизмеряться с единой культурно-географической иерархией, многим американцам кажется смехотворным.

По этим причинам люди в Китае в целом менее устойчивы к признанию различий культурного и социального капитала, чем люди в США. Американские идеалы равенства, независимости и самоизобретения имеют тенденцию скрывать влияние этих форм капитала от американцев более полно. Конечно, такие сравнения в лучшем случае показательны и эвристичны. Существует множество исключений из общей тенденции, и следовало бы ожидать, что будут наблюдаться контекстуальные, географические и социально-экономические различия. Более того, как я отметил во введении, культуры меритократии в Китае и США, похоже, сближаются. С 1980-х годов неравенство в странах мира, в том числе и в США, увеличилось [Миланович 2017]. Как следствие, средний класс повсюду все больше заботится о поддержании своего социального статуса. А в США, как и во многих западных странах, даже неясно, существует ли средний класс в каком-либо значимом смысле [Temin 2017]. Таким образом, люди в США свыкаются с мыслью о неизбежности существования социальной иерархии.

Тем не менее вышеприведенные рассуждения помогают объяснить пристрастие родителей в Китае к замещающим семьям и пансионам, неприемлемое для многих американцев. Люди в США склонны подчеркивать уникальный вклад родителей в воспитание индивидуальной личности ребенка, которая имеет равную ценность с другими детьми, независимо от социального положения ребенка. Напротив, родители в Китае считают, что передача ребенка на воспитание поможет улучшить его положение в цивилизационной иерархии, поэтому многие сочтут крайне безответственным не прибегать к таким мерам. Большинство людей в Китае могут рассказать историю о том, как мать Мэн-цзы, знаменитого ученика Конфуция, трижды переезжала, чтобы найти подходящий район для своего сына. В этой истории мать будущего мудреца переселяет свою семью из двух районов (первый рядом с кладбищем, второй рядом с рынком), прежде чем найти идеальную среду для воспитания его добродетели: район рядом со школой. Многие читают эту сказку как притчу о важности окружающей среды. Послушные родители идут на многое, даже жертвуют эмоциональной связью с детьми, чтобы создать им хорошие условия для учебы.

Интеллект в сравнении с латентным потенциалом

Восприимчивость многих людей в Китае к важности культурного капитала и среды сопровождается относительным ослаблением внимания к факторам, которые считаются преимущественно врожденными, таким как интеллект. Китайцы менее склонны интерпретировать результаты стандартизированных экзаменов как меру интеллекта, чем американцы.

Самый распространенный стандартизированный вступительный экзамен в колледж в США, SAT, произошел от IQ-теста [Lemann 1999]. Американцы до сих пор воспринимают SAT как тест на сообразительность. Но приемные комиссии элитных американских колледжей противятся чрезмерному доверию к SAT, утверждая, что тест, хотя и является в какой-то степени мерой когнитивной ловкости, не может реально оценить характер. В разное время элитные колледжи использовали характер как для исключения социально маргинализированных групп, так и для увеличения многообразия (см. главу 4).

Несомненно, важно учитывать социальные интересы, которые отстаивают различные концепции характера, но эти дебаты упускают из виду моральный аспект экзамена. Как судьбоносное событие, SAT, подобно *гаокао*, является испытанием заслуг, в котором люди олицетворяют высокие культурные добродетели. В Соединенных Штатах и в меньшей степени в Китае эти добродетели включают интеллект. Хотя интеллект может не показаться культурной добродетелью, то есть аспектом характера, при ближайшем рассмотрении он соответствует нашим традиционным представлениям о характере.

Следует помнить, что характер воспринимается в разных культурах и как относительно устойчивый аспект личности, и как нечто, нуждающееся в периодическом подтверждении (см. главу 1). Точно так же люди склонны думать об интеллекте как о чем-то, что человеку присуще и что он должен демонстрировать. Эта традиционная концепция характера, похоже, влияет даже на научное понимание интеллекта. С 1960-х годов различие между кристаллизовавшимся и подвижным интеллектом стало общепринятым в рамках исследований интеллекта. Кристаллизовавшийся интеллект описывает привычные модели познания, усвоенные через опыт. Подвижный интеллект относится к врожденной когнитивной ловкости — способности думать на ходу. Но обратите внимание, насколько точно это различие соответствует народным представлениям о характере, который включает в себя характерные качества и требует регулярной демонстрации.

С антропологической точки зрения, интеллект — это не объективно существующая биологическая способность человека, а, скорее, культурно обусловленный идеал характера. По этой причине представления об интеллекте различаются в зависимости от места и времени. Основные научные концепции об интеллекте распространились по всему миру вместе с исследованиями интеллекта. Тем не менее представления людей об интеллекте поразительно отличаются в разных культурах.

В США общая тенденция заключается в подчеркивании врожденности и наследуемости интеллекта, несмотря на малое количество доказательств того, что эта характеристика даже в малой степени является генетической. На самом деле исследования показывают, что различия в интеллекте могут быть в значительной степени объяснены теми социальными эффектами, которые китайцы объединяют под категорией среды. Этот тезис можно продемонстрировать при помощи того, что исследователи интеллекта называют эффектом Флинна. Данный термин относится к загадочному парадоксу, который был впервые сформулирован исследователем интеллекта Джеймсом Флинном [Flynn 1987]. Кажется, что с каждым последующим поколением люди все лучше справляются с тестами на IQ, что позволяет предположить, что интеллект определяется чем-то экологическим (например, растущей индустриализацией). В то же время, однако, дети, как правило, показывают одинаковые результаты с родителями в тестах на IQ, что говорит о том, что этот признак передается по наследству. Но корреляция наименьшая, когда дети маленькие (около 0,45 в дошкольном возрасте), и наибольшая, когда они почти взрослые (около 0,75 в позднем подростковом возрасте) [Dickens, Flynn 2001: 346, 361]. Диккенс и Флинн полагают, что этот парадокс может быть разрешен путем анализа того, как дети, с одной стороны, находятся под влиянием окружающей среды, а с другой — учатся создавать свою собственную среду [Dickens, Flynn 2001]. Другими словами, генетика играет определенную роль, но ее влияние сильно переоценено. Хотя Диккенс и Флинн пишут в традициях количественных психометрических исследований, их идеи близки таким адептам качественной социологии, как Бурдьё [Бурдьё, Пассрон 2007]. Они также согласуются с конфуцианским акцентом на пластичности человека и окружающей среде.

Несомненно, аналоги североамериканской одержимости IQ существуют и в Китае. В личной беседе один китайский исследователь сказал мне, что полностью научная организация *гаокао* привела бы к созданию идеального общества, в котором правили бы люди с высоким IQ. Еще одним примером фетишизма касательно IQ является то, что многие в Китае считают, что все расы мира могут быть иерархически ранжированы по уровню интеллекта. Более того, они придают большое значение генетической наследуемости интеллекта в некоторых контекстах. Например, многие в Китае уделяют большое внимание выбору умного и предположительно генетически превосходного супруга в надежде иметь превосходное потомство. Поскольку превосходство широко ассоциируется с городом, этнической принадлежностью к хань и здоровьем, такая практика усиливает и укореняет дискриминацию в отношении сельских жителей, этнических меньшинств и людей с ограниченными возможностями. Все эти взгляды соответствуют в целом евгеническим целям китайской политики контроля численности населения, которая направлена на увеличение «рождений отличного качества» (см. главу 2).

Но китайцы считают, что даже такая якобы наследственная характеристика, как интеллект, зависит от поведения и окружения родителей и детей [Sleeboom-Faulkner 2010]. Например, широко распространенная практика воспитания плода (*тайцзяо*), когда матери поют, читают и играют музыку для своего еще не родившегося ребенка, — методика, которая, по мнению людей, способствует развитию интеллекта и всех качеств детей. Кроме того, многие в Китае, включая профессиональных педагогов, утверждают, что интеллект переоценивается при учете успехов и неудач в жизни. Даже если городские жители часто называют людей из сельской местности глупыми или простыми, такие описания — как и самое распространенное выражение для обозначения интеллекта (*цунмин*), часто переводится как «умный», — похоже, демонстрируют укоренившиеся диспозиционные установки в той же степени, что и врожденные характеристики.

Китайский термин для IQ, *чжишан*, редко используется в повседневных образовательных контекстах. Вместо этого учителя подчеркивают различия в склонностях, которые приобретаются благодаря хорошим привычкам, среди которых главенствуют трудолюбие и упорство. Об успехе говорят не как о плодах интеллекта, а, скорее, как о трофеях, полученных в тяжелой борьбе между усердным самосовершенствованием и темными силами антиусердия: *гуаньси* и непотизмом. В соответствии с конфуцианской педагогической этикой, которую я описал выше, культурное окружение человека, включая его сверстников и образцы для подражания, создает условия для культивирования хороших привычек.

Раскрытие латентного потенциала: внутренние/внешние против врожденных/приобретенных моделей обучения

По вышеуказанным причинам учителя в Китае в целом согласны с тем, что врожденный интеллект является необходимым, но недостаточным условием успешной сдачи экзаменов. По их мнению, среда играет главенствующую роль. В качестве примера можно привести реакцию моих коллег на разоблачительные публикации о супершколах (*чаоцзичжунсюэ*) в китайской газете.

Вышедшая во время моей полевой работы, эта статья подробно описывала превосходные образовательные ресурсы лучших средних школ в мегаполисах, а также огромные суммы, которые они иногда взимают в качестве незаконной платы [Zhao 2012]. Среди заметных достижений учащихся — публикация оригинальных научных работ и поступление в элитные западные университеты. Моя реакция на статью была совершенно иной, чем у завуча школы «Ворота дракона» госпожи Ян. Сделав акцент на интеллекте, я с трепетом отнесся к огромному социальному неравенству между супершколами и обычными средними школами. Я предположил, что ученики супершкол не могут превосходить учеников школы «Ворота дракона» по IQ — способности, которая, по моему мнению, должна быть равномерно распределена в обществе. Госпожа Ян, однако, отмахнулась от моего замечания. По ее мнению, вопрос об интеллекте не имеет смысла. «Что меня удивляет, — сказала она, — так это то, как эти супершколы способны стимулировать скрытый потенциал детей» (*цзифа цяньли*). В то время как я машинально обратился к интеллекту в качестве объяснения — пусть даже негативного («не может быть таких больших различий в интеллекте»), — исходная позиция госпожи Ян заключалась в понятии скрытого потенциала. Согласно этой точке зрения, студенты могут отличаться по своему скрытому потенциалу, но он, в отличие от врожденных характеристик, таких как интеллект, является универсальным и им обладают все.

Такая концепция образовательного развития учащихся в терминах скрытого потенциала является основой образовательного дискурса во всем Китае. Но эта концепция также широко распространена за пределами сферы образования, структурируя понимание людьми финансов, истории, медицины и других областей. В сфере санкционированных государством психологических дискурсов и практик концепция скрытого потенциала является частью более широкого сдвига социальной ответственности от государства и коллективных институтов к индивиду в эпоху после Mao [Yang 2015]. Акции, нации и материальная энергия (*ци*) также описываются как обладающие скрытым потенциалом. Общая структурная метафора определяет понимание людьми этих разрозненных областей, которые в значительной степени влияют друг на друга с точки зрения теории. Подобно акциям, нациям или *ци*, студенты способны как преуспевать, так и не преуспевать. Будучи главным заинтересованным лицом в результатах тестирования учеников, директор школы надеется, что скрытый потенциал учеников будет полностью реализован; более того, он (или она) активно стремится к этому. Но такие результаты подчиняются факторам, не зависящим ни от одного человека. Более того, только ученики с большим скрытым потенциалом могут быть достойны того, чтобы учитель тратил на них время.

Объясняя, как супершкола раскрывает скрытый потенциал учеников, госпожа Ян описала школьную среду как часть того, что она назвала внешним миром, который, в свою очередь, формирует всеобъемлющий термин «влияние среды». Согласно этой точке зрения, различные аспекты внешнего мира учащихся активизируют или раскрывают их скрытый потенциал. Таким образом, учащиеся интернализируют или включают аспекты внешнего мира в качестве личностных характеристик.

Такие взгляды на развитие личности широко распространены в Китае. Китайские педагоги предпочитают эту внешнюю/внутреннюю модель объяснения той, которая основана на бинарном принципе врожденного/приобретенного, доминирующем в североамериканских представлениях об интеллекте. Разница очень тонкая. Оба типа педагогических моделей предполагают, что человек в какой-то степени является чистым листом. Но западные представления о врожденности пробуждают мысль о первородном грехе. Согласно таким взглядам, люди могут быть неспособны преодолеть основные врожденные недостатки. Напротив, модель госпожи Ян, которая напоминает конфуцианские представления о врожденной доброте, предполагает, что все дети имеют приблизительно одинаковые задатки, но на них по-разному влияет внешняя среда. По мере усвоения этих условий через привычки, качество или уровень воспитания детей постепенно становится фиксированным, как сказала бы госпожа Ван.

Латентный потенциал понимается по-разному в разное время и в разных местах. Например, нынешняя навязчивая идея рассматривать фондовый рынок в терминах скрытого потенциала может быть уникальной для данного исторического момента. Но латентный потенциал также указывает, на нечто неизменное и фундаментальное в китайских представлениях о личности. Конфуцианские течения мысли, восходящие к великому основоположнику неоконфуцианства XII века Чжу Си, аналогичным образом подчеркивают высший принцип (*ли*) человека, которую необходимо намеренно культивировать [Bol 2008; Brokaw 1991].

Конечно, у людей в Китае также есть представления о врожденности. Эти представления обычно связаны с Небом. Врожденные характеристики описываются как «до Неба» (*сяньтянь*) или «рожденные Небом» (*тяньшэн*); напротив, приобретенные характеристики изображаются как «после Неба» (*хоутянь*). Китайское слово «гений» (*тянь цай*) буквально означает того, кто обладает талантом (*цай*), данным Небом (*Тянь*). Эта концепция таланта, дарованного Небом, напоминает западные представления об одаренности.

Итак, китайцы используют модели обучения, основанные как на бинарном принципе «врожденное/приобретенное», так и на бинарном принципе «внешнее/внутреннее». Эти разные модели структурированы разными глубинными метафорами [Лакофф, Джонсон 2004]. Бинарная оппозиция «врожденное/приобретенное» делает акцент на времени, описывая черты до и после рождения. Напротив, бинарность «внешнее/внутреннее» выдвигает на передний план пространство, группируя характеристики в зависимости от того, откуда они исходят: извне или изнутри человека. В Китае, как правило, предпочитают последнюю модель. Аналогичным образом, жители США также используют оба типа объяснительных моделей, временную и пространственную. Но в отличие от китайцев, они обычно предпочитают объяснять способности в соответствии с бинарной схемой «врожденные/выученные».[1]

---

[1] Лингвистическая теория маркированности (см., например, [Battistella 1990]) предоставляет полезный инструмент для описания таких различий в пристрастии. Представляется возможным предположить, что в обычном китайском педагогическом дискурсе модели, основанные на различии врожденного/приобретенного, кажутся более маркированными, тогда как модели, основанные на различии среды/личности, кажутся немаркированными. Напротив, в североамериканских контекстах наблюдается обратная картина.

Неравный доступ к добросовестным старшим преподавателям

В определенной степени борьба с неравенством институцио-нализирована в рамках основной образовательной практики в Китае, олицетворяемой старшими преподавателями. В китайских средних школах завучи — это бюрократы с улицы, которым поручено помогать ученикам и родителям преодолевать дефицит культуры. Их эффективность в решении этой задачи обусловлена тем, насколько легко они преодолевают области, которые в других местах обычно считаются обособленными. Целью их аналитической и аффективной работы является корректировка отношений между различными средами учеников, особенно между школьной и домашней средой. В отличие от них, учителя в США и многих других западных странах изредка и лишь косвенно вмешиваются в домашнюю жизнь.

Учитель может стать лучшим источником помощи родителям в преодолении дефицита культурного капитала. Но попасть в класс к хорошему старшему преподавателю не так легко. Во-первых, ученики с высокими результатами получают преференции. Таким образом, учителя могут намеренно укреплять различия в культурном капитале, пренебрегая учениками с низкими результатами или давая предвзятые советы родителям, основанные на сознательных или бессознательных предубеждениях против сельских жителей, этнических меньшинств и женщин. Эти тенденции усугубляются культурой дарения подарков, которая преобладает в китайских школах. Семьи, которые могут позволить себе дарить дорогие подарки учителям или устраивать банкеты в их честь, могут рассчитывать на более индивидуальный подход.

В то же время отдача и мастерство старших учителей сильно варьируются в зависимости от иерархий центральных мест. Учителя школ с высоким статусом или расположенных в центре, как правило, относительно добросовестно относятся (*тоужу*) к своей роли, в то время как учителя школ с низким статусом и сельских школ менее заинтересованы в работе. В таких центральных местах, как Сямынь, такие учителя проявляют преданность своему делу, посещая дома учеников, часто беседуя с их родителями, произнося мотивационные речи на классных собраниях (*баньхуэйкэ*) и активно работая даже с учениками с низкими оценками. В Сямыне даже в низкорейтинговых школах, подобных «Воротам дракона», работают такие преданные своему делу преподаватели, как госпожа Ян. В Нинчжоу, напротив, только учителя в лучших средних школах проявляют преданность делу. В школах более низкого уровня ученики жалуются на несерьезное отношение учителей. Они говорят, что учителя только и делают, что курят и распивают чаи вместо того, чтобы работать. И если двигаться далее по иерархии «деревня — город», в школе номер один округа Нинчжоу только в быстрых классах есть серьезные классные руководители, но даже самые хорошие из них редко ходят по домам — отчасти, впрочем, потому, что половина или больше учеников живут в пансионе.

Роль старших преподавателей в выборе школы

Родители знают, что отдача и качество работы старших преподавателей сильно различаются. Поэтому обеспечение доступа к самому высококлассному из них является первостепенным фактором в выборе школы и класса, в котором учатся их дети. Однако во многих случаях выбор для родителей превращается в проблему. Например, родители могут обладать средствами (*гуаньси* и деньгами), чтобы обеспечить доступ к лучшей школе для своих детей. Но они не могут быть уверены в том, что эти инвестиции социального и экономического капитала принесут дивиденды, которые оправдают затраты. Хорошие преподаватели могут помочь родителям преодолеть дефицит культурного капитала, подсказав им, как и когда можно обыграть систему.

Когда дети сдают вступительные экзамены в старшие классы, родители обычно советуются с учителем младших классов о выборе школы. Вскоре после поступления ребенка в старшую школу многие родители также советуются с новым старшим преподавателем по поводу того, стоит ли тратить деньги на взятки и дополнительные взносы, чтобы обеспечить ребенку доступ в лучшую школу или класс. В таких случаях учителя часто говорят родителям, что ученики со средним уровнем успеваемости могут преуспеть в школе с более низким рейтингом, где им уделяется дополнительное внимание, но могут остаться без должного внимания в школе с высоким рейтингом, где они окажутся в самом низу класса. Такие советы могут быть очень полезны для родителей. Но многие родители лишь смутно осознают всю сложность соображений, которыми руководствуются учителя, отвечая на их вопросы. Принимая решение о том, как проконсультировать учеников, учителя, как правило, учитывают не только интересы ребенка, но и интересы класса.

Один из старших преподавателей школы «Ворота дракона», госпожа Ван, говорила, что есть два типа детей, родителям которых она посоветовала бы потратить деньги на смену школы. К первому типу относятся дети, у которых просто был неудачный день на вступительном экзамене в старшие классы. Таким детям может не хватать психологических качеств или самообладания, но они могут значительно улучшить свою психическую устойчивость, соревнуясь с высокорезультативными учениками. В любом случае реальные способности таких детей (по результатам тестов) выше средних по классу настолько, что для полного раскрытия их скрытого потенциала им потребуется более сложная среда. Однако, отпуская таких учеников, госпожа Ван действовала вопреки интересам школы в привлечении и сохранении хороших ученических ресурсов (см. главу 3).

Второй тип учеников, которым госпожа Ван советовала перевестись, были плохие ученики: хулиганы, бунтари и другие нарушители спокойствия. По словам госпожи Ван, она обычно использовала разные приемы, чтобы убедить родителей этих «паршивых овец» в том, что переход в другую школу в их интересах. При этом она преследовала интересы своего класса. По ее словам, такие ученики портили атмосферу в классе, что сказывалось на результатах тестов других учеников и в конечном итоге на репутации самой госпожи Ван.

Теневое воспитание и «слепые пятна» в отношении среды

Старшие преподаватели также помогают семьям решить проблему дефицита культурного капитала, консультируя родителей по поводу того, как дополнить обучение детей в обычной школе различными формами теневого образования: либо нанять частных репетиторов, либо оплатить занятия во внеклассных кружках. Завучи обычно консультируют родителей и учеников по поводу того, какие предметы следует изучать дополнительно и как лучше всего обеспечить такое дополнительное обучение с учетом финансовых возможностей семьи.

Хотя неравенство в образовании больше, чем думают многие (см. главу 3), родители и учителя обычно понимают, что дополнительное обучение необходимо, чтобы компенсировать недостатки в том, что считается культурной основой детей. Но в разных семьях и в зависимости от учебного предмета это понимание различно. Например, ученики из сельской местности могут иметь серьезные пробелы в формальном, академическом китайском языке, но при этом мало осознают эту проблему (см. главу 4). Один из преподавателей школы в Нинчжоу объяснял:

> Родители редко задумываются о том, что процесс приобретения знаний, необходимых для успешного изучения китайского языка, требует многолетнего труда. Эта неосведомленность особенно актуальна для учащихся из сельской местности, которые... часто слабы в китайском и английском языках. Поэтому я советую студентам из деревень как можно скорее начинать дополнительные занятия по китайскому языку.

Хотя люди в Китае в целом обладают высокой степенью осведомленности о влиянии культурного капитала, эта осведомленность имеет свои пределы. По иронии судьбы эти пределы проистекают из той же культурной логики, которая помогает родителям преодолеть неравенство в культурном капитале. Родители понимают, что страдают от культурного дефицита, но утешаются тем, что эти недостатки можно устранить с помощью усердия. Однако недостатки, которые не могут быть устранены только с помощью этой добродетели, попадают в культурную слепую зону, которая может быть особенно серьезной среди людей сельского происхождения.

Магия педагогических исследований

Проводя параэтнографическую работу и анализ на основе данных, учителя напоминают социальных исследователей в своих попытках осмыслить и устранить различия в культурном капитале учащихся. Действительно, практика педагогических исследований институционализирована в бюрократии средней школы. Все учителя должны готовить исследовательские работы, которые являются обязательным условием для продвижения по службе. В поддержку данного требования средние школы выпускают множество научных журналов, которые мало кто читает. Хотя многие учителя считают такие публикации пустым занятием, некоторые особо преданные своему делу коллеги подходят к этим проектам с искренним отношением. Например, в школе «Ворота дракона» госпожа Фу проводила исследования психологического состояния учеников и их защитных механизмов, используя эту информацию для проведения мотивационных собраний. Некоторые из наиболее преданных своему делу завучей могут участвовать в исследовательских проектах, финансируемых университетами, сотрудничать со своими бывшими вузовскими преподавателями, чтобы изучить влияние различных педагогических инноваций на результаты тестов учащихся.

Такие проекты имеют сомнительную педагогическую пользу, но при этом могут оказывать значительное влияние на моральное состояние учащихся. Например, госпожа Шэнь, учительница старшей группы ключевого третьего класса «Ворот дракона», участвовала в подобном исследовательском проекте, который финансировался университетом и был направлен на изучение влияния новой педагогической техники — «метода длинного письма» *(сечанфа)* — на студентов, изучающих английский язык. Сторонник этой методики, профессор провинциального педагогического колледжа, выступал за то, чтобы студенты свободно писали свои сочинения; они должны были писать все, что придет им в голову, причем объем был важнее содержания. В то же время учителя должны были воздерживаться от исправлений учеников, поскольку исправления усилили бы их «неприятие английского языка и чувство обиды». Цель такого подхода заключалась в достижении двух замечательных, но несколько противоречивых целей. Первая заключалась в том, чтобы уменьшить социальное неравенство, помогая детям из школ с низким рейтингом, таких как »Ворота дракона», улучшить результаты тестов. Вторая цель заключалась в том, чтобы исправить предполагаемый недостаток китайской системы образования, а именно, направленность обучения иностранным языкам на повышение тестовых баллов, а не на повышение компетентности. В этом отношении метод длинного письма присоединился к целому ряду недавних педагогических инноваций, ориентированных на качественное образование. Но он был разработан для того, чтобы преодолеть частую критику учителей в адрес таких инноваций, а именно, что они оторваны от реальной задачи учителей — улучшения результатов на *гаокао*.

Метод длинного письма обещал больше, чем дал. В частной беседе госпожа Шэнь выразила глубокий скептицизм в отношении этой методики. Она не понимала, как простое требование к детям писать более длинные сочинения поможет им на экзамене. По ее словам, «дети должны знать английский лучше еще до того, как сядут писать». Учителя, участвовавшие в исследовании, также не согласились с главным исследователем по важному вопросу методологии исследования. К досаде исследователя, они активно распространяли среди учеников информацию о том, что они являются объектом исследования, обещая им, что их участие в исследовании улучшит их результаты на *гаокао*. В прямом противоречии с принципом слепого исследования госпожа Шэнь представила метод длинного письма как важную правительственную исследовательскую инициативу и предоставила доказательства, чтобы убедить студентов, что он работает. Выбрав одного из самых слабых учеников в классе, госпожа Шэнь предоставила несколько редакций, несмотря на то что метод длинного письма прямо запрещает исправлять учеников таким образом. После этой процедуры она создала образцовое эссе, которое приписала усилиям этого ученика. Однако госпожа Шэнь привнесла собственное понимание того, как получить высокий балл на *гаокао*. Например, она подчеркнула важность хорошего почерка. Поскольку проверяющие тратят всего несколько секунд на каждое эссе, сказала она классу, элегантный почерк может компенсировать посредственное содержание. Продемонстрировав развитие учеников на примере их эссе с помощью презентации PowerPoint, она сказала им, что улучшение работы — это результат метода длительного письма, который они изучают.

Таким образом, в конечном итоге метод длинного письма стал инструментом для собственных педагогических теорий госпожи Шэнь. Но она использовала свою связь с проектом, чтобы придать своим теориям харизму объективного научного исследования. Результаты тестов ее учеников действительно улучшились, но она сама предположила, что это улучшение произошло не столько благодаря методу длинного письма, сколько в результате совместного воздействия ее педагогического вмешательства и морального подъема, который ученики получили от участия в финансируемом государством исследовательском проекте. Иначе говоря, в ее оценке педагогической эффективности сочетались, по ее словам, субъективные и объективные факторы, или то, что я называю аффективным и аналитическим трудом, причем так, что их трудно разделить.

В некоторых отношениях мастерство старшего преподавателя школы напоминает магию шаманских целителей. Как и у них, эффективность практики госпожи Шэнь отчасти была обусловлена приведением опыта учеников к гармонии с мощными коллективными культурными символами — в данном случае с научной объективностью [Леви-Стросс 1985]. Однако эффективность практики госпожи Шэнь, безусловно, также была обусловлена огромной энергией, которую она посвящала своей работе. Коллеги признавали ее глубокие амбиции, и многие из них говорили, что она связывала себя с исследованиями, финансируемыми государством, из-за статуса, который это давало. Действительно, госпожа Шэнь проявила глубокий интерес к моим исследованиям, когда я впервые появился в той школе, но ее любопытство быстро угасло, когда она определила, что мое исследование не имеет немедленного практического применения. Тем не менее она посчитала, что простое общение ее класса с иностранным исследователем положительно скажется на его моральном состоянии, а также повысит ее собственный престиж. Она попросила меня посещать ее класс — ключевой — гораздо чаще, чем другие. Но ее коллеги возмущались этой попыткой монополизировать мое время. В конце концов в конфликт вмешался школьный администратор, который разрешил мне посещать все классы по определенному расписанию.

Госпожа Шэнь олицетворяла собой идеальный тип добросовестного преподавателя. Сочетая в себе функции тренера, консультанта, исследователя и родителя, она проявляла абсолютный прагматизм в своих попытках повлиять на результаты обучения учеников. В рамках границ допустимого поведения она готова была пойти на все, чтобы улучшить результаты тестов своих учеников.

Посещение учеников на дому

В числе наиболее действенных способов повлиять на результаты обучения — прямое вмешательство в домашнюю жизнь семей. Старшие преподаватели рассматривают такое вмешательство как неотъемлемую и обязательную часть своей работы, и существуют различные методы воздействия на домашнюю среду. Родители часто обращаются к учителям за советами по воспитанию детей, классные руководители периодически проводят родительские собрания, но, безусловно, самым прямым методом является посещение учеников на дому. В таких случаях учителя приходят домой к семье, чтобы пообщаться с родителями и учениками совместно.

Предлоги для посещения на дому могут быть разными. Иногда причиной может стать нарушение дисциплины, например прогул уроков или пропуск вечерних занятий. Как правило, учителя посещают конкретных учеников в стратегически важные моменты, когда считают, что их участие может заметно изменить подход к учебе или моральное состояние учеников. Однако, каким бы ни было явное обоснование, основной мотив почти всегда заключается в повышении результативности детей.

Кроме того, учителя рассматривают свои посещения отдельных учеников как способ повлиять на динамику класса в целом. Другими словами, домашние визиты призваны корректировать не только успеваемость отдельных учеников, но и общую учебную атмосферу в классе. Госпожа Ян в большой степени приписывает значительные улучшения в 4 классе — классе «темных лошадок» — активному посещению на дому.

Разные учителя, как правило, преследуют общие цели посещения на дому, хотя их подходы могут отличаться. Несмотря на большое институциональное значение старших преподавателей, предпринимается немного попыток стандартизировать их практику. Вместо этого они учатся своему ремеслу у своих наставников. Однако в этих различиях прослеживаются общие тенденции. Во время визитов на дом классные руководители обычно дают советы ученикам и их семьям по мелочам, касающимся жизненных привычек, включая подходы к учебе, режим сна и даже личную гигиену. Они призывают родителей избавиться от различных отвлекающих факторов, таких как мобильные телефоны и телевизионные пульты. Нередко старшие преподаватели оказывают давление на родителей, чтобы те заставляли детей изменить свой внешний вид, например подстричь волосы до определенной длины (стандарт причесок существует и для мальчиков, и для девочек). Они часто призывают семьи улучшить домашнюю обстановку для учеников, давая им читать книги и журналы.

Поскольку учителя считают, что успех на экзаменах связан с моральными качествами, их советы семьям часто содержат толику морализаторства. Завучи могут даже вмешиваться в семейные споры о правильном сыновнем и дочернем поведении. Например, госпожа Ян сделала замечание девочке Цзинцзин, когда ее мать, воспитывающая еще троих детей, упомянула, что девочка, вопреки обещаниям, не постирала свою одежду. «Не будь такой ленивой, — отругала Цзинцзин госпожа Ян. — Стирка одежды займет у тебя всего 15 минут перед сном. Большее количество таких привычек также поможет тебе хорошо учиться и крепко спать». Родители обычно выражают благодарность за такую помощь. Как сказала мать этой девочки: «Учитель, лучше, если вы ей скажете... Она меня совсем не слушает». Стараясь обеспечить хорошую атмосферу в семье, преподаватели даже прибегают к консультациям по вопросам брака, советуя родителям приуменьшить семейные конфликты или даже отложить расставание или развод до окончания большого экзамена.

Таким образом, учителя вовлекаются в функционирование семей и жизнь учеников в такой степени, которая была бы немыслима во многих западных культурных контекстах. Старший преподаватель одной из лучших средних школ Сямыня, которая провела год по программе Фулбрайта, работая помощником учителя в США, кратко подытожила это культурное различие. С оттенком злорадства она сказала по-английски: «В Штатах у учеников есть права. В Китае у них нет никаких прав». Эффективные классные руководители контролируют личную жизнь учеников и родителей. Но китайские родители, особенно из скромных социальных слоев, отнюдь не возмущаются такими визитами, а, как правило, считают их честью. Сам факт того, что учитель соизволил посетить их дом, может улучшить моральное состояние ребенка и семьи.

Внешняя реализация внутреннего потенциала: отношение, самообладание и мораль

Мотивирование неуспевающих студентов: поиск точек давления

Во время посещений на дому и другого общения с учащимися важной задачей классного руководителя является поощрение учащихся, обладающих скрытым потенциалом, но не имеющих мотивации. Завучи уделяют больше всего времени и энергии таким неуспевающим ученикам, у которых имеются большие возможности для совершенствования. Если убедить отстающих повысить свою эффективность и с головой погрузиться в учебу, они могут внести значительный вклад в рейтинг класса и, следовательно, в повышение репутации преподавателя. Поэтому последние тщательно продумывают проблему мотивирования неуспевающих, часто обращаясь за советом к коллегам.

Один из таких советов был дан, когда госпожа Ян и госпожа Фу ужинали лапшой, о чем уже рассказывалось выше. Считалось, что госпожа Фу, будучи школьным психологом, обладает особым пониманием психологии учащихся. Поэтому госпожа Ян часто обращалась к ней за советом в особо сложных случаях. В этот раз она спросила о Ваншу — ленивом ученике, который тем не менее обладал большим скрытым потенциалом.

> — Я просто не знаю, что им движет, — вздохнула госпожа Ян. — Он не справляется так хорошо, как мог бы. Это так расстраивает. Чувствую, что не могу достучаться до него.
> — Есть два вида мотивации — мотивация достижения счастья и мотивация избегания боли, — ответила госпожа Фу. — Для такого ученика недостаточно только положительной мотивации. Выясните, что он больше всего ненавидит, чего больше всего боится. Используйте системный подход. Попробуйте опросить его родителей, одноклассников. Найдите нужную точку, а затем уколите его в самое больное место.

Обсуждение госпожой Ян и госпожой Фу этого проблемного ученика демонстрирует, с каким давлением сталкиваются классные руководители. Добившись значительного прогресса в своем классе за несколько коротких месяцев, госпожа Ян ощутила тяжесть своего успеха. Все ее усилия окажутся напрасными, если класс не оправдает возросших ожиданий администраторов и учителей. Однако если ей удастся сохранить класс в форме, она сможет получить значительную денежную премию и, что еще важнее, ее репутация возрастет. Конечно, она заботилась и об учениках, и об их семьях. Помочь им достичь лучших результатов значило помочь достичь своей мечты.

Будучи одной из самых низкорейтинговых школ Сямыня, школа «Ворота дракона» имела свою долю бунтарей, хулиганов и бездельников. Но Ваншу был не из таких. Госпожа Ян чувствовала, что потенциал для развития мальчика заслуживает особого внимания. Она уже пыталась поговорить с ним, но безрезультатно. В отчаянии она начала намеренно игнорировать Ваншу (*лэн чули*), чтобы так показать свое недовольство. Но госпожа Фу не согласилась с таким подходом. Развивая свое предложение уколоть его в больное место, она дала следующий совет:

> Нет, вы не можете игнорировать его слишком долго. После того как найдете его слабое место, попробуйте подойти к нему иначе. Допустим, вы узнали, что он не выносит, когда люди смотрят на него свысока. Тогда вы действуете косвенно, говоря что-то вроде: «Каких людей ты ненавидишь больше всего?» Вы застанете его врасплох: он не поймет, о чем вы. Затем вы скажете что-то вроде: «Я думаю, больше всего ты ненавидишь тех, кто смотрит на тебя свысока». После того как вы это сделаете, посмотрите на него строго. Он не будет ожидать укола. Но вы должны достать его, когда он этого не ожидает, когда его защита ослаблена. Так вы сможете проникнуть в его бессознательное (*цяньши*), чтобы оказать реальное воздействие. Затем вы должны просто уйти. Позвольте ему вникнуть в сказанное. Не позволяйте ему ни задавать вам вопросы, ни отвечать. Оставьте за собой последнее слово. Такой подход обязательно сработает.

Многие могут счесть такое манипулятивное использование психологии сомнительным с точки зрения этики. Подобные опасения имеют под собой почву, но я хочу сосредоточиться на другом аспекте этой истории, а именно на том, как тут подчеркивается кропотливость аффективной работы, которую выполняют добросовестные учителя. Несмотря на то что у них могут отсутствовать такие официальные полномочия, как у госпожи Фу, в области консультирования, каждый тратит значительные усилия на размышления о психологии учеников. Многие применяют схожие тактики, даже если они не используют психологический жаргон для их описания. Различные формы унижения, скрытые и явные, являются важным орудием в арсенале.

Как видно из приведенного выше обмена мнениями между госпожой Фу и госпожой Ян, учителя подстраиваются под индивидуальные особенности учеников.

Посещение на дому, о котором я упоминал выше, содержит еще один пример такого подхода. Обращаясь к Цзинцзин, госпожа Ян использовала давление сверстников и апеллировала к дочернему долгу девочки сэкономить деньги своих родителей, которые испытывали финансовые трудности:

> Это самый важный год в твоей жизни... У тебя много скрытого потенциала, который ты не реализуешь. За редким исключением, у всех в классе примерно одинаковые способности, верно? Поэтому спроси себя, почему им удается получать высокие баллы, а тебе нет. Надо быть более прилежной... Все знают: если есть деньги, можно пойти в двухгодичный колледж. Но ты же не хочешь обременять своих родителей. Они и так очень много работают (*синьку*).

Хотя содержание таких речей варьируется, они следуют знакомым шаблонам. Сыновние и дочерние обязанности являются частой темой для разговора. Во время посещений учеников на дому учителя используют присутствие родителей, чтобы напомнить ученикам об их долге перед родителями и семьей. Сравнение со сверстниками — еще одна повторяющаяся тема. Кроме того, в речах учителей часто прослеживается ярко выраженный гендерный аспект: например, мальчику они могут сказать, что он обязан быть мужчиной в семье. В противоположность этому, они могут говорить девочкам, что *гаокао* важен для того, чтобы найти мужа, который поможет им заботиться о себе и их родителях. Получив более высокие баллы, девушки могут поступить в лучшие вузы в более центральных районах, где они найдут «более крупную рыбу» — лучшие перспективы замужества.

Использование внутреннего потенциала для изменения среды и управления судьбой

В дополнение к разъяснениям использования учителями давления сверстников и сыновнего долга для мотивации учеников, речь госпожи Ян демонстрирует, как учителя подчеркивают базовую доброту и врожденную пластичность учеников. Госпожа

Ян избегает упоминания о якобы присущих или врожденных характеристиках, таких как интеллект, фокусируясь на том, что все ученики обладают схожим скрытым потенциалом, тем самым подчеркивая ценность прилежных усилий.

Однако имеется несоответствие между практическим вмешательством учителей в дела семьи, включая советы по учебным привычкам и дополнительным занятиям, и риторикой усердия, которую проповедуют старшие преподаватели. Учителя четко признают значение факторов окружающей среды и помогают семьям преодолеть различные виды дефицита культурного капитала, поощряя их подкорректировать некоторые аспекты внутри дома. Но учителя также подчеркивают важность личной ответственности за прилежную учебу. Например, во время посещения ученика госпожа Ян ответила на извинения одного из родителей за то, что у него «нет культуры» (*мэй вэньхуа*). Мать, торгующая овощами, сокрушалась, что не обеспечила своему сыну адекватную культурную среду. «Вы не должны винить себя, — сказала госпожа Ян. — Это ваш сын несет ответственность за то, чтобы стать лучше».

Однако с точки зрения учителя это очевидное противоречие не так бросается в глаза. В своем заявлении, которое напоминает теорию интеллекта Флинна, госпожа Ян примирила этот парадокс следующим образом: «Внешний мир влияет на личные факторы успеха, но личные факторы также могут изменить окружающую среду». Согласно этой логике, учащиеся несут моральную ответственность за создание благоприятных условий для себя, чтобы они могли полностью раскрыть свой внутренний потенциал. Соответственно, преподаватели подчеркивают, что ученикам следует сохранять позитивный настрой в отношении своей способности изменить результат экзамена. Как сказала госпожа Ян, «в конечном счете вы должны поощрять студентов верить, что их судьба находится в их собственных руках; вы говорите им снова и снова, что они могут управлять своей судьбой (*нидэ мин ни цзыцзи чжанво*)».

Действительно, госпожа Ян и другие добросовестные учителя, такие как госпожа Шэнь и госпожа Ван, искренне верят в этот принцип; для них настрой действительно может изменить судьбу. Они видят влияние отношения каждый год во время экзаменов, когда одни ученики сдаются, а другие вырываются вперед в последний момент. Как сказала госпожа Ян, «учителя не должны усиливать неизменные объективные факторы. Вместо этого мы фокусируемся на том, что можно изменить».

Повышение уверенности и морального духа: поддержание темпа и максимальный настрой

По мере приближения экзамена остается все меньше и меньше того, что можно изменить. По этой причине преподаватели уделяют больше внимания моральному состоянию и настрою, чем стратегиям и привычкам обучения. В последние месяцы перед экзаменом они все больше подчеркивают важность уверенности и решительности, призывая студентов упорствовать и «не сдаваться» (*бу тоусян*). Как говорила госпожа Фу в своей мотивационной речи, относительная важность настроя и знаний меняются местами по мере приближения экзамена.

За 100 и 30 дней до *гаокао* большинство школ организуют мобилизационные митинги или, как их иногда называют, собрания для провозглашения решимости (*шишидахуэй*). Напоминая массовые митинги эпохи Мао, такие мероприятия являются важными событиями, на которых учителя пытаются поднять настрой (илл. 11). Лидеры учеников из каждого класса присоединяются к школьным вожакам, чтобы руководить третьеклассниками, скандирующими такие лозунги, как «Боритесь за *гаокао* всеми силами!» и «Никогда не сдавайся! Никогда не говори "умри"!». Однако ученики часто считают эти собрания относительно пустыми, ссылаясь на их шаблонность. Напротив, собрание, о котором я рассказал в начале этой главы, было воспринято относительно хорошо. Студенты посчитали это мероприятие значимой, свежей и современной альтернативой более традиционным собраниям[2].

---

[2] М. Х. Хансен [Hansen 2015: 134–140], на основе своих полевых исследований описывающий жизнь сельской средней школы, также говорит, что подобный ободряющий митинг в современном стиле был принят сравнительно хорошо.

Илл. 11. Мобилизационный митинг перед *гаокао*. Руководители школы, сидящие на сцене, смотрят, как ученик произносит речь перед собравшимися старшеклассниками. Лозунг гласит: «2012: стодневный спринт до *гаокао*. Ассамблея для провозглашения решимости». Название школы удалено. *Фото автора*

На этом собрании организатор, госпожа Фу, подчеркнула важность бессознательного в определении результатов экзамена. Она сказала студентам, что их бессознательное восприятие самих себя может повлиять на результаты экзамена. Магическое заклинание, которому она научила студентов, было призвано помочь им изменить свой настрой. Эта речовка звучала как мантра самоутверждения. Госпожа Фу попросила каждого из собравшихся студентов похвалить себя вслух. «Подумайте о своей лучшей черте, — сказала госпожа Фу, — и вставьте ее в эту фразу: "Поскольку я самый прилежный, добрый, спортивный, внимательный или что-то еще, я самый замечательный человек!.." Все встаньте. Я хочу, чтобы вы выкрикнули свое волшебное заклинание».

В качестве финального аккорда госпожа Фу выбрала добровольцев, которые должны были сразиться друг с другом в магической дуэли. Стоя на противоположных сторонах аудитории, студенты по очереди выкрикивали свои позитивные утверждения в микрофон. В какофонии отзывов и смеха студентов пары состязались друг с другом, выкрикивая свои лучшие качества во весь голос. Хотя это, возможно, и повредило слуху учеников, собрание, по общему мнению, пошло на пользу их уверенности в себе.

Помимо таких мобилизационных митингов, еженедельные классные собрания — это еще один важный повод, когда ответственные преподаватели выступают перед учениками с мотивационными речами в 11 часов. По мере приближения знаменательного дня учителя концентрируют свои усилия на двух типах учеников: отличниках и тех, кто может проявить себя с запозданием. Особо добросовестные учителя в последнюю минуту посещают учеников на дому. Они призывают учеников держать себя в форме перед экзаменом и не расслабляться в последние недели, как это сделала госпожа Ма с Цзэюем, сыном мусорщика, в рассказе, которым открывается эта книга (см. главу 1).

Ближе к экзамену госпожа Ма посетила Юцзяня, еще одного неуспевающего ученика. Во время этого разговора присутствовала мать мальчика и играла в нем активную роль.

> Госпожа Ма: Я знаю, я понимаю, что ты пропускаешь вечерние занятия не из-за неуважения ко мне, но посмотри на лучших учеников в классе. Они только и занимаются учебой.
> Мать Юцзяня: Я сама это видела. Каждый день после уроков Юцзянь и его друзья собираются вместе и развлекаются, но лучшие ученики всегда сидят в классе и занимаются.
> Юцзянь: Я действительно много работал во втором семестре второго выпускного класса, но не выдержал.
> Госпожа Ма: Но теперь у тебя мало времени, чтобы наверстать упущенное, поэтому ты должен повысить свою эф-

фективность. До *гаокао* осталось 40 дней. Если ты будешь продолжать неспешно заниматься, ты просто не сможешь конкурировать с другими.

Мать Юцзяня: Вот почему учительница пришла сегодня. Возможно, у тебя есть еще какой-то скрытый потенциал, который может раскрыться *(ингай ю цяньли кэи баофа)*.

Госпожа Ма: Да, именно так. Пришло время попробовать *(цяо ися)*.

Госпожа Ма упомянула точное количество дней, оставшееся до сдачи *гаокао*. В последний год перед большим экзаменом каждый ученик и учитель всегда знает эту цифру, которая повсеместно вывешивается на территории школы и в каждом старшем классе. По мере того как цифра становится двузначной, учителя начинают опасаться того, что госпожа Фу называет высотной болезнью. Подобно тому, как спортсмены сбавляют обороты перед забегом, ученики не должны ни слишком рано достигать пика, ни слишком сильно расслабляться. Таким образом, целью заключительной подготовки студентов является приведение себя в форму, которую ученики и учителя называют «экзаменационной» *(као ши чжуантай)* — фраза, которая буквально переводится как «экзаменационное состояние». Вхождение в это состояние подразумевает физическую и умственную дисциплину, которую легко потерять *(шицюй)*, и поэтому ее необходимо поддерживать *(баочи)*. Как и понятия «поток» или «максимальный настрой» в других культурах, экзаменационное состояние — это идеал способности работать под давлением с непринужденной бессознательностью, которая достигается только благодаря усердной подготовке и умственной сосредоточенности [Чиксентмихайи 2015]. Но мало кто из учащихся описывает свой экзаменационный опыт в таких терминах, как неустанная погруженность в работу. Как и во многих судьбоносных событиях в разных культурах, наибольшее препятствие для достижения такого состояния во время *гаокао* лежит не снаружи, а, скорее, внутри. По мере приближения экзамена психологическое давление возрастает до предела.

Справиться со стрессом

Чаще всего студенты реагируют на экзаменационный стресс переработками, а не снижением темпов. Учителя тоже переутомляются, изнуряя себя в зверски жаркую летнюю погоду. Госпожа Ма стала похожа на скелет. Госпожа Ян страдала от серьезных хронических болей в спине. Госпожа Ван, опытный старший преподаватель в возрасте 50 лет, чувствовала себя лучше, жалуясь только на усталость. Но страдания учителей считаются несущественными, в то время как состояние учеников, находящихся под покровительством учителей, создает или разрушает репутацию школы.

В последние недели ученики склонны к несчастным случаям, болезням и прочим неблагоприятным явлениям (*бу цзисян*). Чтобы избежать подобного, школы проводят специальную политику, обращаясь с учениками как с призовыми лошадьми перед большими скачками. В последние дни перед экзаменом они не обязаны посещать уроки или вечерние занятия, хотя учителя должны быть всегда готовы ответить на их вопросы. Некоторые школы делают последний пробный экзамен необязательным. Многие преподаватели советуют студентам свести свой учебный график к минимальному режиму, который позволяет поддерживать их знания в активированном состоянии. В то же время они советуют ученикам придерживаться нормальных жизненных привычек и режима сна, а родителей просят проводить время с детьми за спокойными занятиями. Во многих школах родителям предписывают не напоминать о предстоящем экзамене, а только заявить о своей безусловной любви, независимо от грядущего результата. Некоторые ученики любят снимать напряжение с помощью физических упражнений, но школьная администрация боится, что ученики могут травмировать себя или получить тепловой удар. Поэтому экзаменуемым запрещено заниматься спортом или физическими нагрузками в течение нескольких недель до экзамена.

Методы совладания с давлением включают в себя различные медицинские вмешательства, частота и количество которых увеличиваются по мере приближения экзамена. В зависимости от контекста люди могут оценивать такие меры либо как обладающие реальной эффективностью (*шицзи сяого*), либо как дающие в основном психологический комфорт (*синьли аньвей*). Многие из этих практик по подготовке тела широко подпадают под сферу традиционной китайской медицины [Farquhar 2002]. Чтобы помочь детям укрепить свое здоровье, родители дополняют (*бу*) их рацион различными полезными продуктами. Считается, что некоторые продукты, такие как рыба, грецкие орехи и яйца, обладают способностью укреплять мозг. В то же время в аптеках повсюду продаются дорогие травяные сборы для «укрепления мозга» (*бунао*). В некоторых школах, по сообщениям, учителя раздают детям таблетки женьшеня в день экзаменов. Госпожа Фу учила собравшихся учеников «Ворот дракона» технике точечного массажа для преодоления тревоги.

В контексте экзамена широко признана китайская медицина, но не биомедицинские вмешательства. На момент написания этой книги препараты, снижающие тревожность или повышающие когнитивные способности, — бета-блокаторы или амфетамины — использовались редко, хотя их применение в академической среде при тяжелом стрессе и сильном напряжении хорошо известно в других культурных контекстах[3]. Когда я спрашивал китайских учеников и учителей об этом странном факте, многие из них выражали презрение к таким неестественным вмешательствам.

Существенным исключением из этого правила является практика использования биомедицинских средств для вмешательства в менструальный цикл девочек. Перед экзаменом многие учителя советуют родителям, чтобы их дочери контролировали свой цикл путем приема противозачаточных таблеток[4]. Другие виды

---

[3] См. Кэрол Кадваллдр [Cadwalladr 2015].

[4] Многие практикующие врачи в Китае и во всем мире используют эту практику в качестве способа уменьшить продолжительность и тяжесть эндометриоза и предменструального синдрома у девушек и женщин. Скептики могут рассматривать такие вмешательства как неудачную медикализацию и даже патологизацию менструации [Martin 2001]. Однако в глобальном контексте такое использование противозачаточных таблеток является обычным; и пациентки, и врачи часто считают его необходимым с медицинской точки зрения.

медицинского вмешательства, похоже, находятся между западной и традиционной медициной. В 2011 году в одной из школ провинции Хубэй было обнаружено, что ученикам старших классов массово вводились внутривенно витамины, что вызвало скандал на всю страну. Общественность возражала не столько против содержимого внутривенного вливания, которое считалось относительно естественным, сколько против того, что школа заставляла учеников проходить медицинскую процедуру, какой бы незначительной она ни была.

Дополнительные механизмы преодоления экзаменационного стресса включают различные народно-религиозные и магические практики, которые, как и диетические добавки и медицинские вмешательства, неоднозначно воспринимаются и как дающие психологический комфорт, и как эффективно вмешивающиеся в работу организма (см. главу 6).

Телесные состояния, несвоевременная любовь и бессознательное бунтарство

Несмотря на все возможные старания родителей и учителей, многие ученики поддаются стрессу. В последние месяцы перед экзаменами за школьниками пристально наблюдают на предмет любого вида странного поведения, будь то новое любовное увлечение, внезапная болезнь, приступы бессонницы или любые другие проблемы. Всякое отклонение от привычного образа жизни обычно воспринимается как симптом экзаменационного стресса.

Возьмем, к примеру, влюбленность набравшей наибольшее количество баллов Юйцин — ученицы госпожи Ма и дочери местного полицейского следователя. Всего за несколько недель до экзамена Юйцин влюбилась в одного из своих одноклассников. О романтических отношениях молодой пары узнала госпожа Ма, когда заметила, что во время дождя они шли под одним зонтом. Когда учительница обратилась с этим к девочке, та подтвердила ее подозрения. Госпожа Ма немедленно сообщила об этом родителям Юйцин, которые отреагировали с большой тревогой. Хотя они опасались, что наличие парня может повредить репутации девочки, мать и отец Юйцин не возражали против этих встреч, руководствуясь прежде всего моральными соображениями. Скорее их больше беспокоило то, как зарождающиеся отношения могут повлиять на результаты экзаменов. Юйцин была лучшей ученицей, занимала первое место в классе госпожи Ма и третье во всей школе. У нее был шанс поступить в Пекинский университет, Цинхуа или один из лучших университетов Гонконга, что стало бы настоящей удачей для всех заинтересованных сторон: муниципальных органов образования, школы, госпожи Ма, семьи Юйцин и ее самой. Так личная жизнь девочки стала предметом официального беспокойства. Школьная администрация регулярно запрашивала у госпожи Ма информацию об эмоциональном состоянии девочки.

Чтобы не навредить отношениям Юйцин с учительницей, родители решили рассказать дочери, что узнали о ее отношениях, увидев влюбленных на камерах наблюдения их жилого комплекса, что, учитывая детективные навыки ее отца, показалось девочке правдоподобным. Чтобы не усугублять давление на дочь, родители сделали вид, что не тревожатся по поводу парня. Однако затем последовала череда отчаянных переговоров между родителями и учительницей. Какое-то время мать Юйцин каждый день по полчаса обсуждала по телефону с госпожой Ма душевное состояние своей дочери.

Госпожа Ма и руководители школы сошлись во мнении, что отношения Юйцин вряд ли окажут негативное влияние на ее парня, который не был лучшим учеником; более того, похоже, что это придало ему новой мотивации. С другой стороны, Юйцин стала выглядеть рассеянной и вялой. Ее оценки на выпускных тренировочных экзаменах были нестабильными: то высокими, то низкими. Поэтому сдачу *гаокао* они ждали со смесью надежды и тревоги.

Родители и учителя расценили любовное увлечение Юйцин как форму бунтарства. Действительно, когда ее отец в конце концов спросил ее о парне, между ними вспыхнула ссора. Юйцин обвинила его в том, что он диктатор, противопоставив его своему парню, который, по ее словам, был мягким и внимательным. Она сказала госпоже Ма, что любовь к парню открыла ей глаза на смысл жизни за пределами узкого мира экзаменов. Как позже рассказала мне Юйцин, она начала сомневаться в значимости *гаокао*. Ее зарождающийся роман подсказывал ей, что можно быть счастливой и без такого напряжения и труда. Родители и учительница чувствовали себя беспомощными. Чем больше они убеждали Юйцин подумать о будущем, тем больше она протестовала против них, заявляя, что они ее не понимают.

В итоге Юйцин действительно справилась с экзаменом гораздо хуже, чем ожидалось, и все списали это на ее нестабильное психологическое состояние. Однако, вспоминая этот случай несколько лет спустя, госпожа Ма сожалела о том, что предала доверие девочки. Класс Юйцин был первым, который госпожа Ма готовила к *гаокао*, и ей не хватало опыта в таких деликатных вопросах. «Честно говоря, мне не следовало придавать этому большое значение, — сказала она. — Этим я только усилила давление на девочку».

Как и любовные отношения, внезапная болезнь перед *гаокао* может быть истолкована как признак стресса или даже бунтарства — соматический симптом экзаменационного стресса. Как говорила о болезни госпожа Фу: «Болезнь — это способ бессознательного дать студентам повод плохо сдать экзамен». Или, по словам другого учителя: «Болезнь — это механизм преодоления, способ найти внешнюю причину, по которой вы провалите экзамен». Например, госпожа Ма интерпретировала болезнь желудка у Цзэюя как симптом экзаменационного стресса (см. главу 1)[5]. Однако некоторые ученики сопротивляются таким теориям соматизации, реагируя на них скептически и даже гневно. Одна из учениц школы округа Нинчжоу с горечью жаловалась на отношение родителей и учителей к ее недомоганиям. Она сравнила

---

[5] Теории китайских учителей и студентов относительно соматизации в некоторой степени согласуются с антропологическими подходами. В работе Артура Клейнмана [Kleinman 1988], посвященной соматическим реакциям, экзаменационный стресс рассматривается как один из основных социальных истоков такого недуга в Китае.

это отношение с отношением зрителей Олимпиады 2008 года в Пекине к травме звездного легкоатлета Лю Сяна, которого широко критиковали в соцсетях, когда он получил травму прямо перед играми в Пекине: «Когда Лю Сян получил травму, люди обвиняли его этом, хотя он не был виноват. Это было так несправедливо. Некоторые вещи просто не зависят от человека. То же самое происходит и с экзаменами. Если ты плохо сдал экзамен, то родителям и учителям нет до тебя дела» (*бу май ни дэ чжан*; буквально — «не оплатят твой счет»).

Бессонница считается одним из самых губительных симптомов стресса. Это состояние еще более тягостно, потому что оно не поддается индивидуальным усилиям сознательного старательного контроля. Действительно, культура усердия противопоказана сну (см. главу 4). Чтобы бороться с бессонницей, учителя и администраторы поощряют хорошую гигиену сна, подчеркивая важность регулярных привычек. Тем не менее бессонница, похоже, широко распространена и является одной из основных причин неуспеваемости. В откровенных беседах мало кто из экзаменуемых расскажет о том, что хорошо спал в дни перед экзаменом и во время него. Нарушения сна могут оказаться продолжительными. Некоторые сдавшие *гаокао* рассказывают, что в течение многих лет после экзамена им постоянно снятся связанные с ним кошмары.

Настоящая невозмутимость и самообладание на экзамене

В целом, однако, китайские ученики относятся ко всем подобным симптомам стресса с мачистской невозмутимостью. Психическая стойкость превозносится как предвестник успеха на экзаменах, и студенты обычно обсуждают душевные проблемы только с самыми близкими друзьями или членами семьи. По этой причине трудно оценить распространенность психических заболеваний, вызванных экзаменами, которые из-за их стигматизации вряд ли могут быть выявлены в ходе обычных опросов. Например, о том, что моя подруга госпожа Ма испытывает экзаменационный стресс, я узнал только через два года после нашего знакомства.

В последние месяцы моей полевой работы я вместе с госпожой Ма и ее мужем отправился в поездку в их сельский дом. Там я познакомился с младшей сестрой госпожи Ма. Однажды вечером мы вчетвером сидели и болтали у них в гостиной. Порывшись в ящике стола, ее младшая сестра достала стопку фотографий, табелей успеваемости и грамот из детства госпожи Ма, чтобы мы с мужем полюбовались ими. Госпожа Ма, как оказалось, была полна сюрпризов. Одна грамота подтверждала, что она спортсменка провинциального уровня. «Как ты смогла получить такую грамоту?» — спросил ее муж. Ее младшая сестра одну за одной передавала мне фотографии класса за разные годы обучения в школе, спрашивая, можно ли там ее узнать. Я попытался представить, как так получилось, что смешливый улыбчивый ребенок на фото госпожи Ма времен начальной школы превратился в мрачного воина, готовящегося к экзамену, на фотографиях из старших классов.

Когда мы рассматривали эти материалы, сестра госпожи Ма вдруг начала рассказывать о ночи перед *гаокао*. Она вспомнила, как не спала всю ночь, обнимая свою старшую сестру, которая неудержимо дрожала. «В ту ночь мы не сомкнули глаз, правда?» — сказала сестра госпожи Ма. Та смущенно рассмеялась. «Я провалила китайский язык, — сказала она. — Слава Богу, мой балл по английскому был высоким».

Несмотря на десятки бесед с госпожой Ма о ее опыте сдачи экзаменов, я ни разу не слышал, чтобы она описывала этот эмоционально насыщенный момент. Как и у многих других лучших, наиболее успешных студентов, ее рассказ об успехах на экзамене всегда сопровождался некой смесью невозмутимости и эмоциональной отстраненности. Помимо всего прочего, слова ее сестры заставил меня задуматься о том, насколько хорошо справилась бы госпожа Ма, если бы не нервничала так сильно. Так же, как разные свидетельства ее успехов были заперты в пыльном ящике стола, унижения на экзаменах были тщательно исключены из ее публичной жизни. Демонстрация первого означала бы нескромность, демонстрация второго — отсутствие психологической устойчивости.

Строгость в отношении нескромности, однако, не распространяется на хвастовство людей в отношении самообладания. Мужчины, в частности, склонны хвастаться этой чертой характера. Многие считают самообладание мужским достоинством — качеством, которое девушки могут перенять, но которое не приходит к ним само собой. В качестве примера можно привести высокопоставленного менеджера шанхайской фармацевтической компании господина Чжана. Этот человек рассказал, как успех на *гаокао* привел его из деревни в провинции Чжэцзян в хороший университет в начале 1980-х годов, когда вероятность поступления в такие университеты составляла всего 1–2 %. Господин Чжан хвастался, что впоследствии он блестяще сдал все экзамены: вступительный экзамен в аспирантуру, экзамен в китайскую коллегию адвокатов и известный своей сложностью экзамен на бухгалтера. Я спросил, в чем его секрет. Он ответил:

> Я никогда не нервничаю. Знаешь почему? Я просто говорю себе, что это не имеет значения. Я совсем не переживал из-за *гаокао*. Мои родители — крестьяне. Я просто сказал себе, что быть крестьянином не так уж плохо. Мне было все равно, пройду я или нет. Мои одноклассники все нервничали. Никто из них не поступил в вуз. Только я поступил. После этого, когда бы я ни сдавал экзамены, я никогда не нервничал.

Комментируя этот рассказ, другой шанхайский менеджер — тоже успешно сдавший экзамен и, как оказалось, убежденный дзен-буддист — сказал мне, что секрет успеха в управлении такой же, как и на экзамене. Он утверждал, что это урок, который можно получить, практикуя дзен. «Вы должны научиться отпускать (*фанци*), — сказал он. — Отпустите свои желания, отпустите свои заботы. Отпустите то, что люди думают о вас. Только отпустив, вы сможете добиться успеха».

Двенадцать лет обучения, предшествующие экзамену, представляют собой командную работу, включающую помощь родителей, родственников, учителей и школы. Но сам момент сдачи экзамена — это глубокий индивидуализирующий опыт. Студенты готовятся к экзамену как члены различных социальных групп (семья, школа, место, нация), но сдают его как отдельные личности.

Экзамен тщательно контролируется, чтобы экзаменуемые подошли к нему без посторонней помощи. В предшествующие дни школа может быть открыта для работы, но сами экзаменационные залы, переоборудованные из классных комнат, становятся священной территорией. Вход туда разрешен только высокопоставленным администраторам и другому необходимому персоналу. В день экзамена в школу допускаются только учащиеся и наблюдатели. У ворот охранники проверяют личности учащихся по пропускам на экзамен, стремясь предотвратить любые попытки использования подставных лиц (цяншоу). Эти усилия дополняют многие другие меры по борьбе с мошенничеством. Сотовые телефоны и другие электронные устройства строго запрещены. Все письменные принадлежности ученики должны приносить в прозрачном пластиковом контейнере, разрешенное содержимое которого тщательно прописано. Во многих местах учеников проверяют с помощью металлоискателей. В самих экзаменационных залах ведется личное наблюдение проверяющими и дистанционное с помощью камер видеонаблюдения. Другие высокотехнологичные меры противодействия иногда включают устройства для глушения сигналов и даже беспилотные летательные аппараты.

Чистый эффект всех этих усилий заключается в том, чтобы лишить людей всех остатков их социального окружения, чтобы они встретились с экзаменом один на один[6]. Соответственно, необработанный результат гаокао — до начисления бонусных баллов — называется «чистым» результатом (см. главу 3). В то время как люди рассматривают начисление бонусных баллов как проявление гуаньси (см. главу 4), они воспринимают чистый результат как исключительно личное достижение.

Другие меры гарантируют, что экзаменуемые не смогут воспользоваться гуаньси. Учителя выступают в качестве проверяю-

---

[6] Вход в экзаменационный зал мало чем отличается от порядка в психиатрических больницах, армии, школах-интернатах и других казенных учреждениях [Гофман 2019].

щих на экзаменах, но обычно они не контролируют учеников своих собственных школ: это напоминает «правило злоупотребления», которое запрещало чиновникам служить на своей территории в императорские времена [Miyazaki 1981]. Кроме того, учителям старших трех классов запрещено проводить экзамен, что минимизирует риск того, что сдающих экзамен могут контролировать учителя, которые знают их лично. И в отличие от тренировочных экзаменов, которые учащиеся сдают в своей школе, для сдачи *гаокао* может потребоваться поездка в соседние школы. Таким образом, в день экзамена учащиеся оказываются в окружении незнакомых людей, что усиливает их чувство изолированности и незащищенности.

Однако, безусловно, самым большим источником индивидуализации является сам судьбоносный момент экзамена. Студенты сталкиваются со своими контрольными работами в одиночку, каждый из них сидит за одной партой, отделенной от других метровым расстоянием. Такое расположение напоминает изолированные кабинки в экзаменационных залах императорской эпохи. Когда они открывают свои контрольные работы, их сердца учащенно бьются. Вся их жизнь шла к этому единственному моменту, который, как им говорили с раннего детства, решает судьбу. Далее начинается драматическая борьба воли, в которой каждый экзаменуемый подходит к каждой задаче с настороженностью. Какие ловушки расставили разработчики? Какие сюрпризы таятся в ожидании? Неудачное выполнение одного раздела может выбить из колеи даже опытного экзаменуемого, лишив его возможности есть и спать между первым и вторым днем экзамена. Во многих отношениях *гаокао*, как и другие особо важные экзамены, является современной версией китайского императорского экзаменационного ада [Miyazaki 1981], который каждый должен пройти в одиночку.

Таким образом, испытуемые участвуют не только в игре ума против разработчиков теста, но и в борьбе за контроль над собственным телом, которое противостоит им как инопланетная сила. Экстремальные истории о несовладавших с собой (со стрессом) учениках стали легендой. Школьники рассказывают друг другу истории об экзаменуемых, которые падают в обморок, рыдают, теряют контроль над кишечником или даже пытаются покончить жизнь самоубийством во время экзамена. Но сенсационность таких историй упускает из виду легион прозаических индивидуальных трудностей, когда зал за залом изолированные экзаменуемые сталкиваются со своими личными демонами в призрачной тишине. Один ученик из Шаньши так описал свой экзаменационный опыт:

> Тот, кто много работает, знает, как решать проблемы. Вы думаете, что мы сталкиваемся с проблемой, которую не знаем, как решить? Недостаток знаний — это не то, что может привести к провалу в день экзамена. Наоборот, важно психическое состояние. Как быстро получится работать? Удастся ли сохранять спокойствие, если столкнешься с незнакомым вариантом задачи? Не будешь ли слишком нервничать, чтобы мыслить здраво? Именно эти вопросы могут стать решающими при выполнении теста.

В день экзамена, как говорит госпожа Фу, настрой определяет знания. *Гаокао*, как судьбоносное событие, которое каждый ученик должен встретить в одиночку, подвергает каждого экзаменуемого индивидуальному испытанию заслуг. Конечно, представление о том, что ученики сами вершат свои судьбы, опровергается тем огромным трудом, который внешний мир затратил на обучение каждого ребенка. Как сказал один из родителей: «Успех на экзамене — это достижение не только детей, но и всей семьи». Я бы добавил к этому учителей, школы, места и множества других внешних социальных обстоятельств, которые делают их такими, какие они есть. Тем не менее экзамен вырывает учеников из этого социального контекста, побуждая их взять на себя личную ответственность за результат.

Индивидуализирующий момент выпускного экзамена формирует кульминацию и суть длительного ритуального процесса, который превращает социальный труд подготовки к экзаменам в притягательный знак индивидуальных заслуг. Капризность самообладания и эпическая борьба характера, через которую проходят люди, чтобы овладеть своим телом, обеспечивают каждому экзаменуемому кажущуюся объективной поддержку для приписывания личной ответственности. В то же время согласованные усилия завучей по воспитанию воли учащихся — необходимая часть подготовки к экзаменам — еще больше поощряют их индивидуальность. Несмотря на то что все знают о причинах успеха на экзамене, учителя и родители вместе с учениками рассматривают свои итоговые результаты как показатель личного характера. В дни и недели после экзамена все эти заинтересованные стороны размышляют об индивидуальных триумфах и неудачах, которые заставляют людей победить или проиграть.

Как и в случае с другими аспектами характера, многие факты свидетельствуют о том, что вокруг распределения настроя или самообладания существует большое неравенство. Как сказал господин Чжан, легче сохранять спокойствие, если тебя это не волнует. Во многих случаях, однако, ставки на экзамене выше для учеников из маргинальных социальных слоев. Конечно, относительно привилегированные учащиеся часто испытывают сильное давление из-за требований успешной сдачи экзамена, а некоторые непривилегированные студенты относятся к нему безразлично. Но для многих школьников скромного происхождения *гаокао* представляет собой единственный способ выбраться из социально-экономических условий, в которых они родились, в то время как те, у кого больше средств, могут выбрать обучение за границей или в частных вузах, или попробовать пересдать экзамен[7].

Мало кто из учеников любого происхождения будет винить общество в своих неудачах. Вместо этого разбор полетов после экзамена фокусируется на социальной взаимности. В дни после экзамена ученики и учителя бесконечно спорят о том, кто заслужил, а кто не заслужил успеха, основываясь на своем усердии

---

[7] В США среди детей и из неблагополучных, и из богатых семей наблюдается высокий уровень депрессии и самоубийств [Luthar 1999; Luthar, Becker 2002]. См. также статью Ханны Розин [Розин 2015] о самоубийствах в богатых школах Пало-Альто, Калифорния.

и силе воли. Однако сами по себе такие рациональные комментарии не всегда удовлетворяют потребности людей в последовательном объяснении результатов экзаменов. В частности, такие рациональные объяснения не позволяют трактовать множество случайных факторов, сопутствующих экзамену. Как объяснить внезапную лихорадку в последнюю минуту, правильно или неправильно угаданный ответ, хорошее или плохое место, жаркий день или множество других случайностей, которые могут иметь роковые последствия для результатов экзамена? Чтобы объяснить такие превратности, люди склонны прибегать к менее осязаемым объяснениям — везению, судьбе, божественному вмешательству и другим формам космической взаимности, о чем пойдет речь в следующей главе.

Глава 6
Магия и меритократия

*Народно-религиозная реакция
на экзаменационную тревожность*

> Если вера искренняя, молитва будет услышана.
> *Китайская пословица*

Ранним воскресным утром, всего за четыре дня до *гаокао*, группа учителей и администраторов собралась у ворот школы Нинчжоу номер один. Пока они собирались, подъехал экскурсионный автобус, чтобы отвезти их в деревню в 70 километрах к югу в горах соседнего уезда Фуцян. Посторонний человек мог бы принять эту группу за туристов, но у них была более серьезная цель. Они собирались на организованное школой паломничество в известный даосский храм Юннин, чтобы помолиться за успех в «последней битве». Поскольку государство запрещает школам организовывать религиозные мероприятия, паломничество должно было проходить скрытно. Тем не менее оно было обязательным для преподавателей старших трех классов, и к ним присоединилось высшее руководство школы, включая руководителя старшего третьего потока, двух из трех старших преподавателей и самого директора.

Группа планировала совершить молитвенную поездку на следующий день, в понедельник, который был благоприятным днем — 15-м днем месяца по лунному календарю. Они также планировали посетить храм Конфуция в Нинчжоу. Однако в последний момент правительственные чиновники потребовали, чтобы директор в тот день присутствовал на совещании. Поэтому посещение Юннина, который считался реально действенным (*линьянь*), было перенесено на воскресенье. Затем в понедельник, пока директор был на совещании, учителя без сопровождения отправились в храм Конфуция, который считался вторым по эффективности.

Несмотря на близость к школе, храм Конфуция принимает относительно мало посетителей. В 1980-х и 1990-х годах здание стояло заброшенным, пока другие храмы в городе восстанавливались. Как и в других частях Китая, большинство религиозных объектов города были повреждены или разрушены в ходе организованных государством кампаний по искоренению так называемых феодальных суеверий во время «культурной революции» (1966–1976). Интерес к народной религии возродился в эпоху реформ. Во многих местах храмы снова занимают важное место в местных сообществах [Chau 2006; Jing 1998]. С 2000-х годов центральное правительство даже пытается извлечь выгоду из этого возрождения, предпринимая пробные шаги по реанимации статуса конфуцианства как полуофициальной идеологии [Billioud, Joël 2015]. Правительственные чиновники организовывали публичные ритуалы в честь Конфуция. В некоторых городах, например в Цюаньчжоу, конфуцианские храмы используются для проведения торжественных мероприятий в честь отличников *гаокао*. Однако в знак почтения к официальному атеизму такие мероприятия, по крайней мере в публичном дискурсе, оформляются как светские. Государственные деятели обычно объясняют, что поддерживают конфуцианство как философию, тогда как многие простые люди считают Конфуция божеством.

Поэтому посещение храма Конфуция может быть истолковано по-разному. Когда в понедельник учителя возложили венок из цветов к статуе мудреца, одни наблюдатели могли расценить это как благочестивый акт, а другие как дань идеологии центрального правительства. Такая двусмысленность помогает избежать обвинений в суеверии после этого относительно публичного мероприятия. Сами учителя делали вид, что это мероприятие не имело большого значения.

На самом деле они рассматривали свое паломничество в Юннин как совершенно искреннее предприятие, магическая сила которого могла оказать реальное влияние на результаты экзаменов. Хотя паломничество грубо нарушало официальный запрет на религию в школах, никто не беспокоился, что это повлечет за собой порицание или наказание. Поездка состоялась с ведома муниципальных чиновников. Кроме того, храм находился далеко от города, и учителя буквально затерялись в толпе в Юннине — одном из самых популярных мест поклонения в регионе.

В отличие от культа Конфуция, Юннин не пользуется одобрением центрального руководства. Однако храм привлекает паломников издалека, в том числе из Тайваня и Гонконга. В отличие от забытого храма Конфуция, Юннин продолжал активно действовать на протяжении всего времени. Местные жители говорят, что Юннин и другие отдаленные сельские храмы продолжали принимать посетителей даже во время «культурной революции». Даже если они и преувеличивают, такие сообщения свидетельствуют о почитании, с которым относятся к этим местам.

Конечно, Юннин — не единственный храм, который люди считают эффективным в вопросе сдачи экзаменов. Например, храм бога экзаменов Вэньчан в Нинчжоу в период экзаменов наполняется паломниками (илл. 12). Но школьная администрация отдает предпочтение Юннину. Его божество-покровитель, старейшина Юннин, особенно известен своими чудесами. Это божество считается настолько могущественным, что произносить его имя вслух запрещено. Говоря с благоговением и трепетом, верующие упоминают о паломничестве лишь в косвенных выражениях, как о «посещении того места в Юннине».

В день паломничества погода была жаркой и влажной, температура приближалась к 100 градусам по Фаренгейту. Учителям было указано поститься, и некоторые чувствовали головокружение от жары. Прибыв к основанию храмового холма, они поднялись на несколько пролетов каменной лестницы, останавливаясь, чтобы возжечь благовония у некоторых второстепенных святынь на пути к главному храму.

Илл. 12. Люди всех возрастов молятся за успешную сдачу экзаменов. Прихожане собираются на ритуал в храме Бога экзаменов. *Фото автора*

Поднимаясь по лестнице, группа проходила мимо доказательств могущества божества. На стенах храмового комплекса выгравированы ряд за рядом имена жертвователей, которые передали деньги в храм, чтобы отблагодарить бога за ответ на их молитвы. Главный храм был старым, но над ним возвышалась недавно построенная статуя старейшины — гигантское сооружение, возвышавшееся над соседним горным склоном. Ярко-золотое здание высотой более 30 метров вмещало большой зал, украшенный сверху донизу бесчисленными рядами ниш из твердого дерева, в каждой из которых стояла статуэтка из золотых листьев, купленная богатым жертвователем в благодарность божеству за ответ на молитвы.

На вершине последнего лестничного пролета учителя подошли к главному храму, из которого открывался вид на долину внизу.

Пространство вокруг алтаря было заполнено верующими. В преддверии *гаокао* об успехе молились родители, ученики и учителя. Сжигая благовония, они склонялись перед фигурой божества, которая была черной от дыма. Пробормотав несколько молитв, они положили светящиеся палочки благовоний в огромную бронзовую урну на алтаре. Ученики, некоторые в школьной форме, по очереди проносили свои прозрачные пластиковые пеналы над этим тлеющим сосудом, чтобы наделить свои экзаменационные принадлежности магической силой. Другие верующие ждали своей очереди, чтобы вытянуть жребий (*чоуцянь*) — гадательная практика, распространенная в храмах. Обращая свои вопросы божеству, просители держали бамбуковые цилиндры. В молитвенном жесте каждый молящийся встряхивал свою чашку, пока одна из полосок медленно не вытягивалась и падала на землю. Сидя за соседним столом, скучающего вида «мастер толкования жребия» (*цзецянь шифу*), деревенский житель средних лет, сверял цифры на этих полосках с серией загадочных поэтических строк, начертанных на маленьких листках тонкой розовой бумаги, которые он раздавал каждому просителю. По общему мнению, само божество вещало голосом мастера, который расшифровывал эти послания, ссылаясь на вопросы верующих о будущем, которые в это время года в основном вращались вокруг большого экзамена.

В начале апреля учителя уже ездили в Юннин, чтобы передать пожелание (*сюйюань*) успеха на экзамене. Во время этой поездки учителя благословили свидетельства о допуске учеников к экзаменам у урны с благовониями. Поклонившись статуе старейшины, они принесли в жертву (*гунпинь*) фрукты, закуски и пачки ритуальных денег (*шоуцзинь*) — разноцветных бумажек, которые верующие подносят божествам и предкам. После этого учителя сожгли деньги духа вместе со списком имен своих учеников, передав таким образом просьбу об их успехе на экзамене в мир духов. Учителя купили конфеты и печенье, предназначаемые божеству, на деньги класса; в некоторых случаях принимали индивидуальные пожертвования в расчете два китайских юаня (около 25 центов) на каждого ученика, так что небольшое количество христиан могло отказаться от участия. После возвращения в среднюю школу преподаватели раздавали эти жертвенные продукты экзаменуемым, которые проглатывали их, чтобы получить защиту (*баою*) старейшины. За небольшое пожертвование храму учителя также приобрели защитные амулеты: маленькие кусочки красной бумаги, исписанные магическими иероглифами, которые они прикрепили на дверях у входа в свои классы. Незаметные для непосвященных, эти обереги являются неприметным, но явно неуместным дополнением к декору класса, который в остальном посвящен исключительно двум темам — поощрению учеников к прилежной учебе и восхвалению Коммунистической партии.

За несколько дней до экзамена учителя отправляются во второе паломничество с той же мольбой об успехе на экзамене. Как обычно бывает в таких случаях, это прошение включало в себя обещание вернуться в храм после того, как божество исполнит просьбу, — практика, известная как исполнение желания (*хуань янь*). Школа планировала совершить эту третью поездку в храм в июле, после того как ученики получат свои баллы на *гаокао*.

Школа номер один в Нинчжоу не единственная средняя школа, организующая паломничества к религиозным местам. Многочисленные свидетельства говорят о том, что спонсируемые школой молитвенные поездки в Юннин и другие храмы — обычное дело в юго-восточном Китае. Однако не каждая школа проводит такие поездки. Как показано ниже, их проведение соответствует четкой географической схеме. В местах моих полевых исследований такого рода паломничества обычно спонсируют только сельские школы и городские школы высокого уровня.

В школах, где проводятся посещения храмов, их можно охарактеризовать как секрет Полишинеля: родители и ученики о них знают, но в школах, которые их не организуют, люди недоумевают, как учителя так откровенно противоречат принципу официального атеизма. Как говорила мне учительница из школы «Ворота дракона», для школ было бы невозможно проводить молитвенные поездки. Такие мероприятия «нарушили бы фундаментальные принципы качественного образования», которые, по ее словам, включают в себя обязательство прививать ученикам благоговение перед наукой и защищать их от феодальных суеверий (*фэнцзянь мисинь*). «Очевидно, — сказала она, — что молитва об успешной сдаче экзаменов противоречит обеим этим целям». Госпожа Фу как-то сказала, что учителям категорически запрещено поощрять учеников в любых религиозных верованиях, хотя в частном порядке она и признала, что храм Юннин довольно действенный в плане исполнения желаний.

Это показывает, как закулисная вера в божественное сталкивается с фасадом секуляризма. Старшие школы, в которых такие молитвы не проводятся, как бы играют роль авансцены по сравнению со школами, в которых она осуществляется. Это резкое различие смущает тех, кто в курсе, представляя собой форму культурной близости, которой нелегко поделиться с незнакомцами [Herzfeld 2005]. Как говорят люди, «о семейных скандалах не должны знать посторонние» (*цзячоу бу кэ вайчуань*).

Я проработал на местах почти год, прежде чем узнал о спонсируемой школой практике паломничества. Когда я спрашивал об этом у местных жителей, они часто удивлялись, как иностранец может быть в курсе таких вещей. Частым ответом было: «Да, мы это делаем. Но кто вам сказал?» Когда я начинал свою полевую работу, школы казались мне местами, отрешенными от религии и сверхъестественных верований, но, как я постепенно узнал, на самом деле они пропитаны магией.

Со стороны двора школы номер один в Горном округе растет неудобно расположенное баньяновое дерево, что я сначала посчитал за признак плохого планирования. Однако, как рассказал администратор, ни один директор не осмелился убрать дерево, боясь разгневать его обитателя. Разгневанный бог баньяна может серьезно повлиять на результаты тестов. Со временем я начал наблюдать множество других магических верований, включая повсеместную одержимость учеников удачей и кармическими заслугами или, как они это называли, «зарабатыванием характера» (*цзань жэньпинь*). Но я не замечал магических защитных иероглифов над дверями всех старших третьих классов — свидетельств паломничества, организованного школой, — пока мне не указал на них близкий друг.

Возможно, мне не стоило так удивляться, обнаружив в старших классах школы атрибуты веры в сверхъестественное. *Гаокао* — это магнит для магии. Действия, которые я описал выше, составляют лишь малую часть обширного спектра популярных религиозных практик, которые окружают экзамен как внутри, так и за воротами школы, включая гадания, молитвы, одержимость и изгнание нечистой силы, а также различные суеверия в день экзамена. Но почему магия и религия так важны для *гаокао*? И как магическое мышление сочетается с гиперрационализмом меритократии? Объективное и научное проведение экзамена кажется несовместимым с этой всепроникающей одержимостью удачей и фатализмом.

Сравнительная перспектива предлагает предварительный подход к этому вопросу. Использование магии во время судьбоносных обрядов, по-видимому, распространено среди людей в целом. В разных культурах люди в роковой момент используют магию в попытке отогнать невезение и обеспечить хороший исход, включая солдат [Stouffer 1949], рыбаков [Malinowski 1935], бейсболистов [Gmelch 1971], азартных игроков [Lindner 1950], инвесторов фондового рынка [Lepori 2009], кандидатов на высшие государственные посты [Geshiere 2003] и даже астронавтов [O'Callaghan 2015]. Люди не прибегают к магии легкомысленно, а приберегают ее для действительно судьбоносных ситуаций. В частности, Малиновский [Малиновский 2020: 31] отмечает, что жители Тробрианских островов практикуют магические обряды при ловле рыбы в открытом море, но не в лагуне. Первый случай представляет собой весьма неопределенное, с высокими рисками предприятие, а второй — более повседневный случай.

В Китае люди прибегают к магии и молитвам не только во время экзаменов, но и во многие судьбоносные моменты жизни. Перечень таких событий можно составить, наблюдая за тем, по каким причинам люди посещают храмы. Когда верующие тянут жребий, смотрители храмов обычно раздают стандартные прогнозы, основанные на типовых ответах для каждого типа ситуаций, в которых люди обычно обращаются за божественной помощью (илл. 13). В эти категории обычно входят любовь, болезнь, семейные распри, деловые решения и, конечно же, экзамены. Но в ряду судьбоносных моментов, с которыми может столкнуться человек, лишь немногие имеют большее значение, чем *гаокао*.

Здесь, однако, таится парадокс. Эти проявления народно-религиозных верований не только противоречат публичной приверженности китайских учебных заведений официальному государственному секуляризму, но и идут вразрез с акцентом, который делается в средних школах на ортодоксальную социальную взаимность — представление о том, что только трудолюбие и хорошее отношение обеспечивают успех. В отличие от ортодоксальной интерпретации взаимности, такие религиозные мероприятия включают в себя веру в то, что такие трансцендентные космические силы, как судьба и удача, частично определяют индивидуальную судьбу. Как говорится, «Небеса вознаграждают за тяжелый труд», но, видимо, также и за менее явные добродетели. Таким образом, хотя учителя часто напоминают ученикам, что они должны быть хозяевами своей судьбы, участие учителей в школьной молитве представляет собой фактическую уступку тому убеждению, что заслуги, в традиционном понимании, сами по себе не могут определить исход экзамена и, следовательно, жизни учеников.

Эти культурные мероприятия привлекают внимание к неудобному факту. Несмотря на широко распространенную веру в меритократию, люди не всегда воспринимают один из ее основных постулатов — ортодоксальную социальную взаимность — как полностью убедительный. С одной стороны, они замечают, что случайные события, такие как погода или гадания, могут оказать роковое влияние в день экзамена и, следовательно, на жизненные результаты. С другой стороны, они отмечают, что относительно неизменные аспекты личности, такие как место происхождения, класс, пол и этническая принадлежность, сильно влияют на результаты образования. По этим причинам люди понимают, что результат экзамена определяется не только межличностной

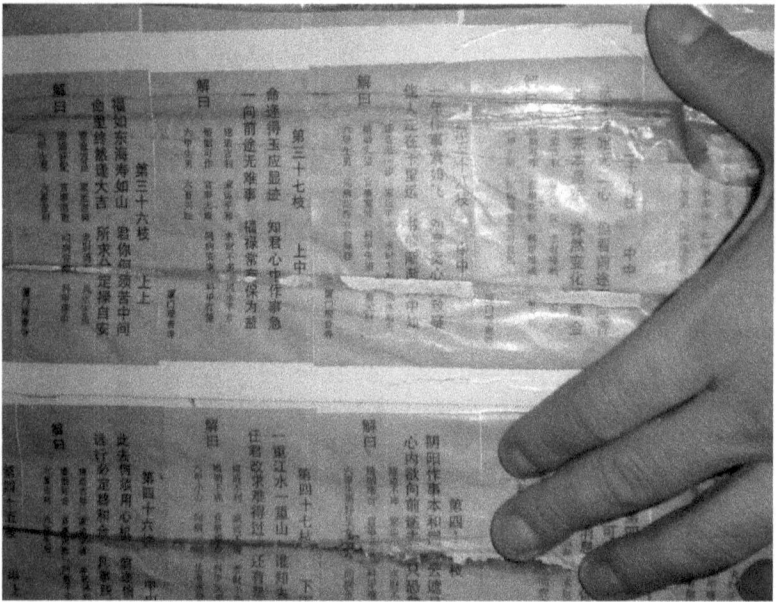

Илл. 13. Каталог жребиев в храме Гуаньинь, бодхисаттвы милосердия. Каждый листок, соответствующий номеру вытянутого жребия, содержит несколько слов пророчества («благоприятно», «неблагоприятно» и прочее) для типичных ситуаций, в которых верующие обращаются за божественной помощью. Эти листки либо передаются верующим, либо зачитываются им. *Фото автора*

конкуренцией, управляемой тем, что я называю агонистической неопределенностью (см. главу 1). Он также зависит от произвольных происшествий и случайностей рождения, или алеаторной неопределенности, то есть от событий, не поддающихся индивидуальному контролю. Чтобы разрешить это противоречие, люди дополняют ортодоксальную социальную взаимность космической взаимностью. Они приписывают удаче и судьбе то, что нельзя объяснить только усердием, упорством и самообладанием. Но при этом они склонны смешивать два типа явлений, которые аналитически различны. Случайности социальной жизни, предшествующие экзамену, на самом деле не являются алеаторными в том же смысле, что и случайности, происходящие во время экзамена. Хотя случайности рождения могут быть неподвластны индивидуальному контролю, они являются частью социальной жизни. Поэтому в более широком смысле эти случайности отражают результаты соревнования, которое выходит за рамки индивидуального — социального соревнования. Таким образом, эти случайности также являются результатом агонистической неопределенности, хотя временны́е рамки этого соревнования намного превышают рамки любого индивидуального экзаменационного опыта. Но связывая случайные события и атрибуты личности с удачей и судьбой, люди ошибочно приписывают воле трансцендентных сил непредвиденные ситуации, которые отчасти произведены человеком (то есть социально). Тем самым они заставляют социальное неравенство выглядеть как естественный и неизбежный продукт судьбы.

Космическая и ортодоксальная взаимность представляют собой различные объяснительные модели или космологические фреймы для интерпретации событий [Гофман 2004]. Первая является магико-религиозной и сверхъестественной, вторая — обыденной и научной. Но, несмотря на это важное различие, обе концепции взаимности следуют схожей культурной логике причинно-следственных связей. В рамках обеих концепций люди рассматривают успех как награду за заслуги. Однако, в отличие от космической взаимности, социальная взаимность ограничивает определение заслуг индивидуальным трудолюбием и характером. Этот вид взаимности следует формуле «усердные усилия будут вознаграждены успехом» (*фучудэ нули ю хуэйбао*). Космическая взаимность, с другой стороны, расширяет пространственный и временной горизонт взаимности, включая накопление кармических заслуг *(гундэ)* или тайной добродетели *(иньдэ)*. Согласно этому взгляду, хорошие или плохие поступки в одной сфере жизни могут оказать судьбоносное влияние на другие сферы. «Совершая добро для накопления заслуг» *(синшань цзидэ)*, человек может приобрести удачу, тем самым склоняя чашу весов кармической справедливости: «Добро воздает добром, а зло воздает злом» *(шань ю шаньбао, э ю эбао)*. Кроме того, поскольку люди широко придерживаются веры в реинкарнацию, понимание космической взаимности связано с верой в важность поступков человека в прошлых жизнях. Наконец, эта концепция взаимности выходит за рамки отдельного человека и включает в себя поступки его предков. В итоге, как говорят люди, «ни один поступок никогда не остается неоцененным, просто время еще не пришло» (*бу ши бу бао, шихоу вэй дао*).

Китайская народная религия многогранна и включает в себя самые разнообразные практики. Но вера в космическую взаимность является фундаментальной, если не основной общностью, которая их объединяет [Brokaw 1991]. Найдется мало людей, которые в свободную минуту не прибегали бы к практикам влияния на удачу и изменения судьбы. Эта вера в космическую взаимность выдает отсутствие или пустоту, присущую мифу о меритократии. Как и другие формы рационального, расчетливого аппарата, экзамен не может учесть уникальность каждого человека [Derrida 1989]. Хотя экзамен позиционируется как объективная, научная форма отбора, на самом деле он представляет собой гегемонистские переговоры определенных социальных интересов. Это противоречие приводит к разрыву между идеалом и реальностью, который одновременно является личным и социальным. Гложущее чувство несоответствия порождает огромную тревогу, которую помогают смягчить магические верования.

Беспокойство — не побочный эффект меритократии; оно является неотъемлемой частью ее функционирования. Для поддержания мифа о меритократии одной лишь усердной подготовки к экзаменам недостаточно. Восстановление видимости взаимосвязи космической и социальной требует дополнительной формы труда: магического гадания, паломничества, молитвы и бесконечных разборов полетов после экзаменов, в которых судьба и удача неизбежно играют важную роль. Эти труды не являются вторичными или поверхностными по отношению к экзаменационному опыту. Действительно, конструирование судьбы через экзамен составляет основу его культурного смысла. Система экзаменов — двигатель производства судьбы.

Космическая взаимность помогает людям примириться с судьбой. Таким образом, может показаться, что космическая взаимность просто работает на укрепление идеологии индивидуальных заслуг и стабилизирует культурный гироскоп экзамена. В то же время, однако, популярные верования в судьбу и удачу являются обоюдоострым мечом для власть имущих. Они привносят потенциальный источник нестабильности в социальные механизмы. Указывая на несостоятельность мифа о меритократии, эти верования расширяют возможности для человеческой деятельности. Они открывают людям возможности для индивидуальных и социальных изменений.

Смешение космической и ортодоксальной взаимности

Континуум магико-религиозных практик

Китайская народная религия опирается на такие институциональные религии, как буддизм и даосизм (и в определенной степени христианство), и пересекается с ними. Но в отличие от этих религий, она распространяется через широкий спектр социальных контекстов и институтов (семья, работа, школы и т. д.), а не находится в одном институциональном локусе, таком как церковь [Yang 1967]. В то время как институциональные религии ассоциируются с высокой культурой (Великая традиция), народная религия включает в себя народную культуру (Малая традиция), особенно легендарные сказания, первоначально записанные в народных романах эпохи Мин (1368–1644), таких как «Возведение в ранг духов», «Троецарствие» и «Путешествие на Запад». Однако различие между высоким и популярным оспаривается. В повседневной жизни эти два названия образуют конечные точки сложного континуума практик; более того, один и тот же человек может колебаться между этими различными пониманиями религии в зависимости от контекста [Sangren 2000].

Следуя этому гибкому подходу, люди в Китае склонны не проводить резких границ между магией и религией. Они рассматривают все магико-религиозные практики как соответствующие общим сверхъестественным закономерностям, управляемым законами космической взаимности. Практики, которые в других культурных контекстах люди могли бы назвать магическими, такие как гадание, органично сочетаются с поклонением божествам.

Большинство верующих не видят конфликта между основными или ортодоксальными религиозными практиками, такими как молитва или чтение священных писаний, и тем, что государство называет «еретическими» (*се*) формами общения с миром духов, такими как одержимость предками или вещие сны. Действительно, спиритические медиумы являются постоянными посетителями многих китайских храмов, а многие специалисты по ритуалам, например упомянутые выше мастера толкования жребия, считают себя ожившими голосами божеств. В буддийских и даосских храмах проводятся торжественные религиозные церемонии, а также продаются магические защитные амулеты и талисманы. Например, в храме Бога экзаменов посетители за небольшое пожертвование могут получить счастливое ожерелье или ручку. Конечно, некоторые относительно благочестивые приверженцы институциональной религии могут считать такие отвращающие беду талисманы, наряду с гадательными практиками, такими как жребий, противоречащими истинному учению Священного Писания. Но мало кто из обычных людей так считает. Поэтому благочестивое поклонение регулярно сочетается с тем, что многие могут счесть низкопробными формами магии, если не суеверием. Такая тесная связь религиозных и магических практик порождает спрос на предприимчивых ритуалистов, которые зарабатывают на жизнь на задворках ортодоксальной религиозной жизни. После благочестивой молитвы в храме верующие часто посещают гадалок, которые собираются возле многих подобных мест.

В результате таких сочетаний многие, кто не верят ни в какую институциональную религию, тем не менее следуют популярным магико-религиозным практикам. Например, многие верующие в храме Бога экзаменов не знают, является ли этот храм даосским или буддийским, да их это особо и не волнует. Вместо этого, как сказала одна женщина средних лет, они просто «вскакивают на подножку» *(гэньфэн)*, следуя моде и радуясь тому, что любыми возможными способами добиваются потенциального преимущества для своих детей. Такие прихожане рассматривают молитву как своего рода страховой полис. Они говорят, что никогда нельзя знать, реальны ли боги; поэтому, рассуждают они, лучше молиться, чем не молиться.

В какой-то степени такой агностицизм свидетельствует об упадке народной религии в материковом Китае. При правлении Коммунистической партии народная религия подверглась серьезному вытеснению, особенно во время кампаний «культурной революции». В эпоху Мао любая религия считалась суеверием и подлежала уничтожению. В современном Китае, напротив, люди номинально пользуются свободой вероисповедания, хотя на практике последователи институциональной религии должны подчиняться строгому контролю со стороны государства. Хотя некоторые ярые атеисты продолжают поносить религию как суеверие, в целом люди используют этот термин только для описания народных религиозных практик. Но, несмотря на атмосферу неприглядности, которая окружает веру в космическую взаимность, она остается чрезвычайно распространенной. Даже многие самоуверенные скептики, придерживающиеся исключительно научных взглядов, имеют свои теории о том, как повлиять на удачу.

Таким образом, степень культурных потерь не так велика, как многие думают. В районе моих полевых работ, юго-восточном Китае, наблюдается особенно сильное возрождение народной религии. Ссылаясь на распространенность суеверий в этом регионе, мигранты из других областей характеризуют эту часть Китая как высоко феодальную. Они восхищаются тем, как, например, вечером девятого дня нового года по лунному календарю на балконах домов по всему городу Нинчжоу загораются огни, когда семьи сжигают аккуратно сложенные бумажные деньги в жертву Небесному императору *(Тянь Ди)* — верховному божеству китайского пантеона народных богов. Многие семьи молятся в храмах и посещают религиозные мероприятия, такие как храмовые парады и ритуалы по изгнанию злого духа, или экзорцизм *(сяоцзай)*. Эти общественные формы поклонения интегрированы в практику домашних жертвоприношений божествам и предкам. Хотя с ростом урбанизации эти практики, возможно, ослабевают, они передавались и адаптировались к меняющимся обстоятельствам на протяжении сотен лет и остаются относительно жизнеспособными в Фуцзяни.

Смешение ортодоксального и народного: ревизии добродетели и бонусы к карме

Различие между наукой *(кэсюэ)* и суеверием *(мисинь)* было проведено после старта политики самоусиления (1861–1895) и Движения 4 мая (1915–1921), когда элита страны воодушевленно искала решения проблем общества в знаниях Запада [Duara 1995; Kwok 1965]. Это время породило множество новых интеллектуальных течений, включая китайскую версию марксизма, которая остается, по крайней мере номинально, официальной идеологией Китая. Согласно этой идеологии, которую многие ученые считают вульгарной интерпретацией марксизма, наука является частью рационального материального базиса общества, тогда как суеверия — это иррациональная надстройка, которая должна быть побеждена посредством модернизации.

Хотя наука и суеверия появились относительно недавно, контраст между рациональными и иррациональными верованиями не является таковым. Во-первых, Китай имеет свою собственную научную традицию, которая на протяжении веков превосходила европейскую во многих областях технологических достижений [Elman 2005]. С другой стороны, напряженность между рациональным и иррациональным, по-видимому, составляла важный аспект китайской культурной жизни задолго до XX века. По крайней мере с эпохи Сун (960–1279) китайское государство опиралось на высокорационализированную бюрократию и рыночную экономику (см. главу 1). Как часть этой культуры бюрократической рациональности, люди долгое время проводили различие между ортодоксальными и народными взглядами на заслуги.

Ортодоксальные течения в мышлении о заслугах можно проследить в конфуцианских трудах Мэн-цзы (372–289 годы до нашей эры) и их неоконфуцианских интерпретациях Чжу Си (1130–1200) [Brokaw 1991]. Согласно этому учению, люди наделены Небом изначально доброй природой или «образцом» (*ли*). Однако, чтобы достичь совершенства, они должны стремиться преодолеть конфликты, присущие их «материальной энергии», или *ци*. Эта ортодоксальная конфуцианская логика обычно отвергает понятия кармы и реинкарнации, сосредоточиваясь вместо этого на моральном долге всех людей культивировать свою исходную фундаментальную доброту.

В то время как, согласно ортодоксальным конфуцианским представлениям, человеческая природа является доброй по своей сути, народное представление о заслугах кажется ближе к альтернативным течениям китайской мысли, таким как моизм или легизм, в которых подчеркивается необходимость коррекции поведения и бдительного избегания зла [Brokaw 1991]. В распространенном понимании заслуги каждого оцениваются пантеоном антропоморфизированных богов-бюрократов, которым управляет верховное божество, Небесный император. Эти боги-бюрократы подсчитывают индивидуальные и семейные заслуги каждого человека в этой и прошлых жизнях. Для выполнения этой задачи они полагаются на общение с духами, обитающими в семье (например, бог кухонного очага) и даже в теле (три червя, *саньчун*). Как бюрократы из мира людей могут быть склонны к подкупу и коррупции, так и эти духи иногда бывают мелочными и подлыми. В целом, однако, их всеведенье человеческих дел позволяет им принимать справедливые решения о распределении индивидуального успеха, оценивая тайные добродетели каждого человека.

Между ортодоксальной и народной концепциями заслуг существует четкий контраст. Ортодоксальный взгляд ограничивает деятельность человека искренним и добросовестным самосовершенствованием. Однако в рамках этого самосовершенствования люди обладают полным контролем над своей жизнью и, следовательно, несут за нее абсолютную ответственность. Народная традиция, напротив, предоставляет людям больше возможностей для действий. Согласно народной логике, человек способен повлиять на судьбу, совершая достойные поступки, и тем самым склонить весы тайной добродетели в свою пользу. Однако, как это ни парадоксально, народный взгляд на судьбу также приписывает успех или неудачу человека факторам, не зависящим от него, таким как заслуги предков, в то время как ортодоксальный взгляд на судьбу фокусируется исключительно на самосовершенствовании человека в настоящем времени.

Напряжение между ортодоксальными и народными представлениями о заслугах в императорскую эпоху близко напоминает современное противоречие между ортодоксальной и космической взаимностью. Во многих отношениях первое является близким генеалогическим предшественником второго. Однако, как и в случае с различием между Великой и Малой традицией, эти разделения следует понимать как эвристические или идеально-типические. Люди склонны смешивать ортодоксальные и космические концепции. Например, их подход к учету тайной добродетели может быть в высшей степени рационалистическим, даже если более ортодоксальные мыслители клеймят его как иррациональный. Тем не менее сами люди продолжают проводить резкие различия между ортодоксальными и народными представлениями, хотя в действительности эти различия всегда спорны и нечетки.

Можно привести множество примеров, иллюстрирующих эту культурную динамику. Хорошей отправной точкой является популярность журналов заслуг в императорские времена [Brokaw 1991]. Похожие на знаменитые записки Бенджамина Франклина о сущности истинной добродетели, эти журналы были инструментами морального учета, которые люди использовали для подсчета и количественной оценки хороших поступков, оцениваемых по заранее установленной системе баллов. Использование таких таблиц было не единичным и не кратковременным. Это явление можно проследить со средневековых (то есть эпохи Сун) времен, хотя широкую популярность оно приобрело во времена империи Цин (1644–1911). Люди рассматривали такие таблицы как способ достижения контроля над судьбой. Один из особенно популярных примеров практик назывался «Определение собственной судьбы» (*Ли мин пянь*). Брокау [Brokaw 1991] отмечает, что в этих ревизиях добродетели императорской эпохи смешивались народная одержимость тайными заслугами и ортодоксальная забота об индивидуальном самосовершенствовании. Однако ортодоксальные конфуцианцы обычно смотрели на такую практику с недоверием. Таблицы заслуг объединяли народные и конфуцианские подходы таким образом, что ортодоксальные мыслители относились к ним терпимо, но не принимали всерьез.

В современную эпоху Коммунистическая партия Китая продолжила эту традицию подсчета заслуг в своих кампаниях политического образования. Реестры заслуг и недостатков (*гунгубу*) поощряли людей к самосозиданию, позволяя «заслугам... смывать недостатки» [Brokaw 1991, прим. 140]. Точно так же система трудовых баллов в коллективизированном сельском хозяйстве награждала людей за трудолюбие и снимала баллы за лень и другие грехи, мнимые или реальные. В настоящее время подобная озабоченность количественной оценкой заслуг находит свое выражение в повсеместных попытках учета и аудита качества студентов, а также в других различных измерениях нравственности. Особым примером этого явления является эксперимент, проводимый с середины 2010-х годов во многих китайских городах с системой «социального кредита», в которой каждый гражданин оценивается по его общественной морали с помощью систем распознавания лиц и искусственного интеллекта[1]. Эта система представляет собой лишь самое последнее, хотя и относительно оруэлловское, проявление давнего культурного увлечения Китая проверкой человеческой добродетели. Хотя заслуги, которые фиксируются в ходе таких проверок добродетели, на первый взгляд не могут быть тайной, переходность, с которой люди понимают заслуги в одной сфере жизни, чтобы отразить заслуги в другой, согласуется с популярными, космическими представлениями о взаимности, даже если она привносит расчетливую рациональность в явления, которые нелегко оценить количественно.

---

[1] Об экспериментах Китая с системами социального кредита см., например, работу Нотон [Naughton 2018].

Если таблицы заслуг представляли собой сплав ортодоксальной и народной космологической систем, то другие практики демонстрируют способность людей переходить от одной системы к другой в зависимости от контекста. После написания экзаменационного сочинения по тонкостям ортодоксальной конфуцианской философии экзаменуемый императорской эпохи мог обратиться к одному из многочисленных прорицателей, которые обычно собирались возле экзаменационных залов [Elman 2000]. Как показывает высокий спрос на гадания, многие из этих добропорядочных конфуцианцев были далеко не беззащитны перед народными верованиями. Широкий спектр литературы имперской эпохи описывает сверхъестественную одержимость ученых, которые часто приписывали успех или неудачу на экзаменах влиянию призраков и кармическим заслугам [Elman 2000; Miyazaki 1981]. Излюбленной темой такой литературы является толкование сновидений. Считалось, что успех многих экзаменуемых, занявших первое место, был предсказан в провидческих видениях.

В настоящее время дискурсивная четкость, с которой люди проводят различие между ортодоксальной и космической взаимностью, также скрывает синкретизм их практики, который часто смешивает эти две концепции. В качестве примера можно привести политику присуждения дополнительных баллов на *гаокао* сыновьям и дочерям ветеранов войн и мучеников. На первый взгляд, эта практика может быть понята как форма позитивных действий. Однако она не компенсирует недостатки награжденных, а, скорее, награждает их за заслуги их родителей. Такая политика признает долг государства перед потомками добродетельных предков, что равносильно признанию наследственного характера заслуг.

Космология на фасаде и за кулисами: игра по схеме

С точки зрения ортодоксальной марксистской партийно-государственной риторики, магико-религиозные рамки космической взаимности продолжают рассматриваться как феодальное суеверие, которое должно быть преодолено по мере развития Китая к телосу модерна (см. главу 2). Поэтому в школах по-прежнему важной задачей является искоренение суеверий и пропаганда научных знаний. В роли бюрократов, на которых возложена эта миссия, учителя должны регулярно проверять качество знаний учеников, хотя, вероятно, немногие знают об ироничной генеалогической связи таких проверок с народно-религиозными таблицами добродетели императорской эпохи. В рамках проверки знаний учителя должны оценивать учеников на основе их отказа от суеверий, но поскольку многие учителя сами суеверны, они подходят к этой задаче с противоречивыми чувствами. Поскольку процесс оценивания учеников по их убеждениям в основном касается способности учеников подавлять эти убеждения, должным образом прислушиваясь на авансцене к ортодоксальной риторике светской современности. В повседневной школьной жизни, однако, учителя в местах моей работы обычно не прибегают к уничижительному слову «суеверие», чтобы санкционировать неуместное обсуждение космической взаимности на фасаде. Вместо этого они предпочитают менее резкие выражения неодобрения. Например, учителя могут называть такие проступки «игрой не по правилам» (*бу каопу*): выражение относительно безболезненное, полушутливая фраза, которая может широко относиться к любому публичному выражению нестандартных взглядов.

В контексте авансцены учителя примиряют веру с атеизмом, предлагая научные объяснения религиозной веры. Они обычно говорят о поклонении как о средстве достижения психологического комфорта для себя и своих учеников. Такая постановка вопроса переводит религиозную деятельность в психологические термины, предоставляя всем «подчищенную реальность», приемлемую в публичных ситуациях. Когда некоторых учителей просят объяснить эффективность молитвы, они прибегают к одной из нескольких близких по смыслу фраз, которые люди обычно используют для объяснения религиозной веры, например «Если ваше сердце искренне, то ваша молитва будет услышана» (*синь чэн цзэ лин*) или «Если верите, то молитва будет эффективной» *(синь цзэ лин)*. Подобно ссылке на психологический комфорт, эти иносказания вписывают религию в рамки естественно-научного объяснения, предполагая, что теория превосходства «разума над телом» может помочь объяснить эффективность религиозной веры. Однако, в отличие от психологического комфорта, последний тип объяснения («если верите, молитва будет эффективной») включает в себя немалую долю агностицизма. Этот тип объяснения чаще всего озвучивают люди, которые сами искренне верят в действенность божеств, но предпочитают не афишировать эту веру. Агностическая точка зрения служит скорее для скептиков, чем для опровержения набожности.

Оба типа фрейминга — научный и агностический — совместимы с представлением религиозной деятельности в прагматических терминах. Согласно логике этих ортодоксальных фреймов, религиозная деятельность служит механизмом для улучшения отношения студентов к учебе, помогая им справиться с экзаменационным давлением (см. главу 5). Принимая такую точку зрения, люди близки к позиции Уильяма Джеймса [Джеймс 1993], влиятельного философа-прагматика, психолога и социолога религии, который известен тем, что предложил исследователям вынести за скобки вопрос о существовании сверхъестественных сил, чтобы сосредоточиться на психологических эффектах религиозной веры. Если задать вопрос об эффективности молитвы, администраторы и чиновники точно так же предпочитают не обсуждать реальность мира духов.

Однако в частном порядке многие учителя признают, что верят в богов. Одна из участниц паломничества в Юннин, госпожа Ма, рассказала, что на протяжении всех школьных и студенческих лет молилась местным божествам в своем маленьком городке за успехи в учебе. Она не только приносила жертвы богам, но и вела с ними постоянный диалог, часто произнося молитвы, когда не спала по ночам, переживая за свою учебу.

В результате этой благочестивой веры госпожа Ма, как и другие участники паломничества, рассматривала сам акт молитвенного обращения к старейшине Юннин как судьбоносное событие, в котором ритуальные ошибки могут иметь катастрофические последствия для результатов экзаменов учащихся. Например, госпожа Ма беспокоилась о том, что ей придется посетить храм во время менструации, когда женщина считается ритуально нечистой [Seaman 1981]. Когда в июле стали известны результаты экзаменов в ее классе, она беспокоилась, что неудовлетворительные результаты многих ее учеников, включая дочь полицейского детектива Юйцин (см. главу 5), могут быть связаны с этим нарушением ритуала. Она также была разочарована двойными обязательствами, которые налагают на женщин подобные табу на загрязнение среды. Если бы она не помолилась божеству, оно могло бы разгневаться; кроме того, избежать паломничества было бы невозможно, учитывая, что это мероприятие было обязательным для всех руководителей старших трех классов.

Религиозные практики могут иметь противоречивые последствия. С одной стороны, они дают людям утешение. С другой стороны, они расширяют сферу судьбоносности, окружающую экзамен, и включают в нее действия, которые могут казаться лишь отдаленно связанными с самим экзаменом.

Баланс между эффективностью ритуала и требованиями самопрезентации

Необходимость в официальном школьном контексте демонстрировать атеизм приводит к многочисленным искажениям в управлении самопрезентацией. Люди постоянно пытаются сбалансировать светскость на авансцене с верой за кулисами. Случай с пропавшей дверью, ставший знаменитым в школе Нинчжоу номер один, является тому примером.

За несколько недель до экзамена некоторые одноклассники в школе вскладчину купили лотерейные билеты, решив, что если они не выиграют в лотерее, то преуспеют на экзамене, то есть чаша весов заслуг склонится в их пользу. Они наклеили эти лотерейные билеты на обратной стороне двери класса, создав такое своеобразное дополнение к декору. Классная руководительница сначала терпела, но, когда это нестандартное украшение заметил замдиректора, приказала ученикам билеты убрать. Ученики подчинились, выполнив указания заместителя директора фактически, но не по существу: форма стратегического ответа, которую китайцы иногда называют ударом по мячу с краю (см. главу 3). Вместо того чтобы снять билеты, ученики сняли всю дверь, заменив ее на другую, которую они нашли на школьном чердаке. После этого старая дверь их класса превратилась в тайную святыню. Таким образом, классная комната была очищена от этой публичной демонстрации нежелания играть по правилам. Примечательно, однако, что заместитель директора не попросил старшего преподавателя снять магический иероглиф из Юннина, висевший над дверями всех старших классов школы. Отказ школы от одной магической демонстрации и одобрение другой можно понять, если признать, что иероглиф, будучи совсем незаметным, считался реально эффективным.

Другой случай проливает дополнительный свет на политику закулисных верований. Когда в одной сельской средней школе ученик покончил жизнь самоубийством, администрация закрыла школу на день, чтобы вызвать специалиста по даосским ритуалам для проведения обряда изгнания злых духов. Школьная администрация опасалась, что дух умершего ученика распространится на других учеников, что негативно скажется на их экзаменационной успеваемости. Однако любое публичное объявление об этих религиозных мероприятиях серьезно нарушило бы принципы официального светского государства. В ответ на эту дилемму администраторы нашли гениальный подход. Они провели обряд под тем предлогом, что в школе необходимо провести дезинфекцию после вспышки гриппа: такая мысль, предположительно, возникла из-за тесной метафорической связи между духовной и биологической формами заражения.

Последняя история ставит вопрос о том, как люди воспринимают связь между магическими и научными фреймами объяснения. Обычно наука отождествляется с закулисной эффективностью реальной работы. Согласно такой культурной логике, точные науки противоположны гуманитарным, которые ассоциируются с закулисной реализацией ортодоксальной риторики (см. главу 4). Но в случае со вспышкой гриппа наука стала приемлемой маскировкой на фасаде для закулисной реальности религиозной практики. Там, за кулисами, магия экзорцизма возобладала над всеми научными объяснениями.

Это кажущееся противоречие между магией и наукой исчезает с признанием того, что люди видят в этих двух областях общую эффективность [Мосс 2000]. Переход от авансцены к кулисам означает лишь изменение точки зрения на примат науки. На авансцене наука представляется как преодолевающая или охватывающая магико-религиозную область, которая сводится к психологическому комфорту. За кулисами, напротив, религия представляется как охватывающая науку и образующая ее трансцендентную оболочку.

Географические различия в паломничестве

Разделение между секуляризмом на авансцене и верой за кулисами происходит не только в средних школах. Континуум «деревня — город» или, точнее, иерархия «балл — ценность» (см. главу 2) сама по себе разделена на «авансцену» и «кулисы». Во всех точках иерархии «деревня — город» школы совершают паломничество. Но только в сельской местности их организуют неэлитные средние школы. Например, все средние школы Нинчжоу «ходят в то место в Юннин», в то время как в Нинчжоу и, в частности, в Сямыне лишь немногие обычные средние школы принимают подобные религиозные практики. Удивительно, но в высокорейтинговых школах Сямыня все же совершаются паломничества за счет школы.

Чем объясняется такая вариативность паттерна? Конечно, народно-религиозные верования в целом более распространены в сельской местности, чем в городской, что способствует восприятию деревни как феодальной и традиционной (см. главу 2). Но если бы дело было только в разнице между городом и деревней, все городские школы избегали бы религиозных мероприятий. Ответ кроется в том, насколько важны результаты экзаменов для чиновников; в местах, где обеспечение приема учеников в лучшие вузы влияет на продвижение по службе, можно увидеть проводимые за кулисами молитвенные церемонии.

В откровенных признаниях многие администраторы и чиновники говорят, что рассматривают образование в обычных школах с низким рейтингом в основном как выполнение шаблонной или ритуальной церемонии. По их словам, ученикам этих школ нужно дать почувствовать, что результаты их экзаменов имеют значение, но на самом деле они относительно несущественны в общей схеме вещей. Главная цель таких школ не столько в получении высоких результатов, сколько в том, чтобы дать простым людям надежду (см. главу 3).

В обычных городских школах призыв к ученикам поверить в миф о меритократии преобладает над императивом успешной сдачи экзаменов. Конечно, директор и учителя таких низкорейтинговых учебных заведений могут способствовать укреплению своей репутации и репутации вышестоящего руководства, улучшая экзаменационные показатели учащихся. Но огромные различия в показателях приема в вузы по иерархии «балл — ценность» гарантируют, что ни один ученик из плохих школ не справится с экзаменами настолько хорошо, чтобы поднять репутацию региона в целом. Ни один ученик из школы «Ворота дракона» никогда не сдаст экзамены в Цинхуа или Пекинский университет. Чиновники обычно ожидают, что такие школы продемонстрируют лишь скромное улучшение результатов тестирования наравне с общим ежегодным ростом числа поступающих в колледжи. Как выразился один из директоров школы «Ворота дракона», его главная цель заключается в том, чтобы «продемонстрировать» (*чжаньши*) достижения в области качества образования. Поскольку результаты экзаменов в таких учебных заведениях относительно несущественны, решение о том, молиться или нет за успех на экзаменах, обычно не поднимается до уровня институционального императива.

Одним словом, результаты экзаменов в городских школах с низким рейтингом могут быть судьбоносными для отдельных экзаменуемых и учителей, но не для чиновничества или населенного пункта в целом. Как жители Тробрианских островов не нуждаются в магии для ловли рыбы в лагуне, так и ставки на *гаокао* в школах с низким рейтингом обычно слишком скромны, чтобы заставить их искать божественного вмешательства.

В сельских и высокоранговых городских школах, напротив, органы образования молчаливо потворствуют, а в некоторых случаях поощряют официальные школьные паломничества или даже сами участвуют в них. В элитных городских средних школах результаты экзаменов имеют большое значение не только для учителей и администраторов, но и для местных чиновников. Репутация чиновников в сфере образования тесно связана со способностью учебных заведений обеспечить поступление учеников в лучшие вузы. Кроме того, большой престиж администраторов школ с высоким рейтингом обеспечивает им определенный иммунитет от необходимости слепо следовать официальной светской идеологии.

В сельской местности школы совершают паломничество по связанным, но несколько иным причинам. Как и в центральных районах, успешная сдача экзаменов имеет большое значение для репутации администраторов и чиновников. Но даже школы с низким рейтингом в сельской местности, как известно, спонсируют паломничества. Удаленность этих школ от центральных властей отчасти защищает их от необходимости добиваться соблюдения постулатов качественного образования. В сельской местности не только более распространены религиозные верования, но и убеждение в том, что «небо высоко, а император далеко» (см. главу 2).

Экзамены как двигатели судьбоносности: тщетность научного подхода

Такое прагматичное отношение учителей и администраторов к религии вытекает из практической проблемы: неспособности ортодоксальной взаимности дать удовлетворительный отчет о результатах экзамена. Студенты и преподаватели часто жалуются на случайность экзамена, сетуя на превратности погоды, здоровья, экзаменационных вопросов, догадок и расположения мест (например, слишком близко к шумному или отвлекающему соседу). К большому огорчению исследователей тестов (многие из которых, похоже, отрицают этот факт), директора школ сообщают, что колебания баллов учащихся на двадцать и более пунктов — обычное дело даже без такого форс-мажора, как несчастные случаи, болезни, бессонница и так далее (см. главу 1).

Для преодоления этих нестабильностей разработчики и организаторы экзамена постоянно ищут способы формирования более научной оценки. Например, они пытаются сбалансировать оценку качества с поощрением справедливости и стремятся унифицировать опыт экзаменуемых от школы к школе (см. главу 4). Однако на практике достижение этих целей сопряжено со многими трудностями. Рассмотрим проблему погоды. Во время проведения *гаокао* жара может быть чрезмерной, что существенно влияет на успеваемость [Zivin et al. 2018]. Но не во всех школах есть кондиционеры. Во многих местах органы управления образованием на словах заботятся о справедливости, заявляя, что они требуют от всех школ в их юрисдикции отказаться от климат-контроля во время экзамена, если в некоторых нет этого удобства. Однако на практике те школы, в которых есть кондиционеры, обычно либо просто включают их, либо иным способом охлаждают экзаменационный зал перед экзаменом.

Таким образом, эти попытки создать научную экзаменационную систему выглядят тщетными, если не ошибочными, по крайней мере, по двум направлениям. Во-первых, хотя стремиться к беспристрастности, безусловно, благородно, экзамен как результат гегемонистских переговоров неизбежно предвзят к определенным социальным группам и поэтому никогда не может быть абсолютно справедливым. С другой стороны, случайности и непредвиденные факторы являются неотъемлемой частью судьбоносных событий. Невозможно полностью очистить от них *гаокао* или, если на то пошло, любой судьбоносный ритуал перехода. Как бы ни старались разработчики убрать из экзамена все случайные факторы, они всегда будут вторгаться в экзамен извне, если не иначе, как через случайности рождения. Короче говоря, никогда не будет найден абсолютно научный фундамент, который мог бы обеспечить идеальную меру индивидуальных заслуг. Сдающим экзамен всегда неизбежно придется апеллировать к более всеобъемлющей системе космической взаимности.

Усилия исследователей, направленные на создание более научной оценки экзамена, выглядят наивными и с другой точки зрения. Алеаторный компонент экзамена не является посторонним или несущественным звеном в его функционировании, он позволяет полагать, что в нем выступает некая высшая сила. Используя судьбу для объяснения неудачи или успеха, люди наделяют весь опыт трансцендентным авторитетом. В этом контексте полезно вспомнить, что главное значение экзамена для людей заключается в том, что они видят в нем возможность изменить судьбу. Как уже отмечалось выше, люди отождествляют судьбу с относительно неизменными аспектами личности, такими как пол, место происхождения, семейное происхождение; словом, речь идет о положении человека в общественном разделении труда. Соревнуясь на экзамене, люди стремятся изменить свое место в этом разделении. Но при этом они также создают судьбу как причинное объяснение и силу в своей жизни.

От приписывания случайностей превратностям судьбы до учета своего места в разделении труда через судьбу — лишь короткий шаг. Аналитически эти два варианта различны. Первый относится к случайным событиям, второй — к произвольным социальным отношениям, которые отражают результаты культурных и исторических процессов, включая социальную конкуренцию за ограниченные ресурсы. Но эти два аспекта алеаторики становятся неразличимыми, когда люди приписывают их общей трансцендентной причине.

Лотерея выбора вуза, или оправдание своих стремлений

Разработчики уделяют много внимания созданию идеальной научной оценки экзамена. Однако не все аспекты экзаменационной системы организованы так, чтобы минимизировать ее алеаторную характеристику. Как в США существует противоречие между идеалом политической демократии и витиеватой реальностью несовершенной избирательной системы, так и в Китае существует противоречие между идеалом отбора по заслугам и реальными сложностями процесса зачисления в вуз.

Книжные магазины в Китае обычно отводят целый раздел под справочники по выбору вуза, а многие средние школы проводят информационные собрания для родителей, чтобы помочь им сориентироваться в этом процессе. Но школы, как правило, больше заботятся о своей репутации, чем о том, чтобы помочь учащимся реализовать свои образовательные и профессиональные цели. Поэтому советы, которые школы дают семьям, часто направлены на то, чтобы как можно больше учеников поступили в вузы первого уровня, так как процент поступления в такие вузы является основным показателем, по которому оценивают школы.

После сдачи *гаокао* школьники с тревогой ждут три недели, прежде чем получить свой результат. После этого у них есть две недели, чтобы представить ранжированный список вузов и потенциальных учебных курсов. Этот процесс известен как «подача желаний» (*тяньбао чжиюань*). Вуз и специальность назначаются учащимся в ходе непрозрачного, закулисного процесса, который с точки зрения самого человека представляется крайне сомнительным[2]. Такой порядок означает, что школьники практически не контролируют это важное решение, способное перевернуть всю жизнь. После начала обучения в вузе можно сменить свой курс обучения, но этот процесс обычно сложен и запутан.

По этим причинам стремление к достижению желаемого многие сравнивают с азартной игрой. Подобно игрокам в карты, пытающимся извлечь максимальную выгоду из раздачи, семьи используют различные стратегии, чтобы максимально увеличить свои шансы на достижение желаемого результата. И, как и в карточной игре, результат в конечном итоге не поддается их контролю. До 2000-х годов процесс выбора вуза был для студентов еще более сложным, поскольку они должны были заявить о своих желаниях еще до получения результатов *гаокао*. Сейчас эта система реформирована, но люди по-прежнему считают отбор в вуз рискованным и непредсказуемым процессом.

---

[2] В ходе довольно непрозрачного процесса университеты устанавливают квоты приема для каждой провинции и специальности, а затем, основываясь на этих квотах, зачисляют лучших [Yu et al. 2012]. Конечно, существуют и различные программы прямого зачисления (см. главу 3).

Родители регулярно обращаются за советом к старшим преподавателям по поводу выбора вуза, но многие преподаватели, хотя и считаются авторитетами, знают об этом процессе не больше, чем хорошо информированные родители. По этим причинам выбор вуза сопряжен с дополнительными подводными камнями для семей с дефицитом культурного капитала. Подобно тому, как американские школьники, не имеющие доступа к консультантам, часто придерживаются ошибочных стратегий выбора вуза, китайские семьи, не имеющие представления о процессе поступления, оказываются в невыгодном положении.

Процесс достижения желаемого не только сопряжен с риском, но и построен как будто специально так, чтобы усилить степень подчинения детей старшим. Родители доминируют в процессе выбора вуза. Желания учащихся — в той степени, в какой у них вообще есть какие-то определенные желания — играют лишь второстепенную роль. На данном этапе своей карьеры молодые люди проучились более или менее непрерывно в течение 12 лет, но они мало подготовлены к тому моменту, когда их баллы, полученные на *гаокао*, определят их судьбу. Во время моей полевой работы на местах их поощряли развивать свои способности к тестированию как можно равномернее по всем предметам, потому что так называемый перекос в сторону того или иного предмета приводит к снижению результатов. В итоге у них было мало возможностей для развития своих интересов. Но даже после недавнего раунда реформ учителя сообщают, что многие ученики часто выбирают свои предметы, руководствуясь скорее легкостью обучения или стратегическими соображениями, чем какой-либо привлекательностью. Как сказал один из учеников: «Перед *гаокао* нет времени думать о будущем, нужно вкладывать в учебу все свое сердце». Более того, только что завершив финальную битву, они физически и эмоционально истощены, и многие из них испытывают тревогу в ожидании итоговых баллов. Как правило, они не в том эмоциональном состоянии, чтобы думать о будущем. Когда ученики наконец получают свои баллы, они должны принять решение в течение двух недель. По всем этим причинам родители обычно принимают решение за своих детей, часто с минимальным учетом мнения ребенка.

Однако, несмотря на все старания родителей, результат процесса выбора учебного заведения находится в значительной степени вне их контроля. В зависимости от того, как пройдет процесс, студенту, возможно, придется приспосабливаться к совершенно разным условиям. Все больше и больше университетов предоставляют студентам определенную гибкость при смене специальности, но эта гибкость далеко не полная. Поэтому для многих адаптация к специальности включает в себя большую степень примирения с судьбой. Как нарочно, процесс подачи заявки усиливает неопределенность процесса отбора на *гаокао*, делая его еще более мощным двигателем для формирования фатальной веры в судьбу.

В этом контексте уместно отметить сходство между светским процессом проявления своих желаний на *гаокао* и сакральным процессом передачи желания божеству во время молитвы. Это сходство становится еще более заметным, если рассмотреть возможные альтернативные переводы слов «желания, стремления». «Стремление» (*чжиюань*) можно также перевести как «желание» (*юань*). Но у него есть и второе значение — «добровольно». Таким образом, фраза имеет дополнительный оттенок принесения пользы обществу — это терминологический пережиток той эпохи, когда выпускники вузов распределялись на работу и, таким образом, буквально считались добровольцами для страны. Хотя я сомневаюсь, что абитуриенты обычно сравнивают свои стремления с исполнением желаний, параллели поразительны. Так же, как верующий обещает вернуть свой долг, отплатив божеству, абитуриент (по крайней мере, в теории) обещает отплатить родине за предоставленное образование.

Таким образом, и верующие, и абитуриенты считают, что они обращаются к абстрактному, трансцендентному авторитету с просьбой исполнения их желаний. Подобно тому, как верующие относятся к суждениям божеств, большинство участников *гаокао* верят в объективность результата, восхваляя экзамен как единственное относительно честное социальное соревнование в Китае. Как я предположил выше, это убеждение в значительной степени основывается на том, что люди воспринимают результат *гаокао* как вердикт трансцендентных сил. Считается, что *гаокао* представляет собой универсалистский приговор национального сообщества, но также и приговор высшей трансцендентной силы — судьбы. Эта трансцендентная категория, которую многие связывают с властью верховного божества Неба, как считается, включает в себя все человеческие усилия и действия божественных существ.

Поймать удачу и повлиять на судьбу

Как правило, люди не подчиняются покорно предписаниям судьбы. Напротив, следуя традиции журнала заслуг, они занимают активную позицию по отношению к своей судьбе. Они пытаются повлиять на космические силы, которые, по их мнению, управляют их судьбой, используя различные средства и методы для накопления заслуг и изменения удачи.

Заработать характер и использовать характер: эвфемизированная форма тайной добродетели

Убеждение в том, что добром отвечают на добро, распространено повсеместно. Это убеждение побуждает людей к различным попыткам склонить кармические весы добродетели в свою пользу путем совершения добрых дел. Однако, по мнению учащихся, буддистская формулировка о совершении добрых дел для накопления заслуг звучит до смешного старомодно: как сказала одна студентка, так говорила бы ее бабушка. В то же время этот религиозный язык не считается уместным в космологических рамках ортодоксальной светской взаимности, которая доминирует в повседневной школьной жизни. Более того, в отличие от своих родителей и учителей, большинство из которых среднего возраста, ученики еще не достигли того жизненного этапа, когда принято искать утешение и смысл в религиозных практиках.

Кроме того, в соответствии с преобладающим в старших классах этическим принципом самообладания, их со всех сторон поощряют быть усердными и прилежными и нести личную ответственность за свои успехи или неудачи. Особенно в общественных местах большинство учащихся придерживаются агностического, если не скептического, отношения к религиозности старших, подчеркивая, что успех на экзамене зависит не от магии, а от личных усилий.

Однако в частном порядке у многих из учеников неплохо развиты религиозные убеждения. Даже те, кто не причисляют себя к какой-либо институциональной религии, имеют сильную (пусть и неясно выраженную) веру в фундаментальные правила космической взаимности. Перед ними стоит дилемма самопрезентации, даже если они не всегда четко осознают это. Экзамен поощряет, даже требует рассмотрения космической взаимности, но студенты избегают открытых проявлений религиозности, потому что такие проявления подрывают их самопрезентацию как хозяев своей судьбы. Многие считают традиционную религию, которая ассоциируется у них со старшими поколениями, просто немодной.

Эти ограничения вызвали креативную реакцию: цензурированную или эвфемизированную форму совершения добрых дел для накопления заслуг, которую студенты называют «зарабатывание характера». В обычном словоупотреблении «характер» (*жэньпинь*) является близким синонимом «качества» (*сучжи*). Однако в устах школьников этот термин стал означать некую невидимую заслугу или тайную добродетель, которую можно «заработать» (*цзань*) и «использовать» (*юн*). Согласно народным преданиям, характер подчиняется закону сохранения. Хотя его можно заработать или использовать, он никогда не разрушается. Характер накапливается не только благодаря хорошим поступкам, но и благодаря неблагоприятным событиям. Таким образом, можно утешить несчастного одноклассника, пойманного на списывании или столкнувшегося с особенно трудными экзаменационными вопросами, потому что тем самым он заработал характер для следующего теста. Во время моей полевой работы эта кармическая концепция характера была очень популярна среди учеников и молодых учителей, особенно в городских районах. Характер можно было использовать для объяснения практически всего. Как сказала одна учительница: «Если школьники не могут найти причину, они просто говорят, что у них плохой "характер"».

Обсуждение характера популярно потому, что этот термин упаковывает тайную добродетель в форму, не оскорбительную для официального секуляризма. Например, один студент колледжа, удостоившийся приглашения вступить в Коммунистическую партию, вписал риторику об обретении характера в совершенно светские, научные рамки: «В зарабатывании характера нет ничего суеверного или сверхъестественного; не нужно верить в призраков и духов, чтобы поверить, что добро приходит к хорошим людям, а зло — к плохим. Это просто закон Вселенной». И все же, несмотря на светское обличье, это утверждение соответствует принципам космической взаимности.

Однако, в отличие от выражения «накапливать заслуги», «зарабатывать характер» имеет юмористический подтекст. Например, ученики, над которыми издеваются одноклассники, могут защитить себя, напомнив своим преследователям, что незаслуженное поведение может привести к тому, что они «потеряют характер» и станут невезучими. Ученики, которых называют «заучками», «ботаниками» (сюэба), могут избежать насмешек, утверждая, что их высокие результаты на экзаменах обусловлены скорее хорошим характером, нежели усердной работой. Гендер часто играет роль; в частности, над девочками могут насмехаться мальчишки из-за высоких результатов на экзаменах, особенно по тем предметам, в которых, как считается, у мальчиков естественное преимущество, например, по математике и естественным наукам (см. главу 4). Приписывая свои высокие результаты тестов характеру, девочки могут разрядить агрессию, которую многие мальчики проявляют, когда их опережает кто-то с якобы более низкими способностями.

Учителя иногда смягчают критику в адрес ученика, шутливо приписывая его или ее плохие результаты теста плохому характеру. Они могут сказать: «Почему ты ошибся в таком простом вопросе? Наверное, у тебя ужасный характер!» А учителя и ученики могут похвалить одноклассника, показавшего необъяснимо хороший результат на экзамене, сказав, что у него или у нее «поднялся характер» (*жэньпинь баофа чулай*) — объяснение, которое неизменно вызывает взрыв смеха у всего класса. Конечно, любой неожиданно хороший результат теста описывается как резкий подъем (см. главу 5), но когда люди говорят, что чей-то характер «всплеснул», они не просто комментируют удивительный результат, но и предлагают его объяснение, следуя законам космической взаимности, опираясь на представления о тайной добродетели, аналогичные тем, которые провозглашались в императорской культуре таблиц заслуг.

Преклоняясь перед светскими идеалами, некоторые отвергают рассуждения о характере, говоря, что ученики просто используют эту фразу в качестве шутливого объяснения. Согласно этой точке зрения, школьники не воспринимают эту игру всерьез. Но многие ученики действительно стремятся совершенствовать свои тайные добродетели, даже если они делают вид, что относятся к этим усилиям несерьезно. Как сказал один из учеников: «Конечно, нужно быть добрым к другим людям. Если ты хочешь иметь характер, ты определенно должен быть искренним в том, как ты относишься к другим людям». Таким образом, несмотря на притворное пренебрежение, многие студенты искренне относятся к деятельности по воспитанию своего характера.

Стереотипный метод зарабатывания характера заключается в совершении общественно полезных поступков. Как объяснил мне один школьник, «характер можно заработать, например, помогая старушке перейти через дорогу». Таким образом, ученики полушутливо ассоциируют зарабатывание характера с различными волонтерскими акциями, например такими, как те, которые были организованы школами в рамках правительственной кампании во время моей полевой работы по возрождению духа Лэй Фэна — архетипического образца моральной добродетели, героя общественных кампаний эпохи маоизма. Но учащиеся также используют множество других методов, чтобы заработать характер. Например, студенты вузов рассказывают, что перед большими экзаменами наблюдается подъем активности на различных сайтах, где однокурсники дают друг другу полезные советы. В дни перед важными экзаменами все стремятся заработать характер. Другие усилия по приобретению характера кажутся противоречащими общественной добродетели. Одна студентка, описывая свои усилия по приобретению характера во время экзамена по английскому языку как иностранному (TOEFL), который сдают для поступления в вузы в США, сказала, что сразу после сдачи TOEFL она всегда заходила в Интернет, чтобы сообщить все вопросы и ответы, которые смогла запомнить. Сейчас такие экзамены, как TOEFL, в значительной степени основаны на компьютерных технологиях, поэтому публикация всех запомнившихся вопросов может стать эффективным способом помочь другим списать. Эта студентка считала свою помощь особенно хорошим способом заработать характер.

Другие ученики облекали более традиционные формы религиозности в шутливую форму зарабатывания характера. Например, одна школьница из Сямыня рассказала мне под смех своих одноклассников, что у нее есть подруга, которая молится в известном буддийском храме в Сямыне, храме Наньпуто, чтобы заработать характер. Увидев, что результаты ее экзаменов улучшились, эта подруга стала регулярно молиться в храме. В конце концов ее поставили в очередь на поступление в один из западных университетов, в который, после дальнейших молитв, она в конце концов поступила. Конечно, обычно люди описывают такие посещения храма в терминах поклонения — высказывание желания и его исполнение. Но чтобы быть политкорректной и нейтральной, эта ученица придерживалась риторики зарабатывания характера.

Статус зарабатывания характера как эвфемизированной формы тайной добродетели кажется очевидным, но почему это вызывает смех? Использование термина «характер» обходит правила цензуры на авансцене, делая кармическую добродетель приемлемой в официальном контексте. Другими словами, это позволяет поддерживать официальный секуляризм, одновременно признавая космическую взаимность. Но это также говорит о сопротивлении, которое испытывают учащиеся по отношению к признанию своих суеверных верований, которые, по общему мнению, им следовало бы преодолеть. В знак почтения к науке и современности риторика зарабатывания характера позволяет студентам принять «наполовину верящее, наполовину сомневающееся» (*баньсинь — баньи*) отношение к космическому воздаянию.

Однако юмористический эффект, достигаемый этой риторикой, говорит о другом, опровергая любое сомнение. Причина, по которой люди смеются над характером, заключается в том, что фраза о нем затрагивает истину, которая обычно подавляется на авансцене, а именно ограниченную объяснительную силу ортодоксальной социальной взаимности. Ортодоксальные представления о характере как трудолюбии, упорстве, усердии и самообладании недостаточны для объяснения результатов экзамена. Миф о меритократии несостоятелен. Учителя обычно пытаются замалчивать эту истину в интересах поощрения учеников к личной ответственности за результаты, но риторика зарабатывания характера переключает фрейм объяснения с ортодоксальной взаимности на космическую. Обычно такое реверсирование неуместно, но, осуществляясь социально приемлемым образом, фраза о характере снимает часть напряжения, возникающего при подавлении несоответствия меритократической идеологии. Это напряжение высвобождается в виде смеха [Фрейд 2013].

Такие рассуждения о характере — изобретение 2000-х годов, которое может быстро исчезнуть вместе с другими причудами, распространяемыми через социальные сети. Но потребность в этой секуляризованной идиоме космической взаимности является структурообразующей для института китайских средних школ. До тех пор, пока существует напряжение между космологиями на авансцене и за кулисами, для выражения глубоко укоренившихся убеждений в космическом воздаянии будет необходима некая форма секуляризованной, санированной риторики. Если исчезнет символ характера, он в итоге сменится чем-то аналогичным.

Разговоры о характере в основном носят неформальный и (на первый взгляд) шутливый характер. В отличие от этого, другие религиозные практики в старших классах официально спонсируются и рассматриваются с большой серьезностью (например, официальное распределение и потребление жертвенных товаров после спонсируемого школой паломничества). В эти моменты учащиеся становятся участниками официально организованных закулисных религиозных практик учебного заведения. Как и в случае с характером, школьники встречают это со смехом, однако многие признаются, что видят в таких ритуалах нечто большее, чем просто средство достижения психологического комфорта.

Закулисная магия: азартные игры и гадания

Подобно специалистам по судьбоносным обрядам кросс-культурного перехода, многие ученики практикуют частные отвращающие несчастье ритуалы, которые они совершают перед *гаокао*. Помимо покупки магических амулетов или освящения пеналов, они могут надеть счастливую рубашку или пару обуви. Подобно таким обычаям, как ношение красного цвета в день экзамена, эти практики рассматриваются как значимые, но не рискованные. Напротив, многие другие действия, приносящие удачу, которые люди совершают во время экзаменов, отражают структуру самого судьбоносного события и включают в себя элементы как причинно-следственные, так и случайные.

Я имею в виду широкий спектр практик, который включает, с одной стороны, гадания и предсказания, а с другой — обыденные действия, предсказывающие исход событий и влияющие на удачу. Люди приписывают предсказательную силу не только храмовым практикам типа жребия, но и азартным играм, начиная от относительно ординарных, как государственная лотерея или семейные игры в маджонг, и заканчивая такими необщепринятыми, как спортивные ставки у букмекеров, подпольные лотереи и мошенничество [Bosco et al. 2009; Chu 2010; Festa 2007; Oxfeld 1993; Steinmüller 2013]. Кроме того, люди считают аналогичным показателем своей удачи в более крупных начинаниях результаты рискованных видов экономической деятельности, таких как спекуляции на фондовом рынке [Chumley, Wang 2013][3].

Все эти действия имеют структуру судьбоносных обрядов перехода. Таким образом, они имитируют судьбоносность события, которое они в данном контексте призваны предвидеть и контролировать — *гаокао*. Это структурное сходство не случайно. Как и в *гаокао*, власть над этими судьбоносными событиями исходит от трансцендентных сил, неподвластных ни одному человеку. То, что позволяет людям воспринимать эти события как показатели кармических заслуг, — это алеаторность, или случайность, которую они все разделяют. В результате люди воспринимают азартные игры как разновидность гадания, а азартные игры и гадания — как испытания заслуг. Повсеместный интерес к судьбоносным занятиям может быть частично объяснен представлением о том, что заслуги в одной сфере судьбоносности связаны с заслугами во всех иных сферах; достижение человека в любом рискованном событии служит совокупным показателем божественной благосклонности и тайной добродетели в целом.

Бросание монет — относительно легкомысленное гадательное развлечение. Подобно западным колодцам желаний, эти игры являются привычным зрелищем в храмах. Люди, молящиеся в храме Конфуция в Нинчжоу, могут остановиться у его статуи на выходе и бросить монетки на платформу, образованную сложенными руками мудреца. Считается, что достижение этой цели предвещает хорошие результаты на экзамене. Попасть своими монетками так, чтобы сместить при этом монетки предыдущих ловцов удачи, — особенно желательный результат. Тем самым как бы «убиваются» некоторые из конкурентов. Насколько мне известно, такие игры официально не организуются храмами; тем не менее люди осознанно прибегают к этой практике, принимая ее за пожертвование. Даже если им не удается победить в игре, они могут утешать себя тем, что увеличили свои заслуги, внеся вклад в казну храма.

---

[3] Гадательное значение азартных игр, по-видимому, особенно велико в китайских культурных контекстах, но оно также представляет собой важный, но недостаточно изученный элемент азартных игр в целом [Lindner 1950].

Приписывание прорицательного значения азартным играм не ограничивается теми, кто находится в относительно освященном пространстве храмов. Не только студенты, но и многие учителя, родители и администраторы рассматривают азартные игры как предсказание судьбы. Многие считают, что их результаты в семейных играх в маджонг или карты во время Лунного Нового года предсказывают удачу на весь предстоящий год. Многие люди в Китае — заядлые игроки. Азартных игр, в которые они играют, великое множество. Но в регионе, где я работал, одна азартная игра имеет особое значение в контексте экзаменов. Это «игра на лунные пряники» (*бобин*) — южноминьский обычай, уходящий корнями в императорскую эпоху.

Это мероприятие проводится ежегодно в период Праздника середины осени (15-й день восьмого месяца по лунному календарю). В азартной игре на лунные пряники люди собираются в группы, часто организованные друзьями или работодателями, чтобы сыграть в кости на различные призы. Призы включают лунные пряники, маленькие и сладкие, которыми обмениваются во время праздника, а также другие материальные и денежные вознаграждения. Но истинное значение игры на лунные пряники заключается не в выигрыше призов, а в том, что эти призы означают: удачу или неудачу в жизни в целом.

Как ни странно, игра на лунные пряники содержит явную культурную отсылку к китайской системе императорских гражданских экзаменов. Три лучших результата в игре называются так же, как три лучших результата на гражданских экзаменах. Как и в старом испытании, первое место называется «образец для подражания» (*чжуанюань*), второе — «с глазами, расположенными по бокам» (*банянь*), третье — «искатель цветов» (*таньхуа*). Метафорическая эквивалентность, которую игра устанавливает между экзаменами и азартными играми, носит шутливый характер и, подобно манере выигрывающего, раскрывает обычно скрытую истину. Эта эквивалентность равнозначна косвенному культурному признанию алеаторного аспекта экзаменов. В то же время она подчеркивает, как люди могут воспринимать азартные игры как проверку своих заслуг.

Хотя атмосфера вокруг игры веселая, многие участники придают ей серьезное значение. В средней школе «Ворота дракона» учителя собирают деньги для покупки призов и каждый год собираются в местном ресторане, чтобы сыграть. В один из таких случаев старший учитель третьего класса господин Вэй, чья дочь собиралась сдавать *гаокао*, заметно расстроился, когда ему не повезло во время игры. Когда кости продолжали выпадать с ужасающими для него результатами, этот обычно спокойный и мягкий педагог начал качать головой и ругаться себе под нос. Поскольку и его дочери, и его ученикам предстояла последняя битва, он счел свою неудачу в игре плохим предзнаменованием. Другие участники спорили о том, означают ли определенные конфигурации костей хорошую или плохую судьбу. Ближе к концу вечера мне выпало шесть шестерок, что, по заверениям моих друзей, означало особенно благоприятный результат «образец для подражания». Но моя удача вызвала гнев других. Среди прочих угрюмый и нетрезвый учитель физкультуры, апеллируя к некоторым спорным моментам правил, настаивал на том, что мой бросок на самом деле свидетельствует о невезении. Он успокоился только после того, как я пожертвовал ему один из своих призов — блок хороших сигарет.

Учитывая структурное сходство между экзаменами и азартными играми, неудивительно, что между ними можно найти исторические связи. В императорские времена люди делали ставки на результаты гражданских экзаменов. В Гуандуне (ранее Кантоне) в конце эпохи Цин появилась популярная лотерея, основанная на угадывании имен успешных кандидатов. Игра, называвшаяся «Вэйсин», или на кантонском «Вэсэн», приобрела огромную популярность [Li 2015; Pina-Cabral 2002]. Однако власти пресекли эту практику, поскольку она угрожала подорвать легитимность экзамена. Некоторые экзаменаторы, которые отвечали за ранжирование кандидатов и поэтому могли рассчитывать на стопроцентную точность предсказания успешных экзаменов, были пойманы на покупке билетов через доверенное лицо. Хотя государство Цин запретило эту практику на материке, игра продолжалась в Макао, который находился под португальским контролем. Правительство Макао, испытывавшее нехватку средств, предоставило организаторам лотереи официальную монополию на игру, тем самым способствуя становлению игорной индустрии Макао [Li 2015; Pina-Cabral 2002].

Исторические связи существуют не только между азартными играми и экзаменами, но и между экзаменами и гаданиями. В раннем Китае гадание было проверкой заслуг элиты, подобной экзаменам в последующие века. Многие гадательные практики вращались вокруг толкования Книги Перемен, или *И Цзин*, древнейшей китайской классики. Гадание по *И Цзин*, которое широко практикуется и сегодня, включает в себя толкование произвольно выбранных отрывков классического текста, каждый из которых связан с одной из 64 гексаграмм Книги Перемен. В период Сражающихся царств (475–221 годы до нашей эры) прозорливость в этой форме гадания стала важным тестом на проницательность среди элиты [Lewis 1999: 244]. В свете этой общей социальной функции современные экзамены можно рассматривать как явления, генеалогически связанные со столь древними судьбоносными обрядами. А народно-религиозные потомки элитарного гадания в виде различных форм предсказаний продолжают составлять важную область магического действия, особенно во время таких судьбоносных событий, как *гаокао*.

Гадание: изменение удачи путем взращивания добродетели

Гадание (буквально — «вычисление судьбы»; *сюаньмин*) включает в себя множество различных практик, в том числе астрологию (*сюань бацзы*), хиромантию, гадание по лицу, бросание жребия и т. п. Этим занимаются самые разные люди, от неофициальных практиков до штатных профессионалов. Им увлечены многие частные лица, среди которых много школьников и студентов. Гадатели, работающие полный рабочий день, собираются на улицах возле храмов, но существуют и более профессиональные категории. Некоторые предприимчивые оккультисты даже открывают лавки, арендуя неприметные помещения на небольших улицах в городах третьего и четвертого уровня.

Клиенты обращаются к гадалкам по поводу различных судьбоносных событий, включая экзамены. Сами школьники редко обращаются к профессиональным гадателям; за них это делают их родители. Многие непосвященные думают, что гадание в основном сводится к предсказаниям, но клиенты также заинтересованы в том, чтобы не просто узнать будущее, но повлиять на него. «Изменение удачи» (*гай юнь*) является основной целью многих обращений к гадалкам.

Чтобы помочь клиентам изменить свою фортуну, гадатели предлагают различные способы. Например, они могут посоветовать клиентам улучшить геомантическую планировку или фэншуй своего дома или изменить имя ребенка; считается, что и то, и другое влияет на судьбу. Но многие люди, обращающиеся за советом, ищут более личного подхода. Они надеются получить представление о своем характере, семейных делах и межличностных отношениях. Делясь интимными подробностями своей домашней жизни, некоторые постоянные клиенты устанавливают терапевтические отношения со своими гадалками.

Помимо терапии, гадалки прямо и непосредственно удовлетворяют потребности своих клиентов в объяснении, которое выходит за рамки ортодоксальной социальной взаимности. Родители и ученики обращаются к этим прорицателям, когда ортодоксальные объяснения, основанные на трудолюбии, терпят крах. Один практик, слепой астролог, открывший магазин на улице возле храма Гуаньинь в Сямыне, так объяснял связь между усердием и удачей:

> Удача как погода. Она меняется... Если не везет, не имеет значения, насколько хорош ваш гороскоп... Усердие также не приносит пользы. При нормальных обстоятельствах, если вам повезет, вы можете получить, допустим, один бакс. Если вы упорно трудитесь, вы можете получить два. Если вы действительно много работаете, то можете получить три. Больше работы — больше отдачи. Но если вам не повезет, вы не получите даже первого бакса... Однако можно изменить удачу, делая добро. Кроме того, заслуги передаются из поколения в поколение.

Как следует из этого объяснения, изменение удачи включает в себя различные стратегии накопления заслуг. Гадалки могут посоветовать клиентам официально признанные каналы приобретения тайной добродетели, такие как пожертвования на храм или освобождение животных из неволи, например аквариумных рыбок или домашних черепах (*фаншэн*). Но в соответствии со своей терапевтической ролью, они также говорят клиентам, как скорректировать свои отношения таким образом, чтобы это помогло накопить добродетель. Например, один гадатель вспоминал, как к нему обратилась девочка-подросток, у которой были проблемы с родителями и учебой (такие проблемы часто сопутствуют друг другу). Девочка постоянно ссорилась с матерью, ее успеваемость ухудшалась. Утешая расстроенную экзаменуемую, гадатель посоветовал ей совершать добрые поступки по отношению к матери. Только тогда, по его словам, она сможет изменить свой расклад удачи на экзаменах.

Во многих случаях люди рассматривают обращение к гадателю как способ накопления заслуг. Многие профессиональные оккультисты страдают явными недугами, от слепоты до последствий производственных травм. Из-за широко распространенного в Китае предубеждения против людей с ограниченными возможностями им доступны лишь немногие профессии [Kohrman 2005]. Однако именно то качество, которое является основанием для дискриминации представителей этой группы — их предполагаемая невезучесть, — является для них преимуществом в профессии гадателя. Клиенты могут считать, что платят им деньги и как вознаграждение за услуги, и как пожертвование в пользу несчастных. Такая благотворительность — способ заработать тайную добродетель. Но не всякое несчастье позволяет невезучим людям стать подходящими объектами благотворительности и инструментами для накопления заслуг. Для выполнения этой цели несчастье должно быть результатом ударов судьбы, что люди воспринимают как находящиеся вне сознательного контроля пострадавшего.

Та же логика применима и к нищим, чья социальная роль в некоторых отношениях напоминает роль гадателей. Как и оккультисты, нищие часто являются людьми с ограниченными возможностями, и их несчастье физически очевидно. Те, кто не является видимым несчастным, должны прилагать большие усилия, чтобы показать, часто с помощью пояснительных табличек, написанных аккуратной каллиграфией, различные роковые неудачи, которые, несмотря на все их старания, привели их к нынешнему плачевному состоянию. Такие рассказы отличаются большим разнообразием, но типичные темы включают в себя болезнь родственников, насилие, ограбление или неблагодарных детей. Конечно, жертвователи беспокоятся, что нищие могут выдумывать такие истории, и это подозрение порождает философский вопрос: можно ли получить настоящие выгоды, жертвуя фальшивым нищим. Тот же вопрос можно задать и в отношении многих других распространенных возможностей накопления заслуг. Во многих туристических местах, например, бродят объединенные в преступные группировки поддельные монахи, которые просят милостыню у путешественников.

Бросание жребия

Благочестивые паломники обычно избегают толп предсказателей, собирающихся у храмов, предпочитая накапливать заслуги с помощью более ортодоксальных средств поклонения и молитвы. Сама молитва нередко включает в себя пророческий компонент, избавляя тем самым от необходимости в дальнейшем гадании. Бросание жребия, также называемое «спрашивание жребия» (*вэньцянь*), является примером подобного компонента. Когда эта практика проводится в храме, она не считается гаданием. Скорее, она представляет собой форму поклонения, в которой просители напрямую общаются с божеством-покровителем храма в лице толкователя жребия. Как я отметил выше, алеаторный компонент гадания позволяет верующим рассматривать его как раскрытие вердиктов высших сил.

Поскольку гадание является важным компонентом поклонения, для описания духовной силы божеств люди склонны взаимозаменяемо использовать слова «точность» (*чжунь*) и «эффективность» (*лин*). Сказать, что храм «точен», равносильно тому, чтобы сказать, что он «эффективен». Оба качества свидетельствуют о духовной силе божества и описывают взаимодополняющие аспекты этой силы. Люди понимают, что божества обладают как большой проницательностью, так и способностью влиять на судьбоносные явления жизни. Спрашивая у жребия, поклоняющиеся апеллируют к обоим аспектам их власти.

Процесс бросания жребия обычно включает в себя два компонента, оба из которых содержат элемент случайности. Как правило, поклоняющиеся сначала спрашивают божество, есть ли у них разрешение на бросок. Для этого они бросают гадальные блоки, или «лунные блоки» (*цзяобэй*; на миньнань *поэ*) — пару игральных костей в форме стручка фасоли (илл. 14). Бросание блоков может быть первым шагом на пути к выпадению жребия или представлять собой самостоятельную гадательную деятельность. Если оба блока ложатся правильной стороной вверх, ответ отрицательный. Если они лежат в перевернутом положении, то ответ эквивалентен пожатию плеч, что означает «возможно». Любое другое положение означает «да». Обычно верующие продолжают бросать блоки до тех пор, пока не получат определенный ответ на свой вопрос.

Обратите внимание, что вероятность ответа «да» более чем в два раза выше, чем вероятность ответа «нет». Просители хорошо осведомлены об этом факте, одновременно принимая во внимание и отвергая неверие в статистические характеристики лунных блоков [Jordan 1982]. Многие верующие формулируют свои вопросы таким образом, чтобы увеличить шансы на получение желаемых результатов. Тем не менее они понимают, что эта процедура раскрывает суждения божественной воли.

После получения подтверждения, что они могут вытянуть жребий (лишь в редких случаях они не получают такого подтверждения), верующие следуют процедуре, которую я описал выше: берут чашу с жребием с алтаря и трясут ее в молитвенном жесте, пока один из жребиев не выпадет, что создает жуткий эффект, будто выбранный жребий вырвали из чаши невидимыми пальцами. После выбора жребия верующие подходят к смо-

Илл. 14. Набор лунных блоков. *Фото предоставлено Лиак Кой Лау*

трителю храма и толкователю жребия, который обычно сидит за столом возле алтаря.

Отношение храмовых смотрителей к толкованию жребия очень различно. Хотя большинство буддийских храмов отвергают эту практику, многие храмы, посвященные чрезвычайно популярной бодхисаттве милосердия Гуаньинь, предоставляют верующим оборудование для бросания жребия. Но смотрители храмов втайне отвергают эту практику, считая ее вульгарным искажением буддийской веры. В храмах Гуаньинь смотрители используют стандартные наборы из 80 или 100 «жребиев Гуаньинь», каждому из которых соответствует несколько туманных слов-наставлений, напечатанных на маленьких бумажках или прямо на стенах храма. Учитывая, что советы стандартизированы, их интерпретация в основном включает в себя слова ободрения. В случае неграмотных верующих советы зачитываются вслух.

В популярных даосских храмах, таких как Юннин, отношение к жребию совсем другое. В таких храмах жребий может являться уникальным культурным наследием. В отличие от жребиев Гуаньинь, их толкование требует большого мастерства, которое может передаваться из поколения в поколение в пределах одной деревни. Каждый жребий соответствует не стандартизированному объяснению, а весьма двусмысленному стихотворению, толкование которого может меняться в зависимости от времени суток, сезона или погоды. Даже поведение просителя является важным фактором в интерпретации. Например, свирепость (*сюн*) выражения лица может быть неблагоприятным фактором, если молящийся спрашивает об удаче, но то же самое выражение лица может вызвать противоположное суждение, если он спрашивает об экзаменах. По всем этим причинам люди говорят, что такие жребии являются динамичными или «живыми» (*хо*). Толкование динамичных жребиев требует большого опыта и знаний. Этот специализированный опыт создает впечатление объективности или точности. Не имея никакого контроля над их толкованием, поклоняющиеся испытывают обостренное чувство непосредственного общения с высшими силами.

В регионе Сямынь и Нинчжоу божество Юннин считается особенно надежным. Слухи о проницательности старейшины Юннин ходят повсеместно, что значительно повышает репутацию храма. Хотя толкователи жребия обычно не распространяются о своем ремесле, простые служители храма с удовольствием пересказывают разные истории. Общая тема заключается в том, что божество предсказывает и объясняет небольшие, но существенные изменения в результатах экзаменов, которые не может объяснить ортодоксальная социальная взаимность. Люди с восхищением рассматривают эту сверхъестественную точность как таинственное (*сюань*) качество успешной интерпретации. Однажды, например, толкователь предсказал школьнику, что тот поступит в вуз, по, как сказал мистик, «только на чуть-чуть», с очень маленьким перевесом баллов. Через два месяца родители уже студента вернулись к толкователю жребия, чтобы выразить свое удивление и благодарность. Их ребенок действительно поступил в желаемый университет, но лишь с небольшим перевесом в два балла.

Предсказание почти всегда сопровождается молитвой. Другая история повествует, как толкователь жребия сказал ученику, что его экзаменационный балл не дотянет до желаемой отметки. Мастер посоветовал экзаменуемому загадать желание божеству. Следуя указаниям толкователя, юноша попросил у бога защиты, одновременно сделав небольшой подарок храму — зажег масляную лампу. Это форма пожертвования, при которой поклоняющийся за определенную плату ставит зажженную свечу в специальную нишу. Студент, которого мучила тревога перед экзаменом, молился о стойком расположении духа (*синьцин вэньдин*), пообещав вернуться в храм, чтобы отплатить за пожелание после успешной сдачи экзамена. В день икс студент показал даже лучшие результаты, чем ожидалось, превысив количество баллов, необходимое для поступления в желаемый университет.

Подобно гадалкам в их терапевтической роли, толкователи жребия могут вести продолжительные беседы с верующими, которых они консультируют по вопросам выбора жизненного пути. Например, когда ученикам выпадает неблагоприятный жребий, мастер может дать этим разочарованным прихожанам как духовный, так и практический совет, объясняя им, как заручиться поддержкой божества, и призывая их быть более усердными. Поскольку верующие видят себя непосредственно общающимися с божеством, эти беседы имеют большую психологическую силу.

Обещания и исполнение желаний: Бог экзаменов, Вэньчан

Юннин — лишь один из многих храмов, куда люди обращаются за божественной поддержкой на экзаменах, а бросание жребия — лишь один из многих способов сделать это. В самые разные храмы — от небольших местных святынь до крупных буддийских монастырей — совершают паломничество экзаменуемые и их семьи. В контексте *гаокао* один храм заслуживает особого внимания, а именно храм Бога экзаменов Вэньчан Дицзюнь (буквально — «Император процветающей культуры»), который обычно сокращенно называют Вэньчан.

Храм Вэньчан в центре города Нинчжоу привлекает верующих со всего округа Нинчжоу и из-за ее пределов. Прихожане не только приезжают из разных географических районов, но и представляют самые разные социальные группы, начиная от уборщиков улиц и рабочих фабрик и заканчивая врачами и правительственными чиновниками. С имперских времен определяющей характеристикой культа Вэньчана было то, как он привлекает к себе молящихся из широких слоев общества. Естественная паства Вэньчана состоит из всех, кто вовлечен в экзаменационную жизнь, — это группа, включающая как богатых, так и бедных, но стремящихся улучшить свое положение людей [Kleeman 1994]. Огромная популярность божества иллюстрирует социально скрепляющий эффект национальных экзаменов.

Во время важных экзаменов — вступительных экзаменов в старшую среднюю школу, экзаменов на гражданскую службу и в особенности *гаокао* — храм Вэньчан переполняется паломниками, которые толпами теснятся на улице. Культ стал настолько популярным, что Бюро по охране культурного наследия Нинчжоу считает, что огромное количество благовоний, сжигаемых в храме, представляет опасность для здания, построенного еще во времена династии Цин.

Но храм не всегда был так популярен. Закрытый в эпоху Мао, он был вновь открыт только в 2003 году, когда местные добровольцы возродили культ после всплеска интереса к Вэньчану. Эти добровольцы — теперь смотрители храма — связывают этот всплеск с расширением высшего образования в начале 2000-х годов, но отмечают, что этот период также характеризовался возрождением интереса к защите культуры и народной религии в целом.

В течение двух дней проведения *гаокао* сотни верующих собираются на узкой аллее перед храмом и толпятся в самом храме, кланяясь перед храмовыми изваяниями и заваливая длинные столы символическими жертвенными подношениями, которые включают сельдерей *(циньцай)*, первый слог которого является омонимом первого слога слова «трудолюбивый» *(циньфэнь)*, пельмени на пару (название которых, *баоцзы*, напоминает слово «льготный прием», *баосун*) и зеленый лук *(цун)*, название которого является омонимом слова «умный». После принесения их божеству родители собирают эти жертвенные продукты домой и готовят для своих детей, чтобы те съели их и заручились защитой бога.

Во время *гаокао* верующие должны возжигать благовония на улице. Большинство использует большие палочки, около двух футов длиной, которые должны быть помещены в специально установленные перед храмом металлические рамки. Во время моей полевой работы все четыре этапа *гаокао* проводились последовательно в течение двух дней, и было принято зажигать по одной палочке благовоний для каждого из них. Покупка благовоний, требовавшая пожертвования в размере 50 китайских юаней (около семи американских долларов) за палочку, была существенной статьей расходов для многих семей. Но эти расходы были наименьшим из неудобств. Чтобы успеть зажечь по одной палочке благовоний для каждого этапа экзамена, прихожане должны были носиться туда-сюда между храмом и экзаменационным залом своего ребенка под изнуряющим палящим летним зноем, чтобы успеть и помолиться, и покормить свое уставшее чадо. Родители из сельских районов Нинчжоу иногда разделялись: один возжигал благовония, пока другой сопровождал ребенка.

Хотя в дни экзаменов в храм приходит больше посетителей, он не пустует в течение всего года. В месяцы, предшествующие экзамену, в храме проводится несколько специальных церемоний, которые включают празднование дня рождения божества и различные ритуалы по изгнанию из семей злого влияния. Во время этих церемоний семьи могут загадать желание, став «учениками» *(туди)* божества в обмен на пожертвование. Но посетителям не обязательно посещать специальные церемонии, чтобы загадать желание. За пожертвование в 50 китайских юаней обычные паломники могут приобрести красное полотнище, которое смотрители храма вешают внутри храма слева от главного алтаря. На этих знаменах золотыми буквами вышиты надписи «Желания будут исполнены» *(юцю-биин)* и «Поднимайся к вершинам шаг за шагом» *(бубу-гаошэн)*. За дополнительное пожертвование родители могут вышить эти ободряющие послания, с указанием имени и места рождения своего ребенка.

После экзамена семьи отплачивают за исполненное желание, жертвуя деньги, чтобы повесить такой же баннер в знак благодарности божеству, на этот раз справа от алтаря. На этих полотнищах на стене написаны имена успешно сдавших экзамены, а также учебные заведения, в которые они поступили. Диапазон вузов, охватывающий всю образовательную иерархию от периферийных двухгодичных колледжей, таких как Нинчжоуский профессиональный технический институт, до элитных колледжей и даже зарубежных университетов, таких как Калифорнийский университет в Беркли, отражает социально-экономическое разнообразие населения прихожан Вэньчана и свидетельствует о широких социальных различиях в том, что считается успешной сдачей экзаменов. Наряду с именем экзаменуемого и его или ее колледжа, на полотнищах размещаются поздравления, например «Вэньчан работает, учеба удалась» *(Вэньчан линянь, сюэе ючэн)* или «Имя появилось на золотом объявлении» *(цзиньбан-тимин)*. Последнее отсылает к практике императорской эпохи, когда позолоченные надписи использовались для объявления имен «продвинутых ученых» — высшего уровня достижений на имперских гражданских экзаменах.

Многие постоянные посетители храма решают накапливать дальнейшие заслуги, активно участвуя в жизни храма. Но степень и тип участия варьируются в зависимости от их благочестия и финансовых возможностей. За участие в обряде изгнания злого духа следует заплатить 200 китайских юаней, или около 30 долларов США, что по карману большинству набожных родителей. Более состоятельные верующие могут спонсировать театральное представление в день рождения божества во время китайского Нового года — это заслуга, которая может стоить несколько тысяч китайских юаней. Но люди невысокого достатка могут выбрать неденежные формы служения для выражения своей преданности.

Уличный торговец средних лет, господин Денг, чья дочь заканчивает среднюю школу, регулярно работал в храме добровольцем, опустошая ванночки для горячих благовоний, которые скапливались в дни испытаний.

Известно, что божество вознаграждает истинно верующих различными формами божественной помощи. Смотрители храма и верующие могут привести множество примеров такого сверхъестественного вмешательства. После возрождения храма в 2000-х годах Вэньчан стал особенно известен тем, что «вверяет вещие сны» *(томэн)* верующим. В одном случае Вэньчан неоднократно являлся местному врачу во сне и жаловался ей, что она не молится в храме, в то время как ее муж и ребенок регулярно его посещают. Во сне она отвечала богу, что не решалась подвергать храм духовному заражению смертью и болезнями, связанными с ее работой. После этого сна она стала часто поклоняться храму, а ее дочь впоследствии получила неожиданно высокие оценки на экзамене. В другом случае божество явилось отцу во сне и сказало ему точно, сколько баллов наберет его дочь на большом экзамене. Как и в случае с Юннином, сила этого божества проявлялась в его способности делать точные предсказания.

Прихожане также используют рассказы о божественной помощи для объяснения необъяснимого в случаях неожиданного получения высоких экзаменационных баллов. Один ученик из округа Нинчжоу, мать которого часто молилась в храме, на последнем подготовительном экзамене недобрал 30 баллов, но на *гаокао* набрал на три балла больше. Она была уверена, что божество помогло ее сыну. Другая прихожанка, чей сын учился в Гонконге, рассказала, что после того, как она начала молиться в храме, его экзаменационный результат вырос на поразительные 60 баллов. Трудно оценить количество людей, которые верят, что им помогли таким образом. Но субъективное воздействие этих рассказов очевидно. Их распространение вдохновляет верующих и повышает репутацию божества.

*Семейные проклятия и родовые грехи:
материалистические и идеалистические объяснения*

Конечно, люди могут обращаться к божественным силам не только для объяснения успешных результатов экзаменов, но и для оправдания плохих результатов. Считается, что божества и духи не только помогают людям, но иногда и мешают им. Космическая взаимность, другими словами, может объяснить как ужасные неудачи, так и впечатляющие успехи.

Сочетая конфуцианские и даосские представления о добродетели предков с буддийскими представлениями о карме, популярное понимание заслуг дает широкое представление о масштабах космической взаимности. Часто считается, что добродетель предков влияет на жизненный исход человека не меньше, чем его собственные заслуги. Вышеупомянутый слепой предсказатель так описывал накопление заслуг в течение многих поколений и жизней:

> Вы можете делать добро, чтобы накапливать заслуги, но есть еще кое-что, что влияет на заслуги, а именно: то, что вы делали в прошлых жизнях, а также то, что делали ваши предки... Здесь сочетаются и буддийские, и даосские взгляды. В этом нет никакого противоречия. Хорошие и плохие поступки, которые вы совершаете, имеют два вида последствий. Они влияют на ваши будущие жизни и на ваших потомков.

Этот предсказатель объяснил, как работает тайная добродетель, сославшись на старую поговорку о том, что «богатство и бедность не проходят дальше трех поколений» (*фу/цюн буго саньдао*). В Китае люди ссылаются на нее, чтобы объяснить циклы удачи и несчастья, которые переживают семьи. Как объяснил этот гадатель, цикличность семейного процветания может быть прояснена через кармические заслуги. Богатые люди склонны забывать о бедных, то есть они становятся жадными и пренебрегают добрыми делами. В качестве космического возмездия за такую жадность судьба лишает богатые семьи достатка. Точно так же бедные не обеднеют в течение трех поколений, потому что бедные люди, как правило, добры.

Рассказ господина Ли служит яркой иллюстрацией этих принципов космического возмездия. Господин Ли — рабочий-мигрант средних лет, ветеран армии из провинции Цзянси, жил в Сямыне во время моей полевой работы там. Описывая упадок известной семьи в своей деревне, господин Ли объяснил его грехами (*цзуй*), совершенными родоначальником семьи во время «культурной революции», возмездие за которые проявилось в неутешительной судьбе его потомков:

> Во время «культурной революции» я был очень маленьким. Я еще был недостаточно взрослым, чтобы понимать взрослые дела (*дунши*). Но после окончания службы в армии я некоторое время работал в сельском комитете. Это было примерно в 1990 году, уже после того, как коллективные земли были возвращены семьям. Мне нравилось разговаривать со стариками, и я услышал много историй. Во время «культурной революции» деревня называлась «производственным батальоном». Во главе батальона стоял командир, у него был лейтенант, в обязанности которого входил учет очков (*цзифэнь*). Люди работали за эти очки. За каждый день работы мужчины получали десять очков, женщины — восемь. Зерно распределялось на основе этих заработанных очков, плюс учитывалось количество членов семьи. Но если у вас не было хороших отношений с командиром батальона, он мог решить вычесть (*коуфэнь*) у вас эти очки. Тогда в конце месяца вы получали меньше зерна. Лишнее зерно командиры забирали себе. Со стороны все выглядело хорошо, ведь в деревне должно было быть много зерна, но на самом деле люди голодали.

В этом месте своего повествования господин Ли сделал паузу, чтобы вставить философское замечание. Все явления в жизни имеют два типа объяснения, сказал он, ортодоксальное или материалистическое объяснение и неортодоксальное, идеалистическое. Если использовать идеалистическое объяснение, сказал господин Ли, командиры совершили грех:

> У начальников всегда было оправдание тому, что они отказывали людям в зерне, но наличие оправдания ничего не значит. Независимо от него, заставлять людей голодать — это неправильно. Но в то время не было воздаяния (*баоин*)

за их грехи. Возмездие пришло гораздо позже. У командира батальона было три сына. Один из сыновей был инвалидом (*цаньцзижэнь*). Его мучили всевозможные болезни. И во всей его семье никто из детей не был красив. Все они выглядели очень странно и плохо учились в школе... Потом, когда командиру батальона стало около 60 лет, он сам начал страдать от странных болезней. Поэтому, когда старики рассказывают такие истории, даже если мы сами не сталкивались с этим, эти истории заставляют нас задуматься. С точки зрения идеалистов, все эти несчастья были формой возмездия за его грехи. Начнем их анализировать. Как семья командира батальона стала такой, какая она есть? Значит, космическое возмездие реально. Как говорится, «дело не в том, что нет взаимности, а в том, что время еще не пришло». Когда приходит время, всегда наступает расплата. В деревне множество случаев, подобных этому.

Повествование господина Ли содержит по крайней мере три момента, имеющих отношение к настоящему обсуждению. Во-первых, как я уже упоминал выше, существует поразительное сходство между системой рабочих баллов коллективной эпохи и другими схемами рационального подсчета заслуг, включая таблицы учета достоинств, аудит качества и сам *гаокао*. Несмотря на радикальные изменения в политической идеологии, такие схемы, по-видимому, достаточно прочно вошли в жизнь Китая.

Далее, господин Ли использовал ортодоксальную марксистскую терминологию, которую он изучал в средней школе и в армии, чтобы провести различие между космологическими рамками ортодоксального материализма и космического идеализма. Тем самым он избежал термина «суеверие», который имеет уничижительный оттенок, и вместо этого перевел разговор в русло философской дискуссии. Кроме того, в заключение своего рассказа господин Ли подчеркнул, что космологическая логика космического возмездия реальна. Не критикуя напрямую ортодоксальную космологию, он тем не менее намекнул, что материалистическое объяснение, которое игнорирует реальность космического возмездия, является бессодержательным и ничтожным. В этом отношении оценка господина Ли напоминала прагматичное отношение к народной религии, принятое в средних школах, где за кулисами учителя и администраторы также признают реальность космической взаимности. Подобным же образом господин Ли изменил полярность обычной оценки на авансцене. По его мнению, идеализм описывает реальность более высокого уровня, чем материализм.

В-третьих, реальность космического возмездия такова, что оно затрагивает не только виновника кармических грехов, но и его или ее потомство. Как и в ортодоксальной социальной взаимности, успех отражает заслуги. Но временны́е рамки этой взаимной связи между успехом и заслугами расширяются и охватывают несколько поколений.

Сила предков: семейная трагедия и одержимость

В рассказе господина Ли описываются общие принципы космического возмездия без подробного описания конкретных божественных акторов, ответственных за это возмездие, будь то призраки, боги, предки или какие-то иные сверхъестественные силы. Однако когда люди чувствуют, что их лично постигло несчастье, они, как правило, хотят понять его точный механизм, полагая, что это знание поможет им принять меры для смягчения или исправления ситуации. Для многих людей в Китае мало что может быть большим несчастьем, чем неудачи в учебе ребенка.

Особенно когда дети терпят ужасную неудачу, семьям бывает трудно объяснить этот удар судьбы в рамках ортодоксальной космологии. Родители могут чувствовать себя обиженными, рассуждая о том, что они приложили все усилия, чтобы прокормить своих детей на протяжении 12 лет обучения в школе. Почему же теперь их судьба должна принять такой неожиданно трагический оборот? В некоторых случаях требование добиться успеха в учебе может быть особенно сильным для мальчиков, на которых ложится бремя продолжения рода. Но для детей обоих полов давление экзаменов может оказаться слишком сильным, что приводит к психическим и эмоциональным срывам. Бунт брата госпожи Ма, Цзюньцзе, является одним из ярких примеров такой семейной трагедии. Его история иллюстрирует проблемы, которые возникают в связи с подобными драмами, и то, на что идут семьи, чтобы их объяснить.

Госпожа Ма выросла в деревне, расположенной недалеко от центра периферийного сельского округа. У ее родителей было трое детей: она сама, ее младшая сестра и младший брат. Как это типично для многих сельских семей, родители госпожи Ма продолжали рожать детей, пока у них не родился мальчик. В этой сельской среде, где распространены крайне патриархальные взгляды, господин Ма был непримечателен, описывая своих дочерей как «разбрызганную воду», потому что они выходили замуж в другие семьи (см. главу 4). Однако в других отношениях он был относительно прогрессивным, поощряя своих девочек к получению высшего образования. Но он требовал, чтобы девочки стали учительницами, считая, как и многие родители, что эта профессия сделает их более пригодными для замужества. Напротив, на своего сына он возлагал гораздо бо́льшие надежды. Он хотел, чтобы Цзюньцзе поступил в хороший колледж, стал инженером и поддерживал их с женой в старости.

Однако во время учебы Цзюньцзе в старшем третьем классе произошел неприятный инцидент, который привел к семейному кризису. В порыве бунтарства Цзюньцзе сдал экзаменационную работу за месяц, не выполнив эссе по китайскому языку. Его учитель китайского языка позвонил отцу Цзюньцзе, который лично приехал в школу, где отчитал мальчика перед одноклассниками. Униженный, Цзюньцзе бросил школу, отказавшись сдавать *гаокао*. Он переехал к своим бабушке и дедушке по материнской линии и в конце концов сдал экзамен на следующий год. Он показал неплохие результаты, претендуя на поступление в университет первого уровня, но решил поступить в вуз в далекой Сычуани. Разорвав все контакты со своей родной семьей, он поклялся никогда больше не разговаривать с отцом. Через несколько лет госпожа Ма получила известие о том, что ее брат бросил учебу.

Опасаясь, что отлучение Цзюньцзе от отца будет слишком тяжелым для мужчины, остальные члены семьи решили сохранить в тайне от него серьезность отчуждения мальчика. Госпожа

Ма неистово пыталась восстановить контакт. Тем временем она вместе с матерью и сестрой пыталась создать у отца впечатление, что его непутевый сын просто хочет отдохнуть от семьи, а в остальном у него все хорошо. Тем не менее глава семьи был сильно расстроен. Пытаясь выяснить причину несчастья своей семьи, он нанял одного за другим нескольких местных специалистов по ритуалам. Обыскав весь дом, первый специалист, даосский ритуалист, нашел доказательства злой магии — странную диаграмму, которая была вмурована в стену в комнате его сына. Второй ритуалист, гадалка, дал более убедительное объяснение. Дух дальнего родственника по материнской линии был несчастлив и вселился в безвольного мальчика. Чтобы умилостивить этот разгневанный призрак, семья должна была приносить жертвы на семейном алтаре предку в годовщину ее смерти. Третий специалист, известная и нелюдимая местная гадалка, записала на кассету все семейное предсказание, включая конкретные даты смерти каждого члена семьи. В этот момент мать госпожи Ма сильно расстроилась. Она пожаловалась мужу, что посещение стольких ритуалистов негативно сказывается на их долголетии. Семья решила прекратить дальнейшие расспросы, а кассета, которая расстроила всю семью, была уничтожена.

На момент написания этой книги Цзюньцзе так и не смог полностью примириться со своей семьей. Несмотря на минимальные контакты с сестрами и матерью, он по-прежнему отказывается общаться с отцом и никогда с тех пор не возвращался домой.

Идеал *гаокао* как справедливого, объективного и научного мерила индивидуальных заслуг противоречит различным видам алеаторной неопределенности, которая вторгается в экзаменационный опыт. Эти источники рискованности варьируются от случайных факторов, влияющих на результаты (например, погода, расположение места, точность догадок и состояние здоровья в день экзамена), до самого процесса выбора колледжа, который, как будто специально, вносит элемент азартной игры в *гаокао*. Аналогичным образом, люди хорошо знают, что на результаты образования влияют случайности рождения, такие как место рождения, социальное происхождение и пол. Они справедливо воспринимают фундаментальное противоречие между идеалом индивидуальных заслуг и реальностью этих социальных случайностей.

Чтобы справиться с этими противоречиями, люди дополняют ортодоксальную взаимность космической взаимностью. Магикорелигиозные верования и практики широко распространены. Несмотря на официальный секуляризм, все заинтересованные стороны в *гаокао*, как ученики, их семьи, учителя, так и администраторы и чиновники, рассматривают магию и религию как эффективные средства для улучшения результатов экзаменов. Даже скептики признают психологическую пользу религиозной веры. Такие прагматические соображения приводят к тому, что неортодоксальные практики процветают в институциональном закулисье.

Но эта закулисная космическая взаимность не является побочным эффектом экзаменационного соревнования, скорее, она неотъемлемая часть его социальных эффектов. Экзамен — это своего рода двигатель, порождающий веру в магию и судьбу. Учитывая конституирующую непоследовательность меритократии, работа по тщательной подготовке к экзаменам сама по себе недостаточна, чтобы породить веру в индивидуальные заслуги. Скорее, ученикам и их семьям требуется гадание, поклонение, молитва и отвращающие бедствия ритуалы, чтобы выстроить связный нарратив о результатах экзамена. Эти труды побуждают их смешивать социальные различия, которые являются условными продуктами культуры и истории, с действительно случайными событиями, не зависящими от человека. Побуждая людей приписывать судьбе обе категории явлений, *гаокао* оказывает социально стабилизирующее воздействие. Дискурс судьбы придает социальным различиям ауру необходимости, тем самым заставляя социальное неравенство выглядеть естественным.

Но такие магические символы, как судьба и удача, не просто маскируют противоречия меритократической идеологии. Они также привлекают внимание к этим противоречиям. Точно так же, как ни одна экспертиза не может научно очистить себя от бессвязности, ни одно магическое обозначение — судьба, удача или везение — не может полностью сдержать ее [Siegel 2006]. Указывая на парадоксы меритократии, эти обозначения не просто служат идеологическими концепциями, которые сдерживают людей. Скорее, это обоюдоострые мечи. Они позволяют людям примирить разрыв между мифом и реальностью, но они также дают людям язык для взаимодействия с фундаментальными социальными противоречиями, которые лежат за этим разрывом. Это взаимодействие не просто символично; оно материально для повседневной практики людей, в которой они постоянно стремятся изменить удачу и преобразовать судьбу.

Другими словами, представления людей о кармической добродетели, удаче и судьбе представляют собой важные идиомы, в которых они выражают и испытывают личную активность. Отчасти эта способность проявляется как психологический комфорт. На экзамене, где «настрой определяет знание» (см. главу 5), важность такого комфорта не следует недооценивать. В то же время, однако, такие магико-религиозные практики, как гадание, обладание и накопление заслуг, являются важными средствами, с помощью которых люди терапевтически договариваются между собой о выполнении идеальных культурных ритуалов, таких как сыновняя почтительность. Наконец, идиомы судьбы и удачи дают людям возможность напрямую решать парадоксы меритократии. Когда кто-то говорит, что другому участнику теста просто повезло, он обращает внимание на социальные и исторические обстоятельства, присущие индивидуальным заслугам, даже когда он ищет объяснение этим обстоятельствам. Точно так же идеал использования *гаокао* для изменения судьбы указывает на осознание произвольности случайностей рождения. В этих случаях удача и судьба говорят не только на языке идеологии, но и на языке социальной критики.

Но социальное значение магико-религиозного мышления идет дальше этого. При чрезвычайных обстоятельствах неустойчивость концепции судьбы может привести к радикальным социальным изменениям. С ранних времен люди в Китае воспринимали власть правителей как дарованную Небом, верховным китайским божеством [Shaughnessy 1999]. Согласно этой политической культуре, право управлять страной проистекает из мандата Неба (*Тяньмин*). Важно отметить, что китайское слово, которое ученые обычно переводят как «мандат», также означает «судьба» (*мин*). В китайском языке эти понятия являются синонимами. Судьба — это повеление Неба. Но так же, как Небо не одаривает незаслуженных людей счастливой судьбой, оно не дарует благосклонность правителям произвольно. Только тот, кто обладает большой моральной добродетелью, может по праву царствовать. Эта добродетель в основном заключается в способности гарантировать социальные условия меритократии — мир, процветание и возможности. Если государство не в состоянии обеспечить условия меритократии, люди интерпретируют мандат Неба как право повстанцев «подготовить путь к Небу» (*ти Тянь син дао*) [Muramatsu 1960; Perry 2002]. Когда люди не могут изменить судьбу с помощью ортодоксальных средств, таких как *гаокао*, они ищут неортодоксальные методы для этого — восстание и революцию. Таким образом, мандат действует в обе стороны. Что Небо дарует, то Небо может и отнять.

На протяжении всей истории Китая многочисленные восстания поднимались против безнравственного руководства, чтобы захватить мандат Неба. Сам Великий кормчий Мао в народе воспринимался как бунтарь в рамках этой традиции, и можно привести множество других примеров этой исторической закономерности. Возможно, наиболее известен случай, когда на закате династии Цин неудачливый кандидат на экзаменах Хун Сюцюань (1814–1864) после неоднократных неудач в получении степени столкнулся с серией снов и видений. Утверждая, что он является младшим братом самого Иисуса, Хун возглавил восстание сектантов-милленаристов — восстание тайпинов (1850–1864), которое использовало широко распространенное народное недовольство против государственной коррупции и сельской бедности. Это восстание «богопоклонников» стало не только самой разрушительной войной XIX века, но и, возможно, самой кровопролитной гражданской войной в мировой истории, в результате которой погибло не менее 20 миллионов человек [Platt 2012; Weller 1994; Spence 1996].

Болезненно переживая эту историю, современное государство продолжает рассматривать сектантские движения как одну из своих самых больших потенциальных угроз. В поразительной исторической параллели, одна из выдающихся современных сектантских групп, «Восточная молния» (*Дунфан шаньдянь*), также известная среди прочих названий как «Истинный дух» (*Шицзишэнь*), даже, кажется, обожествила одну из несдавших *гаокао*. Как и Хун Сюцюань, эта женщина, «женщина-Христос», по слухам, пережила видения после того, как не смогла осуществить свою мечту об успехе на экзамене [Dunn 2009].

Но ирония повстанческих движений заключается в том, как они воспроизводят ортодоксальные формы государственной власти. Когда повстанцы берут власть в свои руки, одним из первых их действий неизбежно становится установление новой системы экзаменов. Даже Хун Сюцюань, которому не хватило совсем немного, чтобы завоевать Китай, объявил специальные христианские экзамены для своего Небесного царства. В XX веке Коммунистическая партия продолжила это наследие бунтарей, превратившихся в правителей. Учредив *гаокао* сразу после прихода к власти, Коммунистическая партия присоединилась к длинной череде китайских экзаменационных государств.

Хотя эта культурная модель прочна, стабильность или долговечность любого режима не является само собой разумеющейся. Нынешние условия экономического спада в Китае ставят вопрос о том, сможет ли председатель Си Цзиньпин выполнить свои меритократические гарантии и провести страну через ловушку среднего дохода в радужное будущее «китайской мечты» (см. главу 1). Невозможно предсказать, как развернется эта драма и будет ли она иметь революционные последствия. Но непосредственным и более прозаическим эффектом этих меняющихся экономических условий является значительный уровень образованной безработицы и работы, не соответствующей квалификации, в Китае [Huang 2013; Mok, Wu 2016]. Растущая волна «потерянных и растерянных» (*миман*) молодых людей переживает аномию и разочарование, поскольку им не удается соответствовать обещаниям меритократии.

Эпилог
Потерянные и растерянные

Перед создателями *гаокао* стоит важная задача. Чтобы экзамен продолжал оставаться судьбоносным обрядом, люди должны воспринимать его как нечто важное и одновременно сопряженное с риском. Однако многие жители бедных сельских районов Китая уже не воспринимают экзамен как не предопределенный и, следовательно, справедливый. В ответ на это они бросают школу; некоторые даже становятся одержимыми духами или присоединяются к бунтарским группам милленаристов. Одновременно с этим многие представители среднего класса перестают воспринимать экзамен как нечто значимое. Представители этой относительно привилегированной группы «голосуют ногами», все чаще отправляя своих детей и капитал за границу.

Но проблема сохранения судьбоносности *гаокао* относится не только к экзамену. Это также проблема общей социальной и экономической политики. Даже если молодые люди доверяют экзамену, их вера разрушается впоследствии, когда они пытаются реализовать свои жизненные проекты после финальной битвы. Столкнувшись с этой борьбой, все больше людей 20–30 лет называют себя потерянными и растерянными (*миман*).

Эту потерянность и растерянность трудно определить, но она указывает на общее ощущение бесцельности. Для многих выпускников средней школы это чувство начинается сразу после сдачи *гаокао*, но изначально оно не связано с экономическим давлением. Ученики используют этот термин для описания экзистенциальной пустоты, которая сопровождает внезапное ослабление дисциплины после экзамена. Как сказал один учитель:

«Во время учебы в старших классах студенты подобны луку, натянутому до предела под давлением экзамена. После экзамена они подобны стреле. Они вылетают из лука, а затем падают на землю, не зная, что дальше делать». В течение 12 долгих лет школьники беспокоятся только о финальной битве. После окончания *гаокао* они напоминают солдат, возвращающихся с боя. Столкнувшись с отсутствием судьбоносности в обычной жизни, они ощущают пустоту экзистенциального смысла. В некоторых отношениях они также похожи на заключенных, освобожденных от длительного заключения. Подавленные отсутствием структуры, которую представляет собой их внезапная свобода, они испытывают апатию.

Многие реагируют на эту утрату регламентированности, погружаясь в депрессию. Такое депрессивное состояние утраты целей, возникающая после *гаокао*, является настолько распространенным недугом, что получило собственное название — «расстройство после *гаокао*» (*Гаокао хоуиччжэн*). Каждый год после экзамена психологи и другие специалисты в области психического здоровья выступают в средствах массовой информации с рассказами о том, как лечить это заболевание. Среди распространенных способов лечения — отправка молодых людей на отдых после экзамена или поощрение их к занятию каким-либо хобби.

Для многих ощущение бесцельности не проходит и в вузе. Студенты часто жалуются, что университетское образование — это пустое занятие. Тогда как *гаокао* является настоящим испытанием заслуг, вузовские экзамены мало что значат. Как только вчерашние школьники поступают в вуз, им практически гарантировано его окончание. Только те, кто планирует продолжить обучение в аспирантуре за рубежом, должны беспокоиться о хорошей успеваемости. Считается, что трудоустройство определяется не оценками, а рейтингом вуза и статусом специальности, которые фиксируются при поступлении. Поскольку вуз, в котором учится человек, является статичным аспектом его личности, его иронично называют «статусом рождения» (*чушэн*). В отличие от надежд, возлагаемых на *гаокао*, которое, как говорят, может изменить судьбу, студенческие годы кажутся лишенными судьбоносности. Они не наполнены смыслом.

Поскольку оценки мало что значат, многие студенты проводят время в вузе, готовясь к будущим экзаменам, таким как национальные или провинциальные экзамены для поступления на государственную службу, вступительные экзамены в аспирантуру или различные тесты, необходимые для обучения за рубежом. Другие студенты проводят свои студенческие годы вдали от кампуса, работая в качестве трудовых мигрантов на различных временных работах, чтобы вернуться в учебное заведение только в конце семестра для сдачи экзаменов. Некоторые открывают свой малый бизнес, продавая товары из своих родных городов. Другие зарабатывают деньги как «подставные экзаменующиеся», сдавая *гаокао* за других. Те, кто менее предприимчив, часто описывают бо́льшую часть своего обучения в колледже как «пустую трату времени» (*сюйду*): видеоигры, тусовки с друзьями и общение в Интернете.

После окончания вуза это чувство пустоты может постепенно перерасти в более серьезное экзистенциальное расстройство. Большинство студентов всю жизнь трудились, рассчитывая, что высокий балл на *гаокао* позволит им оправдать надежды родителей, бабушек и дедушек на хорошую работу и стабильную жизнь «белых воротничков». Однако после окончания колледжа многие молодые люди сталкиваются с неутешительной реальностью. Выпускники, особенно вузов второго и третьего уровней, все чаще обнаруживают, что рынок труда не в силах вознаградить их работой, способной оправдать мечты их родителей и других родственников о процветании и стабильности [Huang 2013; Mok, Wu 2016]. В то время как о тех, кто получает степень в вузах «Проекта 985», с завистью говорят, что они имеют пропуск (*тунсинчжэн*) в хорошую жизнь, тем, кто не имеет хорошего «статуса рождения», повезло меньше. Молодые выпускники второсортных вузов, преимущественно сельского происхождения, изучая финансы, маркетинг или экономику, могут в итоге работать курьерами, официантами или охранниками. Большинство выпускников колледжей сегодня зарабатывают меньше, чем средний рабочий-мигрант [Huang 2013]. Рост распространения работы, не соответствующей квалификации, и безработицы среди выпускников означает, что массовый характер высшего образования усугубляет неравенство в доходах между городом и деревней, несмотря на расширение доступа к высшему образованию [Mok, Wu 2016]. По этим причинам многие выпускники вузов в возрасте от 20 до 30 лет отмечают, что испытывают фундаментальный «разрыв между идеалом и реальностью» (*лисян юй сяньши тоцзе лэ*), что может предвещать в перспективе растущее недовольство устоявшейся технократической элитой Китая.

В некоторых отношениях этот широко распространенный экзистенциальный кризис является структурным компонентом китайской экзаменационной системы в том виде, в каком она функционирует с периода либерализации рынка труда после 1980-х годов. Система была разработана для эпохи, когда каждый выпускник вуза гарантированно получал работу. Поэтому люди часто говорят о разрыве между *гаокао* и рынком труда (что соответствует разрыву между идеалом и реальностью). Во многих отношениях *гаокао* с его квотами приема и централизованным планированием — это пережиток плановой экономики, тогда как рынок труда в значительной степени уже перешел в распоряжение невидимой руки рыночного спроса и предложения. Пока неясно, поможет ли нынешний раунд реформ *гаокао* примирить это противоречие; здесь имеются основания для скептицизма. В какой-то мере кризис происходит не только в Китае. Скорее, это всего лишь китайский вариант более общего затруднительного положения меритократии в меняющихся экономических и социальных условиях XXI века.

Наследственная меритократия: консолидирующая тенденция в авторитарных и демократических обществах

По окончании холодной войны социологи уверенно заявляли о «конце истории» [Фукуяма 1990]. Когда Советский Союз распался, а страны бывшего Восточного блока повернулись в сторону Запада, либеральная демократия, казалось, одержала победу над авторитаризмом. Люди думали, что демократизация Китая — это лишь вопрос времени. Но сейчас, в начале третьего десятилетия XXI века, все выглядит совсем иначе. При Си Цзиньпине Китай вернулся к более агрессивному стилю вертикального управления и централизованного контроля. Между тем демократии по всему миру угрожает опасность деконсолидации; молодые люди во многих странах, включая традиционные бастионы демократии, похоже, отдают предпочтение авторитарному стилю управления [Mounk 2018]. А меритократический авторитаризм Китая, который можно назвать «похмельем холодной войны», преподносится как альтернатива либеральной демократии[1].

Сторонники этой точки зрения восхищаются тем, как правящая элита в Китае, включая высших государственных чиновников, отбирается и продвигается по лестнице меритократических оценок, важную основу которой составляет *гаокао* (см. главу 1). Они говорят, что эта система политической меритократии, в которой лидеры отбираются по заслугам, а не избираются демократическим путем, может подойти не для каждой страны, но тем не менее демократия не является панацеей от всех проблем [Bell 2015]. Авторитарный Китай превзошел демократическую Индию в выведении своего населения из бедности и в обеспечении доступа к основным социальным благам, таким как медицинское страхование, улучшенное качество воды и санитария [Araral, Shivani 2016; Hsiao 2014; Ravallion 2011]. Далее следует Сингапур с его характерным сочетанием капиталистической меритократии и однопартийного парламентского правления. Считаемый многими китайскими чиновниками образцом меритократического авторитаризма, этот островной город-государство обладает вызывающей всеобщее восхищение общественной инфраструктурой и системой субсидированного жилья с одним из самых высоких показателей владения жильем на Земле [Chua 2017;

---

[1] Термин «меритократический авторитаризм» я заимствую у Ортманна и Томпсона [Ortmann, Thompson 2016].

Ortmann, Thompson 2016][2]. Те, кто отстаивает либерально-демократические ценности, обычно считают такие блага правами человека, но их обеспечение часто бывает крайне недостаточным даже в некоторых богатых демократических странах, таких как США [Олстон 2017].

Даже если меритократический авторитаризм может гарантировать социальные блага, которые дороги либералам, демократия не обязательно гарантирует защиту либеральных ценностей[3]. В XXI веке ксенофобские и расистские популистские движения распространились в США, Европе, Индии и других бастионах демократии. Эти движения, похоже, ставят под сомнение мудрость демократического правления, даже если они указывают на растущее предпочтение более автократических форм правления.

Популизм, даже если его политика отвратительна, содержит важное послание — критику меритократии. Популизм — это утверждение достоинства народа против правления технократической элиты, которая занимает все более заметное положение не только в Китае, но и в обществах по всему миру[4]. Меритократически отобранная технократическая элита является центральной чертой как политических демократий, так и авторитарных режимов. В обеих системах представители технократической элиты заполняют бюрократические структуры всех типов, как в правительстве, так и в частном бизнесе. По мере роста неравенства во многих странах и формирования нового глобального класса плутократов растет и недовольство населения элитой [Миланович 2017].

---

[2]   Неясно, могут ли пути решения Сингапура быть применимы к такой огромной стране, как Китай [Ortmann, Thompson 2016]. Более того, с 2000-х годов вопрос о том, как меритократия усиливает социальное неравенство, стал там предметом острых общественных дискуссий [Teo 2018].

[3]   В отсутствие сильной конституционной защиты популисты могут использовать демократию для подрыва основных либеральных ценностей, как это имеет место в случае с венгерской партией Фидес [Schupmann 2019].

[4]   Я благодарю Филипа Горски (Philip Gorski) за то, что он поделился своими мыслями о популизме в личном сообщении.

Возникновение недовольства имеет сложные причины. Но замедление социальной мобильности, безусловно, играет свою роль. Меритократия как в демократических, так и в авторитарных странах становится наследственной. Как я уже упоминал в главе 1, в странах, где сильно развит миф о меритократии — а к ним относятся оба типа режимов, — похоже, допускается более высокий уровень социального неравенства. Обратной стороной этого уравнения может быть то, что «дипломная болезнь» меритократического верификационизма усугубляется по мере роста неравенства [Dore 1976]. В наследственных меритократиях обладание элитным дипломом может приобретать особое значение. С одной стороны, оно служит важнейшим маркером статуса, поскольку привилегия элиты, в значительной степени наследуемая, представляется все более произвольной. С другой стороны, это помогает элите еще больше укрепить свою власть, делая все более трудным для посторонних достижение тех форм качества, которые требует элитный статус.

С возрождением элитного образования и растущим разрывом в благосостоянии в эпоху после Мао Китай стал именно такой наследственной меритократией: местом, где вуз, который посещает человек, в шутку называют его «статусом рождения». Эта острота указывает не только на роковое значение престижа колледжа, но и на неприятную истину: несмотря на напускную заботу о социальной мобильности, место человека в меритократии в значительной степени зависит от возможностей и привилегий, которые дает наличие подходящих родителей, о чем свидетельствует, например, преобладание городских детей в *гаокао*. Эта реальность, которую мало признают сторонники китайской модели, подрывает блеск политической меритократии как идеальной системы[5]. Она также выставляет подъем Китая в ином свете. Когда люди говорят, что успех Китая в избавлении людей от бедности доказывает правильность этой модели, часто возникает ложная дихотомия. Согласно этому образу мышления, ми-

---

[5] Марк Эллиот [Elliott 2012], рассуждая с исторической точки зрения, приводит аналогичный довод.

ровые лидеры должны выбирать между примером таких стран, как Индия, которые являются демократическими, но не смогли достичь успеха Китая в борьбе с бедностью, и авторитаризмом китайского типа, который является репрессивным, но выполняет свою работу. Подобные дебаты ограничивают социальное и политическое воображение узким кругом возможностей, которые кажутся разрозненными, но имеют общее предположение: девелопментализм — меритократическая идеология, связывающей индивидуальное стремление и национальное развитие (см. главу 2). В результате разговор часто не признает негативных последствий девелопментализма — таких как экономическая эксплуатация, деградация окружающей среды и утрата культуры — и не представляет себе возможности создания общества, которое было бы одновременно менее бедным и более равным. Несмотря на астрономический рост традиционных показателей экономического успеха, таких как валовой внутренний продукт в Китае после Мао, более широкие показатели личного благополучия и качества жизни выросли лишь незначительно по мере увеличения разрыва в благосостоянии [Kubiszewski et al. 2013]. Достижение перемен требует мышления, выходящего за рамки статус-кво[6].

Статус-кво становится все более неравным. В XXI веке наследственная меритократия является укрепляющейся глобальной тенденцией. Во многих местах меритократические экзамены скорее усиливают, чем противодействуют этой тенденции. Такие экзамены приобретают особое культурное значение в странах с конфуцианским наследием: Китае, Японии, Корее, Сингапуре, Тайване и Вьетнаме[7]. Но меритократия, основанная на экзаменах,

---

Такие тенденции говорят о необходимости расширить традиционные определения развития и борьбы с бедностью, чтобы охватить более комплексные и разнообразные понятия человеческого процветания [Lau 2020].

[7]   Тайвань представляет собой интересный пример параллельной эволюции с Китаем. Национальный вступительный экзамен в колледж страны — *лянькао* — развивался отдельно от системы материкового Китая, но во многом похож на нее [Zeng 1999]. Корея и Вьетнам, которые в имперские времена были вассальными государствами Китая и имели свои собственные граждан-

гораздо шире. В той или иной форме эта система применяется почти в каждой стране мира. Она может дать людям возможность мобильности, шанс «изменить судьбу». Но по мере роста экономического неравенства она имеет тенденцию укреплять наследственные привилегии. Люди часто обвиняют учителей и школы в разрывах в успеваемости, но этот аргумент ставит телегу впереди лошади. Хорошие учителя могут добиться многого, но для фундаментальных изменений необходимо устранить основную причину разрыва в успеваемости — социальное неравенство.

Будущее меритократии

Меритократия — несовершенная, мифическая, но все же неотъемлемая часть социальной структуры современных обществ — сегодня сталкивается с натиском преобразующих сил, которые могут привести к ее окончательной гибели: роботизированный труд и вытеснение живого труда, изменение климата, старение населения и эволюция политических структур ближай-

---

ские экзамены по образцу китайского «старшего брата», внедрили похожие меритократические системы [Woodside 2006]. Во Вьетнаме высокий балл на экзамене является предпосылкой для получения хорошей работы. В Южной Корее лучшие колледжи служат каналом к желанной карьере в ведущих корейских компаниях — чеболях. В отличие от Вьетнама и Кореи, Япония не вводила экзамены до периода Мэйдзи (1868–1912), когда эта страна превратилась из феодальной системы самураев в рыночное общество. Реформаторы Мэйдзи рассматривали возможность использования Китая в качестве модели для японской экзаменационной системы, но остановились на Пруссии как прототипе [Zeng 1999]. Однако японские реформаторы не знали, что прусская система, по-видимому, черпала вдохновение в Китае [Jacobsen 2015]. Похожая ирония лежит в основе сингапурского опыта меритократии. Ученые отмечают, что сингапурские системы образования и государственной службы находятся под влиянием не только конфуцианства, но и британского колониализма — историческая реальность, которую национальная история иногда игнорирует [Ortmann, Thompson 2016]. Но такие аргументы сами по себе упускают из виду, что система экзаменов в Китае, по-видимому, послужила стимулом для внедрения меритократических экзаменов в Великобритании колониальной эпохи [Teng 1943].

шего будущего. Эти изменения могут быть не чем иным, как фундаментальной социальной трансформацией, которая произошла много веков назад в Китае и Европе с переходом от феодализма к меритократии. Поэтому было бы провалом политического воображения считать наследственную меритократию концом истории. Сами формы экономических и социальных изменений, которые порождают эту усиленную форму меритократического верификационизма, могут также привести к тектоническому сдвигу в основах меритократии.

Только в Китае к 2030 году из-за автоматизации может быть ликвидировано более ста миллионов рабочих мест (до 12 % рабочей силы) [Manyika et al. 2017]. Хотя Китай особенно уязвим из-за своей зависимости от сельского хозяйства и производства, которые легко поддаются автоматизации, многие страны мира сталкиваются с подобными экономическими преобразованиями. В то же время во всех регионах Земли, кроме Африки, население мира стареет. К 2030 году каждый третий житель Китая будет старше 60 лет. По прогнозам, с 2015 по 2030 год число людей в возрасте 60 лет и старше вырастет на 56 %, с 901 миллиона до 1,4 миллиарда [United Nations 2015].

Эти изменения сигнализируют о фундаментальном сдвиге в мировой политической экономике. По мере старения рабочей силы и автоматизации растущих сегментов экономики, все меньше и меньше рабочих мест будет доступно для молодежи. В таких условиях надежда на меритократию, которую питают деревенские участники *гаокао*, все больше кажется невыполнимой целью, формой «жестокого оптимизма» [Berlant 2011]. По мере того как эта надежда ускользает из рук все большего числа людей в Китае и других странах, потерянность и растерянность могут стать более распространенным явлением.

В то же время характер работы меняется. Представляется вероятным, что умные машины возьмут на себя многие виды человеческого труда, включая не только работу «синих воротничков», такую как фермерство и вождение автомобиля, но и многих «белых воротничков» из бухгалтерии, медицины и юриспруденции [Сасскинд Р., Сасскинд Д. 2020]. Эти меняющиеся экономические условия ставят вопрос о будущем самой работы и вместе с ним о будущем меритократии. Без вознаграждения в виде лучшей занятости обещания меритократии оказываются пустыми.

Что может последовать за меритократией? Когда Маркс впервые задумал коммунизм, это не была система, в которой государство просто возьмет на себя роль ведущего капиталиста, как это произошло в «реально существовавших» коммунизмах Китая и Советского Союза, среди прочих мест в XX веке. Скорее, Маркс имел в виду научно-фантастический сценарий, в котором силы производства (технология и человеческий труд) стали настолько развитыми, что привели бы к фундаментальному сдвигу в производственных отношениях, то есть в разделении труда. Маркс [Маркс, Энгельс 1988: 29–30] представлял себе не что иное, как отрицание этого разделения, мир, в котором люди могли бы «сегодня делать одно, а завтра другое», один вид работы «утром», а другой «после обеда», никогда не будучи определенными какой-либо одной ролью.

Приближается ли мир к обществу, которое представлял себе Маркс? Если экономика требует, чтобы все меньше и меньше людей работали, и если существующий мир излишков и богатства, похоже, достается все меньшей части населения, то как должно реагировать общество? Распространенный ответ заключается в том, что люди должны быть подготовлены путем постоянного переобучения к частой смене профессии. Но это предложение предполагает, что работники все равно будут нужны — другими словами, будет достаточно традиционных рабочих мест, для которых люди смогут переквалифицироваться. Другие предлагают платить каждому человеку базовую зарплату, даже когда он не работает — базовый основной доход [Ferguson 2015]. При таком сценарии людей следует поощрять к тому, чтобы они сами определяли, в чем заключается осмысленный труд. Если нам больше не нужно столько бухгалтеров, врачей и юристов, возможно, нам понадобится больше дизайнеров, поэтов и ученых, или даже новые типы людей, сочетающих эти роли (я необъективен, но я бы хотел видеть больше антропологов!). И, несомненно, нам потребуется больше сиделок для пожилых [Greenhalgh

2010; Kleinman 2010]. В любом случае представляется вероятным, что такое переосмысление работы повлечет за собой масштабное перераспределение богатства. Но более справедливый мир будет более счастливым и мирным, как прилив, поднимающий все лодки [Wilkinson, Pickett 2010].

Помимо автоматизации, будущее меритократии подстерегает еще одна трудность, вызванная человеком: изменение климата [Frase 2016]. Потепление Земли будет непропорционально влиять на различные группы населения и приведет к росту конфликтов из-за дефицитных ресурсов, таких как питьевая вода и пахотные земли. Культурные представления о заслугах вносят свой вклад в эту проблему. Подобно тому, как идеология индивидуальных заслуг сводит на нет вклад родителей, учителей и общества, идеология национальных заслуг упускает из виду жертвы бедных, маргинализированных и порабощенных народов. Представители этих групп в непропорционально большой степени оплачивают расходы и страдают от последствий промышленного развития, которое нагрело планету и сделало одни страны богаче других.

От того, как человечество ответит на двойную проблему автоматизации и изменения климата, будет зависеть, каким будет будущее: апокалиптическим, в котором богатые монополизируют растущий мир изобилия, а бедные борются за выживание; или утопическим, в котором растущие производственные возможности человечества вознесут всех. Вероятно, реальность будет где-то посередине. Но главное — увидеть, что у мира есть выбор [Frase 2016]. Слишком часто статус-кво представляется как судьба — «свершившийся факт», или конец истории. Согласно этой точке зрения, экономические и политические механизмы, которые люди принимают как должное, могут иметь последствия, но они предопределены историей или человеческой природой и поэтому не подлежат судьбоносной трансформации. Однако с помощью воображения и коллективных действий будущее можно изменить. Это не свершившийся факт, а судьбоносный выбор.

Если упорный труд больше не гарантирует успеха — и более того, если сама социальная система, в которой такое утверждение является разумным, перестанет существовать, — тогда меритократические обряды, такие как *гаокао*, могут потерять смысл. Но я верю, что человеческие существа всегда будут нуждаться в судьбоносных обрядах перехода для создания экзистенциального смысла, и что обществам всегда будут нужны ритуалы для управления социальными преобразованиями. Однако будущим поколениям предстоит определить, что это значит в мире, выходящем за исторические рамки меритократии в ее традиционном понимании. Одно, однако, кажется несомненным: изменения не произойдут без политического видения и воли. Трансформация меритократии в то, что последует за ней, произойдет только через ряд малых и больших, индивидуальных и социальных битв, которые сами по себе будут судьбоносными обрядами перехода.

Библиография

Батлер 2002 — Батлер Д. Психика власти: теории субъекции / пер. с англ. З. Баблояна. Харьков: ХЦГИ; СПб.: Алетейя, 2002.

Бурдьё 2001 — Бурдьё П. Практический смысл / пер. с франц. А. Т. Бикбова, К. Д. Вознесенской, С. Н. Зенкина, Н. А. Шматко; отв. ред. пер. и послесл. Н. А. Шматко. СПб.: Алетейя, 2001.

Бурдьё 2002 — Бурдьё П. Формы капитала // Экономическая социология. 2002. Т. 3. № 5. С. 60–74.

Бурдьё 2005 — Бурдьё П. Мужское господство / пер. с франц. Ю. В. Марковой. М.: Институт экспериментальной социологии; СПб.: Алетейя, 2005.

Бурдьё, Пассрон 2007 — Бурдьё П., Пассрон Ж.-К. Воспроизводство: элементы теории системы образования / пер. с франц. Н. А. Шматко. М.: Просвещение, 2007.

Вебер 1988 — Вебер М. Харизматическое господство // Социологические исследования. 1988. № 5. С. 139–147.

Вебер 1990 — Вебер М. Протестантская этика и дух капитализма. Избранные произведения / пер. с нем. Ю. Н. Давыдова. М.: Прогресс, 1990.

Винникотт 2002 — Винникотт Д. В. Игра и реальность. М.: Ин-т общегуманитар. исслед., 2002.

Геннеп 1999 — Геннеп А., ван. Обряды перехода. Систематическое изучение обрядов / пер. с франц. Ю. В. Ивановой, Л. В. Покровской. М.: Издательская фирма «Восточная литература» РАН, 1999.

Гофман 2000 — Гофман И. Представление себя другим в повседневной жизни / пер. с англ. и вступ. статья А. Д. Ковалева. М.: Канон-Пресс-Ц, Кучково поле, 2000.

Гофман 2004 — Гофман И. Анализ фреймов: Эссе об организации повседневного опыта / Под ред. Г. С. Батыгина и Л. А. Козловой; вступ. статья Г. С. Батыгина. М.: Ин-т социологии РАН, 2004.

Гофман 2019 — Гофман И. Тотальные институты: очерки о социальной ситуации психически больных пациентов и прочих постояльцев закрытых учреждений / пер. с англ. А. Салина. М.: Элементарные формы, 2019.

Джеймс 1993 — Джеймс У. Многообразие религиозного опыта / пер. с англ. В. Малахиева-Мирович, М. В. Шик. М.: Наука, 1993.

Доклад о человеческом развитии 2019 — ООН. Доклад о человеческом развитии. За рамками уровня доходов и средних показателей сегодняшнего дня: неравенство в человеческом развитии в XXI веке. URL: https://hdr.undp.org/system/files/documents/hdr2019rupdf_1.pdf (дата обращения: 01.11.2023).

Жижек 1999 — Жижек С. Возвышенный объект идеологии / пер. с англ. В. Софронов. М.: ХЖ, 1999.

Лакан 1995 — Лакан Ж. Функция и поле речи и языка в психоанализе: Докл. на Рим. конгр., читан. в Ин-те психологии Рим. ун-та 26 и 27 сент. 1953 г. / пер. с фр. М.: Гнозис, 1995.

Лакофф, Джонсон 2004 — Лакофф Д., Джонсон М. Метафоры, которыми мы живем / пер. с англ. А. Н. Баранова, А. В. Морозовой. М.: Едиториал УРСС, 2004.

Леви-Стросс 1985 — Леви-Стросс К. Эффективность символов // Структурная антропология / пер. с франц. В. В. Иванова. М.: Наука. 1985. С. 165–183.

Малиновский 2004 — Малиновский Б. Избранное: Аргонавты западной части Тихого океана / пер. с англ. В. Н. Порус. М.: РОССПЭН, 2004.

Малиновский 2020 — Малиновский Б. Магия, наука и религия / пер. с англ. А. П. Хомика. М.: Академический проект, 2020.

Маркс 1988 — Маркс К., Энгельс Ф. Немецкая идеология / Ин-т марксизма-ленинизма при ЦК КПСС. М.: Политиздат, 1988.

Махмуд 2023 — Махмуд С. Политика благочестия: исламское возрождение и феминистский субъект / пер. с англ. К. Колкуновой. М.: Новое литературное обозрение, 2023.

Миланович 2017 — Миланович Б. Глобальное неравенство: новый подход для эпохи глобализации / пер. с англ. Д. Шестакова. М.: Издательство Института Гайдара, 2017.

Мосс 2000 — Мосс М. Набросок общей теории магии // Социальные функции священного / пер. с франц. под общей редакцией И. В. Утехина. СПб.: Евразия, 2000. С. 107–225.

Мосс 2011 — Мосс М. Общества. Обмен. Личность. Труды по социальной антропологии / пер. с франц., предисловие, вступит. статья, комментарии А. Б. Гофмана. М.: КДУ, 2011.

Олстон 2017 — Олстон Ф. Заявление о визите в США профессора Филипа Олстона, Специального докладчика Организации Объединенных Наций по вопросу о крайней бедности и правах человека. 2017. 15 декабря. URL: https://amexc.ru/jekonomika/socialka/zajavlenie-o-vizite-v-ssha-professora-filipa-olstona-specialnogo-dokladchika-organizacii-obedinennyh-nacij-po-voprosu-o-krajnej-bednosti-i-pravah-cheloveka.html (дата обращения: 20.10.2023).

Пикетти 2016 — Пикетти Т. Капитал в XXI веке / пер. с франц. А. Дунаева. М.: Ад Маргинем Пресс, 2016.

Померанц 2017 — Померанц К. Великое расхождение. Китай, Европа и создание современной мировой экономики / пер. с англ. А. М. Матвеенко; под науч. ред. А. Ю. Володина. М.: Издательский дом «Дело» РАНХиГС, 2017.

Ридингс 2010 — Ридингс Б. Университет в руинах / пер. с англ. Андрея Корбута. М.: Изд. дом Гос. ун-та — Высш. шк. экономики, 2010.

Розин 2015 — Розин Х. Самоубийства в Кремниевой долине: почему одаренные дети сводят счеты с жизнью // newochem. Общество. 2015. 23 ноября. URL: https://newochem.ru/obshhestvo/samoubijstva-v-kremnievoj-doline-pochemu-odarennye-deti-svodyat-schety-s-zhiznyu/?utm_referrer=https%3A%2F%2Fwww.google.com%2F (дата обращения: 20.10.2023).

Сасскинд Р., Сасскинд Д. 2020 — Сасскинд Р., Сасскинд Д. История вашего будущего: что технологии сделают с вашей работой и жизнью / пер. с англ. А. В. Гормана. М.: Бомбора, 2020.

Слотердайк 2021 — Слотердайк П. Критика цинического разума / пер. с нем. А. В. Перцева. СПб.: Издательство Ивана Лимбаха, 2021.

Снайдер 2020 — Снайдер Т. Дорога к несвободе. Россия, Европа, Америка / пер. с англ. Ильи Кригера. М.: АСТ: Corpus, 2020.

Фанон 2022 — Фанон Ф. Черная кожа, белые маски / пер. с франц. Д. Тимофеева. М.: Музей современного искусства «Гараж», 2022.

Фрейд 1992 — Фрейд З. Недовольство культурой; Психоанализ. Религия. Культура / пер. с нем. А. М. Руткевича. М.: Ренессанс, 1992.

Фрейд 2013 — Фрейд З. Остроумие и его отношение к бессознательному / пер. с нем. Р. Додельцева. СПб.: Азбука-Аттикус, 2013.

Фрэнк 2019 — Фрэнк Р. Успех и удача. Фактор везения и миф меритократии / пер. с англ. О. Левченко; под науч. ред. А. Смирнова. М.: Изд. дом Высшей школы экономики, 2019.

Фуко 2020 — Фуко М. Надзирать и наказывать: рождение тюрьмы / пер. с франц. В. Наумова. М.: Ад Маргинем Пресс [и др.], 2020.

Фукуяма 1990 — Фукуяма Ф. Конец истории? // Вопросы философии. 1990. № 3. С. 134–148.

Харви 2007 — Харви Д. Краткая история неолиберализма: актуальное прочтение / пер. с англ. Н. С. Брагиной. М.: Поколение, 2007.

Хуан 2012 — Хуан Я. Капитализм по-китайски: Государство и бизнес / пер. с англ. 2-е изд. М.: Альпина Паблишер, 2012.

Чжао 2017 — Чжао Ю. Кто боится большого красного дракона? Почему в Китае лучшая (и худшая) система образования в мире. М.: Издательский дом НИУ ВШЭ, 2017.

Чиксентмихайи 2015 — Чиксентмихайи М. Поток: психология оптимального переживания / пер. с англ. Е. Перовой. М.: Альпина нонфикшн, 2015.

Юрчак 2014 — Юрчак А. Это было навсегда, пока не кончилось: последнее советское поколение / пер. с англ. М.: Новое литературное обозрение, 2014.

Anagnost 1997 — Anagnost A. Children and National Transcendence in China // Constructing China: The Interaction of Culture and Economics / Ed. by Kenneth Lieberthal, Shuen-fu Lin, and Ernest P. Young. Ann Arbor: Center for Chinese Studies, University of Michigan, 1997. P. 195–222.

Anagnost 2004 — Anagnost A. The Corporeal Politics of Quality (Suzhi) // Public Culture. 2004. Vol. 16. № 2. P. 189–208.

Andreas 2004 — Andreas J. Leveling the Little Pagoda: The Impact of College Examinations, and Their Elimination, on Rural Education in China // Comparative Education Review. 2004. Vol. 48. № 1. P. 1–47.

Andreas 2009 — Andreas J. Rise of the Red Engineers: The Cultural Revolution and the Origins of China's New Class. Stanford, CA: Stanford University Press, 2009.

Araral, Shivani 2016 — Araral E., Shivani R. Water Governance in India and China: Comparison of Water Law, Policy and Administration // Water Policy. 2016. Vol. 18. № S1. P. 14–31.

Bakken 2000 — Bakken B. The Exemplary Society: Human Improvement, Social Control, and the Dangers of Modernity in China. Oxford: Oxford University Press, 2000.

Battistella 1990 — Battistella E. L. Markedness: The Evaluative Superstructure of Language. SUNY Series in Linguistics. Albany: SUNY Press, 1990.

Becker 1993 — Becker G. S. Human Capital: A Theoretical and Empirical Analysis, with Special Reference to Education. 3rd ed. Chicago: University of Chicago Press, 1993.

Bell 2015 — Bell D. The China Model: Political Meritocracy and the Limits of Democracy. Princeton, NJ: Princeton University Press, 2015.

Benney 2016 — Benney J. Weiwen at the Grassroots: China's Stability Maintenance Apparatus as a Means of Conflict Resolution // Journal of Contemporary China. Vol. 25. № 99. P. 389–405.

Berg 2002 — Berg D. Marvelling at the Wonders of the Metropolis: Perceptions of Seventeenth-Century Chinese Cities in the Novel Xingshi Yinyuan Zhuan // Town and Country in China: Identity and Perception / Ed. by David Faure and Tao Liu. St. Antony's Series. Basingstoke, UK: Palgrave, 2002. P. 17–40.

Berlant 2011 — Berlant L. G. Cruel Optimism. Durham, NC: Duke University Press, 2011.

Billioud, Joël 2015 — Billioud S., Joël T. The Sage and the People: The Confucian Revival in China. Oxford: Oxford University Press, 2015.

Blum 2007 — Blum S. D. Lies That Bind: Chinese Truth, Other Truths. Lanham, MD: Rowman & Littlefield, 2007.

Blum 2009 — Blum S. D. My Word! Plagiarism and College Culture. Ithaca, NY: Cornell University Press, 2009.

Blum 2016 — Blum S. D. I Love Learning; I Hate School: An Anthropology of College. Ithaca, NY: Cornell University Press, 2016.

Bol 1989 — Bol P. K. Chu Hsi's Redefinition of Literati Learning // Neo-Confucian Education: The Formative Stage / Ed. by Wm. Theodore De Bary, John W. Chaffee, and Bettine Birge. Berkeley: University of California Press, 1989. P. 151–185.

Bol 2008 — Bol P. K. Neo-Confucianism in History. Cambridge, MA: Harvard University Asia Center, 2008.

Boretz 2011 — Boretz A. A. Gods, Ghosts, and Gangsters: Ritual Violence, Martial Arts, and Masculinity on the Margins of Chinese Society. Honolulu: University of Hawai'i Press, 2011.

Bosco et al. 2009 — Bosco J., Liu L. H.-M., West M. Underground Lotteries in China: The Occult Economy and Capitalist Culture // Economic Development, Integration, and Morality in Asia and the Americas / Ed. by Donald Wood. Research in Economic Anthropology 29. Bingley, UK: Emerald Group, 2009. P. 31–62.

Bourdieu 1977 — Bourdieu P. Outline of a Theory of Practice / trans. Richard Nice. London: Cambridge University Press, 1977.

Bourdieu 1984 — Bourdieu P. Distinction: A Social Critique of the Judgement of Tastes / trans. Richard Nice. Cambridge, MA: Harvard University Press, 1984.

Bourdieu 1991 — Bourdieu P. Language and Symbolic Power. Cambridge, MA: Harvard University Press, 1991.

Boyer 2010 — Boyer D. On the Ethics and Practice of Contemporary Social Theory: From Crisis Talk to Multiattentional Method // Dialectical Anthropology. 2010. Vol. 34. № 3. P. 305–324.

Brandt et al. 2014 — Brandt L., Debin M., Thomas G. R. From Divergence to Convergence: Reevaluating the History behind China's Economic Boom // Journal of Economic Literature. 2014. Vol. 52. № 1. P. 45–123.

Bregnbæk 2016 — Bregnbæk S. Fragile Elite: The Dilemmas of China's Top University Students. Stanford, CA: Stanford University Press, 2016.

Bregnbæk, Bunkenborg 2017 — Bregnbæk S., Bunkenborg M. Emptiness and Fullness: Ethnographies of Lack and Desire in Contemporary China. New York: Berghahn, 2017.

Brokaw 1991 — Brokaw C. J. The Ledgers of Merit and Demerit: Social Change and Moral Order in Late Imperial China. Princeton, NJ: Princeton University Press, 1991.

Brokaw 2007 — Brokaw C. J. Commerce in Culture: The Sibao Book Trade in the Qing and Republican Periods. Cambridge, MA: Harvard University Asia Center, 2007.

Brook 1998 — Brook T. The Confusions of Pleasure: Commerce and Culture in Ming China. Berkeley: University of California Press, 1998.

Buchmann, DiPrete 2006 — Buchmann C., DiPrete T. A. The Growing Female Advantage in College Completion: The Role of Family Background and Academic Achievement // American Sociological Review. 2006. Vol. 71. № 4. P. 515–541.

Butler 1988 — Butler J. Performative Acts and Gender Constitution: An Essay in Phenomenology and Feminist Theory // Theatre Journal. 1988. Vol. 40. № 4. P. 519–531.

Cadwalladr 2015 — Cadwalladr C. Students Used to Take Drugs to Get High. Now They Take Them to Get Higher Grades // The Observer. 2015. 15 February. URL: https://www.theguardian.com/society/2015/feb/15/students-smart-drugs-higher-grades-adderall-modafinil (дата обращения: 29.10.2023).

Carrico 2017 — Carrico K. The Great Han: Race, Nationalism, and Tradition in China Today. Oakland: University of California Press, 2017.

Center for China and Globalization 2017 — Center for China and Globalization. Report on Employment and Entrepreneurship of Chinese Returnees [Center for China and Globalization]. 2017, August. URL: http://en.ccg.org.cn/wp-content/uploads/2017/08/Report-on-Employment-Entrepreneurship-of-Chinese-Returnees-2017.pdf (дата обращения: 15.10.2023).

Chaffee 1995 — Chaffee J. W. The Thorny Gates of Learning in Sung China: A Social History of Examinations. New ed. Albany: SUNY Press, 1995.

Chan, Harrell 2010 — Chan C. Y., Harrell S. School Consolidation in Rural Sichuan // Affirmative Action in China and the U.S.: A Dialogue on Inequality and Minority Education / Ed. by Minglang Zhou and Ann Maxwell Hill. New York: Macmillan, 2010. P. 144–164.

Charles 2011 — Charles M. A World of Difference: International Trends in Women's Economic Status // Annual Review of Sociology. 2011. Vol. 37. № 1. P. 355–371.

Chau 2006 — Chau A. Y. Miraculous Response: Doing Popular Religion in Contemporary China. Stanford, CA: Stanford University Press, 2006.

Cherng, Hannum 2013 — Cherng H.-Y. S., Hannum E. Community Poverty, Industrialization, and Educational Gender Gaps in Rural China // Social Forces. 2013. Vol. 92. № 2. P. 659–690.

Chow 2004 — Chow K.-W. Publishing, Culture, and Power in Early Modern China. Stanford, CA: Stanford University Press, 2004.

Chu 2010 — Chu J. Y. Cosmologies of Credit: Transnational Mobility and the Politics of Destination in China. Durham, NC: Duke University Press, 2010.

Chua 2017 — Chua B. H. Liberalism Disavowed: Communitarianism and State Capitalism in Singapore. Ithaca, NY: Cornell University Press, 2017.

Chumley 2016 — Chumley L. Creativity Class: Art School and Culture Work in Postsocialist China. Princeton, NJ: Princeton University Press, 2016.

Chumley, Wang 2013 — Chumley L., Wang J. 'If You Don't Care for Your Money, It Won't Care for You': Chronotypes of Risk and Return in Chinese Wealth Management // Qualitative Research in Gambling: Exploring the Production and Consumption of Risk / Ed. by Rebecca Cassidy, Andrea Pisac, and Claire Loussouarn. New York: Routledge, 2013. P. 202–217.

Chung, Mason 2012 — Chung C., Mason M. Why Do Primary School Students Drop Out in Poor, Rural China? A Portrait Sketched in a Remote Mountain Village // International Journal of Educational Development. 2012. Vol. 32. № 4. P. 537–545.

Cohen 1970 — Cohen M. L. Developmental Process in the Chinese Domestic Group // Family and Kinship in Chinese Society / Ed. by Ai-li S. Chin and Maurice Freedman. Stanford, CA: Stanford University Press, 1970. P. 21–36.

Cohen 1984 — Cohen P. A. Discovering History in China: American Historical Writing on the Recent Chinese Past. New York: Columbia University Press, 1984.

Cohen, Beauchamp-Mustafaga 2014 — Cohen D., Beauchamp-Mustafaga N. Anti-Privilege Campaign Hits the Chinese Middle Class // China Brief. 2014. Vol. 14. № 17. P. 1–3.

Davis 2014 — Davis D. Privatization of Marriage in Post-Socialist China // Modern China. 2014. Vol. 40. № 6. P. 551–577.

De Weerdt 2007 — De Weerdt H. G. D. Competition over Content: Negotiating Standards for the Civil Service Examinations in Imperial China (1127–1279). Cambridge, MA: Harvard University Asia Center, 2007.

Demerath 2009 — Demerath P. Producing Success: The Culture of Personal Advancement in an American High School. Chicago: University of Chicago Press, 2009.

Derrida 1989 — Derrida J. Force of Law: The Mystical Foundation of Authority // Cardozo Law Review. 1989. Vol. 11. P. 919–951.

Dickens, Flynn 2001 — Dickens W. T., Flynn J. R. Heritability Estimates versus Large Environmental Effects: The IQ Paradox Resolved // Psychological Review. 2001. Vol. 108. № 2. P. 346–369.

Dore 1976 — Dore R. The Diploma Disease: Education, Qualification, and Development. Berkeley: University of California Press, 1976.

Duara 1995 — Duara P. Rescuing History from the Nation: Questioning Narratives of Modern China. Chicago: University of Chicago Press, 1995.

Duckworth et al. 2007 — Duckworth A. L., Peterson C., Matthews M. D., Kelly D. R. Grit: Perseverance and Passion for Long-Term Goals // Journal of Personality and Social Psychology. 2007. Vol. 92. № 6. P. 1087–1101.

Dunn 2009 — Dunn E. C. 'Cult,' Church, and the CCP: Introducing Eastern Lightning // Modern China. 2009. Vol. 35. № 1. P. 96–119.

Economist 2019 — Economist. The Growing Ranks of Unemployed Graduates Worry China's Government // Economist. 2019. 1 August. URL: https://www.economist.com/china/2019/08/01/the-growing-ranks-of-unemployed-graduates-worry-chinas-government (дата обращения: 10.10.2023).

Elliott 2012 — Elliott M. Opinion: The Real China Model // New York Times. 2012. 14 November. URL: https://www.nytimes.com/2012/11/14/opinion/the-real-china-model.html (дата обращения: 08.10.2023).

Elman 2000 — Elman B. A. A Cultural History of Civil Examinations in Late Imperial China. Berkeley: University of California Press, 2000.

Elman 2005 — Elman B. A. On Their Own Terms: Science in China, 1550–1900. Cambridge, MA: Harvard University Press, 2005.

Elman 2013 — Elman B. A. Civil Examinations and Meritocracy in Late Imperial China. Cambridge, MA: Harvard University Press, 2013.

Farquhar 2002 — Farquhar J. Appetites: Food and Sex in Postsocialist China. Durham, NC: Duke University Press, 2002.

Fei 1992 — Fei X. From the Soil, the Foundations of Chinese Society: A Translation of Fei Xiaotong's Xiangtu Zhongguo, with an Introduction and Epilogue / trans. G. G. Hamilton and Zheng Wang. Berkeley: University of California Press, 1992.

Feng 2010 — Feng W. China's Population Destiny: The Looming Crisis // Current History. 2010. Vol. 109. № 728. P. 244–251.

Ferguson 1990 — Ferguson J. The Anti-Politics Machine: Development, Depoliticization, and Bureaucratic Power in Lesotho. Cambridge: Cambridge University Press, 1990.

Ferguson 2015 — Ferguson J. Give a Man a Fish: Reflections on the New Politics of Distribution. Durham, NC: Duke University Press, 2015.

Festa 2007 — Festa P. E. Mahjong Agonistics and the Political Public in Taiwan: Fate, Mimesis, and the Martial Imaginary // Anthropological Quarterly. 2007. Vol. 80. № 1. P. 93–125.

Feuchtwang 1992 — Feuchtwang S. The Imperial Metaphor: Popular Religion in China. New York: Routledge, 1992.

Fincher 1992 — Fincher L. H. Leftover Women: The Resurgence of Gender Inequality in China. London: Zed, 2016.

Finn 2010 — Finn C. E. Jr. A Sputnik Moment for U.S. Education // Wall Street Journal. 2010. 8 December. URL: https://www.wsj.com/articles/SB10001424052748704156304576003871654183998 (дата обращения: 11.10.2023).

Fiskesjö 1999 — Fiskesjö M. On the 'Raw' and the 'Cooked' Barbarians of Imperial China // Inner Asia. 1999. Vol. 1. № 2. P. 139–168.

Fiskesjö 2006 — Fiskesjö M. Rescuing the Empire: Chinese Nation-Building in the Twentieth Century // European Journal of East Asian Studies. 2006. Vol. 5. № 1. P. 15–44.

Flynn 1987 — Flynn J. R. Massive IQ Gains in 14 Nations: What IQ Tests Really Measure // Psychological Bulletin. 1987. Vol. 101. № 2. P. 171–191.

Foley 1990 — Foley D. E. Learning Capitalist Culture: Deep in the Heart of Tejas. Philadelphia: University of Pennsylvania Press, 1990.

Fong 2002 — Fong V. L. China's One-Child Policy and the Empowerment of Urban Daughters // American Anthropologist. 2002. Vol. 104. № 4. P. 1098–1109.

Fong 2006 — Fong V. L. Only Hope: Coming of Age under China's One-Child Policy. Stanford, CA: Stanford University Press, 2006.

Fong 2011 — Fong V. L. Paradise Redefined: Transnational Chinese Students and the Quest for Flexible Citizenship in the Developed World. Stanford, CA: Stanford University Press, 2011.

Frase 2016 — Frase P. Four Futures: Life after Capitalism. London: Verso, 2016.

Friedman 2006 — Friedman S. Intimate Politics: Marriage, the Market, and State Power in Southeastern China. Cambridge, MA: Harvard University Asia Center, 2006.

Fu 2013 — Fu Y. China's Unfair College Admissions System // The Atlantic. 2013, June. URL: https://www.theatlantic.com/china/archive/2013/06/chinas-unfair-collegeadmissions-system/276995/ (дата обращения: 11.10.2023).

Gaetano 2014 — Gaetano A. M. 'Leftover Women': Postponing Marriage and Renegotiating Womanhood in Urban China // Journal of Research in Gender Studies. 2014. Vol. 4. № 2. P. 124–149.

Geshiere 2003 — Geshiere P. On Witch Doctors and Spin Doctors: The Role of 'Experts' in African and American Politics // Magic and Modernity: Interfaces of Revelation and Concealment / Ed. by Birgit Meyer and Peter Pels. Stanford, CA: Stanford University Press, 2003. P. 159–182.

Gladney 2004 — Gladney D. C. Dislocating China: Reflections on Muslims, Minorities, and Other Subaltern Subjects. Chicago: University of Chicago Press, 2004.

Gmelch 1971 — Gmelch G. Baseball Magic // Trans-action. 1971. Vol. 8. № 8. P. 39–41.

Goffman 1967 — Goffman E. Where the Action Is // Interaction Ritual: Essays in Face-to-Face Behavior. Chicago: Aldine, 1967. P. 149–270.

Goodman 2014 — Goodman D. S. G. Class in Contemporary China. China Today Series. Cambridge: Polity, 2014.

Gorski 2003 — Gorski P. S. The Disciplinary Revolution: Calvinism and the Rise of the State in Early Modern Europe. Chicago: University of Chicago Press, 2003.

Gramsci 1971 — Gramsci A. Selections from the Prison Notebooks of Antonio Gramsci / Ed. and trans. by Quintin Hoare and Geoffrey N. Smith. New York: International Publishers, 1971.

Greenhalgh 2010 — Greenhalgh S. Cultivating Global Citizens: Population in the Rise of China. Cambridge, MA: Harvard University Press, 2010.

Guillory 1993 — Guillory J. Cultural Capital. Chicago: University of Chicago Press, 1993.

Guinier 2015 — Guinier L. The Tyranny of the Meritocracy: Democratizing Higher Education in America. Boston: Beacon, 2015.

Guo et al. 2010 — Guo C., Tsang M. C., Ding X. Gender Disparities in Science and Engineering in Chinese Universities. Special issue in Honor of Henry M. Levin // Economics of Education Review. 2010. Vol. 29. № 2. P. 225–235.

Hacking 2004 — Hacking I. Between Michel Foucault and Erving Goffman: Between Discourse in the Abstract and Face-to-Face Interaction // Economy and Society. 2004. Vol. 33. № 3. P. 277–302.

Hamilton 1996 — Hamilton G. G. Overseas Chinese Capitalism // Confucian Traditions in East Asian Modernity: Moral Education and Economic Culture in Japan and the Four Mini-Dragons / Ed. by Weiming Tu. Cambridge, MA: Harvard University Press, 1996. P. 328–342.

Hannum 1999 — Hannum E. C. Political Change and the Urban-Rural Gap in Basic Education in China, 1949–1990 // Comparative Education Review. 1999. Vol. 43. № 2. P. 193–211.

Hannum, Adams 2007 — Hannum E. C., Adams J. Girls in Gansu, China: Expectations and Aspirations for Secondary Schooling // Exclusion, Gender and Schooling: Case Studies from the Developing World / Ed. by Maureen Lewis and Marlaine Lockheed. Washington, DC: Center for Global Development, 2007 P. 71–98.

Hannum, Wang 2006 — Hannum E. C., Wang M. Geography and Educational Inequality in China // China Economic Review. 2006. Vol. 17. № 3. P. 253–265.

Hansen 2015 — Hansen M. H. Educating the Chinese Individual: Life in a Rural Boarding School. Seattle: University of Washington Press, 2015.

Hansen 2017 — Hansen A. S. Guanhua! Bejing Students, Authoritative Discourse and the Ritual Production of Political Compliance // Emptiness and Fullness. Ethnographies of Lack and Desire in Contemporary China / Ed. by S. Bregnbæk and M. Bunkenborg. New York & Oxford: Berghahn Books, 2017 P. 35–51.

Hansen, Woronov 2013 — Hansen M. H., Woronov T. E. Demanding and Resisting Vocational Education: A Comparative Study of Schools in Rural and Urban China // Comparative Education. 2013. Vol. 49. № 2. P. 242–259.

Hanson 1993 — Hanson F. A. Testing: Social Consequences of the Examined Life. Berkeley: University of California Press, 1993.

Harding 1998 — Harding S. Women, Science, and Society // Science. 1998. Vol. 281. № 5383. P. 1599–1600.

Harrell 1985 — Harrell S. Why Do the Chinese Work So Hard? // Modern China. 1985. Vol. 11. № 2. P. 203–226.

Harrell 1987 — Harrell S. The Concept of Fate in Chinese Folk Ideology // Modern China. 1987. Vol. 13. № 1. P. 90–109.

Harrell 1995 — Harrell S. Introduction // Cultural Encounters on China's Ethnic Frontiers / Ed. by S. Harrell. Seattle: University of Washington Press, 1995. P. 17–27.

Hartwell 1982 — Hartwell R. M. Demographic, Political, and Social Transformations of China, 750–1550 // Harvard Journal of Asiatic Studies. 1982. Vol. 42. № 2. P. 365–442.

Herdt 1981 — Herdt G. H. Guardians of the Flutes: Idioms of Masculinity. New York: McGraw-Hill, 2005.

Herzfeld 2005 — Herzfeld M. Cultural Intimacy: Social Poetics in the Nation-State. 2nd ed. New York: Routledge, 2005.

Hesketh et al. 2005 — Hesketh T., Lu L., Xing Z.-W. The Effect of China's One-Child Family Policy after 25 Years // New England Journal of Medicine. 2005. Vol. 353. № 11. P. 1171–1176.

Ho 1962 — Ho P.-T. The Ladder of Success in Imperial China: Aspects of Social Mobility, 1368–1911. New York: Columbia University Press, 1962.

Hobart 2002 — Hobart M. An Anthropological Critique of Development: The Growth of Ignorance. New York: Routledge, 2002.

Howlett 2017 — Howlett Z. M. China's Examination Fever and the Fabrication of Fairness: 'My Generation Was Raised on Poisoned Milk' // Emptiness and Fullness. Ethnographies of Lack and Desire in Contemporary China / Ed. by S. Bregnbæk and M. Bunkenborg. New York & Oxford: Berghahn Books, 2017. P. 15–34.

Howlett 2020 — Howlett Z. M. Tactics of Marriage Delay in China: Education, Rural-to-Urban Migration, and 'Leftover Women' // Waithood: Gender, Education, and Global Delays in Marriage and Childbearing / Ed. by M. C. Inhorn and N. J. Smith-Hefner. Brooklyn, New York: Berghahn Books, 2020. P. 177–199.

Hsiao 2014 — Hsiao W. C. Correcting Past Health Policy Mistakes // Daedalus. 2014. Vol. 143. № 2. P. 53–68.

Huang 2013 — Huang Y. China's Educated Underemployment // East Asian Policy. 2013. Vol. 5. № 2. P. 72–82.

Huang 2015 — Huang Y. Policy Model and Inequality: Some Potential Connections // China's Challenges / Ed. by J. DeLisle and A. Goldstein. Philadelphia: University of Pennsylvania Press, 2015 P. 83–104

Human Rights in China 2014 — Human Rights in China. New Citizens Movement Briefing Note. New York: Human Rights in China // Human Rights Warch. 2014. URL: https://www.hrw.org/world-report/2014/country-chapters/china-and-tibet (дата обращения: 13.10.2023).

Inhorn 2020 — Inhorn M. C. The Egg Freezing Revolution? Gender, Education, and Reproductive Waithood in America Women // Waithood: Gender, Education, and Global Delays in Marriage and Childbearing / Ed. by M. C. Inhorn and N. J. Smith-Hefner. Brooklyn, New York: Berghahn Books, 2020. P. 362–390.

Inhorn, Smith-Hefner 2020 — Inhorn M. C., Smith-Hefner N. Waithood: Gender, Education, and Global Delays in Marriage. New York: Berghahn, 2020.

Jack 2016 — Jack A. A. (No) Harm in Asking: Class, Acquired Cultural Capital, and Academic Engagement at an Elite University // Sociology of Education. 2016. Vol. 89. № 1. P. 1–19.

Jack 2019 — Jack A. A. I Was a Low-Income College Student. Classes Weren't the Hard Part [The New York Times magazine]. Available at: https://www.nytimes.com/interactive/2019/09/10/magazine/college-inequality.html (дата обращения 20.10.2023).

Jacka 2009 — Jacka T. Cultivating Citizens: Suzhi (Quality) Discourse in the PRC // Positions. 2019. Vol. 17. № 3. P. 523–535.

Jackson 2005 — Jackson M. Existential Anthropology: Events, Exigencies, and Effects. New York: Berghahn, 2005.

Jacobsen 2015 — Jacobsen S. G. Prussian Emulations of a Chinese Meritocratic Ideal? Early Modern Europe Debating How China Selected Civil Servants // Journal for Eighteenth-Century Studies. 2015. Vol. 38. № 3. P. 425–441.

Jacques 2012 — Jacques M. When China Rules the World: The End of the Western World and the Birth of a New Global Order. 2nd ed. London: Penguin, 2012.

Ji 2015 — Ji Y. Between Tradition and Modernity: 'Leftover' Women in Shanghai // Journal of Marriage and Family. 2015. Vol. 77. № 5. P. 1057–1073.

Jing 1998 — Jing J. The Temple of Memories: History, Power, and Morality in a Chinese Village. Stanford, CA: Stanford University Press, 1998.

Jordan 1982 — Jordan D. K. Taiwanese Poe Divination: Statistical Awareness and Religious Belief // Journal for the Scientific Study of Religion. 1982. Vol. 21. № 2. P. 114–118.

Judd 1996 — Judd E. R. Gender and Power in Rural North China. Stanford, CA: Stanford University Press, 1996.

Kajanus 2015 — Kajanus A. Chinese Student Migration, Gender and Family. Basingstoke, UK: Palgrave Macmillan, 2015.

Kan 2016 — Kan S. Symbolic Immortality: The Tlingit Potlatch of the Nineteenth Century. 2nd edition. Seattle: University of Washington Press, 2016.

Karabel 2006 — Karabel J. The Chosen: The Hidden History of Admission and Exclusion at Harvard, Yale, and Princeton. Boston: Houghton Mifflin Harcourt, 2006.

Keimig 2017 — Keimig R. K. Growing Old in China's New Nursing Homes. PhD diss., Yale University, 2017.

Khor et al. 2016 — Khor N., Pang L., Liu C., Chang F., Mo D., Loyalka P., Rozelle S. China's Looming Human Capital Crisis: Upper Secondary Educational Attainment Rates and the Middle-Income Trap // China Quarterly. 2016. Vol. 228. P. 905–926.

Kipnis 2001 — Kipnis A. B. The Disturbing Educational Discipline of 'Peasants' // China Journal. 2001. Vol. 46. P. 1–24.

Kipnis 2006 — Kipnis A. B. Suzhi: A Keyword Approach // China Quarterly. 2006. Vol. 186. P. 295–313.

Kipnis 2008 — Kipnis A. B. Audit Cultures: Neoliberal Governmentality, Socialist Legacy, or Technologies of Governing? // American Ethnologist. 2008. Vol. 35. № 2. P. 275–289.

Kipnis 2011 — Kipnis A. B. Governing Educational Desire: Culture, Politics, and Schooling in China. Chicago: University of Chicago Press, 2011.

Kipnis 2016 — Kipnis A. B. From Village to City: Social Transformation in a Chinese County Seat. Oakland: University of California Press, 2016.

Kipnis 2017 — Kipnis A. B. Urbanization and the Transformation of Kinship Practice in Shandong // Transforming Patriarchy: Chinese Families in the Twenty-First Century / Ed. by G. D. Santos and S. Harrell. Seattle: University of Washington Press, 2017. P. 113–128.

Kleeman 1994 — Kleeman T. F. A God's Own Tale: The Book of Transformations of Wenchang, the Divine Lord of Zitong. Albany: SUNY Press, 1994.

Kleinman 1988 — Kleinman A. Social Origins of Distress and Disease: Depression, Neurasthenia, and Pain in Modern China. New Haven, CT: Yale University Press, 1988.

Kleinman 2010 — Kleinman A. Caregiving: Its Role in Medicine and Society in America and China // Ageing International. 2010. Vol. 35. № 2. P. 96–108.

Kleinman et al. 2011 — Kleinman A., Yan Y., Jun J., Lee S., Zhang E., Pan T., Wu F., Guo J. Introduction: Remaking the Moral Person in New China // Deep China: The Moral Life of the Person—What Anthropology and Psychiatry Tell Us about China Today. Berkeley: University of California Press, 2011. P. 1–35.

Ko 1994 — Ko D. Teachers of the Inner Chambers: Women and Culture in Seventeenth Century China. Stanford, CA: Stanford University Press, 1994.

Ko 2005 — Ko D. Cinderella's Sisters: A Revisionist History of Footbinding. Berkeley: University of California Press, 2005.

Kohn 2000 — Kohn A. The Case against Standardized Testing: Raising the Scores, Ruining the Schools. Portsmouth, NH: Heinemann, 2000.

Kohrman 2005 — Kohrman M. Bodies of Difference: Experiences of Disability and Institutional Advocacy in the Making of Modern China. Berkeley: University of California Press, 2005.

Kraus, Tan 2015 — Kraus M. W., J. J. Tan. Americans Overestimate Social Class Mobility // Journal of Experimental Social Psychology. 2015. Vol. 58. P. 101–111.

Kuan 2015 — Kuan T. Love's Uncertainty: The Politics and Ethics of Child Rearing in Contemporary China. Oakland: University of California Press, 2015.

Kubiszewski et al. 2013 — Kubiszewski I., Costanza R., Franco C., Lawn P., Talberth J., Jackson T., Aylmer C. Beyond GDP: Measuring and Achieving Global Genuine Progress // Ecological Economics. 2013. Vol. 93. № C. P. 57–68.

Kuhn 2002 — Kuhn P. A. Origins of the Modern Chinese State. Stanford, CA: Stanford University Press, 2002.

Kuhn 2008 — Kuhn P. A. Chinese among Others: Emigration in Modern Times. State and Society in East Asia. Lanham, MD: Rowman & Littlefield, 2008.

Kwok 1965 — Kwok D. W. Y. Scientism in Chinese Thought, 1900–1950. New Haven, CT: Yale University Press, 1965.

Lam 2019 — Lam W. W.-L. 'Stability Maintenance' Gets a Major Boost at the National People's Congress // China Brief. 2019. Vol. 19. № 6.

Lau 2020 — Lau T. H. Colonial Development and the Politics of Affliction on the ChinaMyanmar Border. PhD diss., Cornell University, 2020.

Lemann 1999 — Lemann N. The Big Test: The Secret History of the American Meritocracy. New York: Farrar, Straus and Giroux, 1999.

Lepori 2009 — Lepori G. M. Dark Omens in the Sky: Do Superstitious Beliefs Affect Investment Decisions? // Social Science Research Network. Business, Psychology. 2009. 2 July. URL: http://papers.ssrn.com/abstract= 1428792 (дата обращения: 20.10.2023).

Lewis 1999 — Lewis M. E. Writing and Authority in Early China. Albany: SUNY Press, 1999.

Lewis 2007 — Lewis M. E. The Early Chinese Empires: Qin and Han. Cambridge, MA: Belknap Press of Harvard University Press, 2007.

Li B. 2015 — Li B. China's Hukou Reform a Small Step in the Right Direction // East Asia Forum. 2015. 13 January. URL: https://www.eastasiaforum. org/2015/01/ 13/chinas-hukou-reform-a-small-step-in-the-right-direction/ (дата обращения: 23.10.2023).

Li 2015 — Li En. Betting on Empire: A Socio-Cultural History of Gambling in Late-Qing China. PhD diss., University of Washington in St. Louis, 2015.

Li, Yang 2015 — Li J., Yang J. Gaokao chengji chengxiang chayi ji qi fazhan qushi fenxi [An analysis of rural-urban differences in Gaokao scores and developing trends // Zhongguo kaoshi [Examinations in China]. 2015. № 12. P. 19–23.

Liang et al. 2012 — Liang C., Lee J. Z., Ruan D., Zhang H., Campbell C. D., Yang S., Li L. Wusheng de geming: Beijing daxue yu Suzhou daxue shehui laiyuan yanjiu, 1952–2002 [Silent revolution: The origins of Peking University and Soochow University undergraduates, 1952–2002] // Zhongguo shehui kexue [Social science in China]. 2012. Vol. 1. P. 101–121.

Lickona, Davidson 2005 — Lickona T., Davidson M. Smart and Good High Schools: Integrating Excellence and Ethics for Success in School, Work, and Beyond. Cortland, NY: Center for the 4th and 5th Rs/Character Education Partnership, 2005.

Lindner 1950 — Lindner R. M. The Psychodynamics of Gambling // Annals of the American Academy of Political and Social Science. 1950. Vol. 269. P. 93–107.

Ling 2015 — Ling M. 'Bad Students Go to Vocational Schools!': Education, Social Reproduction and Migrant Youth in Urban China // China Journal. 2015. Vol. 73. P. 108–131.

Ling 2017 — Ling M. Returning to No Home: Educational Remigration and Displacement in Rural China // Anthropological Quarterly. 2017. Vol. 90. № 3. P. 715–742.

Linton 1936 — Linton R. The Study of Man: An Introduction. The Century Social Science. New York: D. Appleton-Century, 1936.

Liu 1997 — Liu Xin. Space, Mobility, and Flexibility: Chinese Villagers and Scholars Negotiate Power at Home and Abroad // Ungrounded Empires: The Cultural Politics of Modern Chinese Transnationalism / Ed. by Aihwa Ong and Donald Macon Nonini. New York: Routledge, 1997. P. 91–114.

Liu 2004 — Liu Xiaoyuan. Frontier Passages: Ethnopolitics and the Rise of Chinese Communism, 1921–1945. Stanford, CA: Stanford University Press, 2004.

Liu 2007 — Liu H. Gaokao gaige de lilun sikao [Theoretical reflections on reform of the Chinese College Entrance Examination]. Wuhan. Central China Normal University Press, 2007.

Liu 2013 — Liu Ye. Meritocracy and the Gaokao: A Survey Study of Higher Education Selection and Socio-Economic Participation in East China // British Journal of Sociology of Education. 2013. Vol. 34. P. 868–887.

Liu et al. 2014 — Liu L., Wagner W., Sonnenberg B, Wu X., Trautwein U. Independent Freshman Admission and Educational Inequality in the Access to Elite Higher Education: Evidence from Peking University // Chinese Sociological Review. 2014. Vol. 46. № 4. P. 41–67.

Lora-Wainwright 2013 — Lora-Wainwright A. Fighting for Breath: Living Morally and Dying of Cancer in a Chinese Village. Honolulu: University of Hawaii Press, 2013.

Loveless 2014 — Loveless T. Lessons from the PISA-Shanghai Controversy // Brookings Institution. URL: https://www.brookings.edu/articles/lessons-from-the-pisa-shanghai-controversy/ (дата обращения: 23.10.2023).

Luthar 1999 — Luthar S. S. Poverty and Children's Adjustment. London: SAGE, 1999.

Luthar, Becker 2002 — Luthar S. S., Becker B. E. Privileged but Pressured? A Study of Affluent Youth // Child Development. 2002. Vol. 73. № 5. P. 1593–1610.

Luthar et al. 2000 — Luthar S. S., Dante Cicchetti, and Bronwyn Becker. The Construct of Resilience: A Critical Evaluation and Guidelines for Future Work // Child Development. 2000. Vol. 71. № 3. P. 543–562.

Ma et al. 2016 — Ma L., You Y., Xiong Y., Dong L., Zhu M., Guan K. Daxue zhuanye xuanze de xingbie chayi—jiyu quanguo 85 suo gaoxiao de diaocha yanjjiu [The gender difference in college students' choice of majors—based on a survey of 85 universities] // Gaodeng jiaoyu yanjiu [Higher education research]. 2016. Vol. 37. № 5. P. 36–42.

Mahdawi 2018 — Mahdawi A54. Harvard Sued for Alleged Discrimination against Asian American Applicants // The Guardian. 2018. 15 June. URL: https://www.theguardian.com/education/2018/jun/15/harvard-sued-discrimination-against-asian-americans (дата обращения: 23.10.2023).

Makley 2018 — Makley C. The Battle for Fortune: State-Led Development, Personhood, and Power among Tibetans in China. Ithaca, NY: Cornell University Press, 2018.

Malinowski 1935 — Malinowski B. Coral Gardens and Their Magic: A Study of the Methods of Tilling the Soil and of Agricultural Rites in the Trobriand Islands. London: Allen & Unwin, 1935.

Mann 1997 — Mann S. Precious Records: Women in China's Long Eighteenth Century. Stanford, CA: Stanford University Press, 1997.

Manyika et al. 2017 — Manyika J., Lund S., Chui M., Bughin J., Woetzel J., Batra P., Ko R., Sanghvi S. Jobs Lost, Jobs Gained. New York: McKinsey Global Institute, 2017.

Martin 2001 — Martin E. The Woman in the Body: A Cultural Analysis of Reproduction. Boston: Beacon, 2001.

Mazzarella 2015 — Mazzarella W. Totalitarian Tears: Does the Crowd Really Mean It? // Cultural Anthropology. 2015. Vol. 30. № 1. P. 91–112.

McNamee 2009 — McNamee S. J. The Meritocracy Myth. Rev. ed. Lanham, MD: Rowman & Littlefield, 2009.

Medina et al. 2019 — Medina J., Benner K., Taylor K. Actresses, Business Leaders and Other Wealthy Parents Charged in U.S. College Entry Fraud // The New York Times Magazine. 2019. 12 March. URL: https://www.nytimes.com/2019/03/12/us/college-admissions-cheating-scandal.html (дата обращения: 23.10.2023).

Mijs 2016 — Mijs J. B. Stratified Failure: Educational Stratification and Students' Attributions of Their Mathematics Performance in 24 Countries // Sociology of Education. 2016. Vol. 89. № 2. P. 137–153.

Miyakawa 1955 — Miyakawa H. An Outline of the Naito Hypothesis and Its Effects on Japanese Studies of China // Far Eastern Quarterly. 1955. Vol. 14. № 4. P. 533–552.

Miyakawa 1960 — Miyakawa H. The Confucianization of South China // Wright. 1960. P. 241–267.

Miyazaki 1981 — Miyazaki I. China's Examination Hell / trans. by Conrad Schirokauer. New Haven, CT: Yale University Press, 1981.

Mok, Wu 2016 — Mok K. H., Wu A. M. Higher Education, Changing Labour Market and Social Mobility in the Era of Massification in China // Journal of Education and Work. 2016. Vol. 29. № 1. P. 77–97.

Mounk 2018 — Mounk Y. The People vs. Democracy: Why Our Freedom Is in Danger and How to Save It. Cambridge, MA: Harvard University Press, 2018.

Munn 1986 — Munn N. D. The Fame of Gawa: A Symbolic Study of Value Transformation in a Massim (Papua New Guinea) Society. Cambridge: Cambridge University Press, 1986.

Munro 2001 — Munro D. J. The Concept of Man in Early China. Ann Arbor: Center for Chinese Studies, University of Michigan, 2001.

Muramatsu 1960 — Muramatsu Y. Some Themes in Chinese Rebel Ideologies // Wright. 1960. P. 241–267.

Murphy 2004 — Murphy R. Turning Peasants into Modern Chinese Citizens: 'Population Quality' Discourse, Demographic Transition and Primary Education // China Quarterly. 2004. № 177. P. 1–20.

Murphy 2014 — Murphy R. Study and School in the Lives of Children in Migrant Families: A View from Rural Jiangxi, China // Development and Change. 2014. Vol. 45. № 1. P. 29–51.

Naughton 2018 — Naughton J. China Is Taking Digital Control of Its People to Unprecedented and Chilling Lengths // The Guardian. 2018. 27 May. URL: https://www.theguardian.com/commentisfree/2018/may/27/china-taking-digital-control-of-its-people-to-unprecedented-and-chilling-lengths (дата обращения: 31.10.2023).

Nyíri 2010 — Nyíri P. Mobility and Cultural Authority in Contemporary China. Seattle: University of Washington Press, 2010.

O'Callaghan 2015 — O'Callaghan J. The Superstitions of Space Travel Revealed // Mail Online. 2015. 7 January. URL: https://www.dailymail.co.uk/sciencetech/article-2822436/The-superstitions-space-travel-revealed-Fear-number-13-peeing-tyres-tapping-Snoopy-s-nose-bizarre-rituals.html (дата обращения: 31.10.2023).

Obendiek 2016 — Obendiek H. Changing Fate: Education, Poverty and Family Support in Contemporary Chinese Society. Münster, Germany: Lit Verlag, 2016.

Ong 1999 — Ong A. Flexible Citizenship: The Cultural Logics of Transnationality. Durham, NC: Duke University Press, 1999.

Open Doors 2017 — Open Doors. New York: Institute of International Education // Institute of International Education, 2017. URL: https://www.iie.org/research/ (дата обращения: 30.10.2023).

Ortmann, Thompson 2016 — Ortmann S., Thompson M. R. China and the 'Singapore Model' // Journal of Democracy. 2016. Vol. 27. № 1. P. 39–48.

Ortner 1972 — Ortner S. B. Is Female to Male as Nature Is to Culture? // Feminist Studies. 1972. Vol. 1. № 2. P. 5–31.

Osburg 2013 — Osburg J. Anxious Wealth: Money and Morality among China's New Rich. Stanford, CA: Stanford University Press, 2013.

Osburg 2015 — Osburg J. Morality and Cynicism in a 'Grey' World // Irony, Cynicism and the Chinese State / Ed. by H. Steinmüller and S. Brandtstädter. New York, NY: Routledge, 2015. P. 47–62.

Oxfeld 1993 — Oxfeld E. Blood, Sweat, and Mahjong: Family and Enterprise in an Overseas Chinese Community. Ithaca, NY: Cornell University Press, 1993.

Oxfeld 2010 — Oxfeld E. Drink Water, but Remember the Source: Moral Discourse in a Chinese Village. Berkeley: University of California Press, 2010.

Oxfeld 2017 — Oxfeld E. Bitter and Sweet: Food, Meaning, and Modernity in Rural China. Oakland: University of California Press, 2017.

People's Daily Online 2017 — Women Dominate Higher Education in China // People's Daily Online. 2017. October 28. URL: http://en.people.cn/n3/2017/1028/c90000-9285962.html

Perry 2002 — Perry E. J. Challenging the Mandate of Heaven: Social Protest and State Power in China. Armonk, NY: M. E. Sharpe, 2002.

Perry 2014 — Perry E. J. Growing Pains: Challenges for a Rising China // Daedalus. 2014. Vol. 143. № 2. P. 5–13.

Perry 2020 — Perry E. J. Educated Acquiescence: How Academia Sustains Authoritarianism in China // Theory and Society. 2020. Vol. 49. № 1. P. 1–22.

Pina-Cabral 2002 — Pina-Cabral J. Between China and Europe: Person, Culture and Emotion in Macao. London: Continuum, 2002.

Platt 2012 — Platt S. R. Autumn in the Heavenly Kingdom: China, the West, and the Epic Story of the Taiping Civil War. New York: Alfred A. Knopf, 2012.

Postiglione 2014 — Postiglione G. A. China: Reforming the Gaokao // International Higher Education. 2014. № 76. P. 17–18.

Puett 2006 — Puett M. J. Innovation as Ritualization: The Fractured Cosmology of Early China // Cardozo Law Review. 2006. № 28. P. 23–36.

Puett 2014 — Puett M. J. Ritual Disjunctions: Ghosts, Anthropology, and Philosophy // The Ground Between: Anthropologists Engage Philosophy. Durham, NC: Duke University Press, 2014. P. 218–233.

Puett 2015 — Puett M. J. Ritual and Ritual Obligations: Perspectives on Normativity from Classical China // Journal of Value Inquiry. 2015. Vol. 49. № 4. P. 543–550.

Qiuye 2015 — Qiuye Y. Fangyang de nühai shang Hafo [How a free-range daughter got into Harvard]. Xiamen, China: Xiamen University Press, 2015.

Ravallion 2011 — Ravallion M. A Comparative Perspective on Poverty Reduction in Brazil, China, and India // World Bank Research Observer. 2011. Vol. 26. № 1. P. 71–104.

Ravitch 2010 — Ravitch D. The Death and Life of the Great American School System: How Testing and Choice Are Undermining Education. New York: Basic Books, 2010.

Robinson 2012 — Robinson W. I. Global Capitalism Theory and the Emergence of Transnational Elites // Critical Sociology. 2012. Vol. 38. № 3. P. 349–363.

Rowe 1994 — Rowe W. T. Education and Empire in Southwest China // Education and Society in Late Imperial China, 1600–1900 / Ed. by Benjamin A. Elman and Alexander Woodside. Berkeley: University of California Press, 1994. P. 417–57.

Sangren 2000 — Sangren P. S. Chinese Sociologics. London: Athlone, 2000.

Sangren 2013 — Sangren P. S. The Chinese Family as Instituted Fantasy: Or, Rescuing Kinship Imaginaries from the 'Symbolic' // Journal of the Royal Anthropological Institute. 2013. Vol. 19. № 2. P. 279–299.

Santos, Harrell 2017 — Santos G. D., Harrell S. Introduction // Transforming Patriarchy: Chinese Families in the Twenty-First Century / Ed. by Gonçalo D. Santos and S. Harrell. Seattle: University of Washington Press, 2017. P. 3–36.

Schupmann 2019 — Schupmann B. A. Constraining Political Extremism and Legal Revolution // Philosophy & Social Criticism. 2019. Vol. 46. № 3. P. 249–273.

Seaman 1981 — Seaman G. The Sexual Politics of Karmic Retribution // The Anthropology of Taiwanese Society / Ed. by Emily M. Ahern and Hill Gates. Stanford, CA: Stanford University Press, 1981. P. 381–396.

Seligman et al. 2008 — Seligman A. B., Weller R. P., Puett J. M., Simon B. Ritual and Its Consequences: An Essay on the Limits of Sincerity. Oxford: Oxford University Press, 2008.

Seth 2002 — Seth M. J. Education Fever: Society, Politics, and the Pursuit of Schooling in South Korea. Honolulu: University of Hawai'i Press, 2002.

Shambaugh 2016 — Shambaugh D. L. China's Future. Cambridge: Polity, 2016.

Shaughnessy 1999 — Shaughnessy E. L. Western Zhou History // The Cambridge History of Ancient China: From the Origins of Civilization to 221 B.C. / Ed. by M. Loewe and E. L. Shaughnessy. Cambridge: Cambridge University Press, 1999. P. 292–351.

Shedd 2015 — Shedd C. Unequal City: Race, Schools, and Perceptions of Injustice. New York: Russell Sage Foundation, 2015.

Shi 2017 — Shi L. Choosing Daughters: Family Change in Rural China. Stanford, CA: Stanford University Press, 2017.

Siegel 2006 — Siegel J. T. Naming the Witch. Stanford, CA: Stanford University Press, 2006.

Skinner 1964–1965 — Skinner G. W. Marketing and Social Structure in Rural China, parts 1–3 // Journal of Asian Studies. 1964–65. Vol. 24. № 1. P. 3–43, 195–228, 363–399.

Skinner 1976 — Skinner G. W. Mobility Strategies in Late Imperial China // Regional Analysis: In 2 vols. / Ed. by C. A. Smith. Vol. 1: Economic Systems. New York: Academic. 1976. P. 327–364.

Skinner 1980 — Skinner G. W. Marketing Systems and Regional Economies: Their Structure and Development. Paper presented at the Symposium on Social and Economic History in China from the Song Dynasty to 1900, Chinese Academy of Social Sciences, Beijing, 1980.

Sleeboom-Faulkner 2010 — Sleeboom-Faulkner M. Eugenic Birth and Fetal Education: The Friction between Lineage Enhancement and Premarital

Testing among Rural Households in Mainland China // China Journal. 2010. № 64. P. 121–141.

Soares 2007 — Soares J. A. The Power of Privilege: Yale and America's Elite Colleges. Stanford, CA: Stanford University Press, 2007.

Sohu 2017 — Sohu. nian 985, 211 Daxue zai quanguo gesheng luqulü paihang [The 2017 national ranking of every province according to admission rates for Project 985 and 211 universities] // Sohu, 2017. URL: www.sohu.com/a/198431528_507475 (дата обращения: 30.10.2023).

Spence 1996 — Spence J. D. God's Chinese Son: The Taiping Heavenly Kingdom of Hong Xiuquan. New York: W. W. Norton, 1996.

Stafford 1995 — Stafford C. The Roads of Chinese Childhood. Cambridge: Cambridge University Press, 1995.

Steinmüller 2011 — Steinmüller H. The State of Irony in China // Critique of Anthropology. 2011. Vol. 31. № 1. P. 21–42.

Steinmüller 2013 — Steinmüller H. Communities of Complicity: Everyday Ethics in Rural China. New York: Berghahn, 2013.

Steinmüller, Brandtstädter 2015 — Steinmüller H., Brandtstädter S. Irony, Cynicism and the Chinese State. New York: Routledge, 2015.

Stevens 2009 — Stevens M. L. Creating a Class: College Admissions and the Education of Elites. Boston: Harvard University Press, 2009.

Stouffer 1949 — Stouffer S. A. The American Soldier. Princeton, NJ: Princeton University Press, 1949.

Straits Times 2017 — Straits Times. China's Family Firm Successions Power Massive Wealth Transfer // The Straits Times. 2017. 17 July. URL: https://www.straitstimes.com/asia/east-asia/chinas-family-firm-successions-power-massive-wealth-transfer (дата обращения: 01.11.2023).

Strathern 1988 — Strathern M. The Gender of the Gift: Problems with Women and Problems with Society in Melanesia. Berkeley: University of California Press, 1988.

Teixeira 2017 — Teixeira L. China's Middle Class Anger at Its Education System Is Growing. // Foreign Policy (China U blog). 2017. 6 February. URL: https://foreignpolicy.com/2017/02/06/chinas-middle-class-anger-at-its-education-system-is-growing-gaokao-quota-protest-resentment-study-abroad/ (дата обращения: 01.11.2023).

Temin 2017 — Temin P. The Vanishing Middle Class: Prejudice and Power in a Dual Economy. Cambridge, MA: MIT Press, 2017.

Teng 1943 — Teng S.-Y. Chinese Influence on the Western Examination System: I. Introduction // Harvard Journal of Asiatic Studies. 1943. Vol. 7. № 4. P. 267–312.

Teo 2018 — Teo Y. This Is What Inequality Looks Like. Singapore: Ethos, 2018.

Thøgersen 1990 — Thøgersen S. Secondary Education in China after Mao: Reform and Social Conflict. Aarhus, Denmark: Aarhus University Press, 1990.

Tomba 2014 — Tomba L. The Government Next Door: Neighborhood Politics in Urban China. Ithaca, NY: Cornell University Press, 2014.

Turner 1977 — Turner T. Transformation, Hierarchy and Transcendence: A Reformulation of Van Gennep's Model of the Structure of Rites de Passage // Secular Ritual / Ed. by S. Falk Moore and B. G. Myerhoff. Assen, Netherlands: Van Gorcum, 1977. P. 53–70.

Ulfstjerne 2017 — Ulfstjerne M. A. The Tower and the Tower: Excess and Vacancy in China's Ghost Cities // Emptiness and Fullness. Ethnographies of Lack and Desire in Contemporary China / Ed. by S. Bregnbæk and M. Bunkenborg. New York & Oxford, Berghahn Books, 2017. P. 67–84.

United Nations 2015 — United Nations. World Population Ageing 2015. New York: United Nations, Department of Economic and Social Affairs, Population Division, 2015. URL: https://www.un.org/en/development/desa/population/publications/pdf/ageing/WPA2015_Report.pdf (дата обращения: 01.11.2023).

Wallace 2014 — Wallace J. L. Cities and Stability: Urbanization, Redistribution, and Regime Survival in China. New York: Oxford University Press, 2014.

Wan, Ling 2016 — Wan Minggang, and Ling Jiang. Lun wo guo shaoshu minzu jiaoyu zhong de 'ligongke wenti' [Discussion of the 'STEM problem' among China's ethnic minorities // Jiaoyu yanjiu [Education research]. 2016. № 2. P. 96–101.

Wang 2012 — Wang Z. Never Forget National Humiliation: Historical Memory in Chinese Politics and Foreign Relations. Contemporary Asia in the World. New York: Columbia University Press, 2012.

Wang 2014 — Wang Q. Crisis Management, Regime Survival and 'Guerrilla-Style' Policy-Making: The June 1999 Decision to Radically Expand Higher Education in China // China Journal. 2014. № 71. P. 132–152.

Wang et al. 2013 — Wang X., Liu C., Zhang L., Shi Y., Rozelle S. College Is a Rich, Han, Urban, Male Club: Research Notes from a Census Survey of Four Tier One Colleges in China // China Quarterly. 2013. № 214. P. 456–470.

Wang, Minzner 2015 — Wang Y., Minzner C. The Rise of the Chinese Security State // China Quarterly. 2015. № 222. P. 339–359.

Warikoo 2016 — Warikoo N. K. The Diversity Bargain: And Other Dilemmas of Race, Admissions, and Meritocracy at Elite Universities. Chicago: University of Chicago Press, 2016.

Wedeen 1999 — Wedeen L. Ambiguities of Domination: Politics, Rhetoric, and Symbols in Contemporary Syria. Chicago: University of Chicago Press, 1999.

Weller 1994 — Weller R. P. Resistance, Chaos and Control in China: Taiping Rebels, Taiwanese Ghosts, and Tiananmen. Seattle: University of Washington Press, 1994.

Whyte 2010 — Whyte M. K. Myth of the Social Volcano: Perceptions of Inequality and Distributive Injustice in Contemporary China. Stanford, CA: Stanford University Press, 2010.

Wiens 1954 — Wiens H. J. China's March toward the Tropics. Hamden, CT: Shoe String, 1954.

Wilkinson, Pickett 2010 — Wilkinson R. G., Pickett K. The Spirit Level: Why Greater Equality Makes Societies Stronger. New York: Bloomsbury, 2010.

Willis 1981 — Willis P. E. Learning to Labor: How Working Class Kids Get Working Class Jobs. New York: Columbia University Press, 1981.

Wong 1997 — Wong R. B. China Transformed: Historical Change and the Limits of European Experience. Ithaca, NY: Cornell University Press, 1997.

Woodside 2006 — Woodside A. Lost Modernities: China, Vietnam, Korea, and the Hazards of World History. Cambridge, MA: Harvard University Press, 2006.

World Economic Forum 2017 — World Economic Forum. The Global Gender Gap Report. Geneva: World Economic Forum, 2017. URL: https://www.weforum.org/reports/the-global-gender-gap-report-2017/ (дата обращения: 01.11.2023).

Woronov 2008 — Woronov T. E. Raising Quality, Fostering 'Creativity': Ideologies and Practices of Education Reform in Beijing // Anthropology & Education Quarterly. 2008. Vol. 39. № 4. P. 401–422.

Woronov 2015 — Woronov T. E. Class Work: Vocational Schools and China's Urban Youth. Stanford, CA: Stanford University Press, 2015.

Wu 2016 — Wu J. Fabricating an Educational Miracle: Compulsory Schooling Meets Ethnic Rural Development in Southwest China. Albany: State University of New York Press, 2016.

Xinhua 2018 — Xinhua Net. Xiamen kinyibu fangkuan gaoxiao biyesheng luohu tiaojian [Xiamen further relaxes household registration conditions for college graduates] // Xinhua. 2018. 1 October. URL: http://www.xinhuanet.com/fortune/ 2018–10/01/c_129964567.htm (дата обращения: 02.11.2023).

Xu 2018 — Xu D. Is Gender Equality at Chinese Colleges a Sham? // Sixth Tone. 2018. 5 April. URL: https://www.sixthtone.com/news/1002051/is-gender-equality-at-chinesecolleges-a-sham%3F (дата обращения: 02.11.2023).

Yamada 2012 — Yamada N. C. F. Education as Tautology: Disparities, Preferential Policy Measures and Preparatory Programs in Northwest China. PhD diss., University of Hawai'i at Manoa, 2012.

Yan 2003 — Yan Y. Private Life under Socialism: Love, Intimacy, and Family Change in a Chinese Village, 1949–1999. Stanford, CA: Stanford University Press, 2003.

Yan 2008 — Yan H. New Masters, New Servants: Migration, Development, and Women Workers in China. Durham, NC: Duke University Press, 2008.

Yan 2012 — Yan Y. Food Safety and Social Risk in Contemporary China // Journal of Asian Studies. 2012. Vol. 71. № 3. P. 705–729.

Yang 1967 — Yang C. K. Religion in Chinese Society: A Study of Contemporary Social Functions of Religion and Some of Their Historical Factors. Berkeley: University of California Press, 1967.

Yang 1994 — Yang M. M.-H. Gifts, Favors, and Banquets. Ithaca, NY: Cornell University Press, 1994.

Yang 2006 — Yang D. Zhongguo jiaoyu gongping de lixiang he xianshi [The ideal and reality of Chinese educational fairness]. Beijing: Peking University Press, 2006.

Yang 2015 — Yang J. Unknotting the Heart: Unemployment and Therapeutic Governance in China. Ithaca, NY: Cornell University Press, 2015.

Yeh 1990 — Yeh W.-H. The Alienated Academy: Culture and Politics in Republican China, 1919–1937. Cambridge, MA: Council on East Asian Studies, Harvard University, 1990.

Yeung 2013 — Yeung W.-J. J. Higher Education Expansion and Social Stratification in China // Chinese Sociological Review. 2013. Vol. 45. № 4. P. 54–80.

Yi 2008 — Yi L. Cultural Exclusion in China: State Education, Social Mobility, and Cultural Difference. New York: Routledge, 2008.

Yi 2011 — Yi L. Turning Rurality into Modernity: Suzhi Education in a Suburban Public School of Migrant Children in Xiamen // China Quarterly. 2011. № 206. P. 313–330.

Yi et al. 2012 — Yi H., Zhang L., Luo R., Shi Y., Mo D., Chen X., Brinton C., Rozelle S. Dropping Out: Why Are Students Leaving Junior High in China's Poor Rural Areas? // International Journal of Educational Development. 2012. Vol. 32. № 4. P. 555–563.

Young 2004 — Young A. A. The Minds of Marginalized Black Men: Making Sense of Mobility, Opportunity, and Future Life Chances. Princeton Studies in Cultural Sociology. Princeton, NJ: Princeton University Press, 2004.

Yu et al. 2012 — Yu K., Stith A. L., Liu L., Chen H. Tertiary Education at a Glance: China. Rotterdam, The Netherlands: Sense, 2012.

Zeng 1999 — Zeng K. Dragon Gate: Competitive Examinations and Their Consequences. Frontiers of International Education. London: Cassell, 1999.

Zhang 2010 — Zhang Li. In Search of Paradise: Middle-Class Living in a Chinese Metropolis. Ithaca, NY: Cornell University Press, 2010.

Zhang 2012 — Zhang Li. Economic Migration and Urban Citizenship in China: The Role of Points Systems // Population and Development Review. 2012. Vol. 38. № 3. P. 503–533.

Zhang 2019 — Zhang Z. Y. China Is Relaxing Hukou Restrictions in Small and MediumSized Cities // China Briefing. 2019. 17 April. URL: https://www.china-briefing.com/news/china-relaxing-hukou-restrictions-small-medium-sized-cities/ (дата обращения: 02.11.2023).

Zhao 2012 — Zhao Y. Zao 'shen' chaojizhongxue de yuanqi yu yinyou [The origins and private worries of 'god'-creating super high schools] // Nanfang Zhoumo, 2012. URL: http://www.infzm.com/contents/82926 (дата обращения: 02.11.2023).

Zhao 2015 — Zhao X. Competition and Compassion in Chinese Secondary Education. New York: Palgrave Macmillan, 2015.

Zhao, Zhang 2017 — Zhao R., Zhang H. Family Violence and the Legal and Social Responses in China // Global Responses to Domestic Violence / Ed. by E. S. Buzawa and C. G. Buzawa. Cham, Switzerland: Springer, 2017. P. 189–206.

Zheng 2009 — Zheng T. Red Lights: The Lives of Sex Workers in Postsocialist China. Minneapolis: University of Minnesota Press, 2009.

Zheng 2011 — Zheng R. Gaokao gaige de kunjing yu yupo [Difficulties and breakthroughs in the reform of the Gaokao]. Yangzhou, China: Jiangsu Educational, 2011.

Zhou 2010 — Zhou M. China's Positive and Preferential Policies // Affirmative Action in China and the U.S.: A Dialogue on Inequality and Minority Education / Ed. by M. Zhou and A Hill. New York: Macmillan, 2010. P. 47–70.

Zivin et al. 2018 — Zivin J. S. G., Song Y., Tang Q., Zhang P. Temperature and High-Stakes Cognitive Performance: Evidence from the National College Entrance Examination in China. Cambridge, MA: National Bureau of Economic Research, 2018.

Предметно-именной указатель

Оглавление

Научное издание

Закари М. Хоулетт

НЕДОВОЛЬСТВО МЕРИТОКРАТИЕЙ
Государственный вступительный экзамен в вуз
в Китае: тревоги и надежды

Директор издательства *И. В. Немировский*
Ответственный редактор *И. Белецкий*
Куратор серии *Е. Яндуганова*
Заведующая редакцией *О. Петрова*

Дизайн *И. Граве*
Редакторы *К. Цхе, М. Долаева*
Корректоры *И. Манлыбаева, А. Филимонова*
Верстка *Е. Падалки*

Подписано в печать 27.12.2023.
Формат издания 60 × 90 $^1/_{16}$. Усл. печ. л. 25,3.
Тираж 200 экз.

Academic Studies Press
1577 Beacon Street, Brookline, MA 02446 USA
https://www.academicstudiespress.com

ООО «Библиороссика».
198207, г. Санкт-Петербург, а/я № 8

Эксклюзивные дистрибьюторы:
ООО «Караван»
ООО «КНИЖНЫЙ КЛУБ 36.6»
http://www.club366.ru
Тел./факс: 8(495)9264544
e-mail: club366@club366.ru

Книги издательства можно купить
в интернет-магазине: www.bibliorossicapress.com
e-mail: sales@bibliorossicapress.ru

12+

Знак информационной продукции согласно
Федеральному закону от 29.12.2010 № 436-ФЗ